2021 年度全国会计专业技术资格考试

中级经济法
应试指导 上册

财华仁和学院　编著

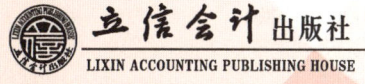

立信会计出版社

LIXIN ACCOUNTING PUBLISHING HOUSE

图书在版编目(CIP)数据

中级经济法应试指导/财华仁和学院编著.—上海：
立信会计出版社,2021.3
ISBN 978-7-5429-6767-1

Ⅰ.①中…　Ⅱ.①财…　Ⅲ.①经济法—中国—资
格考试—自学参考资料　Ⅳ.①D922.29

中国版本图书馆 CIP 数据核字(2021)第 041319 号

策划编辑　　方士华
责任编辑　　方士华

中级经济法应试指导

Zhongji Jingjifa Yingshi Zhidao

出版发行	立信会计出版社		
地　　址	上海市中山西路 2230 号	邮政编码	200235
电　　话	(021)64411389	传　　真	(021)64411325
网　　址	www.lixinaph.com	电子邮箱	lixinaph2019@126.com
网上书店	http://lixin.jd.com		http://lxkjcbs.tmall.com
经　　销	各地新华书店		

印　　刷	常熟市文化印刷有限公司	
开　　本	787 毫米×1092 毫米	1/16
印　　张	26.5	
字　　数	783 千字	
版　　次	2021 年 3 月第 1 版	
印　　次	2021 年 3 月第 1 次	
书　　号	ISBN 978-7-5429-6767-1/D	
定　　价	88.00 元	

如有印订差错,请与本社联系调换

前　言

2020年，中级会计职称考试（又称中级会计专业技术资格考试）的报名人数达到了182.4万人，再创历史新高。官方统计数据显示，此项资格考试近3年的平均通过率约为13.34%，通过率不高。这是因为除了该考试本身有一定难度外，多数考生还是上班族，他们学习时间不足，导致在备考中途放弃。然而实践表明，只要坚持学习，选择合适的教辅资料，结合科学的学习方法，取得中级会计职称证书不是难事。

19年来，选择参加仁和会计培训并通过考试的考生不计其数，仁和为社会输送了数十万名会计人才。这样的成绩离不开仁和老师们优秀的教学水平和学员自身的勤奋，还与一个因素密不可分——仁和会计的讲义和教辅资料。您手中的这套中级会计专业技术资格考试的"应试指导"，其底稿来源于老师们多年来在一线教学过程中不断打磨精研的讲义，并由财华仁和学院从由近千名人员组成的一线教学团队中严选出的名师进行编写。我们希望能借这套书让更多考生顺利通过考试。以下是这套书的模块及特色。

一、知识点细——教材知识点全覆盖，语言好理解

中级会计职称考试难度较大，知识内容多而广，如仅使用教材学习难免会眼花缭乱，无从下手，对于基础和理解力较差的考生来说更是学习难度倍增。而这套由仁和的教研团队编写的"应试指导"，详尽梳理并全面覆盖了教材的知识点，语言通俗易懂，深入浅出，适用于各个层次的考生。

二、图表结合——删繁就简，系统归纳，省时高效

本套"应试指导"尽量用图表形式梳理繁杂的知识，避免表述冗余，有助于考生通过对比分析来理解和记忆，从而节约大量归纳总结的时间。

三、"小节框架"模块——学前一览，心中有数

学习没有目标就像盲人打靶，很难达成目的。本书的"小节框架"模块提纲挈领，梳理每一节即将学习的内容，为考生明确学习任务，使其注意力更集中，目标更明确。

四、"星级标注"——随考纲要求，分清难易，事半功倍

据了解，大多考生都是上班一族，平时用于学习的时间较少且分散，要吃透每个知识点是有一定难度的。要在有限的时间内提高效率，需要理清学习重点。这套书依据考纲的要求和实际考试情况，在各个章节知识点的标题后标注了星号，使考生能够合理分配时间。其中一星（★）知识点是考纲中要求考生了解的内容，根据编写老师的经验判断，这些知识点在考试中主要以考查原文为主，考生有印象就容易得分，因而不必花费太多时间；二星（★★）知识点是编写老师认为考试中需要分析、判断、比较才能得分的内容；三星（★★★）知识点则是编写老师依据往年考试情况划分的出现次数多和占分比重大（容易出现在综合题等大题中）的考点。

五、"考试方向"与"例题、案例"模块——结合考点，实际运用，加深理解

本套书中，编写老师在涉及考试的知识点后都附上了"考试方向"模块，为考生指明了对应的考点和具体考查内容，并与例题或案例相结合予以讲解，这样的方式有助于考生理清思路，加深理解，进而掌握、巩固知识点。俗话说"好酒不怕老"，这套书中的例题或案例都是精挑细选的历年真题或经典案例，研究这些题，能了解知识点该如何学，考题会如何出，题该如何解，也有助于针对性地学习和复习。

六、"提示"模块——深挖知识细节，解构复杂考点

本套书中有多处"提示"模块，"提示"内容都来自仁和老师们的教学经验，是其精华所在。该模块有助于考生充分了解老师在面授教学中对于知识的把握、解读、延伸，强化理解、巩固记忆，进而更好地抓住学习的侧重点。

七、"易错易混点"模块——对比辨析，加深记忆

针对考试中容易出现的易错题和问题陷阱，考生通过认真学习本书的"易错易混点"模块即可轻松化解。该模块将易错易混的知识点进行对比和分析，考生可以清楚明了地辨别知识点之间的区别，从而加深印象，提高复习效率，让别人的失分点成为自己的得分点。

八、"知识链接"模块——温故知新，构筑体系

本套书中的"知识链接"模块有助于考生在学习过程中回顾相互关联的知识点，自查学习情况并进行复习，构建一个完整的会计知识体系，通过理解而非死记硬背来记忆，培养自身的会计逻辑思维。

九、"同步练习"模块——学完即练，及时巩固

课后习题有助于考生及时巩固刚学的知识，及时检测学习效果、发现问题。每道题的解析会将题目讲透、讲明白，让考生充分掌握解题思路并复习巩固知识点。

除了以上九个模块及特色外，"应试指导"对于部分知识点还提供了一些记忆技巧，希望帮助考生轻松记忆。同时，这套书采用双色印刷，重要知识点异色显示，一目了然，使考生避免阅读时的视觉疲劳。

本套"应试指导"旨在指导考生朋友学习备考，有误之处，欢迎指正。考生可扫描封底二维码关注"仁和公众号"并联系我们，书中勘误会及时在公众号里更新。我们的工作如有疏漏，还望大家海涵。

财华仁和学院

目　录

上　册

第一章
总　论

本章是《经济法基础》中非重点章节,本章内容法理性很强,较为枯燥,近3年平均分值为8分。考试题型覆盖单选、多选、判断等,题型均为客观题,不涉及简答题和综合题。

考试变化

2021年本章根据《民法典》调整的部分内容进行了修改,总体对考试无重大影响。具体修改之处为:"撤销权的行使期限"由"3个月"改为"90天";"居间行为"改为"中介行为";补全了"当事人申请再审"的相关规定;调整了"国家赔偿责任"诉讼时效期间的起算规定;调整了"诉讼时效期间特征"的表述。

本章结构

第一节　经济法概述
第二节　法律行为与代理
第三节　经济仲裁与诉讼

第一节　经济法概述

 本节框架

一、经济法的概念

经济法是调整国家在管理与协调经济运行过程中发生的经济关系的法律规范的总称。民法主要调整平等主体间的财产关系，即横向的财产、经济关系。政府对经济法的管理，国家和企业之间以及企业内部等纵向经济法关系或者行政管理关系，不是平等主体之间的经济关系，主要由经济法、行政法调整。

二、经济法的渊源 ★★

经济法的渊源对比如表 1-1 所示。

考试方向

考查经济法的渊源，判断不同级别的法律制定机关制定的法律对应的效力等级。

表 1-1　经济法的渊源对比表

种类		制定机关	效力等级	具体举例
宪法		全国人民代表大会	根本＋最高	《宪法》
法律		全国人大及其常委会	仅次于宪法	《证券法》《公司法》《保险法》等
法规	行政法规	国务院	次于宪法和法律	《增值税暂行条例》《消费税暂行条例》《企业财务会计报告条例》《公司登记管理条例》
	地方性法规	地方人大及其常委会	次于宪法、法律、行政法规	
规章	部门规章	国务院各部委员会、中国人民银行、审计署和具有行政管理职能的直属机构	次于宪法、法律、行政法规	《代理记账管理办法》《事业单位国有资产管理暂行办法》
	地方政府规章	地方人民政府	低于宪法、法律、行政法规、同级地方性法规	《安徽省建设工程造价管理办法》
民族自治地方的自治条例和单行条例		民族自治地方的人大		

(续表)

种类	制定机关	效力等级	具体举例
司法解释	最高人民法院	注意:非判决书	《关于适用〈中华人民共和国公司法〉若干问题的规定》《关于审理票据纠纷案件若干问题的规定》
国际条约或协定	生效后具有法律上的约束力		

【例题1-1 单选题】(经典好题)　下列各项中,属于行政法规的是(　　)。

A. 财政部制定的《代理记账管理办法》

B. 国务院制定的《中华人民共和国外汇管理条例》

C. 全国人民代表大会常务委员会制定的《中华人民共和国矿产资源法》

D. 河南省人民代表大会常务委员会制定的《河南省消费者权益保护条例》

【答案】　B

【名师点睛】　选项A属于部门规章;选项B属于行政法规;选项C属于法律;选项D,属于地方性法规。

三、经济法主体

经济法主体是指在经济法律关系中享有一定权利、承担一定义务的当事人或参加者。享受经济权利的一方称为权利主体,承担经济义务的一方称为义务主体。经济法主体的分类:

1. 根据客观形态分类

经济法主体包括国家机关、企业、事业单位、社会团体、个体工商户、农村承包经营户、公民等。

提示▶经济法主体也包括外国人、国家、企业内部组织。

　　▶国家机关或国家也可以作为经济实施主体,如政府贷款以及发行政府债券等。

　　▶企业内部组织,如分公司、分厂、车间等分支机构,在一定条件下也可以成为法律关系的主体,如分店依法纳税(但无独立的法人资格)。

2. 根据经济法调整领域的不同分类(见图1-1)

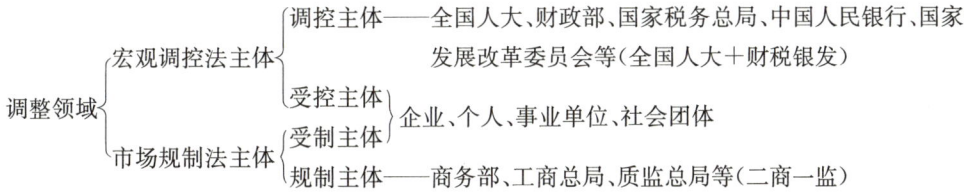

▲ 图1-1　经济法调整领域

·易错易混点·

① 调控主体与受控主体,规制主体与受制主体,地位不平等。

② 受控主体和受制主体也具有一定的独立性和主动性。

【例题1-2多选题】(经典好题) 下列各项中,可以作为经济法主体的是( )。

A. 分公司 B. 国家 C. 自然人 D. 原材料

【答案】 ABC

【名师点睛】 经济法主体是指在经济法律关系中享有一定权利、承担一定义务的当事人或参加者,选项ABC可以作为法律关系主体;选项D,原材料不能享有一定权利、承担一定义务,因此不能作为法律关系的主体。

考试方向

考查经济法主体的分类。

第二节 法律行为与代理

本节框架

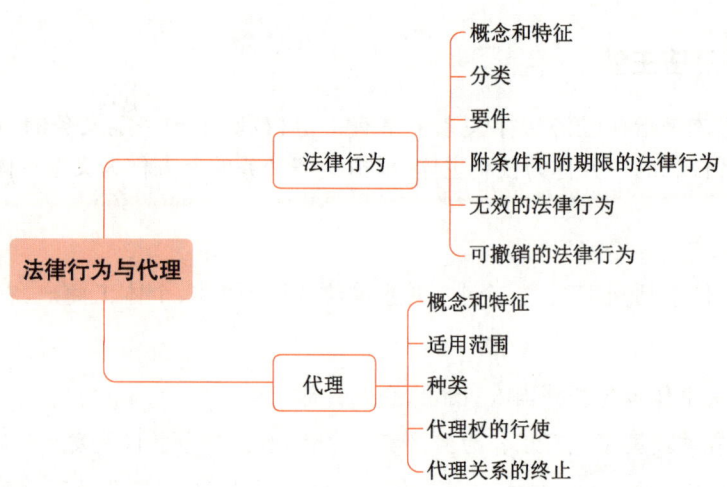

一、 法律行为

(一) 概念和特征

1. 概念

法律行为是指民事主体通过意思表示设立、变更、终止民事法律关系的行为。它是法律事实的一种。

2. 法律行为的特征

(1) 法律行为是以达到一定的民事法律后果为目的的行为。

(2) 法律行为以意思表示为要素。

提示 意思表示是法律行为的核心要素,也是法律行为与事实行为等非表意行为相区别的重要标志。事实行为如拾得遗失物、建造房屋等行为就不具有意思表示,所以事实行为不是法律行为。

【例题1-3 单选题】(2019年真题) 根据民事法律制度的规定,下列各项中,属于民事法律行为的是( )。

A. 刘某食用新鲜草莓   B. 王某与机器人对弈

C. 张某观测宇宙黑洞   D. 李某购买考试教材

【答案】 D

【名师点睛】 选项ABC都不产生民事法律后果,不是民事法律行为。选项D属于买卖合同,是民事法律行为。

考试方向
考查民事法律行为的概念。

(二) 分类★★

法律行为的分类详见表1-2。

表1-2 法律行为的分类对比表

分类依据	类别	举例
按照法律行为的成立仅需一方意思表示还是需要多方意思表示而进行的分类	单方法律行为	债务的免除、委托代理的撤销、无权代理的追认等、订立遗嘱
	多方法律行为	合同行为等
按照法律行为一方当事人从对方当事人取得利益有无对价为标准而进行的分类	有偿法律行为	买卖、租赁、承揽等
	无偿法律行为	赠与、无偿委托、借用等
按照法律行为的成立是否需要具备法律规定或当事人约定的形式而进行的分类	要式法律行为	票据行为是要式行为
	非要式法律行为	劳动仲裁
按照法律行为之间的依存关系而进行的分类	主法律行为	从银行贷款签订的抵押合同,借款合同是主合同,抵押合同是从合同。即:借款行为是主法律行为,抵押行为是从法律行为
	从法律行为	

提示 ▶主法律行为不成立,从法律行为则不能成立;主法律行为无效,则从法律行为也不能生效。

▶主法律行为履行完毕,并不必然导致从法律行为效力的丧失。

【例题1-4 判断题】(2018年真题) 甲公司以厂房抵押向乙银行借款,双方签订了借款合同和抵押合同,则抵押合同是主合同,借款合同是从合同。( )

【答案】 ×

【名师点睛】 本题中,借款合同是主合同,抵押合同是从合同。

考试方向
考查民事法律行为的分类。

(三) 要件★★

法律行为的要件,依其性质是使法律行为存在的构成要求,还是使其进一步生效的特别规范,可以划分为成立要件与生效要件。

1. 成立要件

法律行为的成立要件是法律行为的实质性要素,其用于对一个法律行为是否存在进行事实判断。

2. 生效要件

法律行为的生效是指法律行为足以引起当事人旨在追求的权利义务设立、变更、终止的法律效力。法律行为的成立是法律行为生效的前提，但是，已成立的法律行为不一定必然发生法律效力，只有具备一定生效条件的法律行为，才能产生预期的法律效果。根据《民法典》的规定，法律行为应当具备下列生效要件：

（1）行为人具有相应的民事行为能力。

法律行为是当事人旨在追求特定民事法律后果而实施的行为，所以，当事人须具有相应的民事行为能力，才可能正确理解并判断其行为的法律意义。民事行为能力，指民事主体能够独立参加民事法律关系，以自己的行为取得民事权利或承担民事义务的能力，即独立实施法律行为的能力。

① 民事权利能力和民事行为能力的区别。

a. 民事权利能力：法律赋予公民、法人或者其他组织享有民事权利、承担民事义务的资格。

b. 民事行为能力：法律确认公民、法人或者其他组织能够独立参加民事法律关系，以自己的行为取得民事权利或承担民事义务的能力，即独立实施法律行为的能力。

法人的民事权利能力和民事行为能力是统一的，均随法人的成立而产生，随其终止而消灭。

提示 ▶ 具有民事权利能力不一定具有民事行为能力。

② 自然人。

a. 自然人权利能力：始于出生、终于死亡。自然人的民事权利能力一律平等。

b. 自然人行为能力：以年龄和精神、智力状况作为依据。详见表1-3。

表1-3 自然人的行为能力对比表

行为能力	年龄维度	成年人精神状态维度
无民事行为能力人	不满8周岁（年龄＜8）	（完全）不能辨认自己行为的成年人
限制民事行为能力人	8周岁以上不满18周岁（8≤年龄＜18）	不能完全辨认自己行为的成年人
完全民事行为能力人	年满18周岁（年龄≥18）	
	16周岁以上不满18周岁（16≤年龄＜18）但以自己的劳动收入为主要生活来源	

（2）意思表示真实。

（3）不违反强制性规定，不违背公序良俗。

考试方向
判断行为人具有相应的民事行为能力。

【例题1-5 多选题】（2019年真题） 根据《民法典》的规定，下列人员中，属于完全民事行为能力人的有（ ）。

A. 王某，7周岁，小学生，已参与拍摄电视剧两部，获酬3000元

B. 李某，18周岁，大学生，学费和生活费由父母负担

C. 刘某，16周岁，网店店主，以自己的劳动收入为全部生活来源

D. 张某，20周岁，待业人员，不能完全辨认自己的行为

【答案】　BC

【名师点睛】　选项A,不满8周岁的未成年人属于无民事行为能力人;选项B,18周岁以上的自然人属于完全民事行为能力人;选项C,16周岁以上的未成年人,以自己的劳动收入为主要生活来源的,视为完全民事行为能力人;选项D,不能完全辨认自己行为的成年人属于限制民事行为能力人。

(四) 附条件和附期限的法律行为★★★

1. 附条件的法律行为

(1) 附条件的法律行为是指当事人在法律行为中约定一定的条件,并以将来该条件的成就(或发生)或不成就(或不发生)作为法律行为效力发生或消灭的根据,即在所附条件成就之前,法律行为已经成立;条件成就之后,法律行为开始生效。

(2) 能够作为法律行为所附条件的事实必须具备以下要件:

① 将来发生的事实。

② 不确定的事实。

③ 任意选择的事实,而非法定的事实。

④ 合法的事实。

⑤ 不与行为内容相矛盾。

(3) 当事人恶意阻止条件成就的,视为条件已经成就;当事人恶意促使条件成就的,视为条件不成就。

2. 附期限的法律行为

附期限的法律行为是指法律行为虽然已经成立,但是在所附期限到来之前不发生效力,待期限届至时,才发生法律效力。

● 易错易混点 ●

① 附条件法律行为和附期限法律行为的区别:所附条件不一定成就,所附期限一定会到来。

② 期限可以是明确的,也可以是不确定的,比如"某公民死亡之日"。

 所附条件成立与生效(或失效):在条件满足或期限到来前,法律行为已经成立,但并未生效(或失效);所附条件满足或期限到来时,法律行为生效(或失效)。

【例题1-6 单选题】(2018年真题)　孙某与赵某约定,赵某若年内结婚,孙某将把其名下一套房屋借给赵某使用1年,该约定的性质是(　　)。

A. 附期限的民事法律行为　　　　　B. 附条件的民事法律行为

C. 单方民事法律行为　　　　　　　D. 不属于民事法律行为

【答案】　B

【名师点睛】　选项CD错误,因为孙某与赵某的约定属于多方民事法律行为。

(五) 无效的法律行为★★★

1. 无效法律行为的概念

无效法律行为是指对于当事人所追求的法律效果,自始、当然、确定不发生的法律

考试方向
区分附条件和附期限的法律行为。

行为。

2. 无效民事法律行为的种类

(1) 因不具有相应的行为能力而无效的民事行为。

① 无民事行为能力人独立实施的民事行为,如图 1-2 所示。

情形 { 法定代表人代理:签订的合同为有效合同
无代理:签订的合同为无效合同

▲ 图1-2　无民事行为能力人独立实施的民事行为的情形

② 限制民事行为能力人不能独立实施的合同以外的民事行为,如图 1-3 所示。

情形 { 法定代表人代理:签订的合同为有效合同
无代理 { 能独立实施(与年龄、智力相当;纯获益;没有发病期间):有效
不能独立实施 { 合同:效力待定合同
单方民事行为:无效

▲ 图1-3　限制民事行为能力人不能独立实施的合同以外的民事行为的情形

提示 ▶限制民事行为能力人独立实施的合同行为是效力待定的民事行为,不是无效的民事法律行为。

(2) 因意思表示不真实而无效的民事行为,如图 1-4 所示。

情形 { 欺诈、胁迫 { 合同 { 损害国家利益:无效合同
不损害国家利益:可变更、可撤销合同
单方民事行为:无效民事行为
乘人之危 { 合同:可变更或可撤销合同
单方民事行为:无效民事行为

▲ 图1-4　因意思表示不真实而无效的民事行为的情形

当事人通谋虚假的意思表示实施的:行为人与相对人(双方当事人)以虚假的意思表示实施的民事法律行为无效。

(3) 因行为内容不合法而无效。

① 恶意串通,损害国家、集体或第三人利益的。

② 违反法律或社会公共利益、公序良俗的。

③ 以合法形式掩盖非法目的的。

· 易错易混点·

① 民事行为部分无效,不影响其他部分的效力的,其他部分仍然有效。

② 无效的民事行为,从行为开始起就没有法律约束力(自始无效)。

考试方向

考查无效的法律行为的情形。

【例题1-7 单选题】(2019 年真题)　王某 13 周岁生日时,爷爷送其价值 1 万元的电脑一台,奶奶送其价值 50 元的棒球帽一顶。同年某天,王某未事先征得法定代理人的同意,将其电脑与棒球帽分别赠送给同班同学。下列关于王某行为效力的表述中,正确的是(　　)。

A. 赠送棒球帽的行为效力待定　　B. 受赠棒球帽的行为有效

C. 赠送电脑的行为无效　　D. 受赠电脑的行为效力待定

【答案】 B

【名师点睛】 王某属于限制民事行为能力人。受赠，属于纯获益，两项受赠行为均有效；赠送，对王某并非纯获益，而棒球帽价值小，属于王某行为能力范围内的事项，赠送棒球帽的行为有效。但电脑价值过高，超出王某的行为能力，赠送电脑的行为效力待定。

（六）可撤销的法律行为★★★

1. 可撤销行为的概念

可撤销法律行为是指可因行为人行使撤销权请求法院或仲裁机关予以撤销而归于无效的法律行为。

2. 可撤销法律行为的种类

根据《民法典》的规定，下列法律行为，一方有权请求人民法院或仲裁机关予以撤销：

（1）行为人对行为内容有重大误解的。

（2）受欺诈的。

（3）受胁迫。

（4）乘人之危、显失公平的。

不同情形下的合同效力的对应关系如表1-4所示。

表1-4　不同情形下的合同效力对比表

情形	合同的效力
胁迫、欺诈	损害国家利益：无效
	不损害国家利益：可撤销
乘人之危、显失公平	可撤销
恶意串通的合同	无效
违反法律或者社会公共利益的合同、公序良俗的	无效
以合法形式掩盖非法目的的合同	无效
重大误解的合同	可撤销

可撤销情形与无效情形对比情况如表1-5所示。

表1-5　可撤销情形与无效情形对比表

项目	可撤销情形	无效情形
效力	在撤销前已经生效	当然无效
主张者	由撤销权人行使，法院、仲裁机关不告不理	法院、仲裁机关可主动
路径	选择权：可撤销/可继续有效	绝对无效

（续表）

项目	可撤销情形	无效情形
时间	受胁迫,自胁迫行为终止之日起1年内没有行使撤销权的,撤销权消灭	不存在限制
	重大误解:知道或应当知道撤销事由之日起90日内行使	
	其他自知道或应当知道撤销事由之日起1年内行使,否则人民法院不予保护	
	发生之日起5年内没有行使撤销权的,撤销权消灭	
溯及力	一经撤销,效力溯及于行为的开始,即自始无效	自始无效

考试方向

考查可撤销的民事行为。

【例题1-8 判断题】(2019年真题) 行为人与相对人恶意串通,损害他人合法权益的民事法律行为,自人民法院宣告其无效时起失去法律约束力。（　　）

【答案】 ×

【名师点睛】 无效的民事法律行为自始没有法律约束力。

【例题1-9 多选题】(2018年真题) 根据《民法典》的规定,下列各项中,属于无效民事法律行为的有（　　）。

A. 6周岁的王某将自己的电话手表赠与赵某

B. 宋某以泄露王某隐私为由,胁迫王某以超低价格将祖传古董卖给自己

C. 张某以高于市场价30%的价格将房屋出售给李某

D. 甲公司代理人刘某与乙公司负责人串通,以甲公司名义向乙公司购买质次价高的商品

【答案】 AD

【名师点睛】 选项A,无民事行为能力人独立实施的民事法律行为无效;选项B,一方以胁迫手段,使对方在违背真实意思的情况下实施的民事法律行为,受胁迫方有权请求人民法院或者仲裁机构予以撤销;选项C,属于有效的民事法律行为;选项D,行为人与相对人恶意串通,损害他人合法权益的民事法律行为无效。

二、代理

(一)概念和特征★

1. 概念

代理是指代理人在代理权限内,以被代理人的名义与第三人实施法律行为,由此产生的法律后果直接由被代理人承担的一种法律制度。

2. 特征(详见表1-6)

表1-6 代理的特征对比表

特征	陷阱	代表行为
代理人必须以被代理人的名义实施法律行为	行纪、寄售等受托处分财产的行为不属于代理	拍卖、寄售等

（续表）

特征	陷阱	代表行为
代理人在代理权限内独立地向第三人进行意思表示	传递信息、中介行为不属于代理 代为保管物品行为不属于代理	代为出席商业活动、房地产中介、转交保管物品等
代理行为的法律后果直接归属于被代理人	无效代理、冒名欺诈不属于代理	

（二）适用范围★★

代理适用于民事主体之间设立、变更和终止权利义务的法律行为。依照法律规定或按照双方当事人约定，应当由本人实施的民事法律行为，不得代理，如订立遗嘱、婚姻登记、收养子女等；本人未亲自实施的，应当认定行为无效。

【例题1-10多选题】（2019年真题） 根据民事法律制度的规定，下列代理行为无效的有（　　）。

A. 孙某受李某委托代为租赁房屋

B. 赵某受钱某委托代为购买汽车

C. 周某受吴某委托代为婚姻登记

D. 郑某受王某委托代为收养子女

【答案】 CD

【名师点睛】 依照法律规定或按照当事人约定，应当由本人亲自实施的民事法律行为，不得代理，如订立遗嘱、婚姻登记、收养子女等。

考试方向 判断代理的适用范围。

（三）种类★★

代理可分为委托代理、法定代理和指定代理。

1. 委托代理

委托代理授权委托书授权不明的，被代理人应当对第三人承担民事责任，代理人承担连带责任。

2. 法定代理

法定代理一般适用于被代理人是无行为能力人、限制行为能力的人。

无民事行为能力人、限制民事行为能力人的监护人是其法定代理人。如：小林的父亲代5岁的小林签订了一份房屋买卖合同。

3. 指定代理

在没有法定代理人和委托代理人，或法定代理人互相推诿代理责任的情况下，法院或有权机关可以依法为不能亲自处理自己事务的人指定代理人。

（四）代理权的行使★★★

委托代理人应按照被代理人的委托授权行使代理权，法定代理人应依照法律的规定行使代理权，指定代理人应按照人民法院或指定单位的指定行使代理权。代理人行使代理权必须符合被代理人的利益，并做到勤勉尽职、审慎周到，不得与他人恶意串通损害被代理人利益，也不得利用代理权谋取私利。

区分滥用代理权、无权代理与表见代理的三种情形。

1. 滥用代理权

（1）本质。

代理人不得滥用代理权,滥用代理权的情形本质上有代理权。常见的滥用代理权表现为三种形式:

① 自己代理:代理他人与自己进行民事活动。

② 双方代理:代理双方当事人进行同一项民事活动。

③ 恶意串通:与第三人恶意串通损害被代理人的利益。

(2) 滥用代理权的法律后果(谁的过错谁承担)。

① 代理人滥用代理权的,给被代理人及他人造成损失的,应当承担相应的赔偿责任。

② 代理人和第三人串通,损害被代理人的利益的,由代理人和第三人负连带责任。

知识链接 ▶ 代理人滥用代理权并不必然导致代理行为无效;自己代理和双方代理原则上发生无权代理的法律后果,所达成的合同是效力待定合同;恶意串通的代理行为属于无效代理。

考试方向

考查滥用代理权的三种表现形式,判断自己代理、双方代理、恶意代理的情形。

【**例题 1-11 单选题**】**(2019 年真题)** 甲公司授予乙公司代理权,委托乙公司向丙公司采购货物。乙公司和丙公司串通,致乙公司以甲公司名义购进的货物质次价高,使甲公司遭受严重的经济损失。关于甲公司损失承担的下列表述中,正确的是( )。

A. 甲公司的损失应当由甲公司和乙公司分担

B. 甲公司的损失应当由乙公司和丙公司承担连带赔偿责任

C. 甲公司的损失应当由乙公司承担全部赔偿责任

D. 甲公司的损失应当由乙公司和丙公司承担按份赔偿责任

【**答案**】 B

【**名师点睛**】 代理人和相对人恶意串通,损害被代理人合法权益的,代理人和相对人应当承担连带责任。

2. 无权代理

(1) 概念。

无权代理是指没有代理权而以他人名义进行的代理行为,无权代理的情形本质上没有代理权。无权代理表现为如下三种形式:

① 没有代理权而实施的代理。

② 超越代理权实施的代理。

③ 代理权终止后而实施的代理。

(2) 法律后果(谁的过错谁承担)。

在无权代理的情况下,只有经过被代理人的追认,被代理人才承担无权代理的法律后果。未经追认的行为,由行为人承担民事责任。但是,有以下几种情况的除外:

① 被代理人知道他人以本人名义实施代理行为而不作否认表示的,视为同意,即应由被代理人承担代理的法律后果。

② 无权代理人的代理行为,客观上使善意相对人有理由相信其有代理权的,被代理人应当承担代理的法律后果。

记忆技巧 关于代理的法律后果可以总结如下：

① 经被代理人追认——被代理人承担。

② 未经追认——一般由行为人承担,但有特殊情况,例如:被代理人知道但不做否认表示则视为同意;委托代理人为了维护被代理人的利益,在紧急情况下实施的超越代理权的民事法律行为,可以认定有效,但其采取的行为不当给被代理人造成损失的,可以酌情由委托代理人承担适当的责任。

③ 第三人明知——第三人和行为人承担连带责任。

3. 表见代理——广义的无权代理

（1）无权代理的概念。

无权代理人的代理行为,客观上使善意相对人有理由相信其有代理权的,被代理人应当承担代理的法律后果（如果是签订的合同,那么合同有效）。

·易错易混点·

表见代理的本质是无权代理,第三人必须是善意相对人,成立要件必须使其有理由相信。

（2）有理由相信的理由。

① 被代理人对第三人表示已将代理权授予他人,而实际并未授权。

② 被代理人将某种有代理权的证明文件（如盖有公章的空白介绍信、空白合同文本、合同专用章等）交给他人,他人以该种文件使第三人相信其有代理权并与之进行法律行为。

③ 代理授权不明。

④ 代理人违反被代理人的意思或者超越代理权,第三人无过失地相信其有代理权;

⑤ 代理关系终止后未采取必要的措施而使第三人仍然相信行为人有代理权。

（五）代理关系的终止★★

（1）代理关系终止分为委托代理终止的法定情形和法定代理终止的法定情形,如表1-7所示。

表 1-7　代理关系终止的法定情形

	法定情形
委托代理终止	① 代理期间届满或者代理事务完成 ② 被代理人取消委托或代理人辞去委托 ③ 代理人或者被代理人死亡 ④ 代理人丧失民事行为能力 ⑤ 作为代理人或被代理人的法人、非法人组织终止
法定代理终止	① 被代理人取得或恢复民事行为能力 ② 被代理人或代理人死亡 ③ 代理人丧失民事行为能力 ④ 由其他原因引起的被代理人和代理人之间的监护关系消灭

（2）作为委托代理的被代理人死亡代理关系并不一定终止。有下列情形之一的,委托代理人实施的代理行为仍有效:

① 代理人不知道并且不应当知道被代理人死亡。

② 被代理人的继承人予以承认。

③ 授权中明确代理权在代理事务完成时终止。

④ 被代理人死亡前已经实施,为了被代理人的继承人的利益继续代理。作为被代理人的法人、非法人组织终止的,参照该条款。

·易错易混点·

代理人丧失民事行为能力,必然导致代理终止;而被代理人丧失民事行为能力并不导致代理关系终止。

考试方向

判断委托代理终止的法定情形和法定代理终止的法定情形。

【例题1-12 单选题】(经典好题) 根据代理法律制度的规定,下列各项中,不属于委托代理终止的法定情形是(   )。

A. 代理期间届满

B. 代理人辞去委托

C. 被代理人恢复完全民事行为能力

D. 被代理人取消委托

【答案】 C

【名师点睛】 选项C属于法定代理终止的情形。

第三节   经济仲裁与诉讼

本节框架

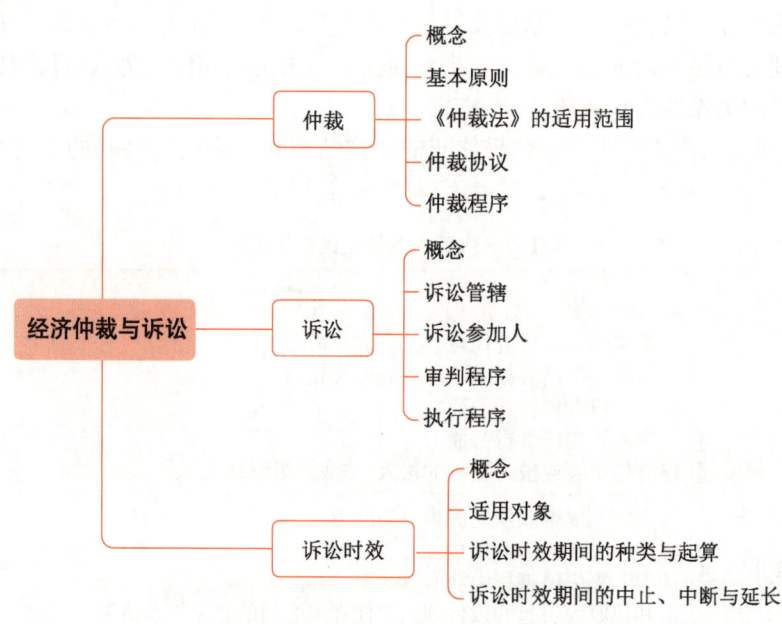

一、仲裁

(一) 概念

仲裁是指仲裁机构根据纠纷当事人之间自愿达成的协议,以第三者的身份对所发生的纠纷进行审理,并作出对争议各方均有约束力的裁决的解决纠纷活动。

仲裁是一种解决经济纠纷的有效方式,在现实生活中被广泛应用,与其他解决纠纷的方式相比,更为灵活便利。

(二) 基本原则★★

1. 自愿原则

双方自愿,达成仲裁协议(首要原则)。

2. 以事实为根据,以法律为准绳,公平合理地解决纠纷原则

在法律没有规定或者规定不完备的情况下,仲裁庭可以按照公平合理的一般原则来解决纠纷。

3. 仲裁组织依法独立行使仲裁权原则

仲裁机构不依附于任何机关而独立存在,仲裁依法独立进行,不受任何行政机关、社会团体和个人的干涉。仲裁机构属于民间组织,没有地域划分,仲裁机构间也没有隶属关系。

4. 一裁终局原则

仲裁裁决作出后,当事人就同一纠纷,不能再申请仲裁或者向人民法院起诉。但是,仲裁裁决被人民法院依法裁定撤销或者不予执行的(原仲裁协议失效),当事人可以重新达成仲裁协议申请仲裁,也可以向人民法院起诉。

【例题 1-13 判断题】(2017 年真题) 仲裁裁决被人民法院裁定撤销或者不予执行的,当事人就同一纠纷,不能再重新达成仲裁协议申请仲裁或者向人民法院起诉。(　　)

【答案】 ×

【名师点睛】 仲裁裁决被人民法院依法裁定撤销或者不予执行的(原仲裁协议失效),当事人可以重新达成仲裁协议申请仲裁,也可以向人民法院起诉。

> **考试方向**
> 考查仲裁的基本原则。

(三)《仲裁法》的适用范围★★★

根据《仲裁法》的规定,平等主体的公民、法人和其他组织之间发生的合同纠纷和其他财产纠纷,可以仲裁。这就是说,仲裁事项必须是合同纠纷和其他财产性法律关系的争议。

1. 仲裁适用平等主体间的纠纷

(1) 合同纠纷。

(2) 其他财产权益纠纷。

2. 不适用《仲裁法》的情形

由于劳动争议和农业集体经济组织内部的农业承包合同纠纷不同于一般的经济纠纷,它们在解决纠纷的原则、程序等方面有自己的特点,应适用专门的规定,因此,《仲裁法》不适用于解决这两类纠纷。

> **· 易错易混点 ·**
>
> ① 不适用《仲裁法》并非不能仲裁。
> ② 劳动争议合同纠纷适用《中华人民共和国劳动争议调解仲裁法》。

③ 农业集体经济组织内部的农业承包合同纠纷适用《中华人民共和国农村土地承包经营纠纷调解仲裁法》。

3. 下列纠纷**不能**提请仲裁
(1) 与**人身**有关的婚姻、收养、监护、扶养、继承纠纷。
(2) **行政**争议(不平等主体)。

【例题 1-14 多选题】(2019 年真题) 根据《仲裁法》的规定,下列各项中,不属于仲裁机构受理案件范围的有(   )。
A. 陈某与所属的农业集体经济组织之间的农业承包合同纠纷
B. 李某与王某之间的承揽合同纠纷
C. 甲公司与某行政机关之间的行政争议
D. 蔡某与其所在单位之间的劳动合同纠纷
【答案】 ACD
【名师点睛】 选项 AD,可以申请仲裁,但不适用《仲裁法》;选项 C,行政争议不能仲裁。

(四) 仲裁协议 ★★

仲裁协议包括合同中订立的仲裁条款以及在纠纷发生前后以其他书面方式达成的请求仲裁的协议。这里所称的其他书面形式,包括合同书、信件和数据电文(包括电报、传真、电传、电子数据交换和电子邮件)等形式。

1. 仲裁协议的形式、达成时间和方式
(1) 仲裁协议应以**书面形式**订立,**口头达成**仲裁的意思表示无效(仲裁是要式行为)。
(2) 达成时间:在纠纷发生**前后**均可达成仲裁协议。
(3) 方式:可以是单独的仲裁协议,也可以是合同中的仲裁条款。

2. 仲裁协议的内容
(1) 双方请求仲裁的意思表示。
(2) 仲裁事项。
(3) 选定的仲裁委员会。
例如:因履行本合同发生的一切争议,由当事人协商解决,协商不成,提交武汉市洪山区仲裁委员会仲裁。

3. 仲裁协议的效力
(1) **平等主体**间的财产纠纷遵循或**裁或审原则**,但有效的仲裁协议可以排除法院的管辖权。
(2) 仲裁协议**独立存在**,合同的变更、解除、终止或者无效**不影响**仲裁协议的效力。
(3) 当事人对**仲裁协议**的效力有异议的,可以请求仲裁委员会作出决定或者请求法院作出裁定。一方请求仲裁委员会作出决定,另一方请求法院作出裁定的,由**人民法院**裁定。当事人对仲裁协议的效力有异议,应当在**仲裁庭首次开庭前**提出。
(4) 当事人达成仲裁协议,一方向法院起诉未声明有仲裁协议,法院受理后,另一在首次开庭前提交仲裁协议的,法院应当驳回起诉,但仲裁协议无效的除外。此处体现了或裁或审原则,有效的仲裁协议可以排除法院的管辖权。另一方在首次开庭前未对法院受理该案提出异议的,视为放弃仲裁协议,法院应当继续审理。

4. 仲裁协议无效的情形

(1) 约定的仲裁事项超过法律规定的仲裁范围。

(2) 无民事行为能力人或者限制民事行为能力人订立的仲裁协议。

(3) 一方采取胁迫手段,迫使对方订立的仲裁协议。

(4) 仲裁协议对仲裁事项或仲裁委员会没有约定或约定不明确的,当事人可以补充协议;达不成补充协议的,仲裁协议无效。

【例题1-15 多选题】(2017年真题) 根据仲裁法律制度的规定,下列情形中,仲裁协议无效的有( )。

A. 限制民事行为能力人与他人订立的仲裁协议

B. 因一方违约而被相对人依法解除的买卖合同中包含的仲裁协议

C. 当事人就继承纠纷约定仲裁的仲裁协议

D. 一方采取胁迫手段,迫使对方订立的仲裁协议

【答案】 ACD

【名师点睛】 选项B,合同的变更、解除、终止或者无效,不影响仲裁协议的效力;选项C,约定的仲裁事项(继承纠纷)超过法律规定的仲裁范围,仲裁协议无效。

考试方向

考查仲裁协议的效力形式、达成时间和方式、内容、效力和无效的情形。

(五) 仲裁程序★★★

1. 仲裁申请和受理

申请仲裁必须符合下列条件:

(1) 有仲裁协议。

(2) 有具体的仲裁请求和事实、理由。

(3) 属于仲裁委员会的受理范围。

仲裁委员会收到仲裁申请书之日起5日内,认为符合受理条件的,应当受理,并通知当事人;认为不符合受理条件的,应当书面通知当事人不予受理,并说明理由。仲裁委员会受理仲裁申请后,应当依法向被申请人送达仲裁申请书副本,并由其提交答辩书。被申请人未提交答辩书的,不影响仲裁程序的进行。

2. 仲裁庭的组成

仲裁庭可以由1名仲裁员或3名仲裁员组成。由3名仲裁员组成的,设首席仲裁员。仲裁庭组成后,仲裁委员会应将仲裁庭的组成情况书面通知当事人。

3. 回避制度(公平合理原则)

仲裁员有下列情形之一的,必须回避,当事人也有权提出回避申请:

(1) 是本案当事人,或者当事人、代理人的近亲属。

(2) 与本案有利害关系。

(3) 与本案当事人、代理人有其他关系,可能影响公正仲裁的。

(4) 私自会见当事人、代理人,或者接受当事人、代理人的请客送礼的。

考试方向

考查仲裁的回避制度。

【例题1-16 多选题】(经典好题) 根据《仲裁法》的规定,下列情形中,属于仲裁员审理案件时必须回避的有( )。

A. 是本案的当事人　　　　　　　　B. 与本案有利害关系

C. 是本案当事人的近亲属　　　　　D. 接受当事人的礼物

【答案】 ABCD

【名师点睛】 仲裁员有下列情形之一的,必须回避,当事人也有权提出回避申请:是本案当事人(选项A);或者当事人、代理人的近亲属(选项C);与本案有利害关系(选项B);与本案当事人、代理人有其他关系,可能影响公正仲裁的(选项D);私自会见当事人、代理人,或者接受当事人、代理人的请客送礼的。选项ABCD均属于仲裁员审理案件时必须回避的情形。

4. 仲裁一般应当开庭但不公开(自愿原则),但有约定按约定

(1) 当事人协议不开庭的,仲裁庭可根据仲裁申请书、答辩书以及其他材料作出裁决。

(2) 当事人协议公开的,可以公开进行,但涉及国家秘密的除外。

5. 仲裁的和解与调解(自愿原则、一裁终局原则)

(1) 当事人申请仲裁后,可以自行和解。达成和解协议的,可以请求仲裁庭根据和解协议作出裁决书,也可以撤回仲裁申请。当事人达成和解协议,撤回仲裁申请后又反悔的,可以根据仲裁协议申请仲裁。

(2) 仲裁庭在作出裁决前,可以先行调解。当事人自愿调解的,仲裁庭(第三方)应当调解。调解不成的,仲裁庭应当及时作出裁决;调解达成协议的,仲裁庭应当制作调解书或者根据协议的结果制作裁决书,调解书(生效后)与裁决书具有同等的法律效力。调解书经双方当事人签收后,即发生法律效力;在调解书签收前当事人反悔的,仲裁庭应当及时作出裁决。

6. 作出裁决

裁决应当按照多数仲裁员的意见作出;仲裁庭不能形成多数意见时,裁决应当按照首席仲裁员的意见作出。裁决书自作出之日起发生法律效力。

考试方向

判断仲裁作出意见类型的方式。

【例题1-17 单选题】(经典好题) 张三、李四因合同纠纷达成仲裁协议,张三选定A仲裁员,李四选定B仲裁员,另共同委托仲裁委员会主任指定一名首席仲裁员,3人组成仲裁庭。仲裁庭在作出裁决时产生了三种不同意见。根据仲裁法律制度的规定,仲裁庭应当采取的正确做法是( )。

A. 按多数仲裁员的意见作出裁决　　　B. 按首席仲裁员的意见作出裁决

C. 提请仲裁委员会作出裁决　　　　　D. 提请仲裁委员会主任作出裁决

【答案】 B

【名师点睛】 裁决应当按照多数仲裁员的意见作出;仲裁庭不能形成多数意见时,裁决应当按照首席仲裁员的意见作出,本题中产生了三种不同意见,应当按照首席仲裁员的意见作出,选项B正确。

7. 履行裁决及强制执行

仲裁裁决作出后,当事人应当履行裁决。一方当事人不履行的,另一方当事人可以按照《民事诉讼法》的有关规定向人民法院申请执行。

8. 仲裁裁决法定撤销的情形

(1) <u>没有</u>仲裁协议的。

(2) 裁决的事项<u>不属于</u>仲裁协议的<u>范围</u>或者仲裁委员会无权仲裁的。

(3) 仲裁庭的组成或者仲裁的程序<u>违反法定</u>程序的。

(4) 裁决所根据的<u>证据是伪造</u>的。

(5) 对方当事人隐瞒了足以影响公正裁决的证据的。

(6) 仲裁员在仲裁该案时有索贿受贿、徇私舞弊、枉法裁决行为的。

当事人提出证据证明裁决有依法应撤销情形的,可以在<u>收到</u>裁决书之日起 6 个月内,向<u>仲裁委员会所在地的中级人民法院</u>申请撤销裁决。

【例题 1-18 多选题】(经典好题)　根据仲裁法律制度的规定,当事人有证据证明仲裁裁决依法应当撤销的,可向仲裁委员会所在地的中级人民法院申请撤销裁决的期限是裁决书作出之日起 6 个月内。(　　　)

【答案】　×

【名师点睛】　根据仲裁法律制度的规定,当事人有证据证明仲裁裁决依法应当撤销的,可向仲裁委员会所在地的中级人民法院申请撤销裁决的期限是收到裁决书之日起 6 个月内。

考试方向　判断仲裁裁决法定撤销的情形。

二、诉讼

(一) 概念

诉讼是指人民法院根据纠纷当事人的请求,运用审判权确认争议各方权利义务关系、解决经济纠纷的活动。

诉讼是解决经济纠纷的最重要手段,大多数情况下是解决经济纠纷的最终办法。经济纠纷所涉及的诉讼包括行政诉讼和民事诉讼。由于解决经济纠纷所涉及的诉讼绝大部分属于民事诉讼,本节主要就民事诉讼予以介绍,民事诉讼适用《民事诉讼法》的有关规定。

<u>平等主体</u>之间因<u>财产关系</u>和<u>人身关系</u>发生纠纷,可以提起民事诉讼。

　▶　仲裁适用于合同关系和财产关系。

(二) 诉讼管辖★★★

诉讼管辖包括级别管辖和地域管辖。

1. 级别管辖

大多数民事案件均归基层法院管辖。

2. 地域管辖

(1) 一般地域管辖(普通管辖)。

一般地域管辖是以被告住所地为依据来确定案件的管辖法院,即实行<u>原告就被告</u>原则。

① 被告住所地指其户籍所在地,如果住所地与经常居住地不一致,由经常居住地人民法院管辖。

② 同一诉讼的<u>几个被告</u>住所地、经常居住地在两个以上人民法院辖区的,各该人民法院都有管辖权。

③ 对没有办事机构的个人合伙、合伙型联营体提起的诉讼,由被告注册登记地人民法院管辖;没有注册登记,几个被告又不在同一辖区的,被告住所地的人民法院都有管辖权。

(2) 特殊地域管辖(特别管辖)。

特殊地域管辖是以诉讼标的所在地,或引起法律关系发生、变更、消灭的法律事实所在地为依据确定管辖。适用特殊地域管辖的主要有以下几种情况:

① 合同纠纷引起的诉讼:由被告住所地或者合同履行地。

② 保险合同纠纷引起的诉讼:由被告住所地或者保险标的物所在地。

③ 票据纠纷引起的诉讼:由票据支付地或者被告住所地。

④ 因铁路、公路、水上和航空事故请求损害赔偿提起的诉讼,由事故发生地或车辆、船舶最先到达地、航空器最先降落地或被告住所地人民法院管辖。

⑤ 专利纠纷案件由知识产权法院、最高人民法院确定的中级人民法院和基层人民法院管辖。

⑥ 海事、海商案件由海事法院管辖。

• 易错易混点 •

在适用特殊地域管辖的同时也适用一般地域管辖。

(3) 协议管辖(约定管辖)。

双方当事人的合同纠纷和其他财产权益纠纷(包括因物权、知识产权中的财产权而产生的民事纠纷)可以以协议的方式选择管辖法院。

• 易错易混点 •

协议管辖不适用于人身和物权中不动产纠纷。

(4) 共同管辖(选择管辖)——立案在先原则。

两个以上人民法院都有管辖权的诉讼,原告可以向其中一个人民法院起诉;原告向两个以上有管辖权的人民法院起诉的,由最先立案的人民法院管辖。

在共同管辖的情形下要注意以下几点:

① 先立案的人民法院不得将案件移送给另一个有管辖权的人民法院。

② 人民法院在立案前发现其他有管辖权的人民法院已先立案的,不得重复立案。

③ 立案后发现其他有管辖权的人民法院已先立案的,裁定将案件移送给先立案的人民法院。

考试方向
判断级别管辖和地域管辖适用的情形。

【例题1-19多选题】(经典好题) 据民事诉讼法律制度的规定,因票据纠纷提起的诉讼,当事人之间不存在管辖协议时,享有管辖权的法院有(   )。

A. 原告住所地法院   B. 被告住所地法院

C. 票据出票地法院   D. 票据支付地法院

【答案】 BD

【答案】 票据纠纷引起的诉讼由票据支付地或者被告住所地管辖。

【例题1-20 多选题】(2017年真题) 根据民事诉讼法律制度的规定,关于两个或两个以上人民法院都有管辖权的诉讼管辖权的确定,下列表述中正确的有( )。

A. 先立案的人民法院可以将案件移送给另一个有管辖权的人民法院

B. 原告向两个以上有管辖权的人民法院起诉的,由最先立案的人民法院管辖

C. 人民法院在立案前发现其他有管辖权的人民法院已先立案的,不得重复立案

D. 原告可以选择向其中一个人民法院起诉

【答案】 BCD

【名师点睛】 先立案的人民法院不得将案件移送给另一个有管辖权的人民法院,选项A不正确;两个以上人民法院都有管辖权的诉讼,原告可以向其中一个人民法院起诉;原告向两个以上有管辖权的人民法院起诉的,由最先立案的人民法院管辖,选项BD正确;人民法院在立案前发现其他有管辖权的人民法院已先立案的,不得重复立案;立案后发现其他有管辖权的人民法院已先立案的,裁定将案件移送给先立案的人民法院,选项C正确。

(三) 诉讼参加人

诉讼参加人包括当事人和诉讼代理人。

(1) 当事人,是指公民、法人和其他组织因经济权益发生争议或受到损害,以自己的名义进行诉讼,并受人民法院调解或裁判约束的利害关系人。当事人包括原告、被告、共同诉讼人、诉讼中的第三人。

(2) 诉讼代理人,是指以被代理人的名义,在代理权限范围内,为了维护被代理人的合法权益而进行诉讼的人。代理人包括法定代理人、指定代理人、委托代理人。

(四) 审判程序★★

审判程序包括第一审程序、第二审程序、审判监督程序等。

①我国执行两审终审制,一个诉讼案件经过两级法院审判后即终结。

②审判监督程序(再审程序)是为了防止已经生效的判决、裁定出现错误而依法提出对原案件重新进行审理的一种特别程序。

1. 第一审程序

第一审程序,是指各级人民法院审理第一审经济案件适用的程序,分为普通程序、简易程序。

(1) 普通程序。

① 起诉和受理。

起诉的法定条件:原告与本案有直接利害关系;有明确的被告;有具体的诉讼请求和事实、理由;属于法院的受理范围和管辖范围。

人民法院接到起诉状或口头起诉后,经审查认为符合起诉条件的,应当在7日内立案,并通知当事人。

② 审理前的准备。

根据《民事诉讼法》司法解释的规定,人民法院应当在开庭3日前用传票传唤当事人。对诉讼代理人、证人、鉴定人、勘验人、翻译人员应当用通知书通知其到庭。当事人或者其他诉讼参与人在外地的,应当留有必要的在途时间。

第一章

易错易混点

① 诉讼可以采用书面形式,也可以采用口头形式。

② 仲裁应以书面形式订立,口头达成仲裁的意思表示无效。

③ 开庭并公开。

开庭审理是指在审判人员主持和当事人及其他诉讼参与人的参加下,在法庭上对案件进行审理的诉讼活动。其目的是确认当事人的权利义务关系,以调解或判决的方式解决纠纷。

a. 除涉及国家机密、个人隐私或者法律另有规定的以外,应当公开进行——依法不得公开。

b. 离婚案件,涉及商业秘密的案当事人申请不公开审理的,可以不公开审——依当事人意愿不公开。

知识链接 ▶ 诉讼在一般情形下是开庭并公开,但仲裁是开庭但不公开。

(2)简易程序。

简易程序,是指基层人民法院及其派出的人民法庭,审理简单民事案件所适用的既独立又简单易行的诉讼程序。简易程序适用于事实清楚、权利义务关系明确、争议不大的简单案件。

① 当事人双方可就开庭方式向人民法院提出申请,由人民法院决定是否准许。经当事人双方同意,可以采用视听传输技术等方式开庭。

人民法院可以采取捎口信、电话、短信、传真、电子邮件等简便方式传唤双方当事人、通知证人和送达裁判文书以外的诉讼文书。

以简便方式送达的开庭通知,未经当事人确认或者没有其他证据证明当事人已经收到的,人民法院不得缺席判决。

② 适用简易程序审理案件,由审判员独任审判,书记员担任记录(独任制)。

③ 下列案件,不适用简易程序的诉讼程序的有:

a. 起诉时被告下落不明的。

b. 发回重审的。

c. 当事人一方人数众多的。

d. 适用审判监督程序的。

e. 涉及国家利益、社会公共利益的。

f. 第三人起诉请求改变或者撤销生效判决、裁定、调解书的。

g. 其他不宜适用简易程序的案件。

④ 简易程序可以转为普通程序。

已经按照普通程序审理的案件,在开庭后不得转为简易程序审理。

考试方向 考查审判程序的简易程序。

【例题1-21 判断题】(2018年真题) 张某因王某未偿还到期借款70万元,向甲人民法院起诉,此时王某下落不明已半年,甲法院可以适用简易程序审理本案。( )

【答案】 ×

【名师点睛】　下列案件不适用简易程序:起诉时被告下落不明的;发回重审的;当事人一方人数众多的;适用审判监督程序的;涉及国家利益、社会公共利益的;第三人起诉请求改变或者撤销生效判决、裁定、调解书的;其他不宜适用简易程序的案件。

2. 第二审程序(上诉程序)

第二审程序,又称上诉程序,是指上级人民法院审理当事人不服第一审人民法院尚未生效的判决和裁定而提起的上诉案件所适用的程序。

(1)前提:当事人不服第一审人民法院尚未生效的判决和裁定。

① 只有第一审案件的当事人才可以提起上诉。

② 只能对法律规定的可以上诉的判决、裁定提起上诉(不是所有的判决和裁定都能上诉)。

(2)上诉期限。

① 不服第一审判决:送达之日起15日内。

② 不服第一审裁定:送达之日起10日内。

• 易错易混点 •

① 仲裁的调解书:签收后生效。

② 仲裁的裁决书:作出之日生效。

【例题1-22单选题】(2018年真题)　根据民事诉讼法律制度的规定,当事人不服地方人民法院第一审裁定的,有权在裁定书送达之日起一定期限内向上一级人民法院提起上诉,该期限为(　　)日。

A. 10　　　　　　　　B. 15　　　　　　　　C. 20　　　　　　　　D. 30

【答案】　A

【名师点睛】　本题考查民事诉讼二审程序。当事人不服地方人民法院第一审裁定的,有权在裁定书送达之日起10日内向上一级人民法院提起上诉。

考试方向: 考查第二审程序(上诉程序)。

(3)效力:第二审人民法院的判决、裁定是终审的判决、裁定。

二审法院发回重审的,当事人对"重审案件"的判决、裁定可以上诉——重审相当于一审。

3. 审判监督程序(再审程序)

审判监督程序,是指有审判监督权的人员和机关,发现已经发生法律效力的判决、裁定确有错误的,依法提出对原案重新进行审理的一种特别程序,又称再审程序。

(1)前提:有审判监督权的人员和机关,发现已经生效的判决裁定确有错误。

(2)提出再审的情形:

① 各级人民法院院长对本院已经发生法律效力的判决、裁定,发现确有错误,认为需要再审的,提交审判委员会讨论决定。

② 最高人民法院对地方各级人民法院、上级人民法院对下级人民法院已经发生法律效力的判决、裁定,发现确有错误的,有权提审或指令下级人民法院再审。

③ 当事人对已经发生法律效力的判决、裁定,认为有错误的,可以向上一级人民法院申请再审;当事人一方人数众多或者当事人双方为公民的案件,也可以向原审人民法院

申请再审。

④ 当事人对已经发生法律效力的调解书申请再审,应当在调解书发生法律效力后6个月内提出。

> **·易错易混点·**
>
> 判决和裁定不受6个月的限制;当事人申请再审,不停止已生效的判决、裁定的执行。

(3) 当事人提出再审申请人民法院不予受理的情形:

① 再审申请被驳回后再次提出申请的。

② 对再审判决、裁定提出申请的。

③ 在人民检察院对当事人的申请作出不予提出再审检察建议或者抗诉决定后又提出申请的。

再审申请被驳回后再次提出申请的和对再审判决、裁定提出申请的,人民法院应当告知当事人可以向人民检察院申请再审检察建议或者抗诉,但因人民检察院提出再审检察建议或者抗诉而再审作出的判决、裁定除外。

【例题1-23 多选题】(2019年真题) 根据民事诉讼法律制度的规定,对于当事人的下列再审申请,人民法院不予受理的有( )。

A. 在调解书发生法律效力后3个月内提出申请的

B. 再审申请被驳回后提出申请的

C. 对再审判决、裁定提出申请的

D. 在人民检察院对当事人的申请作出不予提出再审检察建议后又提出申请的

【答案】 BCD

【名师点睛】 当事人对已经发生法律效力的调解书申请再审,应当在调解书发生法律效力后6个月内提出。选项A符合准予受理的情形,选项BCD符合不予受理的情形。

(五) 执行程序★

执行程序是人民法院依法对已经发生法律效力的判决、裁定及其他法律文书的规定,强制义务人履行义务的程序。

(1) 执行时效的长度:2年。

(2) 执行时效的起算点:

① 法律文书规定履行期间:从履行期的最后一日起计算。

② 法律文书规定分期履行:从规定的每次履行期间的最后一日起计算。

③ 法律文书未规定履行期间:从法律文书生效之日起计算。

三、诉讼时效

(一) 概念★★

诉讼时效是指权利人不在法定期间内行使权利而失去诉讼保护的制度。上述法定期间即是诉讼时效期间。在法律规定的诉讼时效期间内,民事权利受到侵害的权利人提出请求的,人民法院会受理并强制义务人履行所承担的义务;权利人在法定的诉讼时效

考试方向
考查审判监督程序(再审程序)。

期间内不行使权利,人民法院对权利人的权利不再进行保护。

依照民法总则、合同法、民事诉讼法,以及最高人民法院司法解释等规定,我国诉讼时效有如下特点:

(1) 诉讼时效期间届满时,债务人获得抗辩权,但债权人的实体权利并不消灭,即债务人自愿履行的,不受诉讼时效限制。

(2) 当事人未提出诉讼时效抗辩,人民法院不应对诉讼时效问题进行释明及主动适用诉讼时效的规定进行裁判。

(3) 当事人在一审期间未提出诉讼时效抗辩,在二审期间提出的,人民法院不予支持;但其基于新的证据能够证明对方当事人的请求权已过诉讼时效期间的情形除外。

(4) 当事人未按照规定提出诉讼时效抗辩,却以诉讼时效期间届满为由申请再审或者提出再审抗辩的,人民法院不予支持。

(5) 诉讼时效期间届满,但当事人自愿履行义务,后又以诉讼时效期间届满为由抗辩的,人民法院不予支持。

(6) 诉讼时效具有普遍性和强制性,除法律有特殊规定外,当事人均应普遍适用,不得作任何变更。

提示▶ 诉讼时效期间法定,约定无效。当事人违反法律规定,约定延长或者缩短诉讼时效期间、预先放弃诉讼时效利益的,人民法院不予认可。

【例题1-24 单选题】(2019年真题) 根据民事法律制度的规定,下列关于诉讼时效期间届满法律效力的表述中,不正确的是(　　)。

A. 诉讼时效期间届满后,实体权利本身归于消灭

B. 诉讼时效期间届满后,权利人丧失胜诉权

C. 诉讼时效期间届满后,权利人起诉的,人民法院应当受理

D. 诉讼时效期间届满后,当事人自愿履行义务的,不受诉讼时效限制

考试方向 考查诉讼时效的特点。

【答案】 A

【名师点睛】 诉讼时效期间届满并不丧失实体权利,故选项A不正确。

(二) 适用对象★★★

1. 诉讼时效适用于请求权

所谓请求权,是指权利人请求特定人为或不为特定行为的权利。

2. 下列情形不适用诉讼时效的请求权

(1) 请求停止侵害、排除妨碍、消除危险。

(2) 不动产物权和登记的动产物权的权利人请求返还财产。

提示▶ 适用诉讼时效的物权请求权,仅限于未登记的动产物权的权利人请求返还财产。

(3) 请求支付抚养费、赡养费或者扶养费。

(4) 依法不适用于诉讼时效的其他请求权。

3. 对下列债权请求权提出诉讼时效抗辩的,人民法院不予支持

(1) 存款:支付存款本金及利息请求权。

(2) 债券:兑付国债、金融债券以及向不特定对象发行的企业债券本息请求权。

(3) 出资:基于投资关系产生的缴付出资请求权。

第一章

知识链接 ▶ 公司股东未履行或者未全面履行出资义务或者抽逃出资,公司或者其他股东请求其向公司全面履行出资义务或者返还出资,被告股东以诉讼时效为由进行抗辩的,人民法院**不予支持**。

【例题1-25 单选题】(2018年真题) 根据诉讼时效法律制度的规定,下列权利中,属于诉讼时效适用对象的是( )。

A. 兑付国债、金融债券以及向不特定对象发行的企业债券本息请求权

B. 基于投资关系产生的缴付出资请求权

C. 未登记动产物权的权利人请求返还财产的权利

D. 支付存款本金及利息请求权

【答案】 C

【答案】 当事人对下列债权请求权提出诉讼时效抗辩的,人民法院不予支持:支付存款本金及利息请求权,选项D不适用诉讼时效;兑付国债、金融债券以及向不特定对象发行的企业债券本息请求权,选项A不适用诉讼时效;基于投资关系产生的缴付出资请求权,选项B不适用诉讼时效;其他依法不适用诉讼时效规定的债权请求权。选项C属于诉讼时效适用对象。

考试方向 考查诉讼时效的适用对象。

(三)诉讼时效期间的种类与起算★★

1. 诉讼时效期间的种类

《民法总则》第一百八十八条规定:"向人民法院请求保护民事权利的诉讼时效期间为三年。法律另有规定的,依照其规定。诉讼时效期间自权利人知道或者应当知道权利受到损害以及义务人之日起计算。法律另有规定的,依照其规定。但是自权利受到损害之日起超过二十年的,人民法院不予保护;有特殊情况的,人民法院可以根据权利人的申请决定延长。"据此,按照期间的长度,可将诉讼时效期间分为3年的普通时效期间和20年的长期时效期间。

(1)普通诉讼时效期间:除法律另有规定外,一般诉讼时效为3年。

(2)长期诉讼时效期间:从权利被侵害之日起超过20年的,法院不予保护。

(3)最长诉讼时效期间的起算时间点为权利被侵害之日。

(4)普通诉讼时效、短期诉讼时效、其他诉讼时效的起算点为知道或应当知道之日。

2. 诉讼时效期间的起算(知道或应当知道之日)

(1)侵权行为所生之债的诉讼时效,自权利人知道或应当知道权利被侵害事实和加害人之时开始计算。其中,人身损害赔偿的诉讼时效期间,伤势明显的,从受伤害之日起算;伤害当时未曾发现,后经检查确诊并能证明是由侵害引起的,从伤势确诊之日起算。

(2)约定履行期限之债的诉讼时效,自履行期限届满之日开始计算。

(3)未约定履行期限之债的诉讼时效,自权利人提出履行要求之日开始计算;债权人给予对方宽限期的,则自该宽限期届满之日起开始计算。

(4)不作为义务之债的诉讼时效,自债权人知道或应当知道债务人作为之时开始计算。在这类民事关系中,不实施相应行为是债务人的义务,则违约或侵权事实自债务人

实施相应行为之时构成。债权人一旦<u>知道或应当知道</u>债务人违反不作为义务时即能行使请求权。

(5) 附条件之债的诉讼时效,自该<u>条件成就之日</u>起计算。

(6) 附期限之债的诉讼时效,自该<u>期限届至之日</u>起计算。

(7) 其他法律对诉讼时效起算点有特别规定的,从其规定。例如,《国家赔偿法》第三十二条规定:"赔偿请求人请求国家赔偿的诉讼时效期间为 2 年,自其<u>知道</u>或者<u>应当知道</u>国家机关及其工作人员行使职权时的<u>行为侵犯其人身权、财产权之日</u>起计算,但被羁押等限制人身自由期间不计算在内。"《民用航空法》第一百三十五条规定:"航空运输的诉讼时效期间为 2 年,自民用航空器到达目的地点、应当到达目的地点或者运输终止之日起计算"等。

记忆技巧 以上 7 种情形可以归纳为下列内容:

① 侵权行为——伤势明显,从受伤害之日;伤害当时未曾发现,自确诊之日起算。

② 约定履行期限——履行期限届满之日。

③ 未约定履行期限——提出履行要求之日;债权人给予宽限期,自宽限期届满之日起。

④ 以不作为为义务——自知道或应当知道债务人作为之时。

⑤ 附条件——条件成就之日。

⑥ 附期限——期限到达之日。

⑦ 国家赔偿——自知道或应当知道国家机关及其工作人员行使职权侵犯其人身权、财产权之日。

(四) 诉讼时效期间的中止、中断与延长 ★★★

1. 诉讼时效期间的中止

(1) 概念。

诉讼时效期间的中止是指诉讼时效期间行将完成之际,因发生一定的法定事由而使权利人不能行使请求权,暂时停止计算诉讼时效期间,以前经过的时效期间仍然有效,待阻碍时效进行的事由消失后,继续计算诉讼时效期间。

(2) 条件。

在诉讼时效期间的<u>最后 6 个月内</u>,因下列法定事由而发生,不能行使请求权的,诉讼时效中止。法定事由包括:

① <u>不可抗力</u>。

② 无民事行为能力人或者限制民事行为能力人<u>没有</u>法定代理人,或者法定代理人死亡、丧失民事行为能力、丧失代理权。

③ 继承开始后<u>未确定</u>继承人或者遗产管理人。

④ 权利人被义务人或者其他人控制。

⑤ 其他导致权利人<u>不能</u>行使请求权的障碍。

法定事由发生于或存续至诉讼时效期间的最后 6 个月内。如果在诉讼时效期间的最后 6 个月以前发生上述事由,到最后 6 个月时法定事由已消除的,则不能发生诉讼时效中止;如果该事由到最后 6 个月开始时仍然存在,则应从最后 6 个月开始时中止诉讼时效,直到该障碍消除。

【例题 1-26 单选题】(经典好题) 根据民事诉讼法律制度的规定,在一定期间内,债权人因不可抗力不能行使请求权的,诉讼时效中止,该期间为( )。

A. 诉讼时效期间的最后 6 个月　　B. 诉讼时效期间的最后 9 个月

C. 诉讼时效期间届满后 6 个月　　D. 诉讼时效期间届满后 9 个月

【答案】 A

【名师点睛】 在诉讼时效期间的最后 6 个月内发生债权人因不可抗力不能行使请求权的,诉讼时效中止。

2. 诉讼时效期间的中断

(1)概念。

诉讼时效期间的中断是指在诉讼时效进行中,因发生一定的法定事由,致使已经经过的时效期间统归无效,待时效中断的法定事由消除后,诉讼时效期间重新计算。《民法总则》第一百九十五条规定,诉讼时效因提起诉讼、当事人一方提出要求或者同意履行义务而中断。从中断、有关程序终结时起,诉讼时效期间重新计算。

(2)事由。

有下列情形之一的,诉讼时效中断,从中断、有关程序终结时起,诉讼时效期间重新计算:

① 权利人向义务人提出请求履行义务的要求,即权利人直接向义务人请求履行义务的意思表示。

② 义务人同意履行义务。义务人同意履行义务的方式包括义务人作出分期履行、部分履行、请求延期履行、支付利息、提供履行担保等承诺或者行为。

③ 权利人提起诉讼或者申请仲裁。

④ 与提起诉讼或者申请仲裁具有同等效力的其他情形。具体包括:申请支付令;申请破产、申报破产债权;为主张权利而申请宣告义务人失踪或者死亡;申请诉前财产保全、诉前临时禁令等诉前措施;申请强制执行;申请追加当事人或者被通知参加诉讼;在诉讼中主张抵消;权利人向人民调解委员会以及其他依法有权解决相关民事纠纷的国家机关、事业单位、社会团体等社会组织提出保护相应民事权利的请求;权利人向公安机关、人民检察院、人民法院报案或者控告,请求保护其民事权利。

(3)诉讼时效期间中断的效力。

诉讼时效期间中断的事由发生后,已经过的时效期间归于无效;中断事由存续期间,时效不进行;中断事由终止时,重新计算时效期间。

【例题 1-27 多选题】(2018 年真题) 王某借给李某 5 万元。约定的还款期间届满后,李某未还款。在诉讼时效期间届满前发生的下列事由中,能够导致诉讼时效期间中断的有( )。

A. 李某向王某请求延期还款

B. 王某要求李某还款

C. 王某向人民法院提起诉讼要求李某还款

D. 李某向王某还款 1 万元

【答案】 ABCD

【名师点睛】 选项 AD 属于义务人同意履行义务;选项 B 属于权利人向义务人提出

请求履行义务的要求；选项 C 属于权利人提起诉讼。选项 ABCD 均属于能够导致诉讼时效期间中断的情形。

3. 诉讼时效期间的延长

诉讼时效期间的延长是指人民法院对已经完成的诉讼时效期间，根据特殊情况而予以延长。

（1）诉讼时效期间的中止、中断的规定，只能对 3 年的普通时效期间适用。

（2）20 年的最长诉讼时效期间不适用中止、中断，但可以延长。

（3）诉讼时效的延长发生在诉讼时效届满之后，而诉讼时效的中止和中断均发生在诉讼时效期间内。

（4）特殊情况是指权利人由于客观的障碍在法定诉讼时效期间不能行使请求权，能够引起诉讼时效延长的事由，具体由人民法院判定；延长的期间，也由人民法院认定，这是法律赋予司法机关的一种自由裁量权。

【例题 1-28 单选题】(2018 年真题)　根据民事法律制度的规定，有关诉讼时效制度，下列表述错误的是（　　）。

考试方向
考查诉讼时效期间延长的情形。

A. 诉讼时效期间自权利人知道或者应当知道权利受到损害以及义务人之日起计算

B. 赔偿请求人请求国家赔偿的为 3 年诉讼时效期间，自国家机关及其工作人员行使职权时的行为被依法认为违法之日起算

C. 当事人约定同一债务分期履行的，诉讼时效期间自最后一期履行期限届满之日起计算

D. 自权利受到损害之日起超过 20 年的，人民法院不予保护；有特殊情况的，人民法院可以根据权利人的申请决定延长

【答案】　B

【名师点睛】　选项 B，赔偿请求人请求国家赔偿的为 2 年诉讼时效期间，自国家机关及其工作人员行使职权时的行为被依法认为违法之日起算。

第一章

同步练习

一、单项选择题

1. 下列各项中,属于民事法律行为的是( )。
 A. 陈某拾得一个钱包
 B. 李某种植果树
 C. 杨某与某商场签订购买机器的合同
 D. 王某盗窃他人财物

2. 10 周岁的张某未经其法定代理人的同意,将价值 5000 元的笔记本电脑赠与同学李某。该赠与合同的效力是( )。
 A. 有效
 B. 无效
 C. 可撤销
 D. 效力待定

3. 吴某与考上重点中学的 12 周岁外甥孙某约定,将其收藏的一幅名画赠与孙某。下列关于吴某与孙某之间赠与合同效力的表述中,符合合同法律制度规定的是( )。
 A. 合同效力待定,因为吴某可以随时撤销赠与
 B. 合同无效,因为孙某为限制民事行为能力人
 C. 合同有效,因为限制民事行为能力人孙某可以签订纯获利益的合同
 D. 合同效力待定,孙某的法定代理人有权在 1 个月内追认

4. 根据民事法律制度的规定,下列行为中,不属于可撤销民事法律行为的是( )。
 A. 李某误以为赵某的镀金表为纯金表而花高价购买
 B. 陈某受王某胁迫与其签订房屋租赁合同
 C. 刘某超越代理权以甲公司的名义与乙公司签订买卖合同
 D. 孙某受蔡某欺诈与其签订买卖合同

5. 2019 年 1 月 5 日,甲商场的销售员将国产手机配件谎称为原装进口的手机配件售予李某。同年 1 月 8 日,李某将该配件送至专业维修店检测后得知该配件为国产配件,遂与甲商场交涉退货。由于多次交涉无果,李某诉至法院。根据《民法典》的规定,下列说法正确的是( )。
 A. 李某可以请求法院确认手机配件买卖合同无效
 B. 李某可以请求法院撤销手机配件买卖合同
 C. 李某的撤销权应当自 2019 年 1 月 5 日起 1 年内行使
 D. 李某的撤销权应当自 2019 年 1 月 5 日起 5 年内行使

6. 下列民事法律事实中,属于单方法律行为的有( )。
 A. 侵权行为
 B. 买卖合同
 C. 遗赠
 D. 赠与合同

7. 甲是乙公司的采购员,已离职。丙公司是乙公司的客户,已被告知甲离职的事实,但当甲持乙公司盖章的空白合同书,以乙公司名义与丙公司购买 100 吨水泥,丙公司仍与其签订了买卖合同。根据民事法律制度的规定,下列说法正确的是( )。
 A. 甲的行为构成无权代理,合同效力待定
 B. 甲的行为构成表见代理,丙公司有权主张合同有效
 C. 丙公司有权在乙公司追认合同之前,行使撤销权
 D. 丙公司可以催告乙公司追认合同,如乙公司在 1 个月内未作表示,合同有效

8. 根据民事法律制度的规定,下列行为中,属于无权代理的有( )。
 A. 代理人张三以被代理人李四的名义将李四的一台设备卖给自己
 B. 代理人张三以被代理人李四的名义卖出一台设备,该设备由张三以王五的名义买入
 C. 代理人张三与买受人赵六串通,将被代理人李四的一台设备低价卖给赵六
 D. 代理人张三在被代理人李四收回代理权后,仍以李四的名义将李四的设备卖给郑七

9. 下列关于仲裁协议效力的表述中,不符合仲裁法律制度规定的是( )。
 A. 因买卖合同解除导致其中的仲裁协议无效
 B. 一方当事人受胁迫而订立的仲裁协议无效
 C. 限制民事行为能力人订立的仲裁协议无效

D. 约定仲裁事项为继承纠纷的仲裁协议无效

10. 甲、乙签订的买卖合同中订有有效的仲裁条款,后因合同履行发生纠纷,乙未声明有仲裁条款而向法院起诉,法院受理了该案。首次开庭后,甲提出应依合同中的仲裁条款解决纠纷,法院对该案没有管辖权。下列对该案的处理方式中,正确的是( )。

A. 法院与仲裁机构协商解决该案管辖权事宜

B. 法院继续审理该案

C. 法院中止审理,待确定仲裁条款效力后再决定是否继续审理

D. 法院终止审理,由仲裁机构审理该案

11. 下列各项中,属于《仲裁法》适用范围的是( )。

A. 自然人之间因继承财产发生的纠纷

B. 农户之间因土地承包经营发生的纠纷

C. 纳税企业与税务机关因纳税发生的争议

D. 公司之间因买卖合同发生的纠纷

12. 当事人之间不存在管辖协议时,下列关于民事诉讼地域管辖的表述中,不符合民事诉讼法律制度规定的是( )。

A. 因合同纠纷引起的诉讼,由被告住所地或合同履行地人民法院管辖

B. 因航空事故请求损害赔偿提起的诉讼,由航空器登记地人民法院管辖

C. 因专利纠纷引起的诉讼,由知识产权法院、最高人民法院确定的中级人民法院和基层人民法院管辖

D. 因票据纠纷引起的诉讼,由票据支付地或被告住所地人民法院管辖

13. 甲公司与乙公司签订买卖合同,并在合同中约定了仲裁条款,但未选定仲裁委员会。关于该仲裁条款效力及适用的下列表述中,正确的是( )。

A. 当事人可以就仲裁委员会的选择签订补充协议;达不成补充协议,该仲裁条款无效

B. 该仲裁条款有效;约定的仲裁事项发生争议时,由合同签订地的仲裁委员会审理

C. 该仲裁条款无效

D. 该仲裁条款有效;约定的仲裁事项发生争议时,由合同履行地的仲裁委员会审理

14. 根据民事诉讼法律制度的规定,下列民事纠纷中,当事人不得约定纠纷管辖法院的是( )。

A. 收养协议纠纷　　　B. 赠与合同纠纷

C. 物权变动纠纷　　　D. 商标权纠纷

15. 根据民事诉讼法律制度的规定,下列当事人申请再审的情形中,人民法院可以受理的是( )。

A. 再审申请被驳回后再次提出申请的

B. 对再审判决提出申请的

C. 对再审裁定提出申请的

D. 在调解书发生法律效力后6个月内提出申请的

16. 根据诉讼时效法律制度的规定,下列表述中,不正确的是( )。

A. 当事人不可以约定延长或缩短诉讼时效期间

B. 诉讼时效期间届满后,当事人自愿履行义务的,不受诉讼时效限制

C. 当事人未按照规定提出诉讼时效抗辩,却以诉讼时效期间届满为由申请再审的,人民法院不予支持

D. 当事人未提出诉讼时效抗辩,人民法院可以主动适用诉讼时效规定进行裁判

17. 在诉讼时效期间的最后6个月内,因一定事由的发生可导致诉讼时效中止。根据民事法律制度的规定,下列事由中,能够导致诉讼时效中止的是( )。

A. 权利人提起诉讼

B. 发生不可抗力导致权利人无法行使请求权

C. 权利人向义务人提出履行义务的要求

D. 义务人同意履行义务

18. 下列各项中,属于仲裁法律制度适用范围的是( )。

A. 长期租赁合同纠纷

B. 农业集体经济组织内部的农业承包合同纠纷

C. 离婚纠纷

D. 行政争议

19. 下列关于适用简易程序审理民事案件具体方式的表述中,不符合民事诉讼法律制度规定的是( )。

A. 双方当事人可以就开庭方式向人民法院提出申请

B. 人民法院可以电话传唤双方当事人

C. 审理案件时由审判员独任审判

D. 已经按普通程序审理的案件在开庭后可以转为简易程序审理

二、多项选择题

1. 下列各项中,可以成为经济法主体的有( )。
   A. 政府机关　　　　B. 各类企业
   C. 非盈利组织　　　D. 公民

2. 下列各项中,属于法定理终止的法定情形是( )。
   A. 被代理死亡
   B. 代理人丧失民事行为能力
   C. 被代理人恢复民事行为能力
   D. 被代理人取消委托

3. 根据诉讼时效法律制度的规定,当事人对下列请求权提出诉讼时效抗辩,人民法院不予支持的有( )。
   A. 支付存款本息请求权
   B. 兑付国债本息请求权
   C. 兑付金融债券本息请求权
   D. 基于投资关系产生的缴付出资请求权

4. 根据仲裁法律制度的规定,下列各项中属于仲裁基本原则的有( )。
   A. 自愿原则
   B. 一裁终局原则
   C. 公开仲裁原则

D. 仲裁组织依法独立行使仲裁权原则

三、判断题

1. 李某与陈某约定,在李某去世后,李某将自己的一套房屋赠与陈某。该赠与行为是附期限的法律行为。 ( )

2. 被代理人小李曾对小王表示已将销售电冰箱的业务代理权授予小张,而实际上小李并未授权给小张。之后小张以小李的名义与小王签订电冰箱买卖合同,则小李应对小张签订该电冰箱买卖合同的行为承担法律责任。 ( )

3. 原告向两个以上有管辖权的人民法院起诉的,其中一个人民法院立案后发现其他有管辖权的人民法院已先立案的,应当裁定将案件移送给先立案的人民法院。 ( )

4. 当事人提出证据证明仲裁裁决有依法应撤销情形的,可在收到裁决书之日起1年内,向仲裁委员会所在地的基层人民法院申请撤销仲裁裁决。 ( )

5. 专利纠纷案件由知识产权法院、最高人民法院确定的中级人民法院和基层人民法院管辖。 ( )

6. 涉及商业秘密的民事诉讼案件,一律不公开审理。 ( )

7. 可撤销的民事行为一经撤销,自撤销之日起开始无效。 ( )

参考答案及解析

一、单项选择题

1.【答案】 C
【解析】 选项A,陈某拾得钱包,负有返还义务,陈某所负返还义务并非由陈某的意思表示决定,而是由法律直接规定的,因此,陈某拾得钱包的行为属于事实行为;选项B,李某因种植果树而取得该果树、果实的所有权,李某与果树、果实的上述关系由法律直接规定,并非由李某的意思表示决定,因此,李某种植果树的行为属于事实行为;选项D,王某因盗窃行为可能受到治安管理处罚,甚至可能需要承担刑事责任,这些法律后果均由法律规定,并非王某的意思表示决定,因此,王某盗窃他人财

物的行为属于事实行为。选项ABD属于事实行为,选项C属于民事法律行为。

2.【答案】 D
【解析】 张某属于限制民事行为能力人,"赠与同学"对张某而言并非纯获益,"5000元"与张某的民事行为能力明显不相适应。因此,该赠与合同效力待定。

3.【答案】 C
【解析】 孙某属于限制民事行为能力人。孙某是受赠方,该合同对孙某而言属于纯获利益的合同,因此合同有效。

4.【答案】 C
【解析】 选项A,李某对买卖标的物存在重大误解,可撤销;选项B,陈某受胁迫而订立合

同,可撤销;选项 C,属于效力待定民事法律行为;选项 D,孙某受对方当事人欺诈而订立合同,可撤销。

5.【答案】　B

【解析】　选项 AB,甲商场欺诈了李某,该合同属于可撤销合同。选项 CD,"2019 年 1 月 5 日"是民事法律行为发生时,"2019 年 1 月 8 日"是李某知道受欺诈时;由于李某及时知道自己受到欺诈,撤销权应当自知道之日起 1 年内行使;如果李某一直不知道自己受到欺诈,则撤销权至 2024 年 1 月 5 日(自民事法律行为发生之日起 5 年)未行使而消灭。

6.【答案】　C

【解析】　侵权行为、无因管理是事实行为,所以排除选项 A;多方行为需要两方以上当事人意思表示达成一致,买卖合同、赠与合同是多方法律行为,选项 BD 排除;遗赠、遗嘱是单方行为,选项 C 正确。

7.【答案】　A

【解析】　选项 AB,甲的行为构成无权代理,由于丙公司已知甲离职的事实,不能构成表见代理,该买卖合同效力待定,所以选项 A 正确,选项 B 错误;选项 C,只有善意相对人才享有撤销权,丙公司并非善意相对人,所以选项 C 不正确;选项 D,相对人有权催告被代理人在 1 个月内予以追认,被代理人未作表示的,视为拒绝追认(合同归于无效),所以选项 D 不正确。

8.【答案】　D

【解析】　选项 A 属于自己代理,选项 B 属于双方代理,选项 C 属于恶意串通,均为滥用代理权的行为;选项 D 属于无权代理。

9.【答案】　A

【解析】　仲裁协议具有独立性,主合同的变更、解除、终止或无效,不影响仲裁协议的效力,选项 A 不正确。

10.【答案】　B

【解析】　甲于首次开庭后方提出异议,应当视为放弃仲裁协议,人民法院应当继续审理,选项 B 正确。

11.【答案】　D

【解析】　仲裁事项必须是合同纠纷和其他财产性法律关系的争议。与人身有关的婚姻、收养、监护、扶养、继承纠纷是不能进行仲裁

的,排除选项 A;仲裁事项必须是平等主体之间发生的且当事人有权处分的财产权益纠纷。由强制性法律规范调整的法律关系的争议不能进行仲裁。因此,行政争议不能仲裁,排除选项 C;由于劳动争议和农业集体经济组织内部的农业承包合同纠纷不同于一般的经济纠纷,它们在解决纠纷的原则、程序等方面有自己的特点,应适用专门的规定,因此,《仲裁法》不适用于解决这两类纠纷,排除选项 B。

12.【答案】　B

【解析】　因铁路、公路、水上和航空事故请求损害赔偿提起的诉讼,由事故发生地或者车辆、船舶最先到达地、航空器最先降落地或者被告住所地人民法院管辖,选项 B 不正确。

13.【答案】　A

【解析】　仲裁协议对仲裁事项或仲裁委员会没有约定或者约定不明确的,当事人可以补充协议;达不成补充协议的,仲裁协议无效,选项 A 正确。

14.【答案】　A

【解析】　只有合同纠纷(选项 B)或者其他财产权益纠纷(选项 CD)可以适用协议管辖,选项 A 是当事人不得约定纠纷管辖法院的情形。

15.【答案】　D

【解析】　当事人对已经发生法律效力的调解书申请再审,应当在调解书发生法律效力后 6 个月内提出,选项 D 属于人民法院可以受理的情形。

16.【答案】　D

【解析】　原告超过诉讼时效后起诉,人民法院受理后,义务人未提出诉讼时效抗辩,人民法院不应对诉讼时效问题进行释明及主动适用诉讼时效的规定进行裁判,选项 D 不正确。

17.【答案】　B

【解析】　诉讼时效的中止必须是因法定事由而发生。这些法定事由包括两大类:一是不可抗力,如自然灾害、军事行动等,须属于当事人不可预见、不可避免和不可克服的客观情况;二是阻碍权利人行使请求权的其他障碍,即除不可抗力外使权利人无法行使请求权的客观情况,包括权利被侵害的无民事行为能力人或者限制民事行为能力人没有法定

代理人,或者法定代理人死亡、丧失民事行为能力、丧失代理权;继承开始后未确定继承人或者遗产管理人;权利人被义务人或者其他人控制等。在诉讼时效期间的最后6个月内发生以上情形会导致诉讼时效中止。选项ACD是属于诉讼时效中断的情形,选项B是属于诉讼时效中止的情形。

18.【答案】 A

【解析】 仲裁事项必须是合同纠纷和其他财产性法律关系的争议。与人身有关的婚姻、收养、监护、扶养、继承纠纷是不能进行仲裁的,排除选项C。仲裁事项必须是平等主体之间发生的且当事人有权处分的财产权益纠纷。由强制性法律规范调整的法律关系的争议不能进行仲裁。因此,行政争议不能仲裁,排除选项D。由于劳动争议和农业集体经济组织内部的农业承包合同纠纷不同于一般的经济纠纷,它们在解决纠纷的原则、程序等方面有自己的特点,应适用专门的规定,因此,《仲裁法》解决此类纠纷,排除选项B。

19.【答案】 D

【解析】 已经按照普通程序审理的案件,在开庭后不得转为简易程序审理,选项D不符合民事诉讼法律制度规定。

二、多项选择题

1.【答案】 ABCD

【解析】 经济法主体,是指在经济法律关系中享有一定权利、承担一定义务的当事人或参加者,包括国家机关、企业、事业单位、社会团体、个体工商户、农村承包经营户、公民等。

2.【答案】 ABC

【解析】 法定代理终止的法定情形有:被代理人取得或恢复民事行为能力(选项C);被代理人或代理人死亡(选项A);代理人丧失民事行为能力(选项B);由其他原因引起的被代理人和代理人之间的监护关系消灭,选项ABC是属于法定代理终止的法定情形。

3.【答案】 ABCD

【解析】 不适用诉讼时效的请求权的情形有:请求停止侵害、排除妨碍、消除危险;不动产物权和动产物权的权利人请求返还财产;请求支付抚养费、赡养费或者扶养费;支付存款本金及利息请求权,选项A符合题意;兑付国债、金融债券以及向不特定对象发行的企业债券本息请求权,选项BC符合题意;基于投资关系产生的缴付出资请求权,选项D符合题意;依法不适用诉讼时效规定的其他请求权。

4.【答案】 ABD

【解析】 仲裁应遵循以下基本原则,选项A符合题意;以事实为根据,以法律为准绳,公平合理地解决纠纷原则;仲裁组织依法独立行使仲裁权原则,选项D符合题意;一裁终局原则,选项B符合题意。仲裁一般不公开进行,选项C不符合题意。

三、判断题

1.【答案】 √

2.【答案】 √

【解析】 根据规定,被代理人对第三人表示已将代理权授予他人,但实际并未授权的,属于表见代理。此时根据表见代理的法律后果,被代理人应该承担代理的法律后果。

3.【答案】 √

【解析】 原告向两个以上有管辖权的人民法院起诉的,由最先立案的人民法院管辖,人民法院在立案后发现其他有管辖权的人民法院已先立案的,裁定将案件移送给先立案的人民法院。

4.【答案】 ×

【解析】 当事人提出证据证明仲裁裁决有依法应撤销情形的,可在收到裁决书之日起6个月内,向仲裁委员会所在地的中级人民法院申请撤销仲裁裁决。

5.【答案】 √

6.【答案】 ×

【解析】 经当事人申请,可以不公开审理,如果当事人不申请,人民法院公开审理并不违法。

7.【答案】 ×

【解析】 可撤销的民事行为一经撤销,其效力溯及行为的开始,即自行为开始时无效。

第二章
公司法律制度

考 情 回 顾

本章主要学习的是关于各类公司在设立、运算和清算时的相关法律制度。重点学习关于有限责任公司、股份有限公司的股东（大）会、董事会、监事会等相关内容，这些内容在中级职称的考试中占据比较重要的地位。本章内容在各类题型中均会涉及，考生应重点关注涉及上市公司的综合题与《公司法》和《证券法》的结合，预计今年考查的题型不变，在历年考试中所占分值平均为 16～20 分。

考 试 变 化

2021 年本章节无实质性变化。

本 章 结 构

第一节　公司法律制度概述
第二节　公司的登记管理
第三节　有限责任公司
第四节　股份有限公司
第五节　公司董事、监事、高级管理人员的资格和义务
第六节　公司股票和公司债券
第七节　公司财务和会计
第八节　公司合并、分立、增资、减资
第九节　公司解散和清算
第十节　违反《公司法》的法律责任

第一节 公司法律制度概述

本节框架

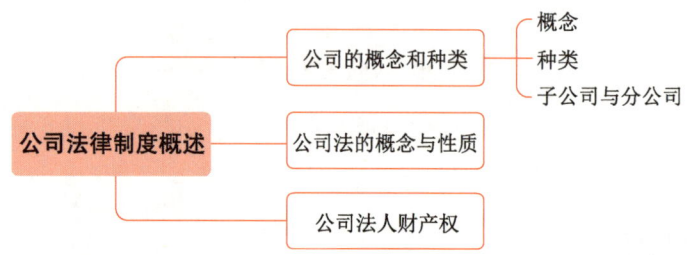

一、公司的概念和种类

(一) 概念

根据我国《公司法》的规定,公司是指依法设立的,以营利为目的的,由股东投资形成的企业法人。

(二) 种类

依照不同的分类标准,可以对公司作出以下分类,如表2-1所示。

表 2-1 公司的种类

分类标准	具体分类
以公司资本结构和股东对公司债务承担责任的方式为标准	① 有限责任公司 ② 股份有限公司 ③ 无限公司 ④ 两合公司 我国《公司法》规定的公司形式仅为有限责任公司和股份有限公司
以公司的信用基础为标准	① 资合公司 ② 人合公司 ③ 资合兼人合公司
以公司组织关系为标准	① 母公司和子公司 ② 总公司和分公司 我国《公司法》规定,公司可以设立分公司,分公司不具有法人资格,其民事责任由公司承担

(三) 子公司与分公司

1. 子公司

(1) 概念:在不同公司之间基于股权而存在控制与依附关系时,因持有其他公司股权而处于控制地位的是母公司,因其股权被持有而处于依附地位的则是子公司。

(2) 组织关系:母公司与子公司基于股权而存在控制与依附关系。

(3) 性质:子公司具有法人资格,依法独立承担民事责任。

(4) 经营:可以领取企业法人营业执照。

2. 分公司

（1）概念：分公司是公司依法设立的以公司名义进行经营活动,其法律后果由本公司承担的分支机构。

（2）组织关系：分公司是公司的分支机构。

（3）性质：没有独立的名称、章程,没有独立的财产,不具有法人资格。

（4）经营：可领取营业执照,进行经营活动,民事责任由公司承担。

• 易错易混点 •

分公司领取的是营业执照,子公司领取的是法人营业执照。

二、公司法的概念与性质

（一）概念

公司法是规定公司法律地位,调整公司组织关系,规范公司在设立、变更与终止过程中的组织行为的法律规范的总称。

（二）性质

《公司法》的立法宗旨是规范公司的组织和行为,保护公司、股东和债权人的合法利益,维护社会经济秩序,促进社会主义市场经济的发展。

三、公司法人财产权 ★★

公司的法人财产既是公司作为法人对外承担责任的基础,也是公司对股东履行责任的基础,为了维持公司资本充足,保障公司债权人的利益,《公司法》对公司行使法人财产权作出如下限制规定：

（1）公司向其他企业投资或为他人提供担保时,依照公司章程规定,由董事会或者股东会、股东大会决议;公司章程对投资或者担保的总额及单项投资或担保的数额有限额规定的,不得超过规定的限额。

（2）公司为公司股东或者实际控制人提供担保的,必须经股东会或股东大会决议。接受担保的股东或者受实际控制人支配的股东,不得参加上述规定扣项的表决。该项表决由出席会议的其他股东所持表决权的过半数通过。

（3）公司可以向其他企业投资。但是,除法律另有规定外,不得成为对所投资债务承担连带责任的出资人。

• 易错易混点 •

① 向其他企业投资或为他人担保,根据公司章程的规定,由董事会或者股东会、股东大会决议;担保总额的数额,公司章程中规定了限额的,按公司章程规定的数额;没有规定的,不限数额。

② 为股东或者实际控制人提供担保,必须是股东会决议。决议的形式：出席会议的其他股东所持表决权的过半数通过。

③ 可以对外投资,但一般情况下不得承担连带责任。

第二节 公司的登记管理

 本节框架

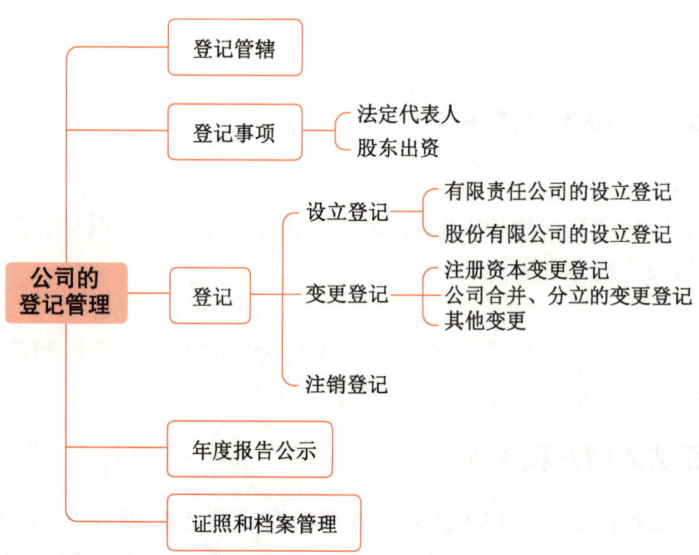

公司经公司登记机关依法登记,领取《企业法人营业执照》,方取得企业法人资格。未经公司登记机关登记的,不得以公司名义从事经营活动。营业执照的签发日期为公司的成立日期。

一、登记管辖

我国的公司登记机关是市场监督管理机关。公司登记机关实行国家、省(自治区、直辖市)、市(县)三级管辖制度,对应负责管辖的公司登记如表2-2所示。

表 2-2 我国公司登记机关负责管辖的公司登记

管辖制度	负责管辖的公司登记
国家市场监督管理总局	① 国务院国有资产监督管理机构履行出资人职责的公司,以及该公司投资设立并持有 50% 以上的公司 ② 外商投资的公司 ③ 依照法律、行政法规或者国务院决定的规定,应当由国家市场监督管理总局登记的公司 ④ 国家市场监督管理总局规定应当由其登记的其他公司

（续表）

管辖制度	负责管辖的公司登记
省（自治区、直辖市）市场监督管理局	① 省（自治区、直辖市）人民政府国有资产监督管理机构履行出资人职责的公司，以及该公司投资设立并持有50％以上的公司 ② 省（自治区、直辖市）市场监督管理总局规定由其登记的自然人投资设立的公司 ③ 依照法律、行政法规或者国务院决定的规定，应当由省（自治区、直辖市）市场监督管理局登记的公司 ④ 国家市场监督管理总局授权登记的其他公司
省（自治区、直辖市）市场监督管理总局以下的公司登记机关	① 前两级登记机关负责登记公司以外的其他公司 ② 股份有限公司由设区的市（地区）市场监督管理局负责登记

二、 登记事项

登记事项包括名称、住所、法定代表人姓名、注册资本、公司类型、经营范围、营业期限、有限责任公司股东或者股份有限公司发起人的姓名或名称。

（一）法定代表人★★

根据《公司法》的规定，公司的法定代表人依照公司章程的规定，由董事长、执行董事或者经理担任，并依法登记。

提示 ▶法定代表人的担任产生方式，由公司章程规定，不是股东会或股东大会规定，也不是董事会来规定。

▶法定代表人的担任："三选一"——董事长、执行董事或者经理当中的一人来担任。这三者以外的不可以。

【例题2-1 单选题】（经典好题） 根据公司法律制度的规定，有限责任公司的成立日期为（   ）。

A. 公司登记机关受理设立申请之日

B. 公司企业法人营业执照签发之日

C. 公司企业法人营业执照领取之日

D. 公司股东缴足出资之日

【答案】 B

【名师点睛】 营业执照的签发日期为公司的成立日期。

考试方向

考查有限责任公司的成立日期为营业执照的签发日期。

（二）股东出资★★

股东以货币、实物、知识产权、土地使用权以外的其他财产出资的，其登记办法由国家市场监督管理总局会同国务院有关部门规定。

股东不得以劳务、信用、自然人姓名、商誉、特许经营权或者设定担保的财产等作价出资。

• 易错易混点 •

① 其他可以用于出资的财产，如债权、股权。

② 可以用于出资的总体原则:可以用货币估价并可以依法转让。

【例题 2-2 单选题】(经典好题) 甲、乙、丙、丁四家公司与杨某、张某拟共同出资设立一家注册资本为 400 万元的有限责任公司。除杨某与张某拟以 120 万元货币出资外,四家公司的下列非货币财产出资中,符合公司法律制度规定的是(   )。

A. 甲公司以其商誉作价 50 万元出资

B. 乙公司以其特许经营权作价 50 万元出资

C. 丙公司以其非专利技术作价 60 万元出资

D. 丁公司以其设定了抵押担保的房屋作价 120 万元出资

【答案】 C

【名师点睛】 股东不得以劳务、信用、自然人姓名、商誉、特许经营权或者设定担保的财产。选项 ABD 均不正确。

三、 登记（设立、变更、注销）

(一) 设立登记

1. 有限公司的设立登记

(1) 申请设立有限责任公司,应当有全体股东指定的代表或者共同委托的代理人向公司登记机关申请设立登记。

(2) 设立国有独资公司,应当由国务院或者地方人民政府授权的本级人民政府国有资产监督管理机构作为申请人,申请设立登记。

(3) 法律、行政法规或者国务院规定设立有限责任公司必须报经批准的,应当自批准之日起 90 日内向公司登记机关申请设立登记。

(4) 逾期申请设立登记的,申请人应当报批准机关确认原批准文件的效力或者另行报批。

2. 股份有限公司的设立登记

(1) 设立股份有限公司,应当由董事会向公司登记机关申请设立登记。

(2) 以募集方式设立股份有限公司的,应当于创立大会结束后 30 日内向公司登记机关申请设立登记。

(3) 以募集方式设立股份有限公司公开发行股票的,还应当提交国务院证券监督机构的核准文件。

(4) 法律、行政法规或者国务院决定规定设立股份有限公司必须报经批准的,应当提交有关批准文件。

(二) 变更登记

1. 注册资本变更登记

公司增加注册资本的,应当自变更决议或者决定作出之日起 30 日内申请变更登记。公司减少注册资本的,应当自公告之日起 45 日后申请变更登记。

2. 公司合并、分立的变更登记

公司合并、分立的,应当自公告之日起 45 天后申请登记。

3. 其他变更,应当在自作出之日起 30 日内申请变更登记。

知识链接 ▶ 公司减少注册资本、合并、分立的都是自公告之日起45天后办理变更登记。

（三）注销登记

公司解散有两种情况：一是<u>不需要清算</u>的，如因合并、分立而解散的公司，因其债权债务有由合并、分立后继续存续的公司承继；二是<u>应当清算</u>的，即公司债权债务无人承继的。

提示 ▶ 合并和分立的债权和债务都有承继者，承继者会承担不需要清算。

　　▶ 如果债权债务无人承继就一定需要清算，如注销营业执照。

四、年度报告公示

公司应当于每年<u>1月1日至6月30日</u>，通过企业信用信息公示系统向公司登记机关报送上一年度年度报告，并向社会公示。

五、证照和档案管理

国家推行电子营业执照。电子营业执照与纸质营业执照具有同等法律效力。

第三节　有限责任公司

本节框架 ▶

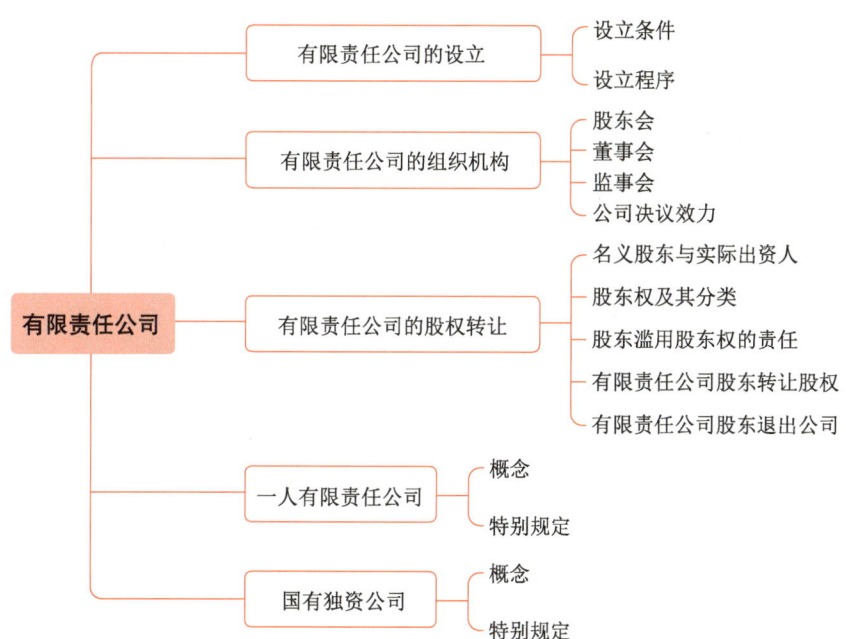

一、 有限责任公司设立

(一) 设立条件★★★

1. 股东符合法定人数

有限责任公司的股东人数可以为 1 个或 50 个以下股东,即可以是自然人,也可以是法人。

> **·易错易混点·**
>
> 股东可以是自然人也可以是法人。如张某是自然人,A 公司是法人,张某和 A 公司共同设立一个甲公司,则张某和 A 公司都是甲公司的股东。

2. 有符合公司章程规定的全体股东认缴的出资额

(1) 注册资本。有限责任公司的注册资本为在公司登记机关登记的全体股东认缴的出资额。

(2) 股东出资方式。股东可以用货币出资,也可以用实物、知识产权、土地使用权等可以用货币估价并可以依法转让的非货币财产作价出资。

> **·易错易混点·**
>
> ① 认缴,就是各股东在章程中承认的自己应该缴纳的出资,并非实际缴纳(实缴)的出资额。
>
> ② 依法转让:因为股东出资后财产归于公司所有而不再归股东所有,所以必须依法转让给公司,才能成为公司独立的财产。
>
> ③ 只有作价了,才能确定金额。

关于出资方式,《公司法》司法解释(三)的规定如表 2-3 所示。

表 2-3 《公司法》关于出资方式的司法解释

情形	具体内容
评估作价	出资人以非货币财产出资,未依法评估作价,公司、其他股东或者公司债权人请求认定出资人未履行出资义务的,人民法院应当委托具有合法资格的评估机构对该财产评估作价。评估确定的价额显著低于公司章程所定价额的,人民法院应当认定出资人未依法全面履行出资义务
出资后贬值	出资人以符合法定条件的非货币财产出资后,因市场变化或者其他客观因素导致出资财产贬值,公司、其他股东或者公司债权人请求该出资人承担补足出资责任的,人民法院不予支持。但是,当事人另有约定的除外
出资人以划拨的土地使用权或者以设定权利负担的土地使用权出资	公司、其他股东或者公司债权人主张认定该出资人未履行出资义务的,人民法院应当责令当事人在指定的合理期间内办理土地变更手续或者解除权利负担;逾期未办理或者未解除的,人民法院应当认定出资人未依法全面履行出资义务

(续表)

情形	具体内容
出资已经交付公司使用但未办理权属变更手续	公司、其他股东或公司债权人主张认定出资人未履行出资义务,人民法院应当责令当事人在指定的合理期间内办理权属变更手续;在前述期间内办理了权属变更手续,人民法院应当认定其已经履行了出资义务。出资人主张自其实际交付财产给公司使用时享有相应股东权利,人民法院应予支持
出资已经办理权属变更手续但未交付公司使用	公司或者其他股东主张其向公司交付、并在实际交付之前不享有相应股东权利的,人民法院应予支持

提示 ▶法院不能直接认定,必须先委托评估(补正程序)。

▶先看约定,再看法定;非客观原因发生变化,并不是主观原因,所以法院不予支持。

▶法院先责令变更或解除,不办理才认定未依法全面履行出资义务。

▶实质重于形式。

3. 股东共同制定公司章程

(1) 设立有限责任公司必须由股东共同依法制定公司章程。

(2) 公司章程对公司、股东、董事、监事、高级管理人员具有约束力。

提示 ▶高管包括经理、副经理、财务负责人、上市公司董事会秘书。

【例题2-3 多选题】(经典好题) 根据公司法律制度的规定,公司章程对特定的人员或者机构具有约束力。下列各项中,属于该特定人员或者机构的有(   )。

A. 公司财务负责人　　　　　　　　B. 公司股东

C. 上市公司董事会秘书　　　　　　D. 公司实际控制人

【答案】 ABC

【名师点睛】 选项D,公司章程对公司股东、董事、监事、高级管理人员具有约束力。实际控制人不属于上述人员,不受公司章程的约束。

(二) 设立程序

1. 订立公司章程

股东设立有限责任公司,必须先订立公司章程,将要设立的公司基本情况以及各方面的权利义务加以明确规定。

2. 股东缴纳出资

股东应当按期足额缴纳公司章程中规定的各自所认缴的出资额。股东以货币出资的,应当将货币出资足额存入为设立有限责任公司而在银行开设的账户;以非货币财产出资的,应当依法办理其财产权的转移手续。

股东不按照规定缴纳出资的,除应当向公司足额缴纳外,还应当向已按期足额缴纳出资的股东承担违约责任。

提示 ▶如果股东是货币出资,存入到公司的对公账户;如果股东是非货币出资,办理财产转移手续。

考试方向

常以客观题形式考查公司章程对哪些人具有约束力。

▶只是对内违约的责任：足额缴纳未缴纳的出资本金及未出资部分的利息，同时向已按期足额缴纳出资的股东承担违约责任。

《公司法》司法解释(三)规定：

(1) 设立时未尽出资义务，发起人与被告股东承担连带责任。发起人承担责任后，可以向被告股东追偿。

(2) 对设立时的出资问题，公司成立后加入的股东和董事、监事、高级管理人员均不承担连带责任。

(3) 增资时未尽出资义务，董事、高级管理人员承担相应的责任。董事、高级管理人员承担责任后，可以向被告股东追偿。

(4) 有限责任公司股东未履行或者未全面履行出资义务即转让股权，受让人对此知道或应当知道，公司请求该股东履行出资义务、受让人对此承当连带责任的，人民法院应予支持。公司债权人依照规定向股东提起承担补充赔偿责任的诉讼，同时请求前述受让人对此承担连带责任的，人民法院应予支持。受让人根据上述规定承担责任后，向该未履行或者未全面履行的出资义务的股东追偿的，人民法院应予支持。但是，当事人另有约定的除外。

• 易错易混点 •

① 有限责任公司的股东未尽出资义务即转让股权，受让人对此知道或者应当知道(恶意第三人)，承担连带责任。

② 受让人承担责任后，向该未尽出资义务的股东追偿的，人民法院应予支持。但是，当事人另有约定的除外(对内约定)。

(5) 以贪污、受贿、侵占、挪用等违法犯罪所得的货币出资后取得股权的，对违法犯罪行为予以追究、处罚时，应当采取拍卖或者变卖的方式处置其股权。这就是说，为维持公司资本，可采取将出资财产所形成的股权通过折价补偿受害人的损失，但不能直接将出资的财产从公司抽出。

3. 申请设立登记

(1) 股东认足公司章程规定的出资后，由全体股东指定的代表或者共同委托的代理人向公司登记机关报送公司登记申请书、公司章程等文件，申请设立登记。

(2) 有限责任公司成立后，发现作为设立公司出资的非货币财产的实际价额显著低于公司章程所定价额的，应当由交付该出资的股东补足其差额，公司设立时的其他股东承担连带责任。

(3) 有限责任公司成立后，应当向股东签发出资证明书。

(4) 有限责任公司成立后，股东不得抽逃出资。

《公司法》司法解释(三)规定，公司成立后，公司、股东或者公司债权人以相关股东的行为符合下列情形之一且损害公司权益为由，请求认定该股东抽逃出资的，人民法院应予支持：

① 将出资款项转入公司账户验资后又转出。

② 通过虚构债权债务关系将其出资转出。

③ 制作虚假财务会计报表虚增利润进行分配。

④ 利用关联交易将出资转出。

⑤ 其他未经法定程序将出资抽回转出的行为。

《公司法》司法解释(三)规定,股东抽逃出资,公司或其他股东请求其向公司返还出资本息。协助其抽逃出资的其他股东、董事、高级管理人员或者实际控制人对此承担连带责任的,人民法院应予支持。公司债权人请求抽逃出资的股东在抽逃出资本息范围内对公司债务不能清偿的部分承担补充赔偿责任,协助其抽逃出资的其他股东、董事、高级管理人员或者实际控制人对此承担连带责任的,人民法院应予支持;抽逃出资的股东已经承担上述责任,其他债权人提出相同请求的,人民法院不予支持。

· 易错易混点 ·

① 对内法律责任:返还抽逃出资本息,同时协助抽逃出资的其他股东、董事、高级管理人员或者实际控制人承担连带责任。

② 只有协助者才承担责任,其中不包括监事。

第三人代垫资金协助发起人设立公司,双方明确约定在公司验资后或者在公司成立后将该发起人的出资抽回以偿还该第三人,发起人依照前述约定抽回出资偿还第三人后又不能补足出资,相关权利人请求第三人连带承担发起人因抽回出资而产生的相应责任的,人民法院应予支持。

股东未履行或者未全面履行出资义务或者抽逃出资,公司根据公司章程或者股东会决议对其利润分配请求权、新股优先认购权、剩余财产分配请求权等股东权利作出相应的合理限制,该股东请求认定该限制无效的,人民法院不予支持。有限责任公司的股东未履行出资义务或抽逃全部出资,经公司催告缴纳或者返还,其在合理期间内仍未缴纳或者返还出资,公司以股东会决议解除该股东的股东资格,该股东请求确认该解除行为无效的,人民法院不予支持。

· 易错易混点 ·

公司股东未履行或者未全面履行出资义务或者抽逃出资,公司或者其他股东请求其向公司履行出资义务或者返还出资,被告股东以诉讼时效为由进行抗辩的,人民法院不予支持。公司债权人的债权未过诉讼时效期间,其依照规定请求未履行或者未全面履行出资义务或者抽逃出资的股东承担赔偿责任,被告股东以出资义务或者返还出资义务超过诉讼时效期间为由进行抗辩,人民法院不予支持。

知识链接 ▶▶ 第一章诉讼时效的适用对象:当事人对基于投资关系产生的缴付出资请求权提出诉讼时效抗辩的,人民法院不予支持。

【例题2-4 单选题】(经典好题) 郑某、吴某、蔡某共同出资设立甲有限责任公司。郑某在规定时间缴纳了认缴出资额的一半;吴某以房产出资,但未按章程规定办理房屋所有权转移手续;蔡某如期足额缴纳出资。根据公司法律制度的规定,下列关于郑某承担责任的表述中,正确的是(   )。

A. 郑某应向公司足额缴纳出资,但无须向吴某、蔡某承担违约责任

B. 郑某可将出资抽回,退出公司,但应向吴某、蔡某承担违约责任

C. 郑某应向公司足额缴纳出资,并向蔡某承担违约责任

D. 郑某应向公司足额缴纳出资,并向吴某、蔡某承担违约责任

【答案】 C

【名师点睛】 股东不按照规定缴纳出资的,除应当向公司足额缴纳外,还应当向已按期足额缴纳出资的其他股东(蔡某)承担违约责任。

二、 有限责任公司的组织机构

(一) 股东会★★★

1. 股东会的职权

有限责任公司股东会由全体股东组成。股东会是公司的权力机构,依法行使下列职权:

(1) 决定公司的经营方针和投资计划。

(2) 选举和更换由非职工代表担任的董事、监事,决定有关董事、监事的报酬事项。

(3) 审议批准董事会的报告。

(4) 审议批准监事会或者监事的报告。

(5) 审议批准公司的年度财务预算方案、决算方案。

(6) 审议批准公司的利润分配方案和弥补亏损方案。

(7) 对公司增加或者减少注册资本作出决议。

(8) 对发行公司债券作出决议。

(9) 对公司合并、分立、变更公司形式、解散和清算等事项作出决议。

(10) 修改公司章程。

(11) 公司章程规定的其他职权。

• 易错易混点 •

① 董事会的职权经营计划、投资方案。

② 职工代表担任的董事、监事的选举和更换由公司职工通过职工代表大会、职工大会或者其他形式民主选举产生。

2. 股东会的形式

(1) 会议的形式:定期会议、临时会议。

(2) 定期会议召开时间:由公司章程规定。

(3) 临时会议召开的情形:代表 1/10 以上表决权的股东;1/3 以上董事;监事会(或不设监事会的公司监事)。

3. 股东会的召开(详见图 2-1)

首次股东会会议由出资最多的股东召集和主持，依法行使职权。

以后的股东会会议，公司设立董事会的，由董事会召集，董事长主持；董事长不能履行职务或者不履行职务的，由副董事长主持；副董事长不能履行或者不履行职务的，由半数以上董事共同推举一名董事主持。公司不设董事会的，股东会会议由执行董事召集和主持。

记忆技巧 首次之后的股东会会议，设董事会的，正常情况下，召集：董事会；主持：董事长→副董事长→半数以上董事共同推举1名董事；不设董事会的，正常情况下，由执行董事召集和主持。

董事会或者执行董事不能履行职务或者不履行召集股东会会议职责的，由监事会或不设监事会的公司的监事召集和主持。

监事会或者监事不召集和主持的，代表1/10以上表决权的股东可以自行召集和主持。召开股东会会议，应当于会议召开15日前通知全体股东，但公司章程另有规定或者全体股东另有约定的除外。

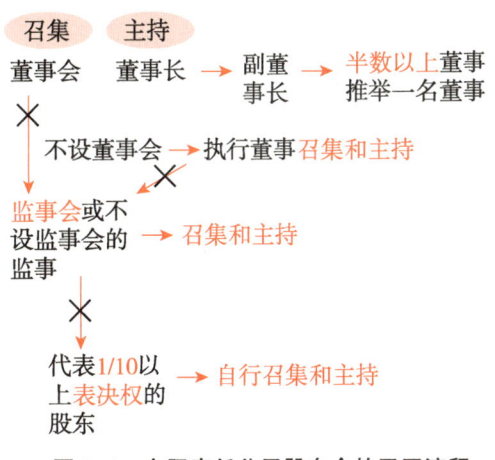

▲ 图2-1 有限责任公司股东会的召开流程

4. 股东会的决议

股东会会议由股东按照出资比例行使表决权，但公司章程另有规定的除外。

股东会的议事方式和表决程序，除《公司法》有规定的外，由公司章程规定。股东会会议作出修改公司章程、增加或者减少注册资本的决议，以及公司合并、分立、解散或者变更公司形式的决议（即"特别决议"），必须经代表2/3以上表决权的股东通过（"2/3以上"表示大于或等于2/3）。

提示 一般决议行使表决权：先看章程规定，再看法定规定。

【例题2-5 单选题】（2018年真题） 赵某、钱某、孙某、李某为甲有限责任公司（以下简称"甲公司"）的股东，分别持股40%、30%、20%和10%。公司章程对表决权行使及股东会议事规则无特别规定。为扩大公司规模，甲公司董事会制订了吸收合并乙公司的方案,为此,甲公司召开股东会会议,赵某和钱某赞成合并,孙某和李某表示反对。下列关于甲公司此次股东会决议能否通过的表述中,正确的是( )。

A. 该决议必须经甲公司的 2/3 以上股东同意才能通过,因孙某和李某不同意而不能通过

B. 该决议必须经甲公司代表 3/4 以上表决权的股东同意才能通过,赵某和钱某所持表决权不足 3/4,因此,该决议不能通过

C. 该决议必须经甲公司代表 2/3 以上表决权的股东同意才能通过,赵某和钱某所持表决权已达 2/3 以上,因此,该决议通过

D. 该决议必须经甲公司的全体股东一致同意才能通过,因孙某和李某不同意而不能通过

【答案】 C

【名师点睛】 注意准确理解"表决权"一词,如果有限责任公司章程规定实行"一人一票"的表决权计算规则,则股东人数＝表决权数;而在按出资比例计算表决权的情境下,股东人数≠表决权数。

(二) 董事会★★★

1. 董事会的组成(见表 2-4)

(1) 董事会是公司股东会的**执行机构**,对股东会负责。

(2) 有限责任公司设董事会(依法不设董事会的除外),其成员为 **3 至 13 人**。

(3) 两个以上的**国有**企业或者其他两个以上的**国有**投资主体设立的有限责任公司,其董事会成员中**应当**有公司职工代表;其他有限责任公司董事会成员中也**可以有**公司职工代表。

(4) 董事会中的职工代表由公司职工通过职工代表大会、职工大会或其他形式**民主选举**产生。

(5) 董事会设董事长 1 人,**可以**设副董事长。董事长和副董事长的产生办法由公司**章程规定**。

(6) 董事任期由公司章程规定,但每届任期**不得超过 3 年**。董事任期届满,**连选可以连任**。

(7) 董事任期届满未及时**改选**,或者董事在任期内辞职导致董事会成员**低于**法定人数的,在改选出的董事**就任前**,原董事**仍**应当依照法律、行政法规和公司章程的规定,**履行**董事职务。

· 易错易混点 ·

① 小公司可以设置 1 名执行董事,不设置董事会。

② 股份有限公司的董事会的人数是 5 至 19 人。

③ 只有"国有"的董事会中才一定要有职工代表。

④ 有董事会就一定设董事长,副董事长可以设也可以不设,产生办法由章程规定。

⑤ 国有独资公司的董事长、副董事长由国有资产监督管理机构从董事会成员中指定。

⑥ 每届任期≤3 年。届满后,经选可以连任,但不能直接连任。

表 2-4　董事会的组成总结表

人数	3~13 人
职工代表	① 两个以上的国有企业或者其他两个以上的国有投资主体投资设立的有限责任公司，其董事会成员中应当有公司职工代表 ② 其他有限责任公司董事会成员中可以有公司职工代表
董事长	① 董事长 1 人，可以设副董事长 ② 董事长、副董事长的产生办法由公司章程规定
任期	每届任期≤3 年，连选可以连任

2. 董事会的职权

（1）召集股东会会议，并向股东会报告工作。

（2）执行股东会的决议。

（3）决定公司的经营计划和投资方案。

（4）制订公司的年度预算方案、决算方案。

（5）制订公司的利润分配方案和弥补亏损方案。

（6）制订公司增加或者减少注册资本以及发行公司债券的方案。

（7）制订公司合并、分立、变更公司形式、解散的方案。

（8）决定公司内部管理机构的设置。

（9）决定聘任或者解聘公司经理及其报酬事项，并根据经理的提名决定聘任或者解聘公司副经理、财务负责人及其报酬事项。

（10）制定公司的基本管理制度。

（11）公司章程规定的其他职权。

· 易错易混点 ·

① 与股东会的职权"决定公司的经营方针和投资计划"相区分。

② 董事会不能直接决定聘任或解聘副经理、财务负责人及其报酬，要先根据经理的提名再决定。

【例题 2-6 单选题】（2018 年真题） 根据公司法律制度的规定，下列各项中，属于有限责任公司董事会职权的是（　　）。

A. 对公司增加或减少注册资本作出决议

B. 决定公司内部管理机构的设置

C. 对发行公司债券作出决议

D. 审议批准公司的利润分配方案和弥补亏损方案

【答案】 B

【名师点睛】 选项 ACD 属于股东会的职权。

3. 董事会的召开

董事会会议由董事长召集和主持；董事长不能履行或者不履行职务的，由副董事长召集和主持；副董事长不能履行职务或者不履行职务的，由半数以上董事共同推举 1 名

考试方向

常和股东会的职权混在一起以单选题形式考查有限责任公司董事会职权的具体内容。

第二章

董事召集和主持。

> **记忆技巧** 召集和主持：董事长→副董事长→半数以上董事共同推举1名董事。

4. 董事会的决议

董事会的议事方式和表决程序，除《公司法》有规定的外，由公司章程规定。董事会应当对所议事项的决定作成会议记录，出席会议的董事应当在会议记录上签名。董事会决议的表决，实行一人一票。有限责任公司股东人数较少或者规模较小的，可以设1名执行董事，不设董事会。执行董事可以兼任公司经理。执行董事的职权由公司章程规定。

（三）监事会★★★

监事会是公司的监督机构。

1. 监事会的组成（见表2-5）

有限责任公司设立监事会，其成员不得少于3人。股东人数较少或者规模较小的有限责任公司，可以设1~2名监事，不设监事会。

监事会应当包括股东代表和适当比例的公司职工代表，其中职工代表的比例不得低于1/3，具体比例由公司章程规定。监事会中的职工代表由公司职工通过职工代表大会、职工大会或者其他形式民主选举产生。

> **· 易错易混点 ·**
>
> ① 不是所有的有限责任公司都需要设监事会，但是如果设了监事会，成员人数就必须≥3。
> ② 设立了监事会，则监事会成员中就一定要有职工代表，并且比例≥1/3（强制性要求）。
> ③ 国有投资主体的董事会一定要有职工代表（强制性要求），但是没有比例要求。
> ④ 其他公司董事会中的职工代表可有可无（非强制性要求）。

考试方向
常以客观题形式考查监事会的人员组成。

监事会设主席1人，由全体监事过半数选举产生。监事会主席召集和主持监事会会议；监事会主席不能履行职务或者不履行职务的，由半数以上监事共同推举1名监事召集和主持监事会会议。

董事、高级管理人员（经理、副经理、财务负责人、上市公司的董事会秘书）不得兼任监事。

监事每届任期为3年，届满后连选可以连任。

监事会每年度至少召开1次会议，监事可以提议召开临时监事会会议。

> **· 易错易混点 ·**
>
> ① 董事会董事长的产生办法由公司章程规定。
> ② 董事会的召集和主持：董事长→副董事长→半数以上董事共同推举1名董事。
> ③ 监事的任期＝3年；董事的任期≤3年。
> ④ 召开次数的最低要求：1年1次。

第二章

表 2-5　监事会组成总结

人数	≥3 人
职工代表	监事会应当包括职工代表
代表	职工代表的比例不得低于 1/3
主席	设主席 1 人,由全体监事过半数选举产生
任期	每届任期 3 年,连选可以连任
限制	董事、高级管理人员不得兼任监事

【例题 2-7 判断题】(2020 真题) 　有限责任公司监事会应当包括股东代表和适当比例的公司职工代表,其中职工代表的比例不得低于 1/3,具体比例由公司章程规定。(　　)

【答案】　√

【名师点睛】　监事会必须有职工代表,并且职工代表的比例不得低于 1/3,这是强制规定。

【例题 2-8 单选题】(经典好题) 　甲、乙、丙、丁四人拟共同出资设立一个有限责任公司,其草拟的公司章程记载的下列事项中,不符合公司法律制度规定的是(　　)。

A. 公司由甲同时担任经理和法定代表人

B. 公司不设董事会,由乙担任执行董事,任期为 2 年

C. 公司不设监事会,由丙担任监事,任期为 2 年

D. 股东向股东以外的人转让股权,应当经其他股东 3/4 以上同意

【答案】　C

【名师点睛】　选项 A,公司法定代表人依照公司章程的规定,由董事长、执行董事或者经理担任,因此,甲可以同时担任经理和法定代表人;选项 B,股东人数较少或者规模较小的有限责任公司,可以不设立董事会,只设 1 名执行董事,执行董事的任期不得超过 3 年,故选项 B 符合规定;选项 C,股东人数较少或者规模较小的有限责任公司,可以不设立监事会,只设 1～2 名监事(可不考虑职工代表),监事的法定任期为 3 年,公司章程约定 2 年不符合规定;选项 D,有限责任公司的股东对外转让股权时,先看公司章程的规定,公司章程未规定的才适用《公司法》的规定(要经其他过半数股东同意)。

2. 监事会的职权

监事会、不设监事会的公司的监事行使下列职权:

(1)检查公司财务。

(2)对董事、高级管理人员执行公司职务的行为进行监督,对违反法律、行政法规、公司章程或者股东会决议的董事、高级管理人员提出罢免的建议。

(3)当董事、高级管理人员的行为损害公司的利益时,要求董事、高级管理人员予以纠正。

(4)提议召开临时股东会会议,在董事会不履行规定的召集和主持股东会会议职责时召集和主持股东会会议。

(5)向股东会会议提出提案。

(6)依照《公司法》的规定,对董事、高级管理人员提起诉讼。

考试方向

考查董事会监事会的任期,对外转让权的决议。

（7）公司章程规定的其他职权。

监事会、不设监事会的公司的监事发现公司经营情况异常，可以进行调查；必要时，可以聘请会计师事务所等协助其工作，费用由公司承担。

·易错易混点·

① 监事只有建议权不能直接罢免。

② 监事可以对股东会会议提出提案，但只能列席董事会会议，不能提出提案。

综上，股东会、董事会、经理和监事会的职权总结，如表2-6所示。

表2-6　股东会、董事会、经理和监事会的职权总结

股东会	董事会	经理
决定公司的经营方针和投资计划	决定公司的经营计划和投资方案	拟定公司内容管理机构设置方案
选举和更换由非职工代表担任的董事、监事，决定有关董事、监事的报酬	决定公司内部管理机构的设置	提请聘任或解聘公司副经理、财务负责人
修改公司章程	决定聘任或者解聘公司经理及其报酬事项；根据经理的提名决定聘任或解聘公司副经理、财务负责人及其报酬事项	制定公司的基本管理制度
	制定公司的具体规章	组织实施董事会决议
	执行股东会决议	

董事会和监事会中的职工代表总结，如表2-7所示。

表2-7　董事会和监事会中的职工代表总结

机构	职工代表	要求
董事会（国有）	国有独资公司、由两个以上的国有企业或者其他两个以上的国有投资主体设立的有限责任公司，董事会必须包括职工代表	无比例限制
监事会	所有的监事会均应包括职工代表	比例不得低于监事会人数的1/3

（四）公司决议效力★★★

股东会或股东大会、董事会决议存在下列情形之一，当事人主张决议不成立的，人民法院应当予以支持：

（1）公司未召开会议的，但依据规定可以不召开股东会或者股东大会而直接作出决定，并由全体股东在决定文件上签名、盖章的除外。

（2）会议未对决议事项进行表决的。

（3）出席会议的人数或者股东所持表决权不符合《公司法》或者公司章程规定的。

（4）会议的表决结果未达到《公司法》或者公司章程规定的通过比例的。

（5）导致决议不成立的其他情形。

记忆技巧 ①未开会；②未表决；③出席不够；④表决不够。

股东会或者股东大会、董事会的会议召集程序、表决方式**违反**法律、行政法规或者公司章程，或者决议内容违反公司章程的，**股东**可以自决议**作出之日起 60 日**内请求人民法院撤销股东会、股东大会或者董事会决议，人民法院应当予以支持。

提示▶ 请求撤销的起止时间：作出之日起 60 日。

公司决议效力的总结如表 2-8 所示。

表 2-8 公司决议效力总结

内容	违反法律、行政法规	违反公司章程
决议	无效	可撤销
召集程序、表决方式	可撤销	可撤销
	仅有轻微瑕疵，且对决议未产生实质影响的，不得撤销	

【例题 2-9 单选题】（经典好题） 2017 年 6 月 1 日，甲公司临时股东会通过合并决议。2017 年 6 月 22 日，甲公司股东贾某以"股东会召集程序违反公司章程"为由提起诉讼，请求人民法院撤销甲公司股东会 6 月 1 日通过的合并决议。经查，甲公司章程规定，召开股东会应当以电子邮件方式通知股东，但甲公司并未向贾某发送电子邮件，而是以手机短信方式通知。贾某及其他股东均出席了 6 月 1 日的股东会会议并表决。人民法院认为，甲公司股东会召集程序确有不符合公司章程之处，但仍然驳回了贾某的诉讼请求。根据公司法律制度的规定，有关人民法院驳回贾某诉讼请求的下列说法中，正确的是（ ）。

A. 人民法院驳回贾某诉讼请求不合法，该决议召集程序不符合章程的规定，应当确认无效

B. 人民法院驳回贾某诉讼请求不合法，该决议召集程序不符合章程的规定，应当撤销

C. 人民法院驳回贾某诉讼请求合法，该决议召集程序虽然不符合章程的规定，但不违反法律、行政法规的规定，决议有效

D. 人民法院驳回贾某诉讼请求合法，该决议召集程序虽然不符合章程的规定，但属于轻微瑕疵，且未对决议产生实质影响，应不予撤销

【答案】 D

【名师点睛】 虽然公司未按照章程的规定发送电子邮件通知，但并未影响贾某及其他股东出席会议，对决议无实质影响。

三、有限责任公司股权转让

（一）名义股东与实际出资人★★★

（1）名义股东与实际出资人签订的股份代持协议受《合同法》的保护。

① 有限责任公司**实际出资人与名义出资人**订立合同，约定由实际出资人出资并享有投资权益，以名义出资人为名义股东，实际出资人与名义股东对该合同效力发生争议的，如无《合同法》无效的情形，法院应当认定该**合同有效**。

考试方向 常以客观题形式考查公司决议的表决不生效的情形。

② 实际出资人与名义股东因投资权益的归属发生争议，实际出资人以其实际履行了出资义务为由向名义股东主张权利的，人民法院应予支持。

③ 名义股东以公司股东名册记载、公司登记机关登记为由否认实际出资人权利的，人民法院不予支持。

提示 ▶ 代持股份的合同是有效合同。

（2）如果实际出资人未经公司其他股东过半数同意，请求公司变更股东、签发出资证明书、记载于股东名册、记载于公司章程并办理公司登记机关登记的，人民法院不予支持。

提示 ▶ 该行为相当于对外转让股权。

（3）名义股东将登记于其名下的股权转让、质押或者以其他方式处分，实际出资人以其对于股权享有实际权利为由，请求认定处分股权行为无效的，人民法院可参照《物权法》相关规定处理。即如果受让方符合善意取得的条件，则受让方可取得股权。当然，名义股东处分股权造成实际投资人损失，实际投资人请求名义股东承担赔偿责任的，人民法院应予支持。

提示 ▶ 擅自处置股份遵循"善意第三人"原则，不能直接请求认定处分无效，只能追偿赔偿责任。

（4）公司债权人主张名义股东未尽出资义务，按股东未尽出资义务处理：公司债权人以登记于公司登记机关的股东（名义股东）未履行出资义务为由，请求其对公司债务不能清偿的部分在未出资本息范围内承担补充赔偿责任，股东以其仅为名义股东而非实际出资人为由进行抗辩的，人民法院不予支持。名义股东在承担相应的赔偿责任后，向实际出资人追偿的，人民法院应予支持。

提示 ▶ 名义股东未出资，实际出资人也未尽出资义务。

（5）冒用他人名义出资并将该他人作为股东在公司登记机关登记的，冒名登记行为人应当承担相应责任；公司、其他股东或者公司债权人以未履行出资义务为由，请求被冒名登记为股东的承担补足出资责任或者对公司债务不能清偿部分的赔偿责任，人民法院不予支持（被冒名登记为股东的不承担任何责任）。

考试方向

考查名义股东和实际出资人的权益和未尽出资义务的责任，以及被冒充股东时由谁承担责任。

【例题2-10单选题】（经典好题） 某市房地产主管部门领导李强退休后，与其好友甲、乙共同出资设立一家咨询公司。李强不想让自己的名字出现在公司股东名册上，在未告知其弟李军的情况下，直接持李军的身份证等证件，将李军登记为公司股东。根据公司法律制度的规定，下列表述中，正确的是（   ）。

A. 公司股东应是李强

B. 公司股东应是李军

C. 李强和李军为公司股东

D. 公司债权人有权请求李军对公司债务承担相应的责任

【答案】 A

【名师点睛】 选项ABC，被冒名人李军根本就不是股东，也不属于名义股东，李军只是被别人登记为了股东；选项D，公司债权人无权请求被冒名人李军对公司债务承担责任。

（二）股东权及其分类

1. 以股东权行使的目的是为股东个人利益还是涉及全体股东共同利益为标准，可以将股东权分为共益权和自益权

（1）共益权是指股东依法参加公司事务的决策和经营管理的权利，它是股东基于公司利益同时兼为自己的利益而行使的权利，包括股东会或股东大会参加权、提案权、质询权，在股东会或股东大会上的表决权、累积投票权，股东会或股东大会召集请求权和自行召集权，了解公司事务、查阅公司账簿和其他文件的知情权，提起诉讼权等权利。

根据《公司法》规定，股东有权查阅、复制公司章程、股东名册、公司债券存根、股东会会议记录、董事会会议决议、监事会会议决议和财务会计报告。股东可以要求查阅公司会计账簿。股东要求查阅公司会计账簿的，应当向公司提出书面请求，说明目的。公司有合理根据认为股东查阅会计账簿有不正当目的，可能损害公司合法利益的，可以拒绝提供查阅，并应当自股东提出书面请求之日起15日内书面答复股东并说明理由。公司拒绝提供查阅的，股东可以请求人民法院要求公司提供查阅。

记忆技巧

① 对外公示的资料：可以查阅、复制，如财务会计报告。

② 不对外公示的资料：只能查阅，如会计账簿。

③ 提出请求的方式：书面请求。

④ 拒绝股东的请求：15日内＋书面答复＋说明理由。

根据《公司法》司法解释（四）规定，股东起诉请求查阅或者复制公司特定文件材料的，人民法院应当依法予以受理。公司有证据证明上述原告在起诉时不具有公司股东资格的，人民法院应当驳回起诉，但原告有初步证据证明在持股期间其合法权益受到损害，请求依法查阅或者复制其持股期间的公司特定文件材料的除外。有限责任公司有证据证明股东存在下列情形之一的，人民法院应当认定股东有上述"不正当目的"：

① 股东自营或者为他人经营与公司主营业务有实质性竞争关系业务的，但公司章程另有规定或者全体股东另有约定的除外。

② 股东为了向他人通报有关信息查阅公司会计账簿，可能损害公司合法利益的。

③ 股东在向公司提出查阅请求之日前的3年内，曾通过查阅公司会计账簿，向他人通报有关信息损害公司合法利益的。

④ 股东有不正当目的的其他情形。

公司章程、股东之间的协议等实质性剥夺股东依据《公司法》规定查阅或者复制公司文件材料的权利，公司以此为由拒绝股东查阅或者复制的，人民法院不予支持。人民法院审理股东请求查阅或者复制公司特定文件材料的案件，对原告诉讼请求予以支持的，应当在判决中明确查阅或者复制公司特定文件材料的时间、地点和特定文件材料的名录。股东依据人民法院生效判决查阅公司文件材料的，在该股东在场的情况下，可以由会计师、律师等依法或者依据执业行为规范负有保密义务的中介机构执业人员辅助进行。股东行使知情权后泄露公司商业秘密导致公司合法利益受到损害，公司请求该股东赔偿相关损失的，人民法院应当予以支持。辅助股东委阅公司文件材料的会计师、律师等泄露公司商业秘密导致公司合法利益受到损害，公司请求其赔偿相关损失的，人民法院

应当予以支持。

（2）**自益权**是指股东**仅以个人利益为目的而行使的权利**，即依法从公司取得收益、财产或处分自己股权的权利，包括股利分配请求权、剩余财产分配权、新股认购优先权、股份质押权和股份转让权等。股东请求公司分配利润案件，应当列公司为被告。一审法庭辩论终结前，其他股东基于同一分配方案请求分配利润并申请参加诉讼的，应当列为共同原告。股东提交载明具体分配方案的股东会或者股东大会的有效决议，请求公司分配利润，公司拒绝分配利润且其关于无法执行决议的抗辩理由不成立的，人民法院应当判决公司按照决议载明的具体分配方案向股东分配利润。股东未提交载明具体分配方案的股东会或者股东大会决议，请求公司分配利润的，人民法院应当驳回其诉讼请求，但违反法律规定滥用股东权利导致公司不分配利润，给其他股东造成损失的除外。

> **记忆技巧** 自营或者为他人经营与公司主营业务有实质性竞争关系业务是否可能查看公司特定文件：先约定，后法定。

2. 以股权行使的条件为标准划分，分为单独股东权和少数股东权

（1）单独股东权是指每一单独股份均享有的权利，即只持有一股股份的股东也可单独行使的权利，如自益权、表决权等。

（2）少数股东权是指须单独或共同持有占股本总额一定比例以上股份方可行使的权利，如请求召开临时股东会或股东大会会议的权利等。

（三）股东滥用股东权的责任★★★

（1）公司股东滥用股东权利给公司或者其他股东造成损失的，应依法承担赔偿责任。

（2）公司股东滥用公司法人独立地位和**股东有限责任**，**逃避**债务，严重**损害公司债权人利益的**，应当对公司债务承担**连带责任**。

（3）关联交易。

① 公司的**控股股东、实际控制人、董事、监事、高级管理人员**不得利用其关联关系**损害公司利益**，违反规定给公司造成损失的，应当承担赔偿责任。

② 关联交易损害公司利益，**公司**依法请求控股股东、实际控制人、董事、监事、高级管理人员赔偿所造成的损失，**被告仅以该交易已经履行了信息披露、经股东（大）会同意等**法律、行政法规或者公司章程规定的程序为由抗辩的，人民法院**不予支持**。公司没有提起诉讼的，**符合条件的股东**，可以依法提起诉讼。

> **· 易错易混点 ·**
>
> ① 有损害，承担赔偿责任。
> ② 不能以披露信息来推卸责任。
> ③ 不是任何一个股东都可以提起诉讼，股东的身份必须符合条件。

（四）有限责任公司股东转让股权★★★

1. 股东之间转让股权

有限责任公司的**股东之间**可以相互转让其全部或者部分股权。

考试方向

考查股东滥用股东权利时，哪些人需要承担责任。

2. 股东向股东以外的人转让股权

(1) 公司章程对股权转让另有规定的,从其规定。

(2) 有限责任公司的股东向股东以外的人转让股权,应当经其他股东过半数同意。股东应就其股权转让事项书面通知其他股东征求同意,其他股东自接到书面通知之日起满 30 日未答复的,视为同意转让。其他股东半数以上不同意转让的,不同意的股东应当购买该转让的股权;不购买的,视为同意转让。

经股东同意转让的股权,在同等条件下,其他股东有优先购买权。两个以上股东主张行使优先购买权的,协商确定各自的购买比例;协商不成的,按照转让时各自的出资比例行使优先购买权。

有限责任公司的股东主张优先购买转让股权的,应当在收到通知后,在公司章程规定的行使期间内提出购买请求。公司章程没有规定行使期间或者规定不明确的,以通知确定的期间为准,通知确定的期间短于 30 日或者未明确行使期间的,行使期间为 30 日。

提示 ▶对内转让:不产生新股东,无任何限制。

▶对外转让:经其他股东过半数(＞50%)同意。

▶其他股东:过半数(＞50%)同意;自接到书面通知之日起满 30 日未答复视为同意转让。

▶异议股东:要作为,不作为视为同意转让。

▶多人行使优先购买权:协商→按转让时各自的出资比例。

(3) 转让股东反悔。

① 有限责任公司的转让股东,在其他股东主张优先购买后又不同意转让股权的,对其他股东优先购买的主张,人民法院不予支持,但公司章程另有规定或者全体股东另有约定的除外。

② 其他股东主张转让股东赔偿其合理损失的,人民法院应当予以支持。

提示 ▶不能强买。允许转让股东反悔(除有约定),但有赔偿。

【例题 2-11 判断题】(2017 年真题) 张某、王某、李某三人共同出资设立了甲有限责任公司,公司章程对股权转让没有特别规定。李某拟将其拥有的股权全部转让给赵某,张某和王某均不愿意购买,则李某可以将股权转让给赵某。( )

【答案】 √

【名师点睛】 其他股东半数以上不同意转让的,不同意的股东应当购买该转让的股权,不购买的,视为同意转让。

考试方向 常以简答题和综合题形式考查股东对内和对外转让股权的规定,重点考查对外转让股权的相关规定。

(4) 损害救济。

有限责任公司的股东向股东以外的人转让股权,未就其股权转让事项征求其他股东意见,或者以欺诈、恶意串通等手段,损害其他股东优先购买权,其他股东主张按照同等条件购买该转让股权的,人民法院应当予以支持,但其他股东自知道或者应当知道行使优先购买权的同等条件之日起 30 日内没有主张,或者自股权变更登记之日起超过 1 年的除外。

如果其他股东仅提出确认股权转让合同及股权变动效力等请求,未同时主张按照同等条件购买转让股权的,人民法院不予支持,但其他股东非因自身原因导致无法行使优先购买权,请求损害赔偿的除外。

股东以外的股权受让人因股东行使优先购买权而不能实现合同目的的,可以依法请求转让股东承担相应民事责任。

损害优先购买权的处理如表2-9所示。

表2-9 损害优先购买权的处理

情形	具体内容
其他股东请求	转让股东未就其股权转让事项征求其他股东意见,或者欺诈、恶意串通
	按照同等条件购买该转让股权
	自知道或应当知道行使优先购的同等条件之日起30日内没有主张,或自股权变更登记之日起超过1年,不得主张优先购买
	仅提出确认股权转让合同及股权变动效力等请求,未同时主张按同等条件购买转让股权
股东以外的受让人	因股东行使优先购买权而不能实现合同目的的,可以依法请求转让股东承担相应民事责任

3. 强制转让

人民法院依照强制执行程序转让有限责任公司股东的股权时,应当通知公司及全体股东,其他股东在同等条件下有优先购买权;其他股东自人民法院通知之日起满20日不行使优先购买权的,视为放弃优先购买权。

有限责任公司股东转让股权后,公司应当注销原股东的出资证明书,向新股东签发出资证明书,并相应修改公司章程和股东名册中有关股东及其出资额的记载。

· 易错易混点 ·

① 发通知:法院应当通知公司及全体股东。

② 优先购买权:同等条件下其他股东有优先购买权。

③ 放弃优先购买权:通知之日起满20日不行使优先购买权的,视为放弃。

④ 修改公司章程无需股东会表决。

(五) 有限责任公司股东退出公司★★★

异议股东回购请求权(以达到保护小股东权益的目的)。

1. 法定条件

有下列情形之一的,对股东会该项决议投反对票的股东可以请求公司按照合理的价格收购其股权,退出公司:

(1) 公司连续5年不向股东分配利润,而公司该5年连续盈利,并且符合《公司法》规定的分配利润条件的。

(2) 公司合并、分立、转让主要财产的。

(3) 公司章程规定的营业期限届满或者章程规定的其他解散事由出现,股东会会议通过决议修改章程使公司存续的。

提示 ▶前提条件：投反对票。

▶连续 5 年盈利＋不分配利润。

2. 法定程序

(1) 请求公司收购其股权。

(2) 依法向人民法院提起诉讼。

自股东会会议决议通过之日起 60 日内，股东与公司不能达成股权收购协议的，股东可以自股东会会议决议通过之日起 90 日内向人民法院提起诉讼。

(3) 注重调解。

当事人协商一致以下列方式解决分歧，且不违反法律、行政法规的强制性规定的，人民法院应予支持：

①公司回购部分股东股份；②其他股东受让部分股东股份；③他人受让部分股东股份；④公司减资；⑤公司分立；⑥其他能够解决分歧，恢复公司正常经营，避免公司解散的方式。

【例题 2-12 多选题】(经典好题) 在有限责任公司中，对某些事项决议时投反对票的股东，可以请求公司按照合理的价格收购其股权并退出公司。根据公司法律制度的规定，该事项包括(   )。

A. 公司合并、分立的

B. 公司转让主要财产的

C. 公司章程规定的营业期限届满，股东会会议通过决议修改章程使公司存续的

D. 公司连续 3 年不向股东分配利润，而公司该 3 年连续盈利，并且符合公司法规定的分配利润的条件

【答案】 ABC

【名师点睛】 异议股东回购请求权：公司连续 5 年不向股东分配利润，而该公司 5 年连续盈利，并且符合法律规定的分配利润条件的；公司合并、分立、转让主要财产的；公司章程规定的营业期限届满或者章程规定的其他解散事由出现，股东会会议通过决议修改章程使公司存续的。选项 ABC 符合题意。

考试方向

常以客观题和简单题形式考查异议回购权的法定条件和程序。

四、一人有限责任公司

(一) 概念★★

一人有限责任公司，是指只有一个自然人股东或者一个法人股东的有限责任公司。

(二) 特别规定★★★

(1) 一个自然人只能投资设立一个一人有限责任公司，该一人有限责任公司不能投资设立新的一人有限责任公司。

(2) 一人有限责任公司应当在公司登记中注明法人独资或自然人独资，并在公司营业执照中载明。

(3) 一人有限责任公司不设股东会。股东会职权由股东行使，股东作出决定时，应当采用书面形式，并由股东签字后置备于公司。

提示 ▶ 股东只有一个,不需要成立股东会。

(4) 一人有限责任公司应当在每一会计年度终了时编制财务会计报告,<u>并经</u>会计师事务所审计。

(5) 一人有限责任公司的股东<u>不能证明</u>公司财产独立于股东自己财产的,应当对公司债务承担<u>连带责任</u>。

知识链接 ▶ 有限责任公司股东<u>滥用</u>公司法人独立地位和股东有限责任,逃避债务,严重损害公司<u>债权人利益</u>的,股东应当对公司债务承担<u>连带责任</u>。

五、国有独资公司

(一) 概念

国有独资公司是指国家单独出资、由国务院或者地方人民政府委托本级人民政府国有资产监督管理机构履行出资人职责的有限责任公司。

(二) 特别规定★★★

(1) 国有独资<u>公司章程</u>由国有资产监督管理机构<u>制定</u>,或者由<u>董事会制定</u>报国有资产监督管理机构<u>批准</u>。

知识链接 ▶ 有限责任公司的公司章程由股东共同制定。

(2) 国有独资公司<u>不设</u>股东会,由国有资产监督管理机构行使股东会职权。

国有资产监督管理机构可以<u>授权</u>公司董事会和行使股东会的部分职权,决定公司的重大事项,但公司的<u>合并、分立、解散、增减</u>注册资本<u>和发行公司债券</u>,必须由国有资产监督管理机构<u>决定</u>;其中重要的国有独资公司合并、分立、解散、申请破产的,应当由国有资产监督管理机构审核后,报本级人民政府<u>批准</u>。

• 易错易混点 •

① 一般职权:国有资产监督管理机构可以授权董事会行使。

② 特殊决定:合并、分立、解散;增、减注册资本;发行公司债券:

a. 一般的国有独资公司由国有资产监督管理机构决定。

b. 重要的国有独资公司由国有资产监督管理机构审核,报本级人民政府批准。

知识链接 ▶ 有限责任公司的特别决议:修改公司章程;增、减注册资本;变更公司形式;合并、分立、解散;必须经代表2/3以上表决权的股东通过。

(3) 国有独资公司设立董事会,依照法律规定的有限责任公司董事会的职权和国有资产监督管理机构的授权行使职权。董事会成员中<u>应当</u>有职工代表。<u>董事会成员</u>由国有资产监督管理机构<u>委派</u>,<u>但是</u>职工代表由公司职工代表大会选举产生。董事每届任期不得超过 3 年。董事会设董事长 1 人,可以设副董事长。董事长、副董事长由国有资产监督管理机构从董事会成员中指定。

· 易错易混点 ·

① 董事会成员中一定要有职工代表(强制规定)。

② 非国有的有限责任公司的董事会成员中可以有职工代表(无强制规定)。

③ 董事会中除职工代表的董事外,其余董事由国有资产监督管理机构委派。

④ 董事长、副董事长由国有资产监督管理机构从董事会成员中指定。

知识链接 ▶ 有限责任公司董事长、副董事长根据公司章程规定产生。

(4)国有独资公司设经理,由董事会聘任或解聘。国有独资公司经理的职权与一般有限责任公司经理的职权相同。经国有资产监督管理机构同意,董事会成员可以兼任经理。

(5)国有独资公司的董事长、副董事长、董事、高级管理人员,未经国有资产监督管理机构同意,不得在其他有限责任公司、股份有限公司或者其他经济组织兼职。

提示 ▶ 对董事会成员的限制:①经国有资产监督管理机构同意,董事会成员可以兼任经理(对内);②国有独资公司的董事长、副董事长、董事、高级管理人员,未经国有资产监督管理机构同意,不得在其他公司或机构兼职(对外)。

(6)国有独资公司设监事会,其成员不得少于 5 人,其中,职工代表的比例不得低于1/3,具体比例由公司章程规定。监事会成员由国有资产监督管理机构委派;但是监事会的职工代表由公司职工代表大会选举产生。监事会主席由国有资产监督管理机构从监事会成员中指定。

提示 ▶ 成员≥5人,其中职工代表占比≥1/3。

知识链接 ▶
① 有限责任公司监事会成员不得少于 3 人。
② 除职工代表以外的监事会成员由国有资产监督管理机构委派。
③ 有限责任公司监事会主席由全体监事过半数选举产生。

【例题 2-13 多选题】(经典好题) 根据公司法律制度的规定,下列关于国有独资公司组织机构的表述中,正确的有( )。

A. 国有独资公司董事会成员中应当有公司职工代表

B. 国有独资公司不设立股东会,由国有资产监督管理机构行使股东会职权

C. 国有独资公司的董事每届任期不得超过 3 年

D. 国有独资公司监事会成员不得少于 3 人

【答案】 ABC

【名师点睛】 选项 D,国有独资公司设监事会,其成员不得少于 5 人。

考试方向

考查国有独资公司的特别规定,侧重考查国有独资公司董事会和监事会的产生和人员的组成。

第二章

第四节 股份有限公司

本节框架

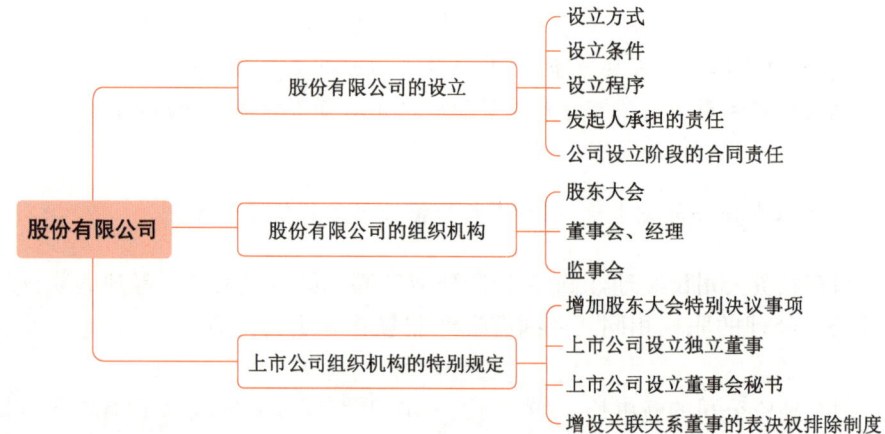

一、股份有限公司的设立

（一）设立方式★★

股份有限公司可以采取发起设立或者募集设立的方式设立。

（1）发起设立是指由发起人认购公司应发行的全部股份而设立公司。

（2）募集设立是指由发起人认购公司应发行股份的一部分，其余股份向社会公开募集或者向特定对象募集而设立公司。

（二）设立条件★★

（1）发起人符合法定人数。

发起人既可以是自然人，也可以是法人；既可以是中国公民，也可以是外国公民。设立股份有限公司，应当有2人以上200人以下为发起人。其中，须有半数以上的发起人在中国境内有住所。

① 有限责任公司股东人数为50人以下，可以为1人。

② 股份有限公司对发起人的人数有限制，对股东人数无限制。

③ 发起人的要求：半数以上（≥50%）的发起人在中国境内有住所。有住所，但不一定是中国人。

（2）有符合公司章程规定的全体发起人认购的股本总额或者募集的实收股本总额。

① 发起设立。

股份有限公司采取发起设立方式设立的，注册资本为在公司登记机关登记的全体发起人认购的股本总额。在发起人认购的股份缴足前，不得向他人募集股份。

② 募集设立。

股份有限公司采取募集设立方式设立的，注册资本为在登记机关登记的实收股本总额。法律、行政法规以及国务院决定对股份有限公司注册资本实缴、注册资本最低限额另有规定的，从其规定。

（3）股份发行、筹办事项符合法律规定。

（4）发起人制定公司章程，采用募集方式设立的须经过创立大会通过。

• 易错易混点 •

关于注册资本：

① 发起设立：认购的股本总额。发起人先缴足了，再向他人募集。

② 募集设立：实收股本总额。

【例题2-14 多选题】（经典好题） 根据公司法律制度的规定，下列关于股份有限公司发起设立的表述中，正确的有（　　）。

A. 注册资本为在公司登记机关登记的实收股本总额

B. 应当有2人以上200人以下为发起人

C. 须有半数以上的发起人在中国境内有住所

D. 发起人只能是中国公民

【答案】 BC

【名师点睛】 选项A，发起设立的股份有限公司实行认缴资本制，除另有规定外，注册资本为在公司登记机关登记的全体发起人认购的股本总额。选项D，在中国境内有住所≠中国公民。选项BC正确。

考试方向

考查发起的方式和发起人数的组成，侧重考查发起的人数及组成。

（三）设立程序★★

1. 发起设立方式设立股份有限公司的程序

（1）发起人书面认足公司章程规定其认购的股份。

（2）缴纳出资。

（3）选举董事会和监事会。

（4）申请设立登记。

记忆技巧 设立程序：书面认购股份→缴纳出资→选举组织机构→申请登记（董事会）。

2. 募集设立方式设立股份有限公司的程序

（1）发起人认购股份。

发起人认购的股份不得少于≥公司股份总数的35%；但是法律、行政法规另有规定的，从其规定。

（2）向社会公开募集股份。

（3）召开创立大会。

发起人应当自股款缴足之日起30日内主持召开公司创立大会，创立大会由发起人、认股人组成。创立大会应有代表股份总数过半数（>50%）的发起人、认股人出席，方可举行。创立大会作出决议，必须经出席会议的认股人所持表决权过半数（>50%）通过。

（4）认股人合法抽回股本。

发起人、认股人缴纳股款或者交付抵作股款的出资后，除以下情形不得抽回其资本：①发行的股份超过招股说明书规定的截止期限尚未募足的（未按期募足）；②发行股份的股款缴足后，发起人在30日内未召开创立大会的；③创立大会作出不设立公司的决议的;④认股人可以按照所缴股款并加算银行同期存款利息,要求发起人返还。

(5) 申请设立登记。

董事会应于创立大会结束后30日内,依法向公司登记机关申请设立登记。

(6) 股东知情权。

股份有限公司应当将公司章程、股东名册、公司债券存根、股东大会会议记录、董事会会议记录、监事会会议记录、财务会计报告置备于本公司,供股东查阅。

考试方向

常以客观题形式考查认股人合法抽回股本的具体情形和返还的内容。

【例题 2-15 多选题】(经典好题) 根据公司法律制度的规定,股份有限公司采取募集方式设立的,认股人缴纳出资后,有权要求返还出资的情形有( )。

A. 公司未按期募足股份　　　　B. 创立大会决议不设立公司

C. 公司发起人抽逃出资、情节严重　　D. 发起人未按期召开创立大会

【答案】 ABD

【名师点睛】 发行的股份超过招股说明书规定的截止期限尚未募足的,或者发行股份的股款缴足后,发起人在30日内未召开创立大会的,或创立大会作出不设立公司的决议的,认股人可以按照所缴股款并加算银行同期存款利息,要求发起人返还。发起人、认股人缴纳股款或者交付抵作股款的出资后,除上述情形不得抽回其资本。抽逃出资、情节严重的,公司或者其他股东请求其向公司返还出资本息,而不是认股人有权要求返还出资,选项 C 错误。选项 ABD 符合题意。

(四) 发起人承担的责任★★★

(1) 公司不能成立时,对设立行为所产生的债务和费用负连带责任。

根据《公司法》司法解释(三)的规定,公司因故未成立,债权人请求全体或者部分发起人对设立公司行为所产生的费用和债务承担连带责任的,人民法院应予支持。

部分发起人依照前述规定承担责任后,请求其他发起人分担的,人民法院应当判令其他发起人按照约定的责任承担比例分担责任;没有约定责任承担比例的,按照约定的出资比例分担责任;没有约定出资比例的,按照均等份额分担责任。

(2) 公司不能成立时,对认股人已缴纳的股款,负返还股款并加算银行同期存款利息的连带责任。

提示 对外,全体发起人承担连带责任。

　　对内,无责任人:约定的责任承担比例→约定的出资比例→均担;有责任人:其他发起人可主张由责任人承担设立行为所产生的费用和债务。

　　发起人对认股人已缴纳的股款,负"返还股款+银行同期存款利息"的连带责任。

(3) 在公司设立过程中,由于发起人的过失致使公司利益受到损害的,应当对公司承担赔偿责任。

根据《公司法》司法解释(三)的规定,因部分发起人的过错导致公司未成立,其他发起人主张其承担设立行为所产生的费用和债务的,人民法院应当根据过错情况,确定过错方的责任范围。发起人因履行公司设立职责造成他人损害,公司成立后受害人请求公司承担侵权赔偿责任的,人民法院应予支持;公司未成立,受害人请求全体发起人承担连带赔偿责任的,人民法院应予支持。公司或者无过错的发起人承担赔偿责任后,可以向有过错的发起人追偿。

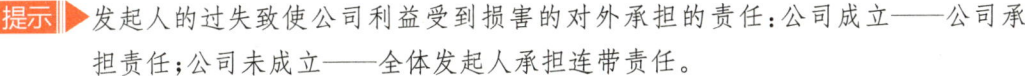

> **提示** ▶ 发起人的过失致使公司利益受到损害的对外承担的责任:公司成立——公司承担责任;公司未成立——全体发起人承担连带责任。
>
> ▶ 发起人的过失致使公司利益受到损害的对内承担的责任:无过错的发起人可以向有过错的发起人追偿。

(五) 公司设立阶段的合同责任★★★

(1) 发起人为设立公司以自己名义对外签订合同,合同相对人请求该发起人承担合同责任的,人民法院应予支持。

公司成立后对前述规定的合同予以确认的,或者已经实际享有合同权利或者履行合同义务,合同相对人请求公司承担合同责任的,人民法院应予支持。

(2) 发起人以设立中公司的名义对外签订合同,公司成立后合同相对人请求公司承担合同责任的,人民法院应予支持。

公司成立后有证据证明发起人利用设立中公司的名义为自己的利益与相对人签订合同,公司以此为由主张不承担合同责任的,人民法院应予支持,但相对人为善意的除外。

> **提示** ▶ 发起人以发起人自己的名义签的合同:该发起人承担合同责任。
>
> 公司成立后确认了也可由公司承担合同责任。
>
> ▶ 发起人以公司名义签的合同:公司成立后公司承担合同责任。
>
> ▶ 以公司名义为自己利益签的合同:相对人善意,公司承担;相对人恶意:公司不承担。

【例题 2-16 多选题】(经典好题) 甲、乙、丙、丁拟设立一家贸易公司,委派丙负责租赁仓库供公司使用,因公司尚未成立,丙以自己的名义与戊签订仓库租赁合同。根据公司法律制度的规定,下列关于仓库租赁合同义务承担的表述中,正确的有( )。

A. 若贸易公司未能成立,戊可请求丙承担合同义务

B. 贸易公司成立后,戊仍可请求丙承担合同义务

C. 贸易公司成立后,对租赁合同明确表示承认的,戊可请求贸易公司承担合同义务

D. 贸易公司一经成立,戊即可请求该公司承担合同义务

【答案】 ABC

【名师点睛】 选项 AB,发起人为设立公司以自己名义对外签订合同,对相对人而言,合同中载明的主体是发起人,所以原则上应当由发起人承担合同责任(不论公司最终成立与否)。选项 CD,公司成立后,对以发起人名义订立的合同予以确认,或者已经实际享有合同权利或者履行合同义务,合同相对人请求公司承担合同责任的,人民法院应予支持。

二、 股份有限公司的组织机构

股份有限公司的组织机构由股东大会、董事会、经理、监事会等组成。

(一) 股东大会★★★

1.性质

股份有限公司的股东大会是公司的权力机构,依法行使职权。

考试方向 常以简答题和综合题形式考查股份有限公司设立阶段的合同责任。

2. 职权

股份有限公司股东大会的职权与有限责任公司股东会的职权的规定基本相同。

此外,根据中国证券监督管理委员会发布的《上市公司章程指引》的规定,上市公司的股东大会的职权还包括:

(1) 对公司聘用、解聘会计师事务所作出决议。

(2) 审议公司在一年内购买、出售重大资产超过公司最近一期经审计总资产30%的事项。

(3) 审议批准变更募集资金用途事项。

(4) 公司审议代表公司发行在外有表决权股份总数的5%以上的股东的提案。

(5) 审议股权激励计划。

(6) 审议批准下列担保行为:

① 本公司及本公司控股子公司的对外担保总额,达到或超过最近一期经审计净资产的50%以后提供的任何担保。

② 公司的对外担保总额,达到或超过最近一期经审计总资产的30%以后提供的任何担保。

③ 为资产负债率超过70%的担保对象提供的担保。

④ 单笔担保额超过最近一期经审计净资10%的担保。

⑤ 对股东、实际控制人及其关联方提供的担保。

3. 股东大会的形式

股份有限公司的股东大会分为年会和临时股东大会两种。

股东大会应当每年召开1次年会(具体召开时间无限制),上市公司的股东大会应于上一会计年度结束后的6个月内举行。

临时股东大会是指股份有限公司在出现召开临时股东大会的法定事由时,应当在法定期限2个月内召开的股东大会。《公司法》规定,有下列情形之一的,应当在2个月内召开临时股东大会:

(1) 董事人数不足《公司法》规定人数或者公司章程所定人数的2/3时。

(2) 公司未弥补的亏损达实收股本总额的1/3时。

(3) 单独或者合计持有公司10%以上股份的股东请求时。

(4) 董事会认为必要时。

(5) 监事会提议召开时。

(6) 公司章程规定的其他情形。

• 易错易混点 •

A公司的章程规定董事会的人数是10人,如果董事会的人数少于6人(2/3×10≈7)需要召开临时股东大会;A公司的章程规定董事会的人数是6人,如果董事会的人数只剩4人(最低是5人)需要召开临时股东大会。

① 董事会人数(法定):股份有限公司5～19人;有限责任公司3～13人。

② 有限责任公司临时股东会的召开:代表1/10以上表决权的股东;1/3以上董事;监事会(或不设监事会的公司监事)。

4. 股东大会的召开

(1) 董事会不能履行或者不履行召集股东大会会议职责的,监事会应当及时召集和主持;监事会不召集和主持的,连续 90 日以上单独或者合计持有公司 10%以上股份的股东可以自行召集和主持。

记忆技巧 董事会→监事会→连续 90 日以上持有公司 10%以上的股东。

(2) 召开股东大会会议,应当将会议召开的时间、地点和审议的事项于会议召开 20 日前通知各股东;临时股东大会应当于会议召开 15 日前通知各股东。

提示 ▶年会(定期):20 日前通知。

▶临时股东大会:15 日前通知。

(3) 临时提案:单独或者合计持有公司 3%以上股份的股东,可以在股东大会召开 10 日前提出临时提案并书面提交董事会;董事会应当在收到提案后两日内通知其他股东,并将该临时提案提交股东大会审议。股东大会不得对通知中未列明的事项作出决议。

(4) 委托代理人出席:股东可以委托代理人出席股东大会,代理人应当向公司提交股东授权委托书,并在授权范围内行使表决权。

提示 ▶必须书面委托,代理人应在委托范围内行使表决权。

▶股东大会对代理人的身份没有限制。董事会的代理人必须是董事。

5. 股东大会的决议

股东大会作出决议,必须经出席会议的股东所持表决权过半数通过。

(1) 股东大会作出修改公司章程、增加或者减少注册资本的决议,以及公司合并、分立、解散或者变更公司形式的决议,必须经出席会议的股东所持表决权的 2/3 以上通过。

·易错易混点·

① 普通决议:出席(不是所有的)会议的股东,所持表决权过半数(>50%)通过。

② 特殊决议:出席(不是所有的)会议的股东,所持表决权 2/3 以上(≥2/3)通过。

知识链接 ▶① 有限责任公司股东会普通决议由章程约定。

② 股份有限公司的特别决议内容与有限责任公司完全一样,区别在于通过要求上,股份有限公司要求的是出席会议的股东,而有限责任公司要求的是全体股东。

(2) 股东大会选举董事、监事,可以依照公司章程的规定或者股东大会的决议,实行累积投票制(保护中小股东的利益)。

(3) 股东大会应当对所议事项的决定作成会议记录,主持人、出席会议的董事应当在会议记录上签名。

提示 ▶会议记录由主持人、出席会议的董事签名,不需要股东签名。

▶有限责任公司股东大会由出席会议股东在会议记录上签名。

【例题 2-17 多选题】(经典好题) 根据公司法律制度的规定,股份有限公司股东大会所作的下列决议中,必须经出席会议的股东所持有表决权的 2/3 以上通过的有(　　)。

A. 批准公司年度预算方案的决议　　　　B. 公司合并、分立、解散的决议

C. 变更公司形式的决议　　　　　　　　D. 增加或者减少注册资本的决议

【答案】 BCD

【名师点睛】 选项 A 属于股东大会决议事项,但经出席股东大会的股东所持表决权过半数通过即可。

(二) 董事会、经理★★★

1. 董事会的性质和组成

(1) 股份有限公司的董事会是股东大会的执行机构,对股东大会负责。

(2) 股份有限公司设董事会,其成员为 5～19 人。

知识链接 ▶有限责任公司董事会成员 3～13 人。

(3) 董事会成员中可以有公司职工代表,董事会中的职工代表由公司职工通过职工代表大会、职工大会或者其他形式民主选举产生。

2. 董事会的职权

股份有限公司董事会的职权与有限责任公司董事会的职权规定基本相同。

3. 董事会的召开

(1) 董事长和副董事长由董事会全体董事的过半数(>50%)选举产生。

(2) 董事长召集和主持董事会会议,检查董事会决议的实施情况。副董事长不能履行职务或者不履行职务的,由半数以上董事共同推举 1 名董事履行职务。

记忆技巧 董事长→副董事长→共同推举。

(3) 董事会每年度至少召开 2 次会议,每次会议应当于会议召开 10 日前通知全体董事和监事。

(4) 代表 1/10 以上表决权的股东、1/3 以上董事或者监事会,可以提议召开董事会临时会议。

知识链接 ▶与有限责任公司临时股东大会召开条件基本相同。

(5) 董事长应当自接到提议后 10 日内,召集和主持董事会会议。

4. 董事会的决议

(1) 董事会会议应有过半数(>50%)的董事出席方可举行。

(2) 董事会作出决议,必须经全体董事的过半数(>50%)通过。

(3) 董事会会议,应由董事本人出席;董事因故不能出席,可以书面委托其他董事代为出席,委托书中应载明授权范围。

提示 ▶ 受托人必须为其他董事,不能是非董事。

▶ 股东大会对代理人的身份没有限制。

(4) 董事会应当对会议所议事项的决定作成会议记录,出席会议的董事应当在会议记录上签名。

提示 ▶ 监事不需要签名。

(5) 董事应当对董事会的决议承担责任。董事会的决议违反法律、行政法规或者公司章程、股东大会决议,致使公司遭受严重损失的,参与决议的董事对公司负赔偿责任。但对该决议持相反意见并记载于会议记录的董事可以免除责任。

(6) 只有具备了下列三个条件,董事才对公司负赔偿责任:

① 董事会的决议违反了法律、行政法规或者公司章程、股东大会决议。

② 董事会的决议致使公司遭受严重损失。

③ 董事参与了董事会的决议并对某项决议表示了同意。

【例题2-18 单选题】(2018年真题) 根据公司法律制度的规定,股份有限公司董事长和副董事长的产生方式是( )。

A. 董事长由董事会全体董事的一致同意选举产生,副董事长由董事会全体董事的2/3以上选举产生

B. 董事长由董事会全体董事的2/3以上选举产生,副董事长由董事会全体董事的过半数选举产生

C. 董事长和副董事长均由董事会全体董事的过半数选举产生

D. 董事长和副董事长均由董事会全体董事的2/3以上选举产生

【答案】 C

【名师点睛】 股份有限公司董事会设董事长一人,可以设副董事长;董事长和副董事长由董事会以全体董事的过半数选举产生。

5. 经理

股份有限公司设经理,由董事会决定聘任或者解聘。股份有限公司经理的职权与有限责任公司经理的职权的规定基本相同。公司董事会可以决定由董事会成员兼任公司经理。

(三) 监事会 ★★★

股份有限公司应当设立监事会,监事会为公司的监督机构。

1. 监事会的组成

股份有限公司监事会成员不得少于3人,应当包括股东代表和适当比例的公司职工代表,其中职工代表的比例不得低于1/3,具体比例由公司章程规定。

监事会中的职工代表由公司职工代表大会、职工大会或者其他形式民主选举产生。

知识链接 ▶ 与有限责任公司监事会的相同点:成员、职工代表、监事任期,职权、会议召开程序等。

2. 监事会的职权

考试方向 ☀ 考查股份有限公司董事长和副董事长的产生方式,以及董事会的决议方式。

股份有限公司监事会的职权与有限责任公司监事会的职权的规定基本相同。

3. 监事会的召开

监事会每6个月至少召开1次会议。监事可以提议召开临时董事会会议。

● 易错易混点 ●

股份有限公司与有限责任公司的不同点：①股份有限公司监事会每6个月至少召开1次；有限责任公司监事会每年至少召开一次；②股份有限公司必须设立监事会；规模较小的有限责任公司可以不设置监事会，只设置1到2名监事；③有监事会就必须有职工代表，没有监事会可以没有职工代表。

有限责任公司与股份有限公司在股东（大）会、董事会与监事会召开次数上的区别，详见表2-10。

表 2-10　会议召开次数对比表

会议项目	有限责任公司	股份有限公司
股东（大）会	—	每年1次（市公司要求在上半年）
董事会	—	每年至少2次
监事会	每年至少开1次	每6个月至少开1次

三、上市公司组织机构的特别规定

（一）增加股东大会特别决议事项★★

上市公司在1年内购买、出售重大资产或者担保金额超过公司资产总额30%的，应当由股东大会作出决议，并经出席会议的股东所持表决权的2/3以上通过。

（二）上市公司设立独立董事★★★

独立董事，是指既不是公司股东，又不在公司担任除董事外的其他职务，并与其受聘的上市公司及其主要股东不存在可能妨碍其进行独立客观判断的关系的董事。

1. 担任独立董事应当符合下列条件

（1）根据法律、行政法规及其他有关规定，具备担任上市公司董事的资格。

（2）具有中国证券监督管理委员会发布的《关于在上市公司建立独立董事制度的指导意见》（简称《指导意见》）所要求的独立性。

（3）具备上市公司运作的基本知识，熟悉相关法律、行政法规、规章及规则。

（4）具有5年以上法律、经济或者其他履行独立董事职责所必需的工作经验。

（5）公司章程规定的其他条件。

2. 下列人员不得担任独立董事

（1）在上市公司或者其附属企业任职的人员及其直系亲属、主要社会关系（直系亲属是指配偶、父母、子女等；主要社会关系是指兄弟姐妹、岳父母、儿媳女婿、兄弟姐妹的配偶、配偶的兄弟姐妹等）。

（2）直接或间接持有上市公司已发行股份 1% 以上 或者是上市公司 前 10 名股东中的 自然人股东 及其 直系亲属。

（3）在直接或间接持有上市公司已发行股份 5% 以上的股东单位 或者在上市公司 前 5 名股东单位任职的人员 及其 直系亲属。

提示 ▶ 法人股东＋任职人员＋直系亲属。

（4）最近 1 年内 曾经具有前三项所列举情形的人员。

（5）为上市公司或者其附属企业提供财务、法律、咨询等服务的人员。

（6）公司章程规定的其他人员。

（7）中国证监会认定的其他人员。

(三) 上市公司设立董事会秘书★★

（1）董事会秘书是指掌管董事会文件并协助董事会成员 处理日常事务的人员。

提示 ▶ 秘书，不是董事。

（2）董事会秘书是董事会设置的 服务席位，既不能代表董事会，也不能代表董事长。

提示 ▶ 不能委托其代表董事出席董事会。

（3）上市公司董事会秘书 是公司的 高级管理人员。

【例题 2-19 多选题】（经典好题） 某上市公司拟聘请独立董事。根据公司法律制度的规定，下列人员中，不得担任该上市公司独立董事的有（ ）。

A. 该上市公司的分公司的经理

B. 该上市公司董事会秘书配偶的弟弟

C. 持有该上市公司已发行股份 2% 的股东郑某的岳父

D. 持有该上市公司已发行股份 10% 的甲公司的某董事的配偶

【答案】 ABD

【名师点睛】 选项 A，正在上市公司附属企业任职，受限；选项 B，上市公司任职人员的主要社会关系，受限；选项 C，大自然人股东本人及直系亲属受限，大自然人股东的主要社会关系（岳父）并不受限；选项 D，在大股东单位任职人员的直系亲属，受限。

考试方向 ✦
考查担任上市公司独立董事的条件，重点考查不得担任独立董事的情形，常和证券法结合起来以综合题形式考查。

(四) 增设关联关系董事的表决权排除制度★★

（1）上市公司董事与董事会会议决议事项所涉及的企业有关联关系的，不得对该项决议行使表决权，也不得代理其他董事行使表决权。

（2）该董事会会议由过半数的无关联关系董事出席即可举行，董事会会议所作决议须经 无关联关系 董事 过半数 通过。

（3）出席董事会的无关联关系董事人数 不足 3 人的，应将该事项提交上市公司股东大会审议。

第五节　公司董事、监事、高级管理人员的资格和义务

本节框架

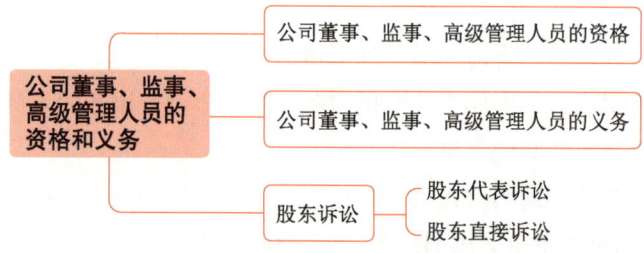

一、公司董事、监事、高级管理人员的资格 ★★★

《公司法》规定，有下列情形之一的，不得担任公司的董事、监事、高级管理人员：

（1）无民事行为能力或者限制民事行为能力。

提示▶ 应是完全行为能力人。

（2）因贪污、贿赂、侵占财产、挪用财产或者破坏社会主义经济秩序，被判处刑罚，执行期满未逾 5 年，或者因犯罪被剥夺政治权利，执行期满未逾 5 年。

·易错易混点·

财产类犯罪＋因犯罪被剥夺政治权利：执行期满未逾 5 年不能担任。如张某因在 2010 年因侵占财产被判处罚 3 年，2013 年刑满后需再推迟 5 年才能担任董事、监事、高级管理人员。

（3）担任破产清算的公司、企业的董事或者厂长、经理，对该公司、企业的破产负有个人责任的，自该公司、企业破产清算完毕之日起未逾 3 年。

提示▶ 经营不善：董事＋厂长、经理（不包括股东）＋未逾 3 年。如：A 公司在 2018 年 10 月 10 日破产清算完毕，董事张某对 A 公司破产清算负有个人责任，则张某需在 2018 年 10 月 10 日往后推 3 年才可以再担董事、监事、高级管理人员。

▶ 企业虽破产清算了，但对该企业的破产清算不负有个人责任的董事或者厂长、经理不受此限制。

（4）担任因违法被吊销营业执照、责令关闭的公司、企业的法定代表人，并负有个人责任的，自该公司、企业被吊销营业执照之日起未逾 3 年。

提示▶ 违法经营：只有负有个人责任的法定代表人（承担法律责任），不包括股东、董事、厂长、经理。

（5）个人所负数额较大的债务到期未清偿。

【例题2-20 单选题】(2018年真题)　根据公司法律制度的规定,下列人员中,符合公司董事、监事、高级管理人员任职资格的是(　　)。

A. 张某,曾为甲大学教授,现已退休

B. 王某,曾为乙企业董事长,因其决策失误导致乙企业破产清算,自乙企业破产清算完结之日起未逾3年

C. 李某,曾为丙公司董事,因贷款炒股,个人负有到期债务1000万元尚未偿还

D. 赵某,曾担任丁国有企业总会计师,因贪污罪被判处有期徒刑,执行期满未逾5年

【答案】　A

【名师点睛】　有下列情形之一的,不得担任公司的董事、监事、高级管理人员:①无民事行为能力或者限制民事行为能力;②因贪污、贿赂、侵占财产、挪用财产或者破坏社会主义市场经济秩序,被判处刑罚,执行期满未逾5年,或者因犯罪被剥夺政治权利,执行期满未逾5年,选项D不符合题意;③担任破产清算的公司、企业的董事或者厂长、经理,对该公司、企业的破产负有个人责任的,自该公司、企业破产清算完结之日起未逾3年,选项B不符合题意;④担任因违法被吊销营业执照、责令关闭的公司、企业的法定代表人,并负有个人责任的,自该公司、企业被吊销营业执照之日起未逾3年;⑤个人所负数额较大的债务到期未清偿,选项C不符合题意。

考试方向　常以简答题形式考查担任公司董事、监事、高级管理人员的资格和不得担任董事、监事、高级管理人员的情形。

二、 公司董事、监事、高级管理人员的义务 ★★★

《公司法》规定,公司董事、监事、高级管理人员不得有下列行为:

(1) 挪用公司资金。

(2) 将公司资金以其个人名义或者以其他个人名义开立账户存储。

(3) 违反公司章程的规定,未经股东会、股东大会或者董事会(无监事会)同意,将公司资金借贷给他人或者以公司财产为他人提供担保。

(4) 违反公司章程的规定或者未经股东会、股东大会(无董事会、监事会)同意,与本公司订立合同或者进行交易。

(5) 未经股东会或者股东大会同意,利用职务便利为自己或者他人谋取属于公司的商业机会,自营或者为他人经营与所任职公司同类的业务。

(6) 接受他人与公司交易的佣金归为己有。

(7) 擅自披露公司秘密。

(8) 违反对公司忠实义务的其他行为。

提示　▶为他人提供担保:经股东会、股东大会或者董事会同意。

▶与本公司订立合同或者进行交易:经股东会、股东大会(没有董事会)同意。

▶商业机会＋同类业务:经股东会、股东大会(没有董事会)同意。

【例题2-21 单选题】(2015年真题)　甲有限责任公司的董事张某拟自营与所任职公司同类的业务。根据公司法律制度的规定,张某自营该类业务须满足的条件是(　　)。

A. 经股东会同意

B. 经董事会同意

C. 经监事会同意

D. 经总经理同意

【答案】　A

考试方向　考查公司董事、监事、高级管理人员应履行的义务。

第二章

【名师点睛】 未经股东会(有限责任公司)或者股东大会(股份有限公司)同意,董事、监事、高级管理人员不得自营或者为他人经营与所任职公司同类的业务。

三、股东诉讼

(一)股东代表诉讼★★★

股东代表诉讼,也称股东间接诉讼,是指当董事、监事、高级管理人员或者他人的违反法律、行政法规或者公司章程的行为给公司造成损失,公司拒绝或者怠于向该违法行为人请求损害赔偿时,具备法定资格的股东有权代表其他股东,代替公司提起诉讼,请求违法行为人赔偿公司损失的行为。

1. 公司董事、监事、高级管理人员的行为给公司造成损失时,股东代表公司提起诉讼的程序

(1) 公司董事、高级管理人员执行公司职务时违反法律、行政法规或者公司章程的规定的,股东通过监事会或者监事提起诉讼。

有限责任公司的股东、股份有限公司连续 180 日以上单独或者合计持有公司 1% 以上股份的股东,可以书面请求监事会或者不设监事会的有限责任公司的监事向人民法院提起诉讼。

> **提示** ▶违反的人员:董事、高级管理人员。
> ▶股东的资格:有限责任公司的股东任何一个都有资格;股份有限公司连续 180 日以上单独或者合计持有公司 1% 以上股份的股东。
> ▶通过谁诉讼:书面请求监事会或监事向人民法院提诉讼。

(2) 监事执行公司职务时违反法律、行政法规或者公司章程的规定的,股东通过董事会或者董事提起诉讼。

有限责任公司的股东、股份有限公司连续 180 日以上单独或者合计持有公司 1% 以上股份的股东,可以书面请求董事会或者不设董事会的有限责任公司的执行董事向人民法院提起诉讼。

> **提示** ▶违反的人员:监事。
> ▶股东的资格:有限责任公司的股东任何一个都有资格;股份有限公司连续 180 日以上单独或者合计持有公司 1% 以上股份的股东。
> ▶通过谁诉讼:书面请求监事会或监事向人民法院提诉讼。
> ▶董事、高级管理人员违反找监事。监事违反找董事。

(3) 股东直接提起诉讼。

① 监事会、不设监事会的有限责任公司的监事,或者董事会、执行董事收到上述股东的书面请求后,拒绝提起诉讼,或者自收到请求之日起 30 日内未提起诉讼,或者情况紧急、不立即提起诉讼将会使公司利益受到难以弥补的损害的,有限责任公司的股东、股份有限公司连续 180 日以上单独或者合计持有公司 1% 以上股份的股东,有权为了公司的利益,以自己的名义直接向人民法院提起诉讼。

· 易错易混点 ·

① 股东直接提起诉讼的前提条件:监事会、监事、董事会、董事直接拒绝(都不管)或超过时间(超时)没有提起诉讼;情况紧急＋公司利益受到难以弥补的损害的。

② 股东的资格:有限责任公司的股东任何一个都有资格;股份有限公司连续 180 日以上单独或者合计持有公司 1% 以上股份的股东,有权为了公司的利益,以自己的名义直接向人民法院提起诉讼。

③ 为了谁的利益:公司的利益。

② 股东直接对董事、监事、高级管理人员或者他人提起诉讼的,应当列公司为第三人参加诉讼。一审法庭辩论终结前,符合《公司法》规定条件的其他股东,以相同的诉讼请求申请参加诉讼的,应当列为共同原告。股东直接提起诉讼的案件,胜诉利益归属于公司,其诉讼请求部分或者全部得到人民法院支持的,公司应当承担股东因参加诉讼支付的合理费用,股东请求被告直接向其承担民事责任的,人民法院不予支持。

2. 其他人的行为给公司造成损失时股东提起诉讼的程序

公司董事、监事、高级管理人员以外的其他人侵犯公司合法权益,给公司造成损失的,有限责任公司的股东、股份有限公司连续 180 日以上单独或者合计持有公司 1% 以上股份的股东,可以通过监事会或者监事、董事会或者董事向人民法院提起诉讼,或者直接向人民法院提起诉讼。

· 易错易混点 ·

① 违反的人员:其他人。

② 股东的资格:有限责任公司的股东任何一个股东都有资格;股份有限公司连续 180 日以上单独或者合计持有公司 1% 以上股份的股东。

③ 通过谁诉讼:一是找监事会、监事或董事会、董事;二是直接提起诉讼。

(二) 股东直接诉讼★★★

公司董事、高级管理人员违反法律、行政法规或者公司章程的规定,损害股东利益的,股东可以依法向人民法院提起诉讼。

提示▶▶违法的后果:损害股东利益(为了股东的利益)。

▶谁来诉讼:股东自己提起诉讼(损害谁的,谁去诉讼)。

【例题 2-22 多选题】(2015 年真题) 根据公司法律制度的规定,有限责任公司董事、高级管理人员执行公司职务时因违法给公司造成损失的,在一定情形下,股东可以为了公司利益,以自己的名义直接向人民法院提起诉讼。下列各项中,属于该情形的有( )。

A. 股东书面请求公司董事会向人民法院提起诉讼遭到拒绝

B. 股东书面请求公司董事会向人民法院提起诉讼,董事会自收到请求之日起 30 日内未提起诉讼

C. 股东书面请求公司监事会向人民法院提起诉讼遭到拒绝

D. 股东书面请求公司监事会向人民法院提起诉讼,监事会自收到请求之日起 30 日内未提起诉讼

考试方向 考查股东直接诉讼和股东代表诉讼的具体情形和提起诉讼股东的资格,常考简单题,有可能会和证券法结合起来以综合题形式考查。

【答案】 CD

【名师点睛】 董事、高级管理人员损害公司利益；找监事会；监事损害公司利益；找董事会。

第六节　公司股票和公司债券

本节框架 ▶

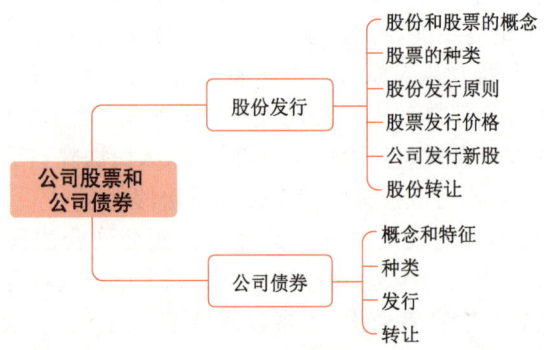

一、股份发行

（一）股份和股票的概念

股份是指将股份有限公司的注册资本按相同的金额或比例划分为相等的份额。股份作为代表公司资本的一部分，是公司资本的最小划分单位，股东根据其出资额度计算出其持有的股份数量，所有股东持有的股份加起来所代表的资本数额即为公司的资本总额。股份有限公司的股份具有平等性，公司每股金额相等，所表现出的股东权利和义务是相等的。

股票是指公司签发的证明股东所持股份的凭证，是股份的表现形式。

（二）股票的种类★★

1. 普通股与优先股

（1）不允许发行在股息分配和剩余财产分配上具有不同优先顺序的优先股，但允许发行在其他条款上具有不同设置的优先股。

同一公司既发行强制分红优先股，又发行不含强制分红条款优先股的，不属于发行在股息分配上具有不同优先顺序的优先股。

（2）相同条款的优先股应当具有同等权利。同次发行的相同条款优先股，每股发行的条件、价格和票面股息率应当相同；任何单位或者个人认购的股份，每股应当支付相同价额。

提示▶同股同权、同股同价。

（3）上市公司可以采取公开或非公开方式发行优先股，非上市公司可以非公开发行优先股。

（4）公司已发行的优先股不得超过普通股股份总数的 50%，且筹资金额不得超过发行前净资产的 50%，已回购、转换的优先股不纳入计算。

（5）出现以下情况之一，公司召开股东大会会议应通知优先股股东，并遵行《公司法》及公司章程通知普通股股东的规定程序。优先股股东有权出席股东大会会议，就以下事项与普通股股东分类表决，其所持每一优先股有一表决权，但公司持有的本公司优先股没有表决权：

① 修改公司章程中与优先股相关的内容。

② 一次或累计减少公司注册资本超过 10%。

③ 公司合并、分立、解散或变更公司形式。

④ 发行优先股。

⑤ 公司章程规定的其他情形。

上述事项的决议，除须经出席会议的普通股股东（含表决权恢复的优先股股东）所持表决权的 2/3 以上通过外，还需经出席会议的优先股股东（不含表决权恢复的优先股股东）所持表决权 2/3 以上通过。

提示 ▶优先股股东可以参加股东大会。

▶减少注册资本需要优先股股东出席，但是增加注册资本不需要。

▶普通股股东和优先股股东分开表决，各自占比 2/3 以上通过。

（6）优先股股东的主要权利是优先分配利润和剩余财产。在利润分配上，股东大会可授权董事会按公司章程的约定向优先股支付股息。

（7）公司累计 3 个会计年度或连续 2 个会计年度未按约定支付优先股股息的，股东大会批准当年不按约定分配利润的方案次日起，优先股股东有权出席股东大会与普通股股东共同表决，每股优先股股份享有公司章程规定的一定比例表决权。

提示 ▶两种情况只需要出现任何一种就可以出席股东大会行使表决权。

▶累计 3 个会计年度，比如 2015 年未支付，2016 年支付，2017 年未支付，2018 年支付，2019 年未支付，这是累计 3 年，有权出席股东大会行使表决权。

▶连续两个会计年度：若 2018 年未支付、2019 年未支付，这是连续 2 年，有权出席股东大会行使表决权。

（8）表决权的恢复。

① 可累积优先股：表决权恢复直至公司全额支付所欠股息。

② 不可累积优先股：表决权恢复直至公司全额支付当年股息。

③ 公司章程可规定优先股表决权恢复的其他情形。

2. 国有股、发起人股和社会公众股

按投资主体性质的不同，股票可以分为国有股、发起人股和社会公众股。

3. 记名股票与无记名股票

公司向发起人、法人发行的股票，应当为记名股票，并应当记载发起人、法人的名称或者姓名，不得另立户名或者以代表人姓名记名。

【例题 2-23 判断题】（2019 年真题）　股份有限公司发行股票时，对于同一种类的股

考试方向 考查股票的发行价格，和优先股股东可以出席股东大会的情形。

票可以针对不同投资主体规定不同的发行条件和发行价格。（　　　）

【答案】 ×

【名师点睛】 在同次股份发行中,相同种类的股份,每股的发行条件和发行价格应当相同。

(三) 股票发行原则

(1) 公平、公正的原则。

(2) 同股同权,同股同价原则。

(四) 股票发行价格★★

股票的发行价格可以分为平价发行的价格和溢价发行的价格。

提示▶票面金额1元,按1元发行,为平价发行。

▶票面金额1元,按5元发行,为溢价发行。

▶票面金额1元,按0.8元发行,为折价发行。不能折价发行。

(五) 公司发行新股

股份有限公司发行新股,股东大会应当对下列事项作出决议:①新股种类及数额;②新股发行价格;③新股发行的起止日期;④向原有股东发行新股的种类及数额。公司经国务院证券监督管理机构核准公开发行新股时,必须公告新股招股说明书和财务会计报告,并制作认股书。公司公开发行新股应当由依法设立的证券公司承销,签订承销协议,并同银行签订代收股款协议。公司发行新股,可以根据公司经营情况和财务状况,确定其作价方案。公司发行新股募足股款后,必须向公司登记机关办理变更登记,并公告。

(六) 股份转让★★★

股份转让,是指股份有限公司的股份持有人依法自愿将自己所拥有的股份转让给他人,使他人取得股份成为股东或增加股份数额的法律行为。股份有限公司股份转让的限制如下。

(1) 对发起人转让股份的限制。

① 发起人持有的本公司股份,自公司成立之日起1年内不得转让。

② 公司公开发行股份前已发行的股份,自公司股票在证券交易所上市交易之日起1年内不得转让。

提示▶发起人持有股份的起算时间是公司成立之日开始计算。

▶如果公司开发股份前已经发行了股份,也是在上市交易之日起1年内不得转让。

如:A公司在2018年10月10日非公司发行了1000万股股票;在2019年6月1日公司发行了2000万股股票。2018年10月10日非公司发行的1000万股股票在2019年6月1日起一年内不可以转让。

▶股份转让限制:防止操纵股票价格和圈钱套现。

(2) 对公司董事、监事、高级管理人员转让股份的限制。

① 公司董事、监事、高级管理人员应当向公司申报所持有的本公司的股份及其变动

情况,在任职期间每年转让的股份不得超过其所持有本公司股份总数的25%。

② 所持本公司股份自公司股票上市交易之日起1年内不得转让。

③ 上述人员离职后半年内,不得转让其所持有的本公司股票。

④ 上市公司董事、监事和高级管理人员(经理、副经理、财务负责人、上市公司董事会秘书)在任职期间,每年通过集中竞价、大宗交易、协议转让等方式转让的股份不得超过(≤)其所持有本公司股份总数的25%,因司法强制执行、继承、遗赠、依法分割财产导致股份变动的除外。

⑤ 上市公司董事、监事和高级管理人员所持股份不超过1000股的,可以一次性全部转让,不受上述转让比例限制。

提示▶转让:卖出的意思。卖出有限制,买入没有限制。

▶高级管理人员:经理、副经理、财务负责人、上市公司董事会秘书。

▶两种不受25%转让比例限制的情形:①强制执行、继承、遗赠、依法分割财产;②所持股份不超过1000股的。

上市公司董事、监事和高级管理人员在下列期间不得买卖本公司股票:上市公司定期报告公告前30日内;上市公司业绩预告、业绩快报公告前10日内;自可能对本公司股票交易价格产生重大影响的重大事项发生之日或在决策过程中,至依法披露后2个交易日内;证券交易所规定的其他期间。

例:A公司在1月10日出现了对公司交易价格产生重大影响的重大事项,至1月20日作出决策,1月22日(周五)对外披露。23日、24日为周末,不是交易日不计算在内,25日和26日董事、监事和高级管理人员不得买卖本公司股票,至27日方可以买卖本公司股票。

考试方向
考查公司董事、监事、高级管理人员转让股份的限制和不得买卖本公司股票的具体情形。

【例题2-24 单选题】(2016年真题) 某股份有限公司于2013年8月在上海证券交易所上市,公司章程对股份转让的限制未作特别规定。该公司有关人员的下列股份转让行为中,符合公司法律制度规定的是( )。

A. 发起人王某于2014年4月转让了其所持本公司公开发行股份前已发行的股份总数的25%

B. 董事郑某于2014年9月将其所持本公司全部股份800股一次性转让

C. 董事张某共持有本公司股份10000股,2014年9月通过协议转让了其中的2600股

D. 总经理李某于2015年1月离职,2015年3月转让了其所持本公司股份总数的25%

【答案】 B

【名师点睛】 选项A,公司公开发行股份前已发行的股份,自公司股票在证券交易所上市交易之日起1年内不得转让;选项BC,上市公司董事、监事和高级管理人员在任职期间每年转让的股份不得超过其所持有本公司股份总数的25%,所持股份不超过1000股的,可以一次全部转让,不受25%转让比例的限制,选项BC中转让量均超过25%,但选项B中所持全部股份不超过1000股,不受25%转让比例的限制;选项D,董事、监事、高级管理人员离职后半年内,不得转让其所持有的本公司股份。

（3）对公司收购自身股票的限制。

根据《公司法》的规定,公司有下列情形之一的,可以收购本公司股份:

① 减少公司注册资本。

② 与持有本公司股份的其他公司合并。

③ 用于员工持股计划或股权激励。

④ 股东因对股东大会作出的公司合并、分立、决议持异议,要求公司回购其股份。

⑤ 将股份用于转换上市公司发行的可转换公司债券。

⑥ 上市公司为维护公司价值即股东权益所必需。

公司因上述第①项、第②项规定的情形收购本公司股票的,应经股东大会决议;公司因上述第③项、第⑤项、第⑥项的规定情形收购本公司股份,可以依照公司章程的规定或股东大会的授权,经2/3以上董事出席的董事会会议决议;公司依照第①项情形的,应当自受过之日起10日内注销;属于第②项、第④项情形的,应该在6个月内转让或注销;属于第③项、第⑤项、第⑥项情形的,公司合计持有本公司股份数不得超过本公司已发行股份总额的10%,并应当在3年内转让或注销。

上市公司收购本公司股份的,应当依照《证券法》的规定履行信息披露义务。上市公司因本条第③项、第⑤项、第⑥项规定的情形收购本公司股份的,应当通过公开的集中交易方式进行。

（4）对本公司股票质押的限制。

公司不得接受本公司的股票作为质押权的标的。

公司可以收购本公司股票的情形详见表2-11和表2-12。

表 2-11　公司可以收购本公司股票的情形（一）

回购情形	决议机制	处置要求
减资	股东大会决议	收购日起10日内注销
与持本公司股份的其他公司合并	股东大会决议	6个月内转让或者注销
异议股东要求回购股份	—	6个月内转让或者注销
注意:股份有限公司仅限合并、分立异议		

表 2-12　公司可以收购本公司股票的情形（二）

回购情形	决议机制	数量限制	处置要求	交易方式
将股份用于员工持股计划或者股权激励	经股东大会决议,或者依照公司章程的规定或股东大会的授权,经2/3以上董事出席的董事会会议决议	公司合计持有的本公司股份不得超过本公司已发行股份总额的10%	在3年内转让或者注销	应当通过公开的集中交易方式进行
将股份用于转换上市公司发行的可转换为股票的公司债券				
上市公司为维护公司价值及股东权益所必需				

二、公司债券

(一) 概念和特征

1. 概念

公司债券是指公司依照法定程序发行、约定在一定期限还本付息的有价证券。

2. 特征

公司债券与股票相比,具有下列特征:

(1) 公司债券的持有人是公司的债权人,对于公司享有《民法》上规定的债权人的所有权利,而股票的持有人则是公司的股东,享有《公司法》所规定的股东权利。

(2) 公司债券的持有人,无论公司是否有盈利,对公司享有按照约定给付利息的请求权,而股票持有人,则必须在公司有盈利时才能依法获得股利分配。

(3) 公司债券到了约定期限,公司必须偿还债券本金,而股票持有人仅在公司解散时方可请求分配剩余财产。

(4) 公司债券的持有人享有优先于股票持有人获得清偿的权利,而股票持有人必须在公司全部债务清偿之后,方可就公司剩余财产请求分配。

(5) 公司债券的利率一般是固定不变的,风险较小,而股票股利分配的高低,与公司经营好坏密切相关,故常有变动,风险较大。

(二) 种类

1. 记名公司债券和无记名公司债券

记名公司债券是指在公司债券上记载债权人姓名或者名称的债券;无记名公司债券是指在公司债券上不记载债权人姓名或者名称的债券。

记名公司债券的转让,转让人须在债券上背书;而无记名公司债券的转让,转让人交付债券即发生转让的法律效力。

2. 可转换公司债券和不可转换公司债券

可转换公司债券是指可以转换为公司股票的公司债券;不可转换公司债券指不能转换为公司股票的公司债券。

(三) 发行

公司债券的发行如表 2-13 所示。

表 2-13　公司债券的发行

项目	具体内容
发行的条件	公司发行公司债券应当符合《证券法》和《公司债券发行与交易管理办法》规定的发行条件与程序。具体内容见证券法律制度
募集办法	公司发行债券,应当公告公司债券募集办法。公司债券募集办法中应当载明下列主要事项: ① 公司名称 ② 债券募集资金的用途 ③ 债券总额和债券的票面金额 ④ 债券利率的确定方式 ⑤ 还本付息的期限和方式

（续表）

项目	具体内容
募集办法	⑥ 债券担保情况 ⑦ 债券的发行价格、发行的起止日期 ⑧ 公司净资产额 ⑨ 已发行的尚未到期的公司债券总额 ⑩ 公司债券的承销机构 公司以实物券方式发行公司债券的，必须在债券上载明公司名称、债券票面金额、利率、偿还期限等事项，并由法定代表人签名，公司盖章
置备公司债券存根簿	公司债券，可以为记名债券，也可以为无记名债券。公司发行公司债券应当置备公司债券存根簿。发行记名公司债券的，应当在公司债券存根簿上载明下列事项： ① 债券持有人的姓名或者名称及住所 ② 债券持有人取得债券的日期及债券的编号 ③ 债券总额，债券的票面金额、利率、还本付息的期限和方式 ④ 债券的发行日期 发行无记名公司债券的，应当在公司债券存根簿上载明债券总额、利率偿还期限和方式、发行日期及债券的编号。发行可转换为股票的公司债券的，应当在债券上标明可转换公司债券字样，并在公司债券存根簿上载明可转换公司债券的数额

（四）转让

《公司法》规定，公司债券可以转让，转让价格由转让人与受让人约定。公司债券在证券交易所上市交易的，按照证券交易所的交易规则转让。根据公司债券种类的不同，公司债券的转让有不同的方式。记名公司债券，由债券持有人以背书方式或者法律、行政法规规定的其他方式转让；转让后，由公司将受让人的姓名或者名称及住所记载于公司债券存根簿，以备公司存查。无记名公司债券的转让，由债券持有人将该债券交付给受让人后即发生转让的效力。受让人一经持有该债券，即成为公司的债权人。发行可转换为股票的公司债券的，公司应当按照其转换办法向债券持有人换发股票，但债券持有人对转换股票或者不转换股票有选择权。

第七节　公司财务和会计

本节框架

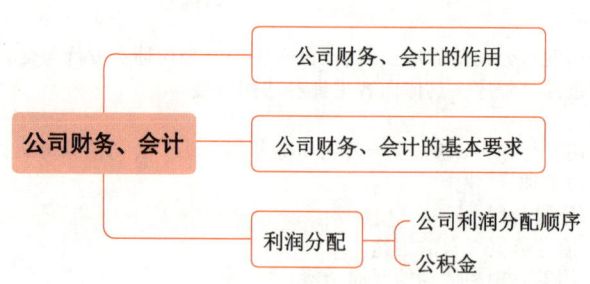

一、 公司财务、会计的作用

公司财务、会计工作是公司经营活动中的一项基础工作,它有利于保护投资者和债权人的利益;有利于吸收社会投资;有利于政府的宏观管理;有利于政府掌握情况,制定政策,实施管理。

二、 公司财务、会计的基本要求

(一) 公司应当依法建立财务、会计制度

公司应当依照法律、行政法规和国务院财政部门的规定建立本公司的财务、会计制度。

(二) 公司应当依法编制财务会计报告★★

公司应当在每一会计年度终了时编制财务会计报告,并依法经会计师事务所审计。

(三) 公司应当依法披露有关财务、会计资料

(1) 有限责任公司应当按照公司章程规定的期限将财务会计报告送交至各股东。

提示▶ 有限责任公司的财务报告送交各股东的时间:由公司章程规定。如:A 公司章程规定每个季度结束 15 日内把财务报告送交给股东,则在季度结束 15 日内送交。

(2) 股份有限公司的财务会计报告应当在召开股东大会年会的 20 日前置备于本公司,供股东查阅。

提示▶ 股份有限公司的财务报告送交各股东的时间:必须在股东大会年会前20天。如:B 公司的股东大会在 5 月 1 日召开,那么财务报告必须在 4 月 10 日置备于公司,但不用送交各股东。

(3) 公开发行股票的股份有限公司必须公告其财务会计报告。

提示▶ 只有公开发行股票的股份有限公司的财务会计报告才需要公告。

(四) 公司应当依法建立账簿、开立账户

公司除法定的会计账簿外,不得另立会计账簿。对公司资产,不得以任何个人名义开立账户存储。

(五) 公司应当依法聘用会计师事务所对财务会计报告审查验证

公司聘用、解聘承办公司审计业务的会计师事务所,依照公司章程的规定,由股东会、股东大会或者董事会决定。

三、 利润分配

(一) 公司利润分配顺序★★★

(1) 弥补以前年度的亏损,但不得超过税法规定的弥补期限。

(2) 缴纳所得税。

(3) 弥补在税前利润弥补亏损之后仍存在的亏损。

(4) 提取法定公积金。

(5) 提取任意公积金。

（6）向股东分配利润：①公司弥补亏损和提取公积金后所余税后利润；②有限责任公司按照股东实缴的出资比例分配,但全体股东约定不按照出资比例分配的除外；③股份有限公司按照股东持有的股份分配,但股份有限公司章程规定不按持股比例分配的除外。

• 易错易混点 •

公司弥补亏损和提取公积后余税利润的分配原则：

① 有限责任公司：先约定后法定。约定：全体股东的约定；法定：实缴的出资比例分配。

② 股份有限公司：先规定后法定。规定：公司章程规定；法定：持有的股份分配。

公司股东会、股东大会或者董事会违反规定,在公司弥补亏损和提取法定公积金之前向股东分配利润的,股东必须将违反规定分配的利润退还公司。公司持有的本公司股份不得分配利润。

【例题2-25 单选题】(2018年真题) 根据公司法律制度的规定,下列关于公司利润分配的表述中,正确的是( )。

A. 公司股东大会可以决议在弥补亏损前向股东分配利润

B. 有限责任公司股东可以约定不按出资比例分配利润

C. 公司持有的本公司股份可以分配利润

D. 股份有限公司章程不得规定不按持股比例分配利润

【答案】 B

【名师点睛】 选项A,公司利润分配顺序规定要先弥补以前年度的亏损;选项C,公司持有的本公司股份不得分配利润。选项D,股份有限公司按照股东持有的股份分配,但股份有限公司章程规定不按持股比例分配的除外。

《公司法》司法解释(五)的规定,分配利润的股东会或者股东大会决议作出后,公司应当在决议载明的时间内完成利润分配。决议没有载明时间的,以公司章程规定的为准。决议、章程中均未规定时间或者时间超过一年的,公司应当自决议作出之日起一年内完成利润分配。决议中载明的利润分配完成时间超过公司章程规定时间的,股东可以依据《公司法》规定请求人民法院撤销决议中关于该时间的规定。

提示▶ 公司分配利润的时限按以下顺序处理：决议→公司章程→未规定、超过1年的,作出之日起1年内。

（二）公积金★★

1. 种类

公积金分为盈余公积金和资本公积金两类。

（1）盈余公积金。

第二章

考试方向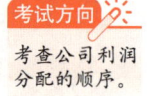

考查公司利润分配的顺序。

盈余公积金是从公司税后利润中提取的公积金,分为法定公积金和任意公积金两种。

① 法定盈余公积。

法定公积金按照公司税后利润的10%提取,当公司法定公积金累计额为公司注册资本的50%以上时可以不再提取。

② 任意盈余公积。

任意公积金按照公司股东会或者股东大会决议,从公司税后利润中提取。

(2)资本公积金。

资本公积金是直接由资本原因等形成的公积金,股份有限公司以超过股票票面金额的发行价格发行股份所得的溢价款,以及国务院财政部门规定列入资本公积的其他收入,应当列为公司资本公积金。

2. 用途

(1)弥补公司亏损。

(2)扩大公司生产经营。

(3)转增公司资本。

法定盈余公积转增资本,转增后所留存的该项公积金不得少于转增前公司注册资本的25%。

提示 ▶不得少于转增前公司注册资本的25%:A公司原注册资本500万元,现计提的法定盈余公积金额为300万元。A公司用法定盈余公积转增资本最多可以转增175万元(300-500×25%)。

资本公积与盈余公积的用途对比如表2-14所示。

表2-14 资本公积与盈余公积用途对比表

用途	资本公积	盈余公积
弥补亏损	×	√
扩大生产经营	√	√
转增资本	√	√

【例题2-26 单选题】(2016年真题) 某公司注册资本为6000万元,2015年该公司提取的法定公积金累计额为4000万元,该公司拟用法定公积金转增公司资本。根据公司法律制度的规定,该公司法定公积金转增资本的最高额为( )万元。

A. 1000 B. 2500 C. 3000 D. 4000

【答案】 B

【名师点睛】 法定公积金可用于转增资本的最高额=4000-6000×25%=2500(万元)。

考试方向

考查法定公积金的计提金额和转增资本的金额,以及公积金的用途和转作资本的限额。

第八节 公司合并、分立、增资、减资

 **本节框架**

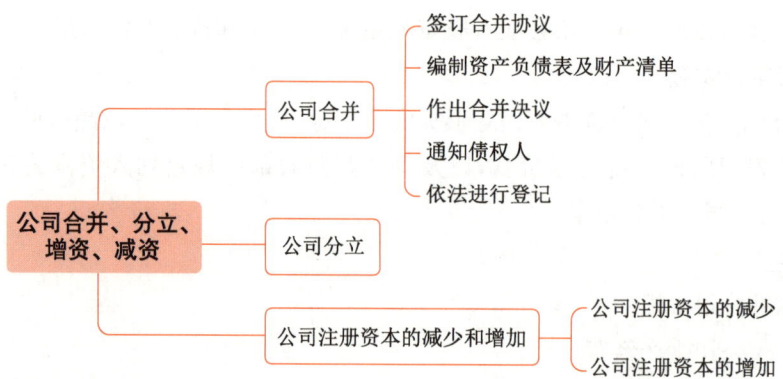

一、公司合并

公司合并是指两个以上的公司依照法定程序变为一个公司的行为。其形式有两种：一是**吸收合并**；二是**新设合并**。

提示 ▶吸收合并：A＋B＝A（被吸收公司解散：B 解散）

　　　▶新设合并：A＋B＝C（合并各方解散：A 和 B 解散）

（一）签订合并协议

公司合并，应当由合并各方签订合并协议。合并协议应当包括：合并后存续公司或新设公司的名称、住所；合并各方的债权债务处理办法；合并各方的资产状况及其处理办法等其他事项。

（二）编制资产负债表及财产清单

（三）作出合并决议★★

（1）**有限责任公司**的股东会对公司合并作出决议时，必须经代表 **2/3 以上**表决权的股东通过。

（2）**股份有限公司**的股东大会对公司合并作出决议时，必须经**出席会议**的股东所持表决权的 **2/3 以上**通过。

提示 ▶有限责任公司和股份有限公司关于合并作出决议的异同：

　　① 共同点：2/3 以上。

　　② 区别点：有限责任公司是**全体**股东的 2/3 以上，而股份有限公司是**出席会议**的股东所持表决权的 2/3 以上。

（3）**国有独资公司**的合并决议，由国有资产监督管理机构决定。**重要**的国有独资公司合并应当由国有资产监督管理机构审核后,报本级人民政府批准。

提示▶关于国有资产公司的合并决议:
　　① 一般的:国有资产监督管理机构决定。
　　② 重要的:国有资产监督管理机构审核,本级人民政府批准。

(四) 通知债权人★★

公司应当自作出合并决议之日起 10 日内通知债权人,并于 30 日内在报纸上公告。

债权人自接到通知书之日起 30 日内,未接到通知书的自公告之日起 45 日内,可以要求公司清偿债务或者提供相应的担保。

提示▶无论债权人的债权是否到期,均可以要求公司清偿债务或者提供相应的担保。

▶公司合并、分立、减资均需通知债权人,它们关于时间的规定相同。

(五) 依法进行登记

公司合并时,合并各方的债权、债务,应当由合并后继续存续的公司或者新设立的公司承继。

知识链接▶因合并、分立而解散的公司,其债权债务由合并、分立后继续存续的公司承继,不需要进行清算。

二、公司分立

公司分立是指一个公司依法分为两个以上的公司。

《公司法》未明确规定的公司分立的形式,一般有两种:①派生分立,即公司以其部分财产和业务另设一个新公司,原公司存续;②新设分立,即公司以其全部财产设立两个以上的新公司,原公司解散。

提示▶派生分立:A→A+B(原公司存续)
　　　▶新设分立:A→B+C(原公司解散)

公司分立前的债务由分立后的公司承担连带责任。但是,公司在分立前与债权人就债务清偿达成的书面协议另有约定的除外。

三、公司注册资本的减少和增加

(一) 公司注册资本的减少★★

公司减少注册资本时,应当自作出减少注册资本决议之日起 10 日内通知债权人,并于 30 日内在报纸上公告。

债权人自接到通知书之日起 30 日内,未接到通知书的自公告之日起 45 日内,有权要求公司清偿债务或者提供相应的担保。

提示▶只有减少注册资本需要通知和公告。

▶公司合并债权人自接到通知书之日起 30 日内,未接到通知书的自公告之日起 45 日内,可以要求公司清偿债务或者提供相应的担保。

(二) 公司注册资本的增加

有限责任公司增加注册资本时,股东认缴新增资本的出资,依照《公司法》设立有限责任公司缴纳出资的有关规定执行。股份有限公司为增加注册资本发行新股时,股东认购新股,依照《公司法》设立股份有限公司缴纳股款的有关规定执行。公司增加注册资本,应当依法向公司登记机关办理变更登记。

第九节 公司解散和清算

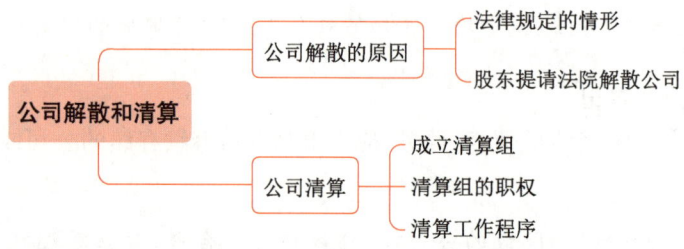

一、公司解散的原因

(一) 根据《公司法》的规定,公司解散的原因有以下情形

(1) 公司章程规定的营业期限届满或者公司章程规定的其他解散事由出现。

(2) 股东会或者股东大会决议解散。

(3) 因公司合并、分立需要解散。

(4) 依法被吊销营业执照、责令关闭或者被撤销。

(5) 人民法院依法予以解散。

(二) 股东提请法院解散公司★★★

公司经营管理发生严重困难,继续存续会使股东利益受到重大损失,通过其他途径不能解决的,持有公司全部股东表决权10%以上的股东,可以请求人民法院解散公司。

1. 法院人民法院应予受理的情形

单独或者合计持有公司全部股东表决权10%以上的股东,以下列事由之一提起解散公司诉讼,并符合《公司法》有关规定的,人民法院应予受理:

提示▶ 只有表决权的限制,没有时间的限制。

▶提起解散公司的诉讼应以公司作为被告。

知识链接▐▶ 股东诉讼有表决权(1%)限制,也有时间(180天)的限制。

(1) 公司持续两年以上无法召开股东会或者股东大会,公司经营管理发生严重困难的(两个条件需同时满足)。

(2) 股东表决时无法达到法定或者公司章程规定的比例,持续两年以上不能作出有效的股东会或者股东大会决议,公司经营管理发生严重困难的(两个条件需同时满足)。

（3）公司董事长期冲突，且无法通过股东会或者股东大会解决，公司经营管理发生严重困难的（两个条件需同时满足）。

（4）经营管理发生其他严重困难，公司继续存续会使股东利益受到重大损失的情形。

2. 法院人民法院不予受理的情形

（1）股东的知情权、利润分配请求权等权益受到损害。

（2）公司亏损、财产不足以偿还全部债务。

（3）以公司被吊销企业法人营业执照未进行清算等为由提起解散公司诉讼的，人民法院不予受理。

经人民法院调解公司收购原告股份的，公司应当自调解书生效之日起 6 个月内将股份转让或者注销。股份转让或者注销之前，原告不得以公司收购其股份为由对抗公司债权人。

二、 公司清算

（一） 成立清算组 ★★★

公司应当在解散事由出现之日起 15 日内成立清算组。

1. 有下列情形之一，债权人申请人民法院指定清算组进行清算的，人民法院应予受理

（1）公司解散逾期不成立清算组进行清算的。

（2）虽然成立清算组但故意拖延清算的。

（3）违法清算可能严重损害债权人或者股东利益的。

具有上述情形，而债权人未提起清算申请，公司股东申请人民法院指定清算组对公司进行清算的，人民法院应予受理。

提示 ▶ 申请人：债权人。债权人不申请的，股东也可以申请。但是董事和高级管理人员没有权力申请。

▶ 不自行清算的，由法院指定清算。

2. 清算组的确定

清算成员的组成：①有限责任公司由股东（全体股东不包括董事、监事）；②股份有限公司由董事或者股东大会确定；③人民法院受理的由人民法院指定。

清算组成员可以从下列人员或机构中产生：①公司股东、董事、监事、高级管理人员；②依法设立的律师事务所、会计师事务所、破产清算事务所等社会中介机构；③依法设立的律师事务所、会计师事务所、破产清算事务所等社会中介机构中介机构中具备相关专业知识并取得执业资格的人员。

3. 清算方案的确认

（1）公司自行清算的，清算方案应当报股东（大）会决议确认；人民法院组织清算的，清算方案应当报人民法院确认；未经确认的清算方案，清算组不得执行。

（2）执行未经确认的清算方案给公司或者债权人造成损失，公司、股东或者债权人主张清算组成员承担赔偿责任的，人民法院应依法予以支持。

（3）人民法院组织清算的，清算组应当自成立之日起 6 个月内清算完毕；因特殊情况无法在 6 个月内完成清算的，清算组应当向人民法院申请延长时间。

考试方向
常以客观题和简答题形式考查提请法院解散公司的具体情形。

提示▶ 自行清算:股东(大)会决议确认;法定清算:人民法院确认。

考试方向
常以简答题形式考查有限责任公司清算组的确定和清算方案的确认。

【例题2-27 单选题】(经典好题) 根据公司法律制度的规定,有限责任公司自行清算的,其清算组( )。

A. 由董事组成　　　　　　　　　B. 由债权人组成

C. 由股东组成　　　　　　　　　D. 由股东会确定的人员组成

【答案】 C

【名师点睛】 有限责任公司的清算组由股东(全体股东不包括董事、监事)组成,股份有限公司的清算组由董事或者股东大会确定的人员组成,故选项C正确。

(二)清算组的职权

清算组在清算期间行使下列职权:①清理公司财产,分别编制资产负债表和财产清单;②通知、公告债权人;③处理与清算有关的公司未了结的业务;④清缴所欠税款以及清算过程中产生的税款;⑤清理债权、债务;⑥处理公司清偿债务后的剩余财产;⑦代表公司参与民事诉讼活动。

清算组成员因故意或者重大过失给公司或者债权人造成损失的,应当承担赔偿责任。

(三)清算工作程序★★

1. 登记债权

(1)清算组应当自成立之日起10日内通知债权人,并于60日内在报纸上公告。债权人应当自接到通知书之日起30日内,未接到通知书的自公告之日起45日内,向清算组申报其债权。

合并、减资应当自作出决议之日起10日内通知债权人,并于30日内在报纸上公告;债权人自接到通知书之日起30日内,未接到通知书的自公告之日起45日内可以要求公司清偿债务或者提供相应的担保。

(2)债权人在规定的期限内未申报债权,在公司清算程序终结前补充申报的,清算组应予登记。

债权人补充申报的债权,可以在公司尚未分配财产中依法清偿。公司清算程序终结,是指清算报告经股东会、股东大会或者人民法院确认完毕。

(3)清算组未按照前款规定履行通知和公告义务,导致债权人未及时申报债权而未获清偿,清算组成员对因此造成的损失承担赔偿责任。

2. 清理公司财产,制定清算方案

(1)清算方案应当报股东会、股东大会或者人民法院确认。清算组执行未经确认的清算方案给公司或者债权人造成损失,公司、股东或者债权人有权要求清算组人员承担赔偿责任。

(2)公司解散时,股东尚未缴纳的出资均应作为清算财产。

(3)清算组在清理公司财产、编制资产负债表和财产清单后,发现公司财产不足清偿债务的,应当依法向人民法院申请宣告破产。

(4)人民法院指定的清算组在清理公司财产、编制资产负债表和财产清单时,发现公司财产不足清偿债务的,可以与债权人协商制订有关债务清偿方案。债务清偿方案经全体债权人确认且不损害其他利害关系人利益的,人民法院可依清算组的申请裁定予以认可。

3. 清偿债务

公司财产在分别支付清算费用、职工的工资、社会保险费用、法定补偿金、缴纳所欠税款以及清偿公司债务后的剩余财产,有限责任公司按照股东的出资比例分配,股份有限公司按照股东持有的股份比例分配。

记忆技巧 ① 清偿顺序:清算费用→职工工资、社保、法定补偿金→税款→债务。
② 剩余财产的分配:有限责任公司按出资比例;股份有限公司按股份比例。

4. 公告公司终止

公司未经清算即办理注销登记,导致公司无法进行清算,债权人有权要求有限责任公司的股东、股份有限公司的董事和控股股东,以及公司的实际控制人对公司债务承担清偿责任。

【例题 2-28 多选题】(经典好题) 根据公司法律制度的规定,下列各项中,属于清算组在清算期间可以行使的职权有( )。

A. 清理公司财产

B. 处理与清算有关的公司未了结的业务

C. 清缴所欠税款以及清算过程中产生的税款

D. 代表公司参与民事诉讼活动

【答案】 ABCD

【名师点睛】 清算组的职权包括:清理公司财产,分别编制资产负债表和财产清单;通知、公告债权人;处理与清算有关的公司未了结的业务;清缴所欠税款以及清算过程中产生的税款;清理债权、债务;处理公司清偿债务后的剩余财产;代表公司参与民事诉讼活动。故以上选项均正确。

考试方向 常以客观题形式考查清算组的职权。

第十节 违反《公司法》的法律责任

本节框架 ▶

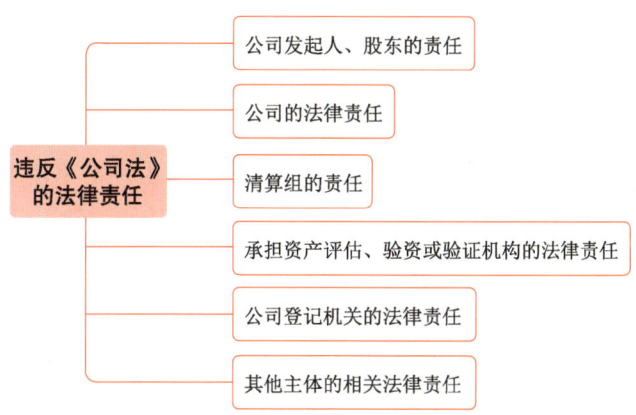

违反《公司法》的法律责任
- 公司发起人、股东的责任
- 公司的法律责任
- 清算组的责任
- 承担资产评估、验资或验证机构的法律责任
- 公司登记机关的法律责任
- 其他主体的相关法律责任

一、 公司发起人、股东的责任

(1)虚报注册资本、提交虚假材料或者采取其他欺诈手段隐瞒重要事实取得公司登记的,由公司登记机关责令改正,对虚报注册资本的公司,处以虚报注册资本金额5%以上15%以下的罚款;对提交虚假材料或者采取其他欺诈手段隐瞒重要事实的公司,处以5万元以上50万元以下的罚款;情节严重的,撤销公司登记或者吊销营业执照。构成犯罪的,依《刑法》规定追究刑事责任,处3年以下有期徒刑或者拘役,并处或者单处虚报注册资本金1%以上5%以下的罚金。单位犯此罪的,对单位处以罚金,并对其直接负责的主管人员和其他直接责任人员,处3年以下有期徒刑或者拘役。

(2)公司的发起人、股东虚假出资,未交付或者未按期交付作为出资的货币或者非货币财产的,由公司登记机关责令改正,处以虚假出资金额5%以上15%以下的罚款。构成犯罪的,依《刑法》规定追究刑事责任,处5年以下有期徒刑或者拘役,并处或者单处虚假出资金额2%以上10%以下的罚金。单位犯此罪的,对单位处以罚金,并对其直接负责的主管人员和其他直接责任人员,处5年以下有期徒刑或者拘役。

(3)公司的发起人、股东在公司成立后,抽逃其出资的,由公司登记机关责令改正,处以所抽逃出资金额5%以上15%以下的罚款。构成犯罪的,依《刑法》规定追究刑事责任,处5年以下有期徒刑或者拘役,并处或者单处抽逃出资金额2%以上10%以下的罚金。单位犯此罪的,对单位处以罚金,并对其直接负责的主管人员和其他直接责任人员,处5年以下有期徒刑或者拘役。

二、 公司的法律责任

(1)在法定的会计账簿以外另立会计账簿的,由县级以上人民政府财政部门责令改正,处以5万元以上50万元以下的罚款。构成犯罪的,依法追究刑事责任。

(2)公司在依法向有关主管部门提供的财务会计报告等材料上作虚假记载或者隐瞒重要事实的,由有关主管部门对直接负责的主管人员和其他直接责任人员处以3万元以上30万元以下的罚款。

(3)公司不依照《公司法》规定提取法定公积金的,由县级以上人民政府财政部门责令如数补足应当提取的金额,可以对公司处以20万元以下的罚款。

(4)公司在合并、分立、减少注册资本或者进行清算时,不依照《公司法》规定通知或者公告债权人的,由公司登记机关责令改正,对公司处以1万元以上10万元以下的罚款。

(5)公司在进行清算时,隐匿财产,对资产负债表或者财产清单作虚假记载或者在未清偿债务前分配公司财产的,由公司登记机关责令改正,对公司处以隐匿财产或者未清偿债务前分配公司财产金额5%以上10%以下的罚款;对直接负责的主管人员和其他直接责任人员处以1万元以上10万元以下的罚款。构成犯罪的,依《刑法》规定追究刑事责任,对直接负责的主管人员和其他直接责任人员处5年以下有期徒刑或者拘役,并处或者单处2万元以上20万元以下罚金。

(6)公司在清算期间开展与清算无关的经营活动的,由公司登记机关予以警告,没收违法所得。

(7) 公司成立后无正当理由超过 6 个月未开业的,或者开业后自行停业连续 6 个月以上的,可以由公司登记机关吊销营业执照。

(8) 公司登记事项发生变更时,未依照《公司法》规定办理有关变更登记的,由公司登记机关责令限期登记;逾期不登记的,处以 1 万元以上 10 万元以下的罚款。

(9) 外国公司违反《公司法》规定,擅自在中国境内设立分支机构的,由公司登记机关责令改正或者关闭,可以并处 5 万元以上 20 万元以下的罚款。

(10) 公司违反《公司法》规定,应当承担民事赔偿责任和缴纳罚款、罚金,其财产不足以支付时,先承担民事赔偿责任。

三、 清算组的责任

(1) 清算组成员从事清算事务时,违反法律、行政法规或者公司章程给公司或者债权人造成损失,公司或者债权人有权要求其承担赔偿责任。

(2) 清算组不依照《公司法》规定向公司登记机关报送清算报告,或者报送清算报告隐瞒重要事实或者有重大遗漏的,由公司登记机关责令改正。隐匿财产,对资产负债或者财产清单作虚假记载或者在未清偿债务前分配公司财产,严重损害债权人或者其他人利益,依《刑法》规定追究刑事责任,对其直接负责的主管人员和其他直接责任人员,处 5 年以下有期徒刑或者拘役,并处或者单处 2 万元以上 20 万元以下罚金。

(3) 清算组成员利用职权徇私舞弊,谋取非法收入或者侵占公司财产的,由公司登记机关责令退还公司财产,没收违法所得,并可以处以违法所得 1 倍以上 5 倍以下的罚款。构成犯罪的,依法追究刑事责任。

四、 承担资产评估、验资或验证机构的法律责任

(1) 承担资产评估、验资或者验证的机构提供虚假材料的,由公司登记机关没收违法所得,处以违法所得 1 倍以上 5 倍以下的罚款,并可以由有关主管部门依法责令该机构停业、吊销直接责任人员的资格证书,吊销营业执照。构成犯罪的,依《刑法》规定追究刑事责任,处 5 年以下有期徒刑或者拘役,并处罚金。如果犯此罪并有索取他人财物或者非法收受他人财物的,处 5 年以上 10 年以下有期徒刑,并处罚金。

(2) 承担资产评估、验资或者验证的机构因过失提供有重大遗漏的报告的,由公司登记机关责令改正,情节较重的,处以所得收入 1 倍以上 5 倍以下的罚款,并可以由有关主管部门依法责令该机构停业、吊销直接责任人员的资格证书、吊销营业执照。严重不负责任,出具的证明文件重大失实,造成严重后果的,依《刑法》规定追究刑事责任,处 3 年以下有期徒刑或者拘役,并处或者单处罚金。

(3) 承担资产评估、验资或者验证的机构因其出具的评估结果、验资或者验证证明不实,给公司债权人造成损失的,除能够证明自己没有过错的外,在其评估或者证明不实的金额范围内承担赔偿责任。

五、 公司登记机关的法律责任

公司登记机关对不符合《公司法》规定条件的登记申请予以登记,或者对符合《公司

法》规定条件的登记申请不予登记的,对直接负责的主管人员和其他直接责任人员,依法给予行政处分。公司登记机关的上级部门强令公司登记机关对不符合规定条件的登记申请予以登记,或者对符合规定条件的登记申请不予登记,或者对违法登记进行包庇的,对直接负责的主管人员和其他直接责任人员依法给予行政处分。

六、其他主体的相关法律责任

未依法登记为有限责任公司或者股份有限公司,而冒用有限责任公司或者股份有限公司名义的,或者未依法登记为有限责任公司或者股份有限公司的分公司,而冒用有限责任公司或者股份有限公司的分公司名义的,由公司登记机关责令改正或者予以取缔,可以并处 10 万元以下的罚款。

同步练习

一、单项选择题

1. 下列关于子公司法人资格和民事责任承担的表述中,符合公司法律制度规定的是(   )。
   - A. 子公司具有法人资格,独立承担民事责任
   - B. 子公司不具有法人资格,其财产不足以清偿的民事责任,由母公司承担
   - C. 子公司不具有法人资格,其民事责任由母公司承担
   - D. 子公司不具有法人资格,应与母公司共同承担民事责任

2. 李某是甲股份有限公司(以下简称"甲公司")的控股股东,因借款需要请求甲公司为其提供担保。甲公司遂召开股东大会对此事项进行表决。下列关于甲公司股东大会决议的表述中,正确的是(   )。
   - A. 李某不可以参加表决,该项决议由出席会议的其他股东过半数通过
   - B. 李某不可以参加表决,该项决议由出席会议的其他股东所持表决权的过半数通过
   - C. 李某可以参加表决,该项决议由全体股东所持表决权的过半数通过
   - D. 李某可以参加表决,该项决议由出席会议的股东所持表决权的过半数通过

3. 下列关于有限责任公司股东出资方式的表述中,符合公司法律制度规定的是(   )。
   - A. 以商誉作价出资
   - B. 以劳务作价出资
   - C. 以特许经营权作价出资
   - D. 以土地使用权作价出资

4. 2018年1月,孙某、张某、赵某共同出资设立一家有限责任公司。孙某以房屋作价出资100万元。2018年5月,李某入股该公司。后查明,孙某出资的房屋价值仅为70万元。下列对孙某出资不足责任承担的表述中,正确的是(   )。
   - A. 应当由孙某补缴出资差额,张某、赵某与李某承担连带责任
   - B. 应当由孙某补缴出资差额,张某与赵某承担连带责任

   - C. 应当由孙某补缴出资差额,无法补足的,减少相应的公司注册资本
   - D. 应当由孙某补缴出资差额,张某与赵某承担补充责任

5. 李某以违法犯罪所得的20万元出资并取得公司股权。对李某犯罪行为处罚时,就其股权处置的下列表述中,正确的是(   )。
   - A. 将李某的出资财产从公司中抽出,补偿受害人损失
   - B. 将李某的出资财产从公司中抽出,并将公司注册资本减少20万元
   - C. 采取拍卖或者变卖的方式处置李某的股权
   - D. 将李某的出资财产从公司中抽出,其他股东对20万元出资承担连带责任

6. 张某、王某、李某、赵某出资设立甲有限责任公司(以下简称"甲公司"),出资比例分别为5%、15%、36%和44%,公司章程对股东会召开及表决的事项无特别规定。下列关于甲公司股东会召开和表决的表述中,符合公司法律制度规定的是(   )。
   - A. 张某、王某和李某行使表决权赞成即可通过修改公司章程的决议
   - B. 张某有权提议召开股东会临时会议
   - C. 王某和李某行使表决权赞成即可通过解散公司的决议
   - D. 首次股东会会议的召开由赵某召集和主持

7. 根据《公司法》的规定,下列各项中,不属于有限责任公司监事会职权的是(   )。
   - A. 检查公司财务
   - B. 解聘公司财务负责人
   - C. 提议召开临时股东会会议
   - D. 建议罢免违反公司章程的经理

8. 根据公司法律制度的规定,下列人员中,可以担任公司监事的是(   )。
   - A. 职工代表　　　　B. 财务负责人
   - C. 总经理　　　　　D. 独立董事

9. 王某、刘某共同出资设立了甲有限责任公司(以下简称"甲公司"),注册资本为10万元,下列关于甲公司组织机构设置的表述中,不符合

公司法律制度规定的是( )。

A. 甲公司决定不设董事会,由王某担任执行董事

B. 甲公司决定不设监事会,由刘某担任监事

C. 甲公司决定由执行董事王某兼任经理

D. 甲公司决定由执行董事王某兼任监事

10. 某有限责任公司有张三、李四两名股东,分别持有67%和33%的股权。2020年3月,李四发现该公司基于股东会2020年2月作出的增资决议增加了注册资本,李四的持股比例被稀释。经查,该公司2020年2月并未召开股东会作出增资决议。如果李四拟提起诉讼推翻增资决议,其诉讼请求应当是( )。

A. 撤销决议

B. 确认决议不成立

C. 确认决议无效

D. 确认决议效力待定

11. 甲股份有限公司2014年6月召开股东大会,选举公司董事。根据公司法律制度的规定,下列人员中,不得担任该公司董事的是( )。

A. 张某,因挪用财产被判处刑罚,执行期满已逾6年

B. 吴某,原系乙有限责任公司董事长,因其个人责任导致该公司破产,清算完结已逾5年

C. 储某,系丙有限责任公司控股股东,该公司股东会决策失误,导致公司负有300万元到期不能清偿的债务

D. 杨某,原系丁有限责任公司法定代表人,因其个人责任导致该公司被吊销营业执照未逾2年

12. 甲有限责任公司设股东会、董事会、监事会,该公司经理王某违反法律规定,拖延向股东张某分配利润,张某拟通过诉讼维护自己的权利。下列关于张某诉讼权利的表述中,符合公司法律制度规定的是( )。

A. 张某有权直接向人民法院起诉王某

B. 张某有权书面请求监事会起诉王某

C. 张某有权书面请求董事会起诉王某

D. 张某有权书面请求股东会起诉王某

13. 甲公司、乙公司均为有限责任公司。甲公司经理张某违反公司章程的规定将公司业务发包给不知情的乙公司,致使甲公司遭受损失。

李某是甲公司股东,甲公司设董事会和监事会。下列关于李某保护甲公司利益和股东整体利益的途径的表述中,符合《公司法》规定的是( )。

A. 李某可以书面请求甲公司监事会起诉张某

B. 李某可以书面请求甲公司董事会起诉张某

C. 李某可以书面请求甲公司监事会起诉乙公司

D. 李某可以书面请求甲公司董事会起诉乙公司

14. 根据公司法律制度规定,国有独资公司经理的聘任和解聘方式是( )。

A. 由董事会聘任或解聘

B. 由国有资产监督管理机构聘任,由监事会解聘

C. 由监事会聘任或解聘

D. 由国有资产监督管理机构聘任或解聘

15. 甲、乙两个国有企业出资设立丙有限责任公司。下列关于丙有限责任公司组织机构的表述中,不符合公司法律制度规定的是( )。

A. 丙公司监事会成员中应当有公司职工代表

B. 丙公司董事会成员中应当有公司职工代表

C. 丙公司董事长须由国有资产监督管理机构从董事会成员中指定

D. 丙公司监事会主席由全体监事过半数选举产生

16. 甲公司为国有独资公司,其董事会作出的下列决议中,符合公司法律制度规定的是( )。

A. 聘任张某为公司经理

B. 增选王某为公司董事

C. 批准董事林某兼任乙有限责任公司经理

D. 决定发行公司债券500万元

17. 下列关于国有独资公司监事会组成的表述中,不符合公司法律制度规定的是( )。

A. 监事会主席由全体监事过半数选举产生

B. 监事会成员不得少于5人

C. 公司董事不得兼任监事

D. 监事会成员中职工代表的比例不得低于1/3

18. 下列关于国有独资公司组织机构的表述中,符合公司法律制度规定的是( )。

A. 国有独资公司应当设股东会

B. 国有独资公司董事长由董事会选举产生

C. 经国有资产监督管理机构同意,国有独资公司董事可以兼任经理

D. 国有独资公司监事会主席由监事会选举产生

19. 下列关于国有独资公司组织机构的表述中,符合公司法律制度规定的是( )。

A. 经理由国有资产监督管理机构聘任

B. 董事长、副董事长由董事会选举产生

C. 经国有资产监督管理机构同意,董事会成员可以兼任经理

D. 监事会成员不得少于3人

20. 根据公司法律制度的规定,国有独资公司的设立和组织机构适用特别规定,没有特别规定的,适用有限责任公司的相关规定。下列各项中,符合国有独资公司特别规定的是( )。

A. 国有独资公司的章程可由董事会制订并报国有资产监督管理机构批准

B. 国有独资公司合并事项由董事会决定

C. 董事会成员中可以有公司职工代表

D. 监事会主席由全体监事过半数选举产生

21. 某上市公司董事会成员共9名,监事会成员共3名。下列关于该公司董事会召开的情形中,符合公司法律制度规定的是( )。

A. 经2名董事提议可召开董事会临时会议

B. 公司董事长、副董事长不能履行职务时,可由4名董事共同推举1名董事履行职务

C. 经2名监事提议可召开董事会临时会议

D. 董事会每年召开2次会议,并在会议召开10日前通知全体董事和监事

22. 根据公司法律制度的规定,下列关于我国股票发行价格的表述中,正确的是( )。

A. 股票发行价格只能与票面金额相同

B. 股票发行价格可以与票面金额相同,也可以低于票面金额,但不得超过票面金额

C. 股票发行价格可以与票面金额相同,也可以超过票面金额,但不得低于票面金额

D. 股票发行价格必须超过票面金额

23. 下列关于股份有限公司股票发行的表述中,不符合《公司法》规定的是( )。

A. 股票发行必须同股同价

B. 股票发行价格可以低于票面金额

C. 向发起人发行的股票,应当为记名股票

D. 向法人发行的股票,应当为记名股票

24. 根据公司法律制度的规定,下列关于优先股与普通股股东权利的表述中,正确的是( )。

A. 优先股股东不得出席股东大会

B. 公司清算时普通股股东先于优先股股东取得公司剩余财产

C. 优先股股东和普通股股东都可以参与公司决策

D. 优先股股东先于普通股股东分配公司利润

25. 根据公司法律制度的规定,下列关于股份有限公司股份转让的表述中,正确的是( )。

A. 股东将无记名股票交付给受让人后即发生转让的效力

B. 公司在任何情况下都不得收购本公司股票

C. 上市公司董事会秘书不得买卖本公司股票

D. 公司可以接受本公司股票作为质押权的标的

26. 根据公司法律制度的规定,下列关于股份有限公司的发起人转让其持有的本公司股份限制的表述中,正确的是( )。

A. 自公司成立之日起1年内不得转让

B. 自公司成立之日起2年内不得转让

C. 自公司成立之日起3年内不得转让

D. 自公司成立之日起5年内不得转让

27. 根据公司法律制度的规定,下列关于股份有限公司股份转让限制的表述中,正确的是( )。

A. 公司收购自身股份用于员工持股计划或者股权激励的,所收购的股份应当在2年内转让给职工

B. 发起人持有的本公司股份,自公司成立之日起1年内不得转让

C. 公司监事在任职期间每年转让的股份,不得超过其持有的本公司股份总数的20%

D. 公司董事所持有的本公司股份,自公司股票上市交易之日起3年内不得转让

28. 根据公司法律制度的规定,下列关于公积金的表述中,不正确的是( )。

A. 法定公积金转为资本时,所留存的该项公积金不得少于转增前公司注册资本的

25%

B. 公积金可以用于扩大公司生产经营

C. 公积金分为盈余公积金和资本公积金

D. 资本公积金可以用于弥补公司的亏损

29. 某有限责任公司的下列财务会计事项中,符合公司法律制度规定的是( )。

A. 依照公司章程的规定,由董事会决定聘用承办公司审计业务的会计师事务所

B. 将公司部分货币资产以个人名义开立账户存储

C. 公司财务会计报告只提供给持有表决权10%以上的股东查阅

D. 在法定会计账簿外另立会计账簿

二、多项选择题

1. 根据公司法律制度的规定,下列关于分公司的表述中,正确的有( )。

A. 分公司没有独立的财产

B. 分公司有独立的公司名称

C. 分公司不独立承担责任

D. 分公司可领取营业执照

2. 根据公司法律制度的规定,下列各项中,可以作为有限责任公司股东出资的有( )。

A. 劳务　　　　B. 知识产权

C. 土地使用权　　D. 特许经营权

3. 根据公司法律制度的规定,下列各项中,属于有限责任公司章程应当载明的有( )。

A. 公司经营范围

B. 公司法定代表人

C. 公司注册资本

D. 公司股东的姓名或者名称

4. 根据公司法律制度的规定,下列关于有限责任公司股东缴纳出资的表述中,正确的有( )。

A. 股东以非货币财产出资的,一般应在6个月内办理完财产权转移手续

B. 股东以货币出资的,应当将货币出资足额存入为设立有限责任公司而在银行设立的账户

C. 股东不按照规定缴纳出资的,应向公司足额缴纳,并向已按期足额缴纳出资的股东承担违约责任

D. 股东以非货币财产出资的,应当依法办理其财产权的转移手续

5. 甲股份有限公司章程规定股东张某应于2020

年9月1日前缴清货币出资130万元。张某认为公司刚成立,业务尚未展开,不需要这么多现金,便在出资后通过银行的熟人将这笔钱转入其父亲的理财账户,用于购买基金。根据公司法律制度的规定,下列说法正确的有( )。

A. 甲公司可要求张某向公司返还出资

B. 甲公司可要求其他发起人股东承担连带责任

C. 甲公司的其他股东可要求张某向公司返还出资

D. 甲公司的债权人得知此事后可要求张某返还出资

6. 根据《公司法》的规定,下列各项中,属于上市公司高级管理人员的有( )。

A. 副经理　　　　B. 监事会主席

C. 董事　　　　　D. 董事会秘书

7. 根据公司法律制度的规定,下列关于股份有限公司监事会的表述中,正确的有( )。

A. 职工代表的比例不得少于监事会成员的1/3

B. 总经理可以兼任监事

C. 监事会设主席1人

D. 监事会成员不得少于3人

8. A、B双方订立协议,由A作为名义股东,代为持有B在甲有限责任公司的股权,但投资收益由实际投资人B享有。协议并无其他违法情形。后A未经B同意,将其代持的部分股权,以合理价格转让给甲公司的股东D,并办理了股权变更登记。D对A只是名义股东的事实不知情。根据公司法律制度的规定,下列表述中,正确的有( )。

A. A、B之间的股权代持协议无效

B. A、B之间的股权代持协议有效

C. 若B反对A、D之间的股权转让,则D不能取得A所转让的股权

D. 即使B反对A、D之间的股权转让,D亦合法取得A所转让的股权

9. 李某设立了一个一人有限责任公司。李某的下列行为中,符合公司法律制度规定的有( )。

A. 决定不编制财务会计报告

B. 决定不设股东会

C. 决定用公司盈利再投资设立另一个一人有

限责任公司

　　D. 决定由李某本人担任公司经理和法定代表人

10. 下列关于以募集方式设立的股份有限公司股份募集的表述中，符合《公司法》规定的有（　　）。

　　A. 发起人向社会公开募集股份，认股人按照所认购股数缴纳股款

　　B. 发起人向社会公开募集股份，必须公告招股说明书，并制作认股书

　　C. 发起人向社会公开募集股份，应当由依法设立的证券公司承销，签订承销协议

　　D. 发起人向社会公开募集股份，应当同银行签订代收股款协议

11. 根据公司法律制度的规定，下列事项中，属于上市公司股东大会决议应经出席会议的股东所持表决权 2/3 以上通过的有（　　）。

　　A. 修改公司章程

　　B. 增加公司注册资本

　　C. 公司的内部管理机构设置

　　D. 公司在 1 年内担保金额超过公司最近一期经审计总资产 30% 的事项

12. A 有限责任公司注册资本为 120 万元，股东人数为 9 人，董事会成员 5 人，监事会成员为 5 人。股东一次缴清出资，该公司章程对股东表决权行使事项未作特别规定。根据《公司法》的规定，该公司出现的下列情形中，属于应当召开临时股东会的有（　　）。

　　A. 出资 20 万元的某股东提议召开

　　B. 公司未弥补的亏损达到 40 万元

　　C. 2 名董事提议召开

　　D. 2 名监事提议召开

13. A 上市公司拟聘请独立董事。根据公司法律制度的规定，下列候选人中，没有资格担任该公司独立董事的有（　　）。

　　A. 王某，因侵占财产被判刑，3 年有期徒刑刑满刚刚释放

　　B. 张某，A 上市公司投资的某全资子公司的法律顾问

　　C. 赵某，个人负债 100 万元到期未清偿

　　D. 李某，A 上市公司某监事的弟弟

14. 根据公司法律制度的规定，上市公司的优先股股东有权出席股东大会会议，就相关事项与普通股股东分类表决，该相关事项有

（　　）。

　　A. 修改公司章程中与优先股相关的内容

　　B. 一次减少公司注册资本达 5%

　　C. 变更公司形式

　　D. 发行优先股

15. 根据公司法律制度的规定，下列情形中，属于股份有限公司可以收购本公司股份的有（　　）。

　　A. 接受本公司股票作为质权标的

　　B. 减少公司注册资本

　　C. 与持有本公司股份的其他公司合并

　　D. 将股份用于员工持股计划或者股权激励

16. 下列关于公司公积金用途的表述中，符合公司法律制度规定的有（　　）。

　　A. 资本公积金可以用于弥补公司亏损

　　B. 法定公积金不得转增公司资本

　　C. 任意公积金可转增公司资本

　　D. 盈余公积金可以用来扩大公司生产经营

17. 根据公司法律制度的规定，下列各项中，属于公司减少注册资本时应当执行的程序有（　　）。

　　A. 办理变更登记

　　B. 通知债权人并公告

　　C. 编制资产负债表

　　D. 编制财产清单

18. 根据公司法律制度的规定，有限责任公司单独或者合计持有公司全部股东表决权 10% 以上的股东，以特定事由提出解散公司诉讼，并符合《公司法》有关规定的，人民法院应予以受理。下列表述中，属于该类事由的有（　　）。

　　A. 股东知情权、利益分配请求权等权益受到严重损害的

　　B. 公司董事长期冲突且无法通过股东会解决，公司经营管理发生严重困难的

　　C. 股东表决时无法达到法定或者公司章程规定的比例，持续 2 年以上不能作出有效的股东会决议，公司经营管理发生严重困难的

　　D. 公司持续 2 年以上无法召开股东会，公司经营管理发生严重困难的

三、判断题

1. 股份有限公司监事会设主席 1 人，监事会主席的产生办法由公司章程规定。　（　　）

2. 国有独资公司的董事长，未经国有资产监督管

理机构同意,不得在其他公司或经济组织兼职。

  (   )

3. 有限责任公司的监事会应当对所议事项的决定作成会议记录,出席会议的监事和主持人应当在会议记录上签名。 (   )

4. 股票发行价格可以按票面金额,也可以超过票面金额,也可以低于票面金额。 (   )

5. 公司的法定代表人依照公司章程的规定,由董事长、执行董事或者经理担任,并依法登记。

  (   )

6. 甲、乙、丙共同投资设立一家有限责任公司,甲以房屋作价100万元出资,并自公司设立时办理了产权转移手续,但直至公司成立半年后才将房屋实际交付给公司使用,乙、丙主张甲在实际交付房屋之前不享有相应股东权利。乙、丙的主张是合法的。 (   )

7. 查阅公司账簿的权利属于股东的共益权。

  (   )

8. 公司股东滥用公司法人独立地位和股东有限责任,逃避债务,严重损害公司债权人利益的,应当对公司债务承担连带责任。 (   )

9. 一人有限责任公司的股东不能证明公司财产独立于股东自己财产的,应当对公司债务承担连带责任。 (   )

10. 甲股份有限公司在设立期间,发起人向社会公开募集股份。认股人蒋某在填写了认股书后并未如期缴纳股款,为保证公司顺利设立,发起人未经催缴即对蒋某认购的股份另行募集,该募集行为是有效的。 (   )

11. 未经履行出资人职责的机构同意,国有独资公司的董事长不得兼任经理。

四、简答题

1. 2016年,甲公司、乙公司与张某在A市共同出资设立丙饼干有限责任公司(以下简称"丙公司"),注册资本为1000万元。甲公司、乙公司、张某的出资比例为5:4:1。丙公司章程对股东表决权行使及股东会议事规则未作特别规定。股东会未授权董事会行使属于股东会的职权。2018年,丙公司发生如下事项:

(1)5月,张某申请丙公司为其个人住房贷款提供担保。为此丙公司召开股东会会议。甲公司、乙公司参加该事项的表决,甲公司同意,乙公司不同意,股东会遂通过为张某个人住房贷款提供担保的决议。

(2)下半年,产品销售额持续下降,丙公司调查发现,非职工代表担任的公司董事田某于2017年与朋友共同出资设立丁饼干有限责任公司(以下简称"丁公司"),并负责丁公司的生产经营;由于丁公司的饼干产品在款式、功能等方面与丙公司产品相差无几,致使丙公司产品销售额下降,丙公司董事会遂作出决议:①将田某从丁公司所得的收入收归丙公司所有;②撤销田某公司董事职务。

要求:根据上述资料和公司法律制度的规定,不考虑其他因素,回答下列问题。

(1)丙公司股东会通过为张某贷款提供担保的决议是否符合法律规定?简要说明理由。

(2)丙公司董事会的决议①是否符合法律规定?简要说明理由。

(3)丙公司董事会的决议②是否符合法律规定?简要说明理由。

2. 张某拟与王某、赵某共同投资设立甲有限责任公司(以下简称"甲公司"),因张某不愿以自己名义投资,遂与李某约定,李某为名义股东,张某实际出资并享有投资收益。后李某按照约定,认缴出资100万元,设立了甲公司。李某被记载于甲公司股东名册,并在公司登记机关登记。王某、赵某认缴的出资全部缴足,李某认缴的出资张某仅实际缴纳60万元。

甲公司经营期间,李某未经张某同意将其在甲公司的股权进行质押,并造成了损失。张某得知后,要求李某赔偿损失,遭到拒绝。为防止李某继续损害自己的利益,张某要求甲公司将其变更为股东并记载于股东名册,遭到王某、赵某反对,发生争议。

在变更股东的争议未解决时,甲公司因资不抵债,破产清算。债权人郑某以李某未完全履行出资义务为由,要求李某承担补充赔偿责任,李某以其为名义股东为由抗辩。

要求:根据上述资料和公司法律制度的规定,不考虑其他因素,回答下列问题。

(1)李某是否有权拒绝张某的赔偿请求?简要说明理由。

(2)张某未经王某、赵某同意能否变更为甲公司股东?简要说明理由。

(3)李某是否有权拒绝承担补充赔偿责任?简要说明理由。

3. 2019年9月,赵某、钱某、孙某、李某、周某五人共同出资设立甲有限责任公司(以下简称"甲公司")。公司章程规定:(1)公司注册资本500万元;(2)赵某、钱某、孙某各以现金90万元出资;李某以自有房屋作价100万元出资;周某以专利权作价130万元出资。股东的货币出资在6个月内缴足,非货币出资财产转移手续在6个月内办理完毕;(3)股东享有均等表决权。

公司成立后,李某按期办理了出资房屋所有权转移手续,但一直未将房屋交付公司。2020年10月,甲公司召开临时股东会修改公司章程。赵某、钱某、孙某赞成,李某和周某反对。赵某认为,李某未将出资房屋交付公司,不得行使表决权。

要求:根据上述资料和公司法律制度的规定,不考虑其他因素,回答下列问题。

(1)甲公司章程规定股东均等行使表决权是否符合法律规定?简要说明理由。

(2)赵某主张李某不得行使表决权是否符合法律规定?简要说明理由。

(3)甲公司修改公司章程的决议能否通过?简要说明理由。

4. 2017年4月,张某、王某、李某三人投资设立了甲有限责任公司(以下简称"甲公司"),张某担任公司董事长,王某担任公司董事。2020年5月,乙投资公司拟收购甲公司,经查,甲公司存在下列情况:

(1)张某将其已转入甲公司账户的200万元出资转出100万元。

(2)王某曾于2013年因行贿罪被判有期徒刑3年,2016年刑满释放。

(3)李某出资的办公用房,虽已办理权属变更手续,但至今仍未交付甲公司使用。为此,其他股东主张李某不得享有相应的股东权利。

要求:根据上述资料和公司法律制度的规定,回答下列问题。

(1)张某转出100万元出资是什么行为?张某应向甲公司承担什么民事责任?

(2)王某担任甲公司董事是否合法?简要说明理由。

(3)其他股东主张李某不享有相应的股东权利是否合法?简要说明理由。

5. 甲股份有限公司(以下简称"甲公司")于2019年3月上市,董事会成员为7人。2020年甲公司召开了3次董事会,分别讨论的事项如下:

(1)讨论通过了为其子公司一次性提供融资担保4000万元的决议,其时甲公司总资产为1亿元。

(2)拟提请股东大会聘任乙公司的总经理刘某担任甲公司独立董事,乙公司为甲公司最大的股东。

(3)讨论向丙公司投资的方案。参加会议的6名董事会成员中,有4人同时为丙公司董事,经参会董事一致同意,通过了向丙公司投资的方案。

要求:根据上述资料和公司法律制度的规定,回答下列问题。

(1)甲公司董事会是否有权作出融资担保决议?简要说明理由。

(2)甲公司能否聘任刘某担任本公司独立董事?简要说明理由。

(3)甲公司董事会通过向丙公司投资的方案是否合法?简要说明理由。

6. 甲股份有限公司(以下简称"甲公司")董事会由7名董事组成。某日,公司董事长张某召集并主持召开董事会会议,出席会议的共6名董事,董事会会议作出如下决议:(1)增选职工代表李某为监事;(2)为拓展市场,成立乙分公司;(3)决定了为其子公司丙公司与A企业签订的买卖合同提供连带责任保证,该保证的数额超过了公司章程规定的限额。

在讨论该保证事项时,只有董事赵某投了反对票,其意见已被记载于会议记录。其他董事均认为丙公司经营状况良好,信用风险不大,对该保证事项投了赞成票。出席会议的全体董事均在会议记录上签了名。

乙分公司依法成立后,在履行与丁公司的买卖合同过程中与对方发生纠纷,被诉至法院。法院判决乙分公司赔付货款并承担诉讼费用。乙分公司无力清偿,丁公司转而请求甲公司承担责任。

丙公司在其与A企业签订的买卖合同债务履行期届满后未履行债务,A企业要求甲公司承担保证责任。甲公司因承担保证责任而遭受严重损失。

要求:根据上述资料和公司法律制度的规定,回答下列问题。

(1)董事会会议决议增选职工代表李某为监

（2）丁公司请求甲公司承担责任是否符合法律规定？简要说明理由。

（3）对于甲公司因承担保证责任而遭受的严重损失，与会董事应如何承担法律责任？

五、综合题

2015年6月，甲公司、乙公司、丙公司和陈某共同投资设立丁有限责任公司（下称丁公司）。丁公司章程规定：（1）公司注册资本500万元；（2）甲公司以房屋作价120万元出资，乙公司以机器设备作价100万元出资；陈某以货币100万元出资；丙公司出资180万元，首期以原材料作价100万元出资，余额以特许经营权出资。2015年12月前缴足；（3）公司设股东会，1名执行董事和1名监事；（4）股东按照1∶1∶1∶1行使表决权。公司章程对出资及表决权事项未作其他特殊规定。

公司设立后，甲公司、乙公司和陈某按照公司章程的规定实际缴纳了出资，并办理了相关手续，丙公司按公司章程规定缴纳首期出资后，于2015年11月以特许经营权作价80万元缴足出资。

2017年6月，因股东之间经营理念存在诸多冲突且无法达成一致，陈某提议解散丁公司。丁公司召开股东会就该事项进行表决。甲公司、乙公司和陈某赞成，丙公司反对。于是股东会作出了解散丁公司的决议。丁公司进入清算程序。清算期间，清算组发现如下情况：

（1）由于市场行情变化，甲公司出资的房屋贬值10万元。

（2）乙公司出资时机器设备的实际价额为70万元，明显低于公司章程所定价额100万元。

清算组要求甲公司补足房屋贬值10万元，甲公司拒绝；要求乙公司和其他股东对乙公司实际出资价额的不足承担相应的民事责任。

要求：根据上述资料和公司法律制度的规定，回答下列问题。

（1）指出丁公司股东出资方式中的不合法之处。

（2）丁公司设1名执行董事和1名监事是否合法？

（3）丁公司股东会作出解散公司的决议是否合法？说明理由。

（4）甲公司拒绝补足房屋贬值10万元是否合法？说明理由。

（5）对乙公司的实际出资价额的不足，乙公司和其他股东应分别承担什么民事责任？

参考答案及解析

一、单项选择题

1.【答案】 A

【解析】 母公司和子公司都具有法人资格，在法律上是彼此独立的企业，子公司具有法人资格，依法独立承担民事责任。选项A正确。

2.【答案】 B

【解析】 李某为甲公司股东，则应当实行关联表决权排除，李某不应参加表决，排除选项CD；应当由出席会议的其他股东所持表决权过半数通过，选项A表述的是出席会议的其他股东人数的过半数，错误。

3.【答案】 D

【解析】 有限责任公司股东的出资方式：①股东可以用货币出资，也可以用实物、知识产权、土地使用权等可以用货币估价并可以依法转让的非货币财产作价出资；但是，法律、行政法规规定不得作为出资的财产除外；②股东不得以劳务、信用、自然人姓名、商誉、特许经营权或者设定担保的财产等作价出资。选项D正确。

4.【答案】 B

【解析】 公司成立后，发现作为设立公司出资的非货币财产的实际价额显著低于公司章程所定价额的，应当由交付该出资的股东补足其差额，公司设立时的其他股东（张某和赵某）承担连带责任，与后加入的股东（李某）无关。

5.【答案】 C

【解析】 以贪污、受贿、侵占、挪用等违法犯罪所得的货币出资后取得股权的，对违法犯罪行为予以追究、处罚时，应当采取拍卖或者变卖的方式处置其股权。选项 C 正确。

6.【答案】 D

【解析】 有限责任公司的股东按照出资比例行使表决权,但公司章程另有规定的除外。在本题中,甲公司章程对表决的事项无特别规定,各股东表决权按出资比例计算。选项 AC,修改公司章程、解散公司均属于应经股东会代表 2/3 以上表决权的股东通过的事项。本题中,赵某占有 44% 的表决权,赵某若不赞成,相关事项均无法通过。选项 B,代表 1/10 以上表决权的股东(张某的表决权不足 1/10)有权提议召开股东会临时会议。选项 D,有限责任公司首次股东会由出资最多的股东(赵某)召集和主持。

7.【答案】 B

【解析】 选项 B 属于董事会的职权。

8.【答案】 A

【解析】 选项 BCD,董事、高级管理人员不得兼任监事。

9.【答案】 D

【解析】 甲公司属于股东人数较少的有限责任公司,可以设 1 名执行董事,不设立董事会;公司董事、高级管理人员不得兼任监事,但并未禁止董事兼任高级管理人员。

10.【答案】 B

【解析】 未召开股东会则决议不成立。

11.【答案】 D

【解析】 有下列情形之一的,不得担任公司的董事、监事、高级管理人员:①无民事行为能力或者限制民事行为能力;②因贪污、贿赂、侵占财产、挪用财产或者破坏社会主义市场经济秩序,被判处刑罚,执行期满未逾 5 年,或者因犯罪被剥夺政治权利,执行期满未逾 5 年,选项 A 中张某执行期满已逾 6 年,可以担任公司董事;③担任破产清算的公司、企业的董事或者厂长、经理,对该公司、企业的破产负有个人责任的,自该公司、企业破产清算完结之日起未逾 3 年,选项 B 中吴某执行期满已逾 5 年,可以担任公司董事;④担任因违法被吊销营业执照、责令关闭的公司、企业的法定代表人,并负有个人责任的,自该公司、企业被吊销营业执照之日起未逾 3 年,选项 D 中杨某公司被吊销营业执照未逾 2 年,不得担任公司董事;⑤个人所负数额较大的

债务到期未清偿,选项 C 中储某不属于个人所负数额较大债务的情形,可以担任公司董事。

12.【答案】 A

【解析】 ①诉讼的性质:虽然公司经理王某违反法律规定,拖延向股东张某分配利润,但拖延分配利润损害的是股东张某的个人利益,故张某提起的诉讼属于股东直接诉讼(而非股东代表诉讼)。②起诉条件:股东直接诉讼,由股东以个人名义直接向人民法院提出,不必先请求监事会、董事会或者股东会起诉。因此,选项 BCD 错误,选项 A 正确。

13.【答案】 A

【解析】 董事、高级管理人员侵犯公司利益,请求监事会起诉,不请求董事会起诉,因此选项 B 不正确;选项 CD,乙公司为不知情的第三人,不应承担责任。

14.【答案】 A

【解析】 国有独资公司设经理,由董事会聘任或者解聘。

15.【答案】 C

【解析】 选项 CD,丙公司是一个由两个国有企业投资设立的有限责任公司,并非国有独资公司。一般有限责任公司董事长、副董事长的产生办法由公司章程规定。一般有限责任公司监事会主席由全体监事过半数选举产生。选项 B,两个以上的国有企业或者其他两个以上的国有投资主体投资设立的有限责任公司,其董事会成员中应当有公司职工代表。选项 A,所有公司监事会中均应有职工代表。

16.【答案】 A

【解析】 选项 A,国有独资公司设经理,由董事会聘任或者解聘;选项 B,国有独资公司非由职工代表担任的董事由国有资产监督管理机构委派,职工代表担任的董事由公司职工代表大会选举产生;选项 C,国有独资公司的董事长、副董事长、董事、高级管理人员,未经国有资产监督管理机构同意,不得在其他公司或经济组织兼职;选项 D,国有独资公司的合并、分立、增减注册资本、发行公司债券、分配利润以及解散、申请破产、改制,由国有资产监督管理机构决定。

17.【答案】 A

【解析】 选项 A,国有独资公司的监事会主

席由国有资产监督管理机构从监事会成员中指定。

18.【答案】 C

【解析】 选项 A,国有独资公司不设股东会,由国有资产监督管理机构行使股东会职权;选项 BD,国有独资公司的董事长、副董事长、监事会主席是由国有资产监督管理机构指定的。

19.【答案】 C

【解析】 选项 A,国有独资公司设经理,由董事会聘任或者解聘。选项 B,国有独资公司的董事长、副董事长、监事会主席是由国有资产监督管理机构指定的。选项 D,国有独资公司监事会成员不得少于 5 人,其中职工代表的比例不得低于 1/3。

20.【答案】 A

【解析】 选项 B,国有独资公司的合并事项由国有资产监督管理机构(而非董事会)决定,其中重要的国有独资公司的合并事项,应当由国有资产监督管理机构审核后,报本级人民政府批准;选项 C,国有独资公司的董事会成员中应当有公司职工代表;选项 D,国有独资公司的监事会主席由国有资产监督管理机构从监事会成员中指定。

21.【答案】 D

【解析】 选项 AC,经代表 1/10 以上表决权的股东、1/3 以上的董事或者监事会提议,可以召开股份有限公司临时董事会。选项 B,董事长、副董事长不能履行职务或者不履行职务的,由半数以上董事共同推举一名董事履行职务。在本题中,4 名董事不足董事会人数的半数。

22.【答案】 C

【解析】 股票发行价格可以按票面金额(平价发行),也可以超过票面金额(溢价发行),但不得低于票面金额(折价发行)。

23.【答案】 B

【解析】 股票发行价格可以按票面金额(平价发行),也可以超过票面金额(溢价发行),但不得低于票面金额(折价发行),选项 A 正确,选项 B 不正确;公司向发起人、法人发行的股票,应当为记名股票,选项 CD 正确。

24.【答案】 D

【解析】 优先股股东一般不参与公司决策(选项 C 错误),不出席股东大会(选项 A 过于绝对,优先股股东在法定情形下也可能出席股东大会、行使股东大会表决权),不享有股东大会表决权;选项 B,在公司进行清算时,优先股股东先于普通股股东取得公司剩余财产。

25.【答案】 A

【解析】 选项 B,法定情形下(例如,公司减少注册资本),可以依法回购公司股份;选项 C,上市公司董事会秘书属于高级管理人员,其买卖本公司股票行为受到一定的限制,但并未完全禁止其买卖本公司股票;选项 D,公司不得接受本公司股票作为质押权的标的。

26.【答案】 A

【解析】 发起人持有的本公司股份,自公司成立之日起 1 年内不得转让。

27.【答案】 B

【解析】 选项 A,公司收购本公司股份用于员工持股计划或者股权激励的,应当在 3 年内转让或者注销;选项 C,公司董事、监事、高级管理人员在任职期间每年转让的股份不得超过其所持有本公司股份总数的 25%;选项 D,公司董事、监事、高级管理人员所持本公司股份,自公司股票上市交易之日起 1 年内不得转让。

28.【答案】 D

【解析】 资本公积金不得用于弥补亏损,选项 D 不正确。

29.【答案】 A

【解析】 选项 A,除上市公司外,公司聘用、解聘承办公司审计业务的会计师事务所,依照公司章程的规定,由股东(大)会或者董事会决定。

二、多项选择题

1.【答案】 ACD

【解析】 分公司不具有法人资格,没有独立的公司名称、章程,没有独立的财产,但可领取营业执照,进行经营活动,其民事责任由总公司承担。选项 ACD 正确。

2.【答案】 BC

【解析】 有限责任公司股东的出资方式:①股东可以用货币出资,也可以用实物、知识产权、土地使用权等可以用货币估价并可以依法转让的非货币财产作价出资。但是,法律、行政法规规定不得作为出资的财产除外；②股东不得以劳务、信用、自然人姓名、商誉、特许经营权或者设定担保的财产等作价出资。选项BC正确。

3.【答案】 ABCD

【解析】 有限责任公司章程应当载明下列事项（必备事项）：①公司名称和住所；②公司经营范围；③公司注册资本；④股东的姓名或者名称；⑤股东的出资方式、出资额和出资时间；⑥公司的机构及其产生办法、职权、议事规则；⑦公司法定代表人；⑧股东会会议认为需要规定的其他事项。选项ABCD均符合题意。

4.【答案】 ABCD

【解析】 选项AD，股东以非货币财产出资的，应当依法办理其财产权的转移手续，该转移手续一般在6个月内办理完毕；选项C，对于股东不按照规定缴纳出资的，除该股东应当向公司足额缴纳外，还应当向已按期足额缴纳出资的股东承担违约责任。

5.【答案】 AC

【解析】 选项ACD，公司或其他股东都有权请求抽逃出资的股东向公司返还出资本息，但债权人只能要求抽逃出资的股东承担补偿清偿责任，而非直接向债权人返还出资本息；选项B，如果该发起人股东有协助抽逃行为，应当承担连带责任，如果没有协助抽逃行为，不需要承担连带责任。

6.【答案】 AD

【解析】 上市公司高级管理人员，是指公司的（总）经理、副（总）经理、财务负责人、上市公司董事会秘书和公司章程规定的其他人员。

7.【答案】 ACD

【解析】 选项B，董事、高级管理人员不得兼任监事。

8.【答案】 BD

【解析】 选项AB，如无其他导致合同无效的因素，法律承认代持股协议的效力；选项CD，名义股东（A）将登记于其名下的股权转让，受让方（D）构成善意取得，可以取得股权；但名义股东（A）处分股权造成实际出资人（B）损失，实际出资人（B）有权请求名义股东（A）承担赔偿责任。

9.【答案】 BD

【解析】 选项A，一人有限责任公司应当在每

一会计年度终了时编制财务会计报告，并经会计师事务所审计。选项C，一个自然人只能投资设立一个一人有限责任公司，该一人有限责任公司不能投资设立新的一人有限责任公司。

10.【答案】 ABCD

11.【答案】 ABD

【解析】 选项C，属于董事会的职权；选项D，属于上市公司股东大会独有的特别决议事项。

12.【答案】 AC

【解析】 代表1/10以上表决权的股东，1/3以上的董事，监事会或者不设监事会的公司的监事提议召开临时会议的，应当召开临时股东会议，选项AC符合条件。

13.【答案】 ABCD

【解析】 选项A，因侵占财产被判刑，刑满刚刚释放未逾5年，担任独立董事的资格受限；选项B，正在为上市公司附属企业提供法律服务，担任独立董事的资格受限；选项C，个人负债，到期未清偿，担任独立董事的资格受限；选项D，上市公司任职人员的主要社会关系，担任独立董事的资格受限。四个选项均符合题意。

14.【答案】 ACD

【解析】 出现以下情况之一的，公司召开股东大会会议应通知优先股股东，并遵循《公司法》及公司章程通知普通股股东的规定程序。优先股股东有权出席股东大会会议，就以下事项与普通股股东分类表决，其所持每一优先股有一表决权，但公司持有的本公司优先股没有表决权：①修改公司章程中与优先股相关的内容（选项A）；②一次或累计减少公司注册资本超过10%；③公司合并、分立、解散或变更公司形式（选项C）；④发行优先股（选项D）；⑤公司章程规定的其他情形。

15.【答案】 BCD

【解析】 公司通常不得收购本公司股份，但在下列法定情形范围内、按照法定程序收购的除外：①减少公司注册资本（选项B）；②与持有本公司股份的其他公司合并（选项C）；③股东因对股东大会作出的公司合并、分立决议持异议，要求公司收购其股份；④将股份用于员工持股计划或者股权激励（选项D）；⑤将股份用于转换上市公司发行的可转换为

股票的公司债券;⑥上市公司为维护公司价值及股东权益所必需。

16.【答案】 CD

【解析】 资本公积金不得用于弥补亏损,选项 A 不正确;用法定公积金转增资本时,转增后留存的法定公积金不得少于转增前注册资本的25%,选项 B 不正确。

17.【答案】 ABCD

18.【答案】 BCD

【解析】 选项 A,股东以知情权、利润分配请求权等权益受到损害,或者公司亏损、财产不足以偿还全部债务,以及公司被吊销企业法人营业执照未进行清算等为由,提起解散公司诉讼的,人民法院不予受理;选项 BCD,单独或者合计持有公司全部股东表决权 10% 以上的股东,有下列事由之一,公司继续存续会使股东利益受到重大损失,通过其他途径不能解决,提起解散公司诉讼,人民法院应当受理:①公司持续 2 年以上无法召开股东会或者股东大会,公司经营管理发生严重困难的;②股东表决时无法达到法定或者公司章程规定的比例,持续 2 年以上不能作出有效的股东会或者股东大会决议,公司经营管理发生严重困难的;③公司董事长期冲突,并且无法通过股东会或者股东大会解决,公司经营管理发生严重困难的;④经营管理发生其他严重困难,公司继续存续会使股东利益受到重大损失的情形。

三、判断题

1.【答案】 ×

【解析】 股份有限公司监事会设主席 1 人,监事会主席由全体监事过半数选举产生。

2.【答案】 √

【解析】 国有独资公司的董事长、副董事长、董事、高级管理人员,未经国有资产监督管理机构同意,不得在其他有限责任公司、股份有限公司或者其他经济组织中兼职。

3.【答案】 ×

【解析】 监事会应当对所议事项的决定作成会议记录,出席会议的监事(不包括主持人)应当在会议记录上签名。

4.【答案】 ×

【解析】 股票发行价格可以按票面金额,也可以超过票面金额,但不得低于票面金额。

5.【答案】 √

6.【答案】 √

【解析】 出资人以房屋、土地使用权或者需要办理权属登记的知识产权等财产出资,已经办理权属变更手续但未交付给公司使用,公司或者其他股东有权主张其向公司交付,并且出资人在交付之前不享有相应的股东权利。

7.【答案】 √

8.【答案】 √

9.【答案】 √

10.【答案】 ×

【解析】 公司发起人应当先催缴,催缴后在合理期限内蒋某仍未缴纳的,方可另行募集。

11.【答案】 √

【解析】 未经履行出资人职责的机构同意,国有独资公司的董事长不得兼任经理。

四、简答题

1.【答案】 (1) 符合法律规定。根据规定:公司为股东或者实际控制人提供担保的,必须经股东(大)会决议;接受担保的股东或者受实际控制人支配的股东不得参加表决,该项表决由出席会议的其他股东所持表决权的过半数通过。股东会会议由股东按照出资比例行使表决权,但公司章程另有规定的除外。

(2) 决议①符合法律规定。根据规定,公司董事、高级管理人员不得未经股东(大)会同意,利用职务便利为自己或者他人谋取属于公司的商业机会,自营或者为他人经营与所任职公司同类的业务;公司董事、高级管理人员违反前述规定所得的收入应当归公司所有。

(3) 决议②不符合法律规定。根据规定,选举和更换由非职工代表担任的董事、监事,属于股东(大)会的职权。

2.【答案】 (1) 李某无权拒绝张某的赔偿请求。根据规定,名义股东将登记于其名下的股权转让、质押或者以其他方式处分,造成实际出资人损失,实际出资人请求名义股东承担赔偿责任的,人民法院应予支持。

(2) 张某未经王某、赵某同意,不能变更为甲公司股东。根据规定,实际出资人未经公司其他股东半数以上同意,请求公司变更股东、签发出资证明书、记载于股东名册、记载于公司章程并办理公司登记机关登记的,人民法院不予支持。

(3) 李某无权拒绝承担补充赔偿责任。根据规定,公司债权人以登记于公司登记机关的股东未履行出资义务为由,请求其对公司债务不能清偿的部分在未出资本息范围内承担补充赔偿责任的,股东不得以其仅为名义股东而非实际出资人为由进行抗辩。

3.【答案】(1) 甲公司章程规定股东均等行使表决权符合法律规定。根据规定,有限责任公司的股东按照出资比例行使表决权,但公司章程另有规定的除外。

(2) 赵某主张李某不得行使表决权符合法律规定。根据规定,出资人以房屋、土地使用权或者需要办理权属登记的知识产权等财产出资,出资人已经就前述财产出资,办理权属变更手续但未交付给公司使用,公司或者其他股东主张其向公司交付,并在实际交付之前不享有相应股东权利的,人民法院应予支持。

(3) 甲公司修改公司章程的决议能够通过。根据规定,有限责任公司股东会会议作出修改公司章程的决议,必须经代表 2/3 以上表决权的股东通过。在本题中,李某不享有表决权,享有表决权的赵某、钱某、孙某和周某 4 人按照章程约定享有均等表决权,因此,有 3 人赞同即以 3/4 表决权通过,决议通过。

4.【答案】(1) ①张某转出 100 万元出资的行为构成抽逃出资。②张某应当向甲公司返还所抽逃出资的本息。

(2) 王某担任甲公司董事不合法。根据规定,因贪污、贿赂、侵占财产、挪用财产或者破坏社会主义市场经济秩序,被判处刑罚,执行期满未逾 5 年的,不得担任董事、监事、高级管理人员。在本题中,王某因行贿罪被判刑,至 2017 年 4 月担任董事时尚未超过 5 年。

(3) 其他股东主张李某不享有相应的股东权利合法。根据规定,出资人以房屋、土地使用权或者需要办理权属登记的知识产权等财产出资,已经办理权属变更手续但未交付给公司使用的,公司或者其他股东主张其向公司交付,并在实际交付之前不享有相应股东权利的,人民法院应予支持。

5.【答案】(1) 甲公司董事会无权作出融资担保决议。根据规定,上市公司对外担保总额,超过最近一期经审计总资产的 30% 以后提供的任何担保,由股东大会审议批准,且应当经出席股东大会的股东所持表决权的 2/3 以上通过。在本题中,融资担保额度(4000 万元)超过了甲公司总资产的 30%[10000×30%＝3000(万元)],相关担保决议应由股东大会审议批准。

(2) 甲公司不能聘任刘某担任本公司独立董事。根据规定,在上市公司前 5 名股东单位任职的人员及其直系亲属,不得担任该上市公司的独立董事。在本题中,乙公司为甲公司最大的股东,而刘某在乙公司任职,不得担任甲公司的独立董事。

(3) 甲公司董事会通过向丙公司投资的方案不合法。根据规定,上市公司实行关联关系董事的表决权排除制度,如果出席董事会的无关联关系董事人数不足 3 人的,应将该事项提交上市公司股东大会审议。在本题中,出席董事会的无关联关系董事仅为 2 人,该事项应提交股东大会审议,董事会无权直接作出决议。

6.【答案】(1) 董事会会议决议增选职工代表李某为监事不符合规定。根据规定,监事会中的职工代表由公司职工通过职工代表大会、职工大会或者其他形式民主选举产生。

(2) 丁公司请求甲公司承担责任符合规定。根据规定,分公司不具有法人资格,但可领取营业执照进行经营活动,其民事责任由总公司承担。

(3) 对于甲公司因承担保证责任而遭受的损失,出席会议的 6 名董事中,除赵某以外,均应对公司的损失承担赔偿责任,未出席会议的董事和赵某不需要承担赔偿责任。

五、综合题

【答案】(1) 丙公司以特许经营权作价出资不合法。根据规定,股东不得以劳务、信用、自然人姓名、商誉、特许经营权或者设定担保的财产等作价出资。

(2) 丁公司设 1 名执行董事和 1 名监事合法。根据规定,股东人数较少或者规模较小的有限责任公司,可以设 1 名执行董事、1~2 名监事,不设立董事会、监事会。

(3) 丁公司股东会作出解散公司的决议合法。根据规定,公司解散属于股东会的特别决议,必须经代表(全体)2/3 以上表决权的股东通过。本题中,股东按照 1∶1∶1∶1 行使表决权,甲公司、乙公司和陈某赞成解散公司,超过全部表决权的 2/3,故作出解散公司的决议合法。

(4) 甲公司拒绝补足房屋贬值 10 万元合法。根据规定,出资人以符合法定条件的非货币财产出资后,因市场变化或者其他客观因素导致出资财产贬值,公司、其他股东或者公司债权人请求该出资人承担补足出资责任的,人民法院不予支持。本题中,由于市场行情变化,甲公司出资的房屋贬值 10 万元,故甲公司有权拒绝补足房屋贬值部分。

(5) 乙公司应依法全面履行出资义务,向丁公司补足出资不足部分的本息,还应当向已按期足额缴纳出资的股东承担违约责任;丁公司其他发起人股东应与乙公司承担连带责任。

第三章
合伙企业法律制度

考情回顾

本章近三年平均分值为 8 分,难度较《公司法》低,学习过程中,要求考生准确记忆,尤其注意对比有限合伙人和普通合伙人在处理上的差别。本章主要以客观题形式考查,个别年份会考查主观题。

考试变化

2021 年本章节无实质性变化。

本章结构

第一节　合伙企业法律制度概述
第二节　普通合伙企业
第三节　有限合伙企业
第四节　合伙企业的解散和清算
第五节　违反《合伙企业法》的法律责任

第一节 合伙企业法律制度概述

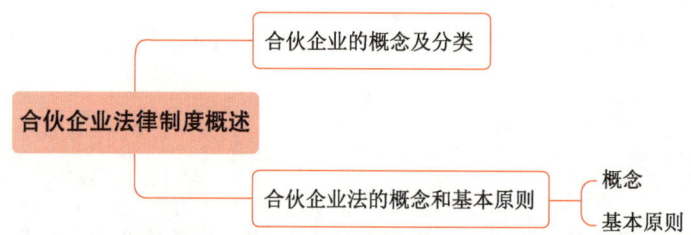

一、合伙企业的概念及分类

合伙是指两个以上的人为着共同目的，相互约定共同出资、共同经营、共享收益、共担风险的自愿联合。

合伙企业分为普通合伙企业和有限合伙企业：

（1）普通合伙企业由普通合伙人组成，合伙人对合伙企业债务承担无限连带责任。

（2）有限合伙企业由普通合伙人和有限合伙人组成，普通合伙人对合伙企业债务承担无限连带责任，有限合伙人以其认缴的出资额为限对合伙企业债务承担责任。

二、合伙企业法的概念和基本原则

（一）概念

合伙企业法有狭义和广义之分。狭义的合伙企业法，是指由国家立法机关依法制定的、规范合伙企业关系的专门法律，即《合伙企业法》。广义的合伙企业法，是指国家立法机关或者其他有权机关依法制定的、调整合伙企业合伙关系的各种法律规范的总称。

（二）基本原则

《合伙企业法》规定了下列基本原则：

（1）协商原则。

（2）自愿、平等、公平、诚实信用原则。

（3）守法原则。

（4）合法权益受法律保护原则。

（5）依法纳税原则。

第二节 普通合伙企业

本节框架

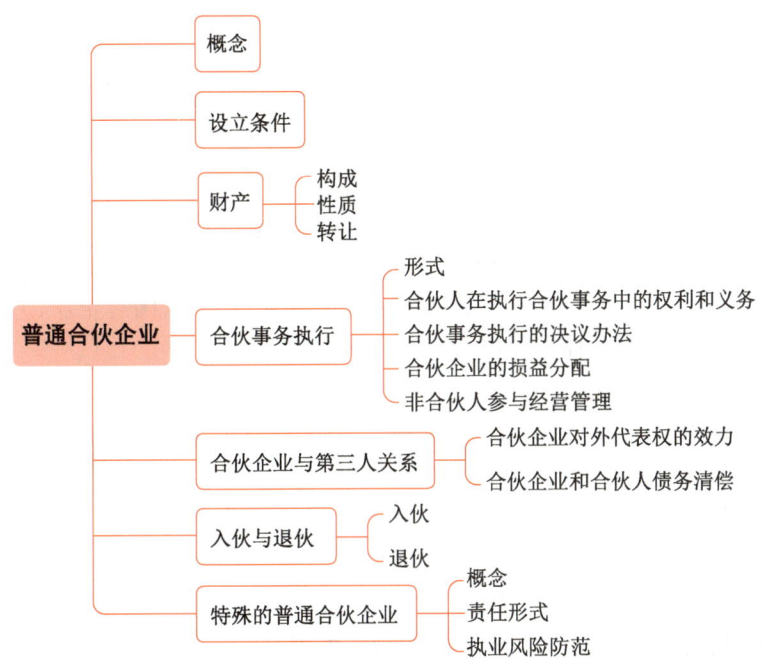

普通合伙企业
- 概念
- 设立条件
- 财产
  - 构成
  - 性质
  - 转让
- 合伙事务执行
  - 形式
  - 合伙人在执行合伙事务中的权利和义务
  - 合伙事务执行的决议办法
  - 合伙企业的损益分配
  - 非合伙人参与经营管理
- 合伙企业与第三人关系
  - 合伙企业对外代表权的效力
  - 合伙企业和合伙人债务清偿
- 入伙与退伙
  - 入伙
  - 退伙
- 特殊的普通合伙企业
  - 概念
  - 责任形式
  - 执业风险防范

一、概念

普通合伙企业,是指由普通合伙人组成,合伙人对合伙企业债务承担无限连带责任的一种合伙企业。

普通合伙企业具有以下特点。

1. 由普通合伙人组成

所谓普通合伙企人,是指在合伙企业中对合伙企业的债务承担无限连带责任的自然人、法人和其他组织。

·易错易混点·

① 合伙人身份:自然人＋法人＋机构和组织。

② 国有独资公司、国有企业、上市公司以及公益性的事业单位、社会团体不得成为普通合伙人。普通合伙人需要承担无限连带责任,如果这些企业成为普通合伙人,承担无限连带责任会涉及社会大众利益,所以不得成为普通合伙人。但是它们可以成为有限合伙人。

2. 合伙人对合伙企业债务依法承担无限连带责任

（1）连带责任，即所有的合伙人对合伙企业的债务都有责任向债权人偿还，不管自己在合伙协议中所承担的比例如何。

（2）无限责任，即所有的合伙人不以自己投入合伙企业的资金和合伙企业的其他资金为限对债权人承担清偿责任，在这些财产不够清偿时还要以合伙人自己所有的财产对债权人承担清偿责任。

二、设立条件 ★★★

（一）有两个以上合伙人

（1）合伙人为自然人的，应当具有完全民事行为能力。合伙企业合伙人至少为 2 人以上，对于合伙企业合伙人数的最高限额，未作规定，由设立人根据所设企业的具体情况决定。

（2）关于合伙的资格，作了以下限定：①合伙人可以是自然人，也可以是法人或者其他组织；②合伙人为自然人的，应当具有完全民事行为能力。无民事行为能力人和限制民事行为能力人不得成为合伙企业的合伙人；③国有独资公司、国有企业、上市公司以及公益性的事业单位、社会团体不得成为普通合伙人。

（二）有书面合伙协议

（1）合伙协议应当依法由全体合伙人协商一致，以书面形式订立。

（2）合伙协议经全体合伙人签名、盖章后生效。

（3）修改或者补充合伙协议，应当经全体合伙人一致同意；但是，合伙协议另有约定的除外。

（4）合伙协议未约定或者约定不明确的事项，由合伙人协商决定；协商不成的，依照《合伙企业法》和其他有关法律、行政法规的规定处理。

> **提示** 合伙协议应当载明的事项不包括经营期限。

> **记忆技巧** ① 修改或者补充合伙协议：先约定→再法定（若法定则需全体合伙人一致同意）。
>
> ② 合伙协议未约定或不明确：协商→法律规定。

（三）有合伙人认缴或实际缴付的出资

（1）合伙人可以用货币、实物、知识产权、土地使用权或者其他财产权利出资，也可以用劳务出资。

（2）合伙人以实物、知识产权、土地使用权或者其他财产权利出资，需要评估作价的，可以由全体合伙人协商确定，也可以由全体合伙人委托法定评估机构评估。

（3）合伙人以劳务出资的，其评估办法由全体合伙人协商确定，并在合伙协议中载明。

> **· 易错易混点 ·**
>
> 只有普通合伙人才可用劳务出资。有限责任公司和股份有限公司的股东不得以劳务出资。
>
> 除劳务之外的出资作价：协商、评估，二者任选其一。

(四) 有合伙企业的名称和生产经营场所

(1) 普通合伙企业应当在其名称中标明"普通合伙"字样。

(2) 特殊的普通合伙企业应当在其名称中标明"特殊普通合伙"字样。

知识链接 ▶ 有限合伙企业名称中应当标明"有限合伙"字样。

【例题 3-1 多选题】(经典好题) 根据合伙企业法律制度的规定,下列关于合伙企业合伙人出资形式的表述中,正确的有( )。

A. 普通合伙人可以以知识产权出资

B. 有限合伙人可以以实物出资

C. 普通合伙人可以以土地使用权出资

D. 有限合伙人可以以劳务出资

【答案】 ABC

【名师点睛】 选项 ABC,合伙人均可以货币、实物、知识产权、土地使用权或者其他财产权利出资;选项 D,只有普通合伙人才可以劳务出资,有限合伙企业不得以劳务出资。

> **考试方向**
> 考查合伙人的出资方式或形式。

三、财产

(一) 构成★★

根据《合伙企业法》的规定,合伙人的出资、以合伙企业名义取得的收益和依法取得的其他财产,均为合伙企业的财产。

提示 ▶ 普通合伙企业的财产包括:出资+收益+其他。

【例题 3-2 单选题】(2019 年真题) 根据合伙企业法律制度的规定,下列不属于甲合伙企业财产的是( )。

A. 合伙人李某对王某的货款债权   B. 甲合伙企业接受丙公司捐赠的原材料

C. 甲合伙企业对乙公司的应收账款   D. 合伙人黄某出资的房屋

【答案】 A

【名师点睛】 选项 A,合伙人个人的债权,属于合伙人的个人财产。

> **考试方向**
> 考查普通合伙企业财产的构成。

(二) 性质

合伙企业的财产具有独立性和完整性两方面的特征。

根据《合伙企业法》的规定,合伙人在合伙企业清算前,不得请求分割合伙企业的财产,但是法律另有规定的除外。

合伙人在合伙企业清算前私自转移或者处分合伙企业财产的,合伙企业不得以此对抗善意第三人。

• 易错易混点 •

① 独立性:合伙企业的财产独立于合伙人。

② 完整性:合伙企业的财产作为一个完整的统一体而存在,合伙人对合伙企业财产权益的表现形式仅是依照合伙协议所确定的财产收益份额或者比例。

③ 在确认善意取得的情况下,合伙企业的损失只能向合伙人进行追索,而不能向善意第三人追索。

(三) 转让★★★

(1) 除合伙协议另有约定外,合伙人向合伙人以外的人转让其在合伙企业中的全部或者部分财产份额时,须经其他合伙人一致同意。

(2) 合伙人之间转让在合伙企业中的全部或者部分财产份额时,应当通知其他合伙人。

(3) 合伙人向合伙人以外的人转让其在合伙企业中的财产份额的,在同等条件下,其他合伙人有优先购买权。但是,合伙协议另有约定的除外。

记忆技巧 ① 对外转让:先约定→再法定(若法定则全体合伙人一致同意)。

② 对内转让:没有改变合伙人的特性,通知其他合伙人即可。

③ 优先购买权:先约定→再法定(法定:同等条件下,其他合伙人优先);对外转让,合伙人有优先购买权;对内转让,没有优先购买权,内部协商即可。

知识链接 ▶ 有限责任公司股东向股东以外的人转让股权,应当经其他股东过半数同意,其他股东在同等条件下有优先购买权。

【例题 3-3 多选题】(2019 年真题) 下列关于普通合伙企业合伙人转让其在合伙企业中的财产份额的表述中,符合合伙企业法律制度规定的有( )。

A. 除合伙协议另有约定外,合伙人向合伙人以外的人转让其在合伙企业中的财产份额的,须经其他合伙人一致同意

B. 合伙人之间转让其在合伙企业中的全部或者部分财产份额的,应当通知其他合伙人

C. 合伙人向合伙人以外的人转让其在合伙企业中的财产份额的,同等条件下,其他合伙人有优先购买权,但是合伙协议另有约定的除外

D. 合伙人向合伙人以外的人转让其在合伙企业中的财产份额,其他合伙人既不同意转让也不行使优先购买权的,视为同意转让

【答案】 ABC

【名师点睛】 选项 D,普通合伙人自行对外转让财产份额时,除非合伙协议另有约定,否则必须取得其他合伙人的一致同意,不能获得一致同意的,只能考虑是否符合协议退伙或通知退伙的条件而退出企业。

(4) **财产份额的出质**。

合伙人以其在合伙企业中的财产份额出质的,须经其他合伙人一致同意;未经其他合伙人一致同意,其行为无效,由此给善意第三人造成损失的,由行为人依法承担赔偿责任。

提示 ▶ 出质不能通过合伙协议约定,必须经其他合伙人一致同意(不得约定,约定无效)。

四、合伙事务执行

(一)形式★★

(1)全体合伙人共同执行合伙事务。

(2)委托一个或数个合伙人执行合伙事务。

根据《合伙企业法》的规定,除合伙协议另有约定外,合伙企业的下列事项应当经全体合伙人一致同意:

① 改变合伙企业的名称。

② 改变合伙企业的经营范围、主要经营场所的地点。

③ 处分合伙企业的不动产。

④ 转让或者处分合伙企业的知识产权和其他财产权利。

⑤ 以合伙企业名义为他人提供担保。

⑥ 聘任合伙人以外的人担任合伙企业的经营管理人员。

> **记忆技巧** 决定顺序:先约定→再法定(若法定则全体合伙人一致同意)。

(二)合伙人在执行合伙事务中的权利和义务★★

1. 合伙人在执行合伙事务中的权利

(1)合伙人对执行合伙事务享有同等的权利。

(2)执行合伙事务的合伙人对外代表合伙企业。

(3)不执行合伙事务的合伙人的监督权利。

(4)合伙人查阅合伙企业会计账簿等财务资料的权利。

(5)合伙人有提出异议的权利和撤销委托的权利。

> **提示** 不执行事务的合伙人不能对外代表企业,只能对内监督,拥有监督权、知情权和异议权。

2. 合伙人在执行合伙事务中的义务

(1)合伙事务执行人向不参加执行事务的合伙人报告企业经营状况和财务状况。其执行合伙事务所产生的收益归合伙企业,所产生的费用和亏损由合伙企业承担。

(2)合伙人不得自营或者同他人合作经营与本合伙企业相竞争的业务。

(3)除合伙协议另有规定约定或者经全体合伙人一致同意外,合伙人不得同本合伙企业进行交易。

(4)合伙人不得从事损害本合伙企业利益的活动。

•易错易混点•

① 竞争:不得经营或合作经营与本合伙企业相竞争的业务,这是属于强制规定,不能约定(绝对禁止)。

② 交易:先约定→再法定(若法定则全体合伙人一致同意),并不是绝对不能进行交易(相对禁止)。

（三）合伙事务执行的决议办法★★

（1）由合伙协议对决议办法作出约定。

（2）实行合伙人一人一票并经全体合伙人过半数通过的表决办法。

（3）依照《合伙企业法》的规定作出决议。

（四）合伙企业的损益分配★★

1. 合伙损益

合伙损益包括合伙利润和合伙亏损。

2. 合伙损益分配原则

（1）合伙企业的利润分配、亏损分担，按照合伙协议的约定办理；合伙协议未约定或者约定不明确的，由合伙人协商决定；协商不成的，由合伙人按照实缴出资比例分配、分担；无法确定出资比例的，由合伙人平均分配、分担。

（2）合伙协议不得约定将全部利润分配给部分合伙人或者由部分合伙人承担全部亏损。

记忆技巧 ① 损益分配的顺序：协议→协商→实缴出资比例→平均。

② 损益分配：不能约定，只能法定（绝对禁止）。

知识链接 ▶ 有限合伙企业不得将全部利润分配给部分合伙人，但是合伙协议另有约定的除外。

考试方向 考查合伙企业的损益分配顺序。

【例题3-4 判断题】（2018年真题） 合伙企业的利润分配，按照合伙协议的约定办理；合伙协议没有约定的，由合伙人协商决定；协商不成的，按照合伙人实缴的出资比例分配；无法确定出资比例的，由合伙人平均分配。（　　）

【答案】 √

【名师点睛】 合伙企业的损益分配顺序：协议→协商→实缴出资比例→平均。

（五）非合伙人参与经营管理★★

《合伙企业法》规定，除合伙协议另有约定外，经全体合伙人一致同意，可以聘任合伙人以外的人担任合伙企业的经营管理人员。被聘任的经营管理人员的职责包括：

（1）被聘任的合伙企业的经营管理人员应当在合伙企业授权范围内履行职务。

（2）被聘任的合伙企业的经营管理人员，超越合伙企业授权范围履行职务，或者在履行职务过程中因故意或者重大过失给合伙企业造成损失的，依法承担赔偿责任。

提示 ▶聘任人员（外聘）：先约定→再法定（若法定则全体合伙人一致同意）。

▶被聘任的经营管理人员不是合伙企业的合伙人，不承担无限连带责任。

▶被聘任的经营管理人员不是合伙事务的执行人，不能对外代表合伙企业。

五、合伙企业与第三人的关系

（一）合伙企业对外代表权的效力

（1）合伙企业与第三人关系。合伙企业与第三人关系指合伙企业与合伙企业的合伙人以外的第三人的关系（外部关系）。

(2) 合伙事务执行中的对外代表权。执行合伙企业事务的合伙人在取得对外代表权后，即可以合伙企业的名义进行经营活动，在其授权的范围内作出法律行为。

(3) 合伙对外代表权的限制。合伙企业对合伙人执行合伙事务以及对外代表合伙企业权利的限制，不得对抗善意第三人。

提示▶ 对外代表权只是对内的一种约定，这种约定不涉及第三人。合伙人应当对善意第三人承担连带责任，这是保护善意第三人的利益。但是如果第三人是恶意的（明知合伙人的权限受限制）则可以对抗。

(二) 合伙企业和合伙人的债务清偿★★★

1. 合伙企业的债务清偿与合伙人的关系

(1) 合伙企业财产优先清偿。《合伙企业法》规定，合伙企业对其债务，应先以其全部财产进行清偿。

(2) 合伙人的无限连带清偿责任。《合伙企业法》规定，合伙企业不能清偿到期债务的，合伙人承担无限连带责任。

(3) 合伙人之间的债务分担和追偿。《合伙企业法》规定，合伙人由于承担无限连带责任，清偿数额超过规定的其亏损分摊比例的，有权向其他合伙人追偿。

① 合伙人之间的分担比例对债权人没有约束力。债权人可以根据自己的清偿利益，请求全体合伙人中的一人或者数人承担全部清偿责任，也可以按照自己确定的清偿比例向各合伙人分别追索。

② 如果某一合伙人实际支付的清偿数额超过其依照既定比例所应承担的数额，依照《合伙企业法》的规定，该合伙人有权就超过部分向其他未支付或者未足额支付应承担数额的合伙人追偿。

·易错易混点·

债权人不受合伙人之间分担比例的约束，但是如果其中一个合伙人对债权人承担了全部清偿责任，债权人就不能找其他合伙人清偿。

2. 合伙人个人债务清偿与合伙企业的关系

(1) 合伙人发生与合伙企业无关的债务，相关债权人不得以其债权抵销其对合伙企业的债务；也不得代位行使合伙人在合伙企业中的权利。

(2) 合伙人的自有财产不足清偿其与合伙企业无关的债务，该合伙人可以以其从合伙企业中分取的收益用于清偿；债权人也可以依法请求人民法院强制执行该合伙人在合伙企业中的财产份额用于清偿。

(3) 人民法院强制执行合伙人的财产份额时，应当通知全体合伙人，其他合伙人有优先购买权；其他合伙人未购买，又不同意将该财产份额转让给他人的，依照《合伙企业法》的规定为该合伙人办理退伙结算，或者办理削减该合伙人相应财产份额的结算。

提示▶ 与合伙企业无关的债务不可以抵销和代位，否则将会侵犯其他合伙人的利益。

▶ 与合伙企业无关的债务可以用收益清偿或用财产份额清偿。

▶强制执行合伙人的财产份额时:通知(不是征求同意)→优先购买权→转让他人→未购买且不同意转让应当予以退伙或削减份额。

考试方向

考查合伙企业债务的清偿和合伙人债务的清偿。

【例题3-5 判断题】(经典好题) 普通合伙企业的合伙人发生的与合伙企业无关的债务,相关债权人可以以其债权抵销其对合伙企业的债务。( )

【答案】 ×

【名师点睛】 普通合伙人发生与合伙企业无关的债务,相关债权人不得以其债权抵销其对合伙企业的债务,也不得代位行使合伙人在合伙企业中的权利。

六、入伙与退伙

(一)入伙★★

1.条件和程序

新合伙人入伙,除合伙协议另有约定外,应当经全体合伙人一致同意,并依法订立书面入伙协议。

2.新合伙人的权利和责任

(1)入伙的新合伙人与原合伙人享有同等权利,承担同等责任。入伙协议另有约定的,从其约定。

(2)新合伙人对入伙前和之后合伙企业的债务承担无限连带责任。

记忆技巧 ① 新合伙人入伙:先约定→再法定(若法定则全体合伙人一致同意)。

② 对内的权利和责任:先约定→再法定(法定:同等权利,同等义务)。内部约定不能用来对抗善意第三人;对外的权利和责任:承担无限连带责任(法定内容)。

【例题3-6 单选题】(2018年真题) 根据合伙企业法律制度的规定,下列关于普通合伙企业新合伙人对入伙前合伙企业债务承担的表述中,正确的是( )。

A. 新合伙人对入伙前合伙企业的债务不承担责任

B. 新合伙人根据入伙协议的约定对入伙前合伙企业的债务承担责任

C. 新合伙人对入伙前合伙企业的债务承担无限连带责任

D. 新合伙人以实缴的出资额为限对入伙前合伙企业的债务承担责任

【答案】 C

【名师点睛】 新入伙的普通合伙人对入伙前合伙企业的债务承担连带责任。

考试方向

考查新合伙人的权利和责任的承担方式。

(二)退伙★★★

1.退伙的原因

一是自愿退伙,二是法定退伙。

(1)自愿退伙,是指合伙人基于自愿的意思表示而退伙。自愿退伙可以分为协议退伙和通知退伙两种。

① 协议退伙的情形:a. 合伙协议约定的退伙事由出现;b. 经全体合伙人一致同意;c. 发生合伙人难以继续参加合伙的事由;d.其他合伙人严重违反合伙协议约定的义务。

② 通知退伙:合伙协议未约定合伙期限的,合伙人在不给合伙企业事务执行造成不利影响的情况下,可以退伙,但应当提前30日通知其他合伙人。

第三章

通知退伙的条件：a. 必须是合伙协议未约定合伙企业的经营期限；b. 必须是合伙人的退伙不给合伙企业事务执行造成不利影响；c. 必须提前30日通知其他合伙人。

提示 ▶三个条件必须同时满足。

（2）法定退伙，是指合伙因出现法律规定的事由而退伙。法定退伙分为当然退伙和除名两类。

① 当然退伙的情形：a. 作为合伙人的自然人死亡或者被依法宣告死亡；b. 个人丧失偿债能力；c. 作为合伙人的法人或者其他组织依法被吊销营业执照、责令关闭、撤销，或者被宣告破产；d. 法律规定或者合伙协议约定合伙人必须具有相关资格而丧失该资格；e. 合伙人在合伙企业中的全部财产份额被人民法院强制执行。

② 关于除名，合伙人有下列情形之一的，经其他合伙人一致同意，可以决议将其除名：a. 未履行出资义务；b. 因故意或者重大过失给合伙企业造成损失；c. 执行合伙事务时有不正当行为；d. 发生合伙协议约定的事由。

提示 ▶责任承担（普通合伙人）：退伙人对退伙前发生的合伙企业债务，承担无限连带责任。

▶被除名人接到除名通知之日即为生效日。

【例题3-7 单选题】（2019年真题） 根据合伙企业法律制度的规定，下列属于普通合伙企业合伙人当然退伙情形的是（ ）。

A. 合伙人未履行出资义务

B. 合伙人因重大过失给合伙企业造成损失

C. 合伙人个人丧失偿债能力

D. 合伙人在执行合伙事务时有不正当行为

【答案】 C

【名师点睛】 选项ABD属于普通合伙人除名的情形。

2. 退伙的效果

（1）财产继承。合伙人死亡或者被依法宣告死亡的，对该合伙人在合伙企业中的财产份额享有合法继承权的继承人，按照合伙协议的约定或者经全体合伙人一致同意，从继承开始之日起，取得该合伙企业的合伙人资格。

提示 ▶普通合伙人继承人的权利，相当于新的合伙人加入：先约定→再法定（法定：一致同意）。

▶有限合伙人死亡：其继承人或者权利承受人可以依法取得该有限合伙人在有限合伙企业中的资格。直接取得：无需任何人同意，对继承人的行为能力没有要求。

（2）有下列情形之一的，合伙企业应当向合伙人的继承人退还被继承合伙人的财产份额：①继承人不愿意成为合伙人；②法律规定或者合伙协议约定合伙人必须具有相关资格，而该继承人未取得该资格；③合伙协议约定不能成为合伙人的其他情形。

（3）合伙人的继承人为无民事行为能力人或者限制民事行为能力人的，经全体合伙人一致同意，可以依法成为有限合伙人，普通合伙企业依法转为有限合伙企业。

（4）全体合伙人未能一致同意的，合伙企业应当将被继承合伙人的财产份额退还该

考试方向

考查普通合伙人退伙的情形。

第三章

继承人。

（5）退伙结算。退伙人对基于其退伙前的原因发生的合伙企业债务,承担无限连带责任。

提示 ▶对退伙后的合伙企业债务,不承担责任。

·易错易混点·

普通合伙企业约定情形和法定情形如表3-1所示。

表3-1 普通合伙企业约定情形和法定情形

情形		内容
法定情形	合伙人一致同意的	① 订立合伙协议 ② 普通合伙人以其财产份额出质 ③ 将普通合伙人除名 ④ 普通合伙人死亡,继承人为无民事行为能力人或限制民事行为能力人的,决定其是否可以转为有限合伙人 ⑤ 普通合伙人被认定为无民事行为能力人或限制民事行为能力人,决定其是否可以转为有限合伙人
	合伙人过半数同意的	合伙企业解散时指定一个或数个合伙人,或者委托第三人担任清算人
	绝对禁止的	① 普通合伙人从事同本企业相竞争业务 ② 将全部利润分配给部分合伙人或者由部分合伙人承担全部亏损
约定情形		① 改变合伙企业的名称、经营范围、经营地点 ② 处分合伙企业的不动产、知识产权和其他财产权利 ③ 以合伙企业名义为他人提供担保 ④ 聘任合伙人以外的人担任合伙经营管理人员 ⑤ 普通合伙人对外转让财产份额 ⑥ 新合伙人入伙 ⑦ 普通合伙人死亡或依法宣告死亡,继承人具备完全民事行为能力,取得普通合伙人资格 ⑧ 普通合伙人转为有限合伙人,或有限合伙人转为普通合伙人 ⑨ 修改或补充合伙协议 ⑩ 普通合伙人同本企业交易

七、特殊的普通合伙企业

（一）概念

特殊的普通合伙企业是指以专业知识和专门技能为客户提供有偿服务的专业服务机构。如会计师事务所、律师事务所。

（二）责任形式★★★

1. 责任承担

（1）一个合伙人或者数个合伙人在执业活动中因故意或者重大过失造成合伙企业债务的,应当承担无限责任或者无限连带责任,其他合伙人以其在合伙企业中的财产份额为限承担责任。

（2）合伙人在执业活动中非因故意或者重大过失造成的合伙企业债务以及合伙企业的其他债务，由全体合伙人承担无限连带责任。

·易错易混点·

① 特定债务：由某些合伙人故意或者重大过失引起。

② 特定债务对外责任：a.故意或者重大过失造成合伙企业债务的合伙人：承担无限责任或者无限连带责任；b.其他合伙人：以其在合伙企业中的财产份额为限承担责任（有限责任）。

③ 普通债务：非因故意或者重大过失。

④ 普通债务对外责任：全体合伙人无限连带责任。

2.责任追偿

合伙人执业活动中因故意或者重大过失造成的合伙企业债务，以合伙企业财产对外承担责任后，该合伙人应当按照合伙协议的约定，对给合伙企业造成的损失承担赔偿责任。

【例题3-8 多选题】（2018年真题） 某会计师事务所是特殊的普通合伙企业，李某为合伙人，关于李某在执业活动中造成的合伙企业债务承担的下列表述中，正确的有（ ）。

A.李某造假引起合伙企业债务，由李某本人承担无限责任

B.李某造假引起的合伙企业债务，合伙企业对外承担责任后，李某应当按照合伙协议的约定，赔偿合伙企业的损失

C.李某造假引起的合伙企业债务，其他合伙人以其在合伙企业中的财产份额为限承担责任

D.李某非故意或重大过失造成的企业债务，全体合伙人承担无限连带责任

【答案】 ABCD

【名师点睛】 造假引起的债务属于特殊债务，应由肇事者李某承担无限责任（选项A正确）；无限责任亦应先企业后个人，因此合伙企业应先对外承担责任，而后由李某赔偿合伙企业损失（选项B正确）；其他非肇事者仅承担有限责任（选项C正确）；非故意或重大过失造成的企业债务属于一般债务，而特殊普通合伙企业的全体合伙人均为普通合伙人，均应承担无限连带责任（选项D正确）。

（三）执业风险防范

特殊的普通合伙企业应当建立执业风险基金、办理职业保险。

考试方向
考查特殊的普通合伙企业债务的承担。

第三章

第三节 有限合伙企业

本节框架

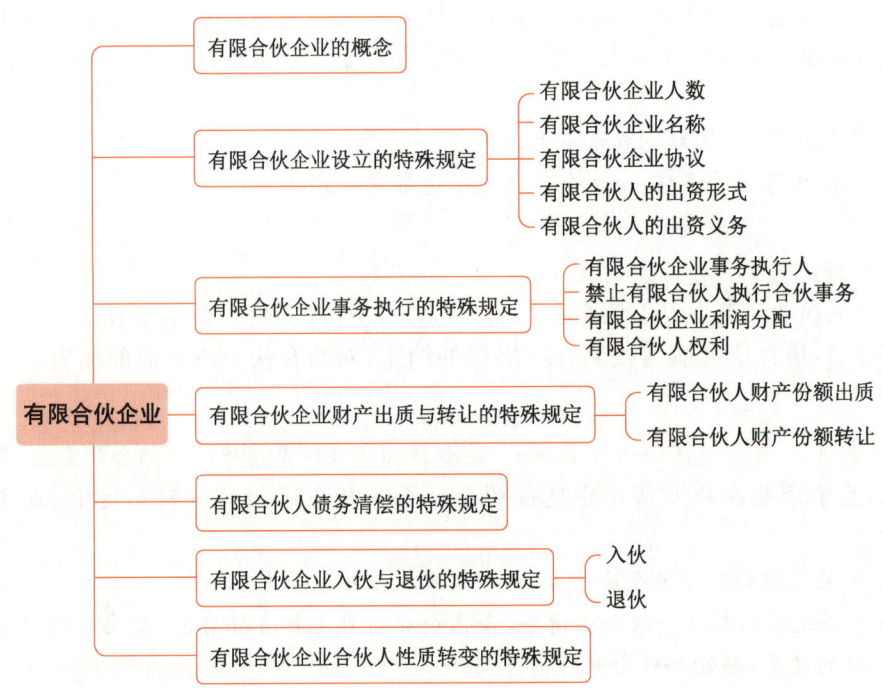

一、有限合伙企业的概念

有限合伙企业，是指由有限合伙人和普通合伙人共同组成，普通合伙人对合伙企业债务承担无限连带责任，有限合伙人以其认缴的出资额为限对合伙企业债务承担责任的合伙组织。

二、有限合伙企业设立的特殊规定

（一）有限合伙企业人数★★

（1）有限合伙企业由2个以上50个以下合伙人设立。但是，法律另有规定的除外。

（2）有限合伙企业至少应当有1个普通合伙人。

（3）有限合伙企业仅剩有限合伙人的，应当解散；有限合伙企业仅剩普通合伙人的，应当转为普通合伙企业。

① 普通合伙企业的合伙人为2人以上（有下限无上限）。

② 国有独资公司、国有企业、上市公司以及公益性的事业单位、社会团体不得成为普通合伙人，可以成为有限合伙人。

（二）有限合伙企业名称

有限合伙企业名称中应当标明"有限合伙"字样。

（三）有限合伙企业协议

有限合伙企业协议除符合普通合伙企业合伙协议的规定外,还应当载明下列事项:第一,普通合伙人和有限合伙人的姓名或名称、住所;第二,执行事务合伙人应具备的条件和选择程序;第三,执行事务合伙人权限与违约处理办法;第四,执行事务合伙人的除名条件和更换程序;第五,有限合伙人入伙、退伙的条件、程序以及相关责任;第六,有限合伙人和普通合伙人相互转变程序。

（四）有限合伙人的出资形式★★

有限合伙人可以用货币、实物、知识产权、土地使用权或者其他财产权利作价出资。有限合伙人不得以劳务出资。

（五）有限合伙人的出资义务

有限合伙人应当按照合伙协议的约定按期足额缴纳出资;未按期足额缴纳的,应当承担补缴义务,并对其他合伙人承担违约责任。

三、有限合伙企业事务执行的特殊规定

（一）有限合伙企业事务执行人

(1) 有限合伙企业由普通合伙人执行合伙事务。

(2) 有限合伙人不执行合伙事务,不得对外代表有限合伙企业。

提示▶有限合伙人承担的是有限责任,所以不执行合伙事务。

（二）禁止有限合伙人执行合伙事务★★★

《合伙企业法》规定,有限合伙人不执行合伙事务,不得对外代表有限合伙企业。

有限合伙人的下列行为,不视为执行合伙事务:

(1) 参与决定普通合伙人入伙、退伙。

(2) 对企业的经营管理提出建议。

(3) 参与选择承办有限合伙企业审计业务的会计师事务所。

(4) 获取经审计的有限合伙企业财务会计报告。

(5) 对涉及自身利益的情况,查阅有限合伙企业财务会计账簿等财务资料。

(6) 在有限合伙企业中的利益受到侵害时,向有责任的合伙人主张权利或者提起诉讼。

(7) 执行事务合伙人怠于行使权利时,督促其行使权利或者为了本企业的利益以自己的名义提起诉讼。

(8) 依法为本企业提供担保。

第三人有理由相信有限合伙人为普通合伙人并与其交易的,该有限合伙人对该笔交易承担与普通合伙人同样的责任（无限连带责任）。有限合伙人未经授权以有限合伙企业名义与他人进行交易,给有限合伙企业或者其他合伙人造成损失的,该有限合伙人应当承担赔偿责任。

第三章

·易错易混点·

① 对外:承担与普通合伙人同样的责任(无限连带责任)。

② 对内:造成损失,承担赔偿责任。

考试方向

考查不视为有限合伙人执行合伙事务的行为。

【例题3-9 多选题】(经典好题) 根据《合伙企业法》的规定,有限合伙人的下列行为,不视为执行合伙事务的有( )。

A. 参与决定普通合伙人入伙事宜

B. 参与选择承办有限合伙企业审计业务的会计师事务所

C. 就有限合伙企业中的特定事项对外代表本合伙企业

D. 对合伙企业的经营管理提出建议

【答案】 ABD

【名师点睛】 选项C,有限合伙人不得对外代表合伙企业。

(三) 有限合伙企业利润分配★★

有限合伙企业不得将全部利润分配给部分合伙人。但是,合伙协议另有约定的除外。

提示▶普通合伙企业利润分配:先约定→后法定。法定:不可以将全部利润分配给部分合伙人。

(四) 有限合伙人权利★★

1. 有限合伙人可以同本企业进行交易

有限合伙人可以同本有限合伙企业进行交易。但是,合伙协议另有约定的除外。

·易错易混点·

① 有限合伙人同本企业交易:先约定→再法定。法定:可以同本企业交易(相对禁止)。

② 普通合伙人同本企业交易:先约定→再法定。法定:不得同本企业交易(相对禁止)。

2. 有限合伙人可以经营与本企业相竞争的业务

有限合伙人可以自营或者同他人合作经营与本有限合伙企业相竞争的业务。但是,合伙协议另有约定的除外。

·易错易混点·

① 有限合伙人同业竞争:先约定→再法定。法定:可以同本企业竞争(相对禁止)。

② 普通合伙人同业竞争:不得同本企业竞争(绝对禁止)。

考试方向

考查有限合伙人的权利。

【例题3-10 单选题】(2018年真题) 根据合伙企业法律制度的规定,关于有限合伙人是否可以与本有限合伙企业交易的下列表述中,正确的是( )。

A. 有限合伙人不得同本有限合伙企业进行交易,合伙协议另有约定的除外

B. 有限合伙人可以同本有限合伙企业进行交易,合伙协议另有约定的除外

C. 有限合伙人不得同本有限合伙企业进行交易,法律另有规定的除外

D. 合伙协议不得禁止有限合伙人同本有限合伙企业进行交易

【答案】 B

【名师点睛】 有限合伙人可以同本有限合伙企业进行交易,合伙协议另有约定的除外;普通合伙人不可以同本有限合伙企业进行交易,合伙协议另有约定的除外。

四、有限合伙企业财产出质与转让的特殊规定

(一) 有限合伙人财产份额出质★★★

有限合伙人可以将其在有限合伙企业中的财产份额出质。但是,合伙协议另有约定的除外。

> **·易错易混点·**
>
> ① 有限合伙人财产份额出质:先约定→再法定,法定:可以出质。
>
> ② 普通合伙人财产份额出质,无约定,法定:须经其他合伙人一致同意。

(二) 有限合伙人财产份额转让★★

有限合伙人可以按照合伙协议的约定向合伙人以外的人转让其在有限合伙企业中的财产份额,但应当提前30日通知其他合伙人。

> **·易错易混点·**
>
> ① 有限合伙人对外转让财产份额:可以转让,提前30日通知其他合伙人。
>
> ② 普通合伙人对外转让财产份额,法定:须经其他合伙人一致同意。

五、有限合伙人债务清偿的特殊规定

有限合伙人的自有财产不足清偿其与合伙企业无关的债务的,该合伙人可以以其从有限合伙企业中分取的收益用于清偿;债权人也可以依法请求人民法院强制执行该合伙人在有限合伙企业中的财产份额用于清偿。人民法院强制执行有限合伙人的财产份额时,应当通知全体合伙人。在同等条件下,其他合伙人有优先购买权。

提示▶ 有限合伙人无关合伙企业的债务的清偿:①自愿清偿:用分取的收益清偿;②强制清偿:用财产份额清偿。

六、有限合伙企业入伙与退伙的特殊规定

(一) 入伙★★

新入伙的有限合伙人对入伙前有限合伙企业的债务,以其认缴的出资额为限承担责任。

关于入伙前的债务：

① 有限合伙人：认缴的出资额为限承担责任（有限责任）。

② 普通合伙人：承担无限连带责任（无限责任）。

（二）退伙★★★

1. 有限合伙人当然退伙

有限合伙人出现下列情形时当然退伙：

（1）作为合伙人的自然人死亡或者被依法宣告死亡。

（2）作为合伙人的法人或者其他组织依法被吊销营业执照、责令关闭、撤销，或者被宣告破产。

（3）法律规定或者合伙协议约定合伙人必须具有相关资格而丧失该资格。

（4）合伙人在合伙企业中的全部财产份额被人民法院强制执行。

2. 有限合伙人丧失民事行为能力的处理

作为有限合伙人的自然人在有限合伙企业存续期间丧失民事行为能力的，其他合伙人不得因此要求其退伙。

提示 有限合伙人的自然人，丧失民事行为能力的，因其承担有限责任，不得要求退伙。

3. 有限合伙人继承人的权利

作为有限合伙人的自然人死亡、被依法宣告死亡或者作为有限合伙人的法人及其他组织终止时，其继承人或者权利承受人可以依法取得该有限合伙人在有限合伙企业中的资格。

① 有限合伙人继承人的权利，法定：依法取得有限合伙人的资格。

② 普通合伙人继承人的权利，相当于新的合伙人加入：先约定→再法定，法定：一致同意。

4. 有限合伙人退伙后的责任承担

有限合伙人退伙后，对基于其退伙前的原因发生的有限合伙企业债务，以其退伙时从有限合伙企业中取回的财产承担责任。

关于退伙前的债务：

① 有限合伙人：以退伙时取回的财产承担责任（有限责任）。退伙后的债务，不承担责任。

② 普通退伙人：承担无限连带责任（无限责任）。

普通合伙人和有限合伙人当然退伙的情形，详见表3-2。

表 3-2　普通合伙人和有限合伙人当然退伙情形对比表

情形	普通合伙人	有限合伙人
合伙人死亡或被依法宣告死亡	当然退伙	当然退伙
在合伙企业中的全部财产份额被法院强制执行	当然退伙	当然退伙
丧失偿债能力	当然退伙	不导致退伙
丧失民事行为能力	经其他合伙人一致同意，普通合伙人可以转为有限合伙人，普通合伙企业转为有限合伙企业；如不一致同意则退伙	不导致退伙

【例题 3-11 单选题】（经典好题）　根据《合伙企业法》的规定，有限合伙人出现一定情形时当然退伙，下列不属于有限合伙人当然退伙情形的是（　　）。

A. 有限合伙人丧失民事行为能力

B. 有限合伙人死亡

C. 有限合伙人被宣告破产

D. 有限合伙人在合伙企业中的全部财产份额被人民法院强制执行

【答案】　A

【名师点睛】　作为有限合伙人的自然人在有限合伙企业存续期间丧失民事行为能力的，其他合伙人不得因此要求其退伙，选项 A 不属于有限合伙人当然退伙的情形。

考试方向：考查有限合伙人退伙的分类。

七、有限合伙企业合伙人性质转变的特殊规定 ★★★

（1）除合伙协议另有约定外，普通合伙人转变为有限合伙人，或者有限合伙人转变为普通合伙人，应当经全体合伙人一致同意。

（2）有限合伙人转变为普通合伙人的，对其作为有限合伙人期间有限合伙企业发生的债务承担无限连带责任。

（3）普通合伙人转变为有限合伙人的，对其作为普通合伙人期间合伙企业发生的债务承担无限连带责任。

·易错易混点·

关于债务的承担：

① 有限转为普通：对身份转变前后的债务都承担无限连带责任。

② 普通转为有限：对身份转变前的债务承担无限连带责任，对转变后的债务承担有限责任。

【例题 3-12 判断题】（经典好题）　有限合伙人转变为普通合伙人的，对其作为有限合伙人期间有限合伙企业发生的债务，以其认缴的出资额为限承担责任。（　　）

【答案】　×

【名师点睛】　有限合伙人转变为普通合伙人的，对其作为有限合伙人期间有限合伙企业发生的债务承担无限连带责任，并不是以认缴出资额为限额承担责任。

考试方向：考查合伙人身份转变后责任的承担形式。

第四节 合伙企业的解散和清算

本节框架 ▶

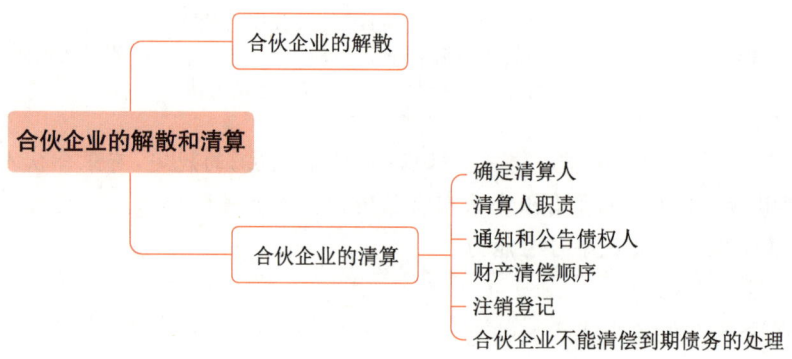

一、合伙企业的解散 ★★

合伙企业有下列情形之一的,应当解散:

(1) 合伙期限届满,合伙人决定不再经营。

(2) 合伙协议约定的解散事由出现。

(3) 全体合伙人决定解散。

(4) 合伙人已不具备法定人数满 30 天。

(5) 合伙协议约定的合伙目的已经实现或者无法实现。

(6) 依法被吊销营业执照、责令关闭或者被撤销。

(7) 法律、行政法规规定的其他原因。

提示 ▶ 不具备法定人数的情形:①合伙企业合伙人<2 人;②有限合伙企业仅剩有限合伙人。

二、合伙企业的清算

(一) 确定清算人

(1) 清算人由全体合伙人担任。

(2) 经全体合伙人过半数同意,可以自合伙企业解散事由出现后 15 日内指定一个或者数个合伙人,或者委托第三人担任清算人。

(3) 自合伙企业解散事由出现之日起 15 日内未确定清算人的,合伙人或者其他利害关系人可以申请人民法院指定清算人。

(二) 清算人职责

清算人在清算期间执行下列事务:①清理合伙企业财产,分别编制资产负债表和财产清单;②处理与清算有关的合伙企业未了结事务;③清缴所欠税款;④清理债权、债务;

⑤处理合伙企业清偿债务后的剩余财产；⑥代表合伙企业参加诉讼或者仲裁活动。

（三）通知和公告债权人★★

清算人自被确定之日起**10日**内将合伙企业解散事项**通知**债权人，并于**60日**内在报纸上**公告**。债权人应当自**接到通知书之日起30日内**，**未接到通知书的自公告之日起45日内**，向清算人申报债权。债权申报总结如表3-3所示。

表3-3 债权申报总结

情形	通知	公告	接到通知	未接到通知
公司清算	清算组成立之日起10日	60日	30日	45日
公司合并、分立、减资	决议作出之日起10日	30日	30日	45日
合伙企业清算	确定之日起10日	60日	30日	45日

（四）财产清偿顺序★★

合伙企业财产在支付清算费用和职工工资、社会保险费用、法定补偿金以及缴纳所欠税款、清偿债务后的剩余财产，依照《合伙企业法》关于利润分配和亏损分担的规定进行分配。

> **记忆技巧** 财产清偿顺序：清算费用→职工工资、社保、补偿金→税款→债务。

（五）注销登记

合伙企业**注销后**，原普通合伙人对合伙企业存续期间的债务仍应承担无限连带责任。

（六）合伙企业不能清偿到期债务的处理

合伙企业不能清偿到期债务的，债权人可以依法向人民法院提出破产清算申请，也可以要求普通合伙人清偿。合伙企业依法被**宣告破产**的，普通合伙人对合伙企业债务仍应承担无限连带责任。

> **记忆技巧** 注销后和宣告破产的清偿责任：原普通合伙人仍应承担无限连带责任。

【例题3-13 单选题】（2017年真题） 张某、李某、刘某共同出资设立的甲普通合伙企业（以下简称"甲企业"），经全体合伙人一致同意决定解散。清算过程中，甲企业的财产及其合伙人的财产不足以清偿合伙企业的债务。清算结束后，下列关于甲企业可否注销及其剩余债务解决方法的表述中，符合合伙企业法律制度规定的是（　　）。

A. 可以注销甲企业，剩余债务由张某、李某、刘某承担无限连带责任

B. 不能注销甲企业，债权人在清算结束后连续5年内，享有继续请求清偿的权利

C. 不能注销甲企业，剩余债务由张某、李某、刘某承担无限连带责任

D. 可以注销甲企业，剩余债务不再清偿

【答案】 A

【名师点睛】 合伙企业注销后，原普通合伙人（张某、李某、刘某）对合伙企业存续期间的债务仍应承担无限连带责任。

考试方向 考查合伙企业不能清偿到期债务的处理。

第三章

第五节 违反《合伙企业法》的法律责任

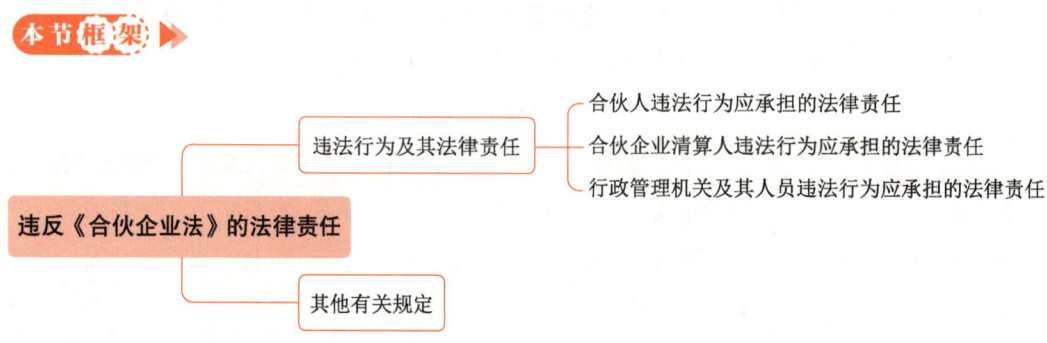

一、违法行为及其法律责任

（一）合伙人违法行为应承担的法律责任

（1）违反《合伙企业法》规定，提交虚假文件或采取其他欺骗手段，取得合伙企业登记的，由企业登记机关责令改正，处以 5000 元以上 5 万元以下的罚款；情节严重的，撤销企业登记，并处以 5 万元以上 20 万元以下的罚款。

（2）违反《合伙企业法》规定，合伙企业未在其名称中标明"普通合伙""特殊普通合伙"或者"有限合伙"字样的，由企业登记机关责令限期改正，处以 2000 元以上 1 万元以下的罚款。

（3）违反《合伙企业法》规定，未领取营业执照，而以合伙企业或者合伙企业分支机构名义从事合伙业务的，由企业登记机关责令停止，处以 5000 元以上 5 万元以下的罚款。

（4）合伙企业登记事项发生变更时，未依照规定办理变更登记的，由企业登记机关责令限期登记；逾期不登记的，处以 2000 元以上 2 万元以下的罚款。合伙企业登记事项发生变更，执行合伙事务的合伙人未按期申请办理变更登记的，应当赔偿由此给合伙企业、其他合伙人或者善意第三人造成的损失。

（5）合伙人执行合伙事务，或者合伙企业从业人员利用职务上的便利，将应当归合伙企业的利益据为己有的，或者采取其他手段侵占合伙企业财产的，应当将该利益和财产退还合伙企业；给合伙企业或者其他合伙人造成损失的，依法承担赔偿责任。

（6）合伙人对《合伙企业法》规定或者合伙协议约定必须经全体合伙人一致同意始得执行的事务擅自处理，给合伙企业或者其他合伙人造成损失的，依法承担赔偿责任。

（7）不具有事务执行权的合伙人擅自执行合伙事务，给合伙企业或者其他合伙人造成损失的，依法承担赔偿责任。

（8）合伙人违反《合伙企业法》规定或者合伙协议的约定，从事与本合伙企业相竞争的业务或者与本合伙企业进行交易的，该收益归合伙企业所有；给合伙企业或者其他合伙人造成损失的，依法承担赔偿责任。

（9）合伙人违反合伙协议的，应当依法承担违约责任。合伙人履行合伙协议发生争议的，合伙人可以通过协商或者调解解决；不愿通过协商、调解解决或者协商、调解不成的，可以按照合伙协议约定的仲裁条款或者事后达成的书面仲裁协议，向仲裁机构申请仲裁;合伙协议中未订立仲裁条款,事后又没有达成书面仲裁协议的,可以向人民法院起诉。

(二) 合伙企业清算人违法行为应承担的法律责任

(1) 清算人未依照《合伙企业法》规定向企业登记机关报送清算报告,或者报送清算报告隐瞒重要事实,或者有重大遗漏的,由企业登记机关责令改正。由此产生的费用和损失,由清算人承担和赔偿。

(2) 清算人执行清算事务,谋取非法收入或者侵占合伙企业财产的,应当将该收入和侵占的财产退还合伙企业;给合伙企业或者其他合伙人造成损失的,依法承担赔偿责任。

(3) 清算人违反《合伙企业法》规定,隐匿、转移合伙企业财产,对资产负债表或者财产清单作虚假记载,或者在未清偿债务前分配财产,损害债权人利益的,依法承担赔偿责任。

(三) 行政管理机关及其人员违法行为应承担的法律责任

有关行政管理机关的工作人员违反规定,滥用职权、徇私舞弊、收受贿赂、侵害合伙企业合法权益的,依法给予行政处分。

二、 其他有关规定

(一) 违反《合伙企业法》的刑事责任

违反《合伙企业法》的规定,构成犯罪的,依法追究刑事责任。

(二) 民事赔偿和缴纳罚款、罚金的承担顺序

违反《合伙企业法》的规定,应当承担民事赔偿责任和缴纳罚款、罚金,其财产不足以同时支付的,先承担民事赔偿责任。

同步练习

一、单项选择题

1. 赵某、刘某、郑某设立甲普通合伙企业(以下简称"甲企业"),后赵某因个人原因对张某负债100万元,且其自有资产不足以清偿,张某欠甲企业50万元。下列关于张某对赵某债权实现方式的表述中,不符合合伙企业法律制度规定的是( )。
   A. 张某可请求将赵某从甲企业分取的收益用于清偿
   B. 张某可申请法院强制执行赵某在甲企业中的财产份额用于清偿
   C. 张某可以以其对赵某的债权抵销其对甲企业的债务
   D. 张某不可代位行使赵某在甲企业中的权利

2. 甲普通合伙企业的合伙人赵某欠个体工商户王某10万元债务,王某欠甲合伙企业5万元债务已到期。赵某的债务到期后一直未清偿。王某的下列做法中,符合《合伙企业法》规定的是( )。
   A. 代位行使赵某在甲合伙企业中的权利
   B. 自行接管赵某在甲合伙企业中的财产份额
   C. 请求人民法院强制执行赵某在甲合伙企业中的财产份额用于清偿
   D. 主张以其债权抵销其对甲合伙企业的债务

3. 赵某、钱某、孙某三人共同出资设立甲普通合伙企业(以下简称"甲企业")。赵某个人欠李某50万元,无力偿还。李某可以采取的法律措施是( )。
   A. 自行接管赵某在甲企业的财产份额
   B. 请求人民法院强制执行赵某在甲企业中的财产份额用于清偿
   C. 留置甲企业委托李某修理的一辆汽车
   D. 代位行使赵某在甲企业的权利

4. 根据合伙企业法律制度的规定,下列各项中,不属于合伙企业财产的是( )。
   A. 合伙人的出资
   B. 合伙企业取得的专利权
   C. 合伙企业接受的捐赠
   D. 合伙企业承租的设备

5. 根据合伙企业法律制度的规定,下列事项中,除合伙协议另有约定外,不需经全体合伙人一致同意的是( )。
   A. 合伙人之间转让在合伙企业中的财产份额
   B. 处分合伙企业的不动产
   C. 以合伙企业名义为他人提供担保
   D. 改变合伙企业的经营范围

6. 下列有关普通合伙企业合伙事务执行的表述中,符合《合伙企业法》规定的是( )。
   A. 合伙人执行合伙企业事务享有同等的权利
   B. 合伙人可以自营与合伙企业相竞争的业务
   C. 不执行合伙企业事务的合伙人无权查阅合伙企业会计账簿
   D. 聘用非合伙人担任经营管理人员的,其在被聘用期间具有合伙人资格

7. 根据合伙企业法律制度的规定,下列情形中,经普通合伙企业其他合伙人一致同意,可以决议将该合伙人除名的是( )。
   A. 合伙人未履行出资义务
   B. 合伙人死亡
   C. 合伙人个人丧失偿债能力
   D. 合伙人在合伙企业中的全部财产份额被人民法院强制执行

8. 根据合伙企业法律制度的规定,下列属于普通合伙企业合伙人当然退伙的情形是( )。
   A. 合伙人执行合伙事务时有不当行为
   B. 合伙人个人丧失偿债能力
   C. 合伙人因故意或重大过失给合伙企业造成损失
   D. 合伙人未履行出资义务

9. 普通合伙企业中的某自然人合伙人死亡,合伙协议对合伙人的资格取得或者丧失无特殊约定。关于该合伙人财产份额继承的表述中,不

正确的是( )。

  A. 继承人当然取得合伙人资格

  B. 经其他合伙人一致同意,自继承开始之日起取得合伙人资格

  C. 继承人为无民事行为能力人的,经其他合伙人一致同意,可以转为有限合伙人,普通合伙企业依法转为有限合伙企业

  D. 继承人不愿意成为合伙人的,合伙企业应当向继承人退还被继承合伙人的财产份额

10. 杨某入伙时普通合伙企业(以下简称"甲企业")负债30万元,杨某退伙时甲企业已负债80万元。后甲企业解散,尚欠100万元不能清偿。关于杨某对甲企业债务承担责任的下列表述中,正确的是( )。

  A. 杨某对其退伙前的80万元债务承担无限连带责任

  B. 杨某对其入伙前的30万元债务不承担无限连带责任

  C. 杨某已退伙,不再对甲企业债务承担责任

  D. 杨某对甲企业解散时的100万元债务承担无限连带责任

11. 赵某、钱某、孙某各出资5万元开办一家经营餐饮的甲普通合伙企业(以下简称"甲企业"),合伙期限为5年。甲企业经营期间,孙某提出退伙,赵某、钱某表示同意,并约定孙某放弃一切合伙权利,也不承担合伙债务。后甲企业经营管理不善造成亏损,甲企业财产不足以清偿债务,合伙人对于孙某是否承担退伙前甲企业形成的债务发生争议。下列关于孙某对于该债务是否承担责任的表述中,符合合伙企业法律制度规定的是( )。

  A. 孙某不承担责任

  B. 孙某承担无限连带责任

  C. 孙某承担补充责任

  D. 孙某以其出资额为限承担责任

12. 2018年3月,甲、乙、丙、丁成立一有限合伙企业,甲为普通合伙人,乙、丙、丁为有限合伙人。2019年3月丙转为普通合伙人,2018年8月该合伙企业欠银行30万元,直至2020年3月合伙企业被宣告破产仍未偿还。下列关于甲、乙、丙、丁对30万元银行债务承担责任的表述中,符合合伙企业法律制度规定的是( )。

  A. 乙、丁应以其认缴的出资额为限对30万元债务承担清偿责任,甲、丙承担无限连带责任

  B. 乙、丙、丁应以其认缴的出资额为限对30万元债务承担清偿责任,甲承担无限责任

  C. 乙、丁应以其实缴的出资额为限对30万元债务承担清偿责任,甲、丙承担无限连带责任

  D. 乙、丙、丁应以实缴的出资额为限对30万元债务承担清偿责任,甲承担无限责任

13. 特殊的普通合伙企业的合伙人王某在执业活动中因重大过失给合伙企业造成债务。下列关于合伙人对此债务承担责任的表述中,符合合伙企业法律制度规定的是( )。

  A. 王某承担无限责任,其他合伙人以其在合伙企业中的财产份额为限承担责任

  B. 王某与其他合伙人共同承担无限连带责任

  C. 王某承担无限责任,其他合伙人不承担责任

  D. 王某承担无限责任,其他合伙人以其实缴的出资额为限承担责任

14. 根据合伙企业法律制度的规定,下列关于有限合伙企业事务执行的表述中,不正确的是( )。

  A. 除合伙协议另有约定外,有限合伙人可以与本企业进行交易

  B. 除合伙协议另有约定外,有限合伙人可以经营与本企业相竞争的业务

  C. 有限合伙人可以对本企业的经营管理提出建议

  D. 有限合伙企业由有限合伙人执行合伙事务

15. 有限合伙人李某从甲有限合伙企业退伙。下列关于李某退伙后责任承担的表述中,正确的是( )。

  A. 李某退伙后,对基于其退伙前的原因发生的合伙企业债务承担责任,但以其加入合

伙企业时投入的财产为限

B. 李某退伙后,不再对合伙企业债务承担责任

C. 李某退伙后,仍需对合伙企业全部债务承担责任,但以其退伙时从合伙企业中取回的财产为限

D. 李某退伙后,对基于其退伙前的原因发生的合伙企业债务承担责任,但以其退伙时从合伙企业中取回的财产为限

16. 甲为有限合伙企业的有限合伙人,经全体合伙人一致同意,甲转为普通合伙人。下列关于甲对其作为有限合伙人期间有限合伙企业发生的债务责任的表述中,符合合伙企业法律制度规定的是(　　)。

A. 以其认缴的出资额为限承担责任

B. 以其实缴的出资额为限承担责任

C. 承担无限连带责任

D. 不承担责任

17. 根据合伙企业法律制度的规定,有限合伙人退伙后,以特定的财产对基于其退伙前的原因发生的有限合伙企业的债务承担责任。该特定财产是(　　)。

A. 该合伙人退伙时从有限合伙企业中取回的财产

B. 该合伙人入伙时认缴的出资

C. 该合伙人入伙时实缴的出资

D. 该合伙人的合伙财产

18. 下列关于有限合伙企业中有限合伙人入伙与退伙的表述中,符合《合伙企业法》规定的是(　　)。

A. 新入伙的有限合伙人对入伙前有限合伙企业的债务,以其实缴的出资额为限承担责任

B. 作为有限合伙人的自然人,在有限合伙企业存续期间丧失民事行为能力的,该有限合伙人当然退伙

C. 退伙后的有限合伙人对基于其退伙前的原因发生的有限合伙企业的债务,以其退伙时从有限合伙企业中取回的财产为限承担责任

D. 退伙后的有限合伙人对基于其退伙前的原因发生的有限合伙企业的债务,以其认缴的出资额为限承担责任

19. 根据合伙企业法律制度的规定,有限合伙人在出现一定情形时当然退伙。下列各项中,不属于当然退伙情形的是(　　)。

A. 作为有限合伙人的自然人被依法宣告死亡

B. 有限合伙人在合伙企业中的全部财产份额被人民法院强制执行

C. 作为有限合伙人的自然人丧失民事行为能力

D. 作为有限合伙人的法人被责令关闭

二、多项选择题

1. 根据合伙企业法律制度的规定,除合伙协议另有约定外,普通合伙企业的下列事务中,应当经全体合伙人一致同意的有(　　)。

A. 改变合伙企业的名称

B. 以合伙企业的名义为他人提供担保

C. 聘任合伙人以外的人担任合伙企业的经营管理人员

D. 合伙人之间转让在合伙企业中的部分财产份额

2. 根据合伙企业法律制度的规定,下列关于普通合伙企业合伙人权利的表述中,正确的有(　　)。

A. 不执行合伙企业事务的合伙人有权自营与本合伙企业相竞争的业务

B. 合伙人对执行合伙事务享有同等的权利

C. 合伙人有权查阅合伙企业会计账簿

D. 不执行合伙事务的合伙人有权监督执行事务合伙人执行合伙事务的情况

3. 下列关于普通合伙企业事务执行的表述中,符合《合伙企业法》规定的有(　　)。

A. 除合伙协议另有约定外,处分合伙企业的不动产须经全体合伙人一致同意

B. 除合伙协议另有约定外,合伙人不得自营与本企业相竞争的业务

C. 除合伙协议另有约定外,改变合伙企业的名称须经全体合伙人一致同意

D. 除合伙协议另有约定或者经全体合伙人一致同意外,合伙人不得同本企业进行交易

4. 某普通合伙企业经营期间,吸收甲入伙。甲入伙前合伙企业已负债 20 万元。甲入伙 1 年后退伙,在此期间合伙企业新增负债 10 万元。甲退伙后半年,合伙企业解散,以企业全部财产清偿债务后,尚有 80 万元债务不能清偿。根据合伙企业法律制度的规定,下列关于甲承担清偿责任的表述中,正确的有(　　)。

  A. 甲对入伙前合伙企业的 20 万元债务承担无限连带责任

  B. 甲对入伙后至合伙企业解散时新增的 60 万元债务承担无限连带责任

  C. 甲对合伙企业解散后尚未清偿的全部 80 万元债务承担无限连带责任

  D. 甲对担任合伙人期间合伙企业新增的 10 万元债务承担无限连带责任

5. 根据合伙企业法律制度的规定,下列关于特殊的普通合伙企业中的某个合伙人在执业活动中因故意造成合伙企业债务时合伙人承担责任的表述中,正确的有(　　)。

  A. 该合伙人承担无限责任

  B. 其他合伙人承担无限连带责任

  C. 其他合伙人不承担责任

  D. 其他合伙人以其在合伙企业中的财产份额为限承担责任

6. 甲、乙、丙三人成立一特殊普通合伙制会计师事务所。甲在为一客户提供审计业务服务过程中,因重大过失给客户造成损失 200 万元。下列关于对该损失承担责任的表述中,符合《合伙企业法》规定的有(　　)。

  A. 甲、乙、丙对此损失承担无限连带责任

  B. 甲对此损失承担无限责任

  C. 乙、丙对此损失不承担责任

  D. 乙、丙以其在会计师事务所中的财产份额为限承担责任

7. 某公益性社会团体与某私立学校共同出资设立一合伙企业,经营文具用品。两年后,因经营亏损,该合伙企业财产不足以清偿全部债务。下列关于各合伙人承担责任的表述中,符

合合伙企业法律制度规定的有(　　)。

  A. 该公益性社会团体以其认缴的出资额为限对合伙企业债务承担责任

  B. 该私立学校以其认缴的出资额为限对合伙企业债务承担责任

  C. 该公益性社会团体对合伙企业债务承担无限责任

  D. 该私立学校对合伙企业债务承担无限责任

8. 甲、乙、丙设立普通合伙企业,约定损益的分配和分担比例为 4∶3∶3。该企业欠丁 5 万元,无力清偿。根据合伙企业法律制度的规定,债权人丁的下列做法中,正确的有(　　)。

  A. 要求甲、乙、丙分别清偿 2 万元、1.5 万元、1.5 万元

  B. 要求甲、乙、丙分别清偿 2 万元、2 万元、1 万元

  C. 要求甲、乙分别清偿 2 万元、3 万元

  D. 要求甲清偿 5 万元

9. 根据合伙企业法律制度的规定,关于有限合伙人未按期足额缴纳出资的法律后果的下列表述中,正确的有(　　)。

  A. 普通合伙人应当承担连带出资责任

  B. 该有限合伙人应当承担补缴义务

  C. 其他有限合伙人应当承担连带出资责任

  D. 该有限合伙人应当对其他合伙人承担违约责任

10. 某私募基金的组织形式为有限合伙企业,其有限合伙人陈某的下列行为中,不违反合伙企业法律制度规定的有(　　)。

  A. 对该基金的经营管理提出建议

  B. 未经授权代表该基金对外签订合同

  C. 参与选择承办该基金审计业务的会计师事务所

  D. 参与决定普通合伙人退伙

11. 甲原来是 A 有限合伙企业的普通合伙人,于 2018 年 1 月 1 日转为有限合伙人,合伙企业未就该事项通知其客户乙,原来与乙进行的交易一直由甲在负责,甲转为有限合伙人后又以 A 有限合伙企业的名义与乙订立了一个 10 万元的合同。有关本案的下列说法正确

的有（　　）。

 A. A 有限合伙企业可以甲订立合同时已经转为有限合伙人为由，主张该合同对其不产生效力

 B. 甲可以自己已经转为有限合伙人为由，拒绝承担无限连带责任

 C. 甲应该对该笔债务承担无限连带责任

 D. 因该行为给合伙企业或其他合伙人造成损失的，甲应当承担赔偿责任

12. 下列关于有限合伙企业有限合伙人入伙和退伙责任的表述中，符合合伙企业法律制度规定的有（　　）。

 A. 有限合伙人对基于其退伙前的原因发生的合伙企业债务，以其退伙时从合伙企业中取回的财产承担责任

 B. 有限合伙人对基于其退伙前的原因发生的合伙企业债务，以其实缴的出资额为限承担责任

 C. 新入伙的有限合伙人对入伙前合伙企业的债务，以其认缴的出资额为限承担责任

 D. 新入伙的有限合伙人对入伙前合伙企业的债务承担无限连带责任

13. 甲、乙、丙共同出资设立一特殊的普通合伙制的律师事务所。2020 年 5 月，乙从事务所退出，丁加入事务所成为新合伙人。2020 年 8 月，法院认定甲在 2019 年的某项律师业务中存在重大过失，判决事务所向客户赔偿损失。根据合伙企业法律制度的规定，下列关于赔偿责任承担的表述中，正确的有（　　）。

 A. 甲应以其全部个人财产承担无限责任

 B. 乙应以其退出时在事务所中的实际财产份额为限承担赔偿责任

 C. 丙应以其在事务所中的财产份额为限承担赔偿责任

 D. 丁无须承担赔偿责任

14. 2011 年 5 月，赵某、钱某、孙某共同出资设立甲有限合伙企业（以下简称"甲企业"），赵某为普通合伙人，出资 20 万元，钱某、孙某为有限合伙人，各出资 15 万元。2012 年，甲企业向银行借款 50 万元，该借款于 2015 年到期。

2014 年，经全体合伙人同意赵某转变为有限合伙人，孙某转变为普通合伙人。2015 年，甲企业无力偿还 50 万元到期借款，合伙人就如何偿还该借款发生争议。下列关于赵某、钱某、孙某承担偿还 50 万元借款责任的表述中，符合合伙企业法律制度规定的有（　　）。

 A. 赵某、孙某应承担无限连带责任

 B. 孙某应承担有限责任

 C. 赵某应承担有限责任

 D. 钱某应承担有限责任

三、判断题

1. 合伙企业应当根据合伙人的出资比例分配合伙企业事务的执行权利。（　　）

2. 甲是某普通合伙企业的合伙人，该合伙企业需要购买一批生产用原材料，甲正好有同样一批原材料想要出售。由于该合伙企业的合伙协议没有对与本企业交易的事项作出约定，甲在其他合伙人一致同意的情况下，可以进行该笔交易。（　　）

3. 甲、乙等 6 人设立了一个普通合伙企业，并委托甲和乙执行合伙企业事务，甲对乙执行的事务提出异议，其他合伙人对如何解决此问题也产生了争议，由于合伙协议未约定争议解决的表决办法，合伙人实行了一人一票的表决办法，后经全体合伙人表决过半数通过了同意甲意见的决定，上述解决争议的做法不符合法律规定。（　　）

4. 普通合伙企业的合伙人在合伙协议中未对该合伙企业的利润分配、亏损分担进行约定的，应由合伙人平均分配、分担。（　　）

5. 普通合伙企业入伙的新合伙人，可以通过入伙协议约定比原合伙人享有较大的权利，承担较少的责任。（　　）

6. 特殊的普通合伙企业的合伙人在执业活动中非因故意或者重大过失造成的合伙企业债务，全体合伙人可以以其在合伙企业中的财产份额为限承担责任。（　　）

7. 有限合伙人可以将其在有限合伙企业中的财产份额出质，合伙协议另有约定的除外。（　　）

8. 有限合伙人可以按照合伙协议的约定向合伙人以外的人转让其在有限合伙企业中的财产份额，但应当提前30日通知其他合伙人。

（　　）

9. 新入伙的有限合伙人对入伙前有限合伙企业的债务，承担无限连带责任。　　（　　）

10. 新入伙的有限合伙人对入伙前有限合伙企业的债务，以其实缴的出资额为限承担责任。

（　　）

四、简答题

1. 2018年5月，张某、王某、李某共同出资设立了甲普通合伙企业（以下简称"甲企业"），合伙协议约定由张某执行合伙企业事务，且约定超过10万元的支出张某无权自行决定。合伙协议就执行合伙事务的其他事项未作特别约定。

2019年3月，张某的朋友刘某拟从银行借款8万元，请求张某为其提供担保。张某自行决定以甲企业的名义为刘某提供了担保。

2020年4月，张某以甲企业的名义与赵某签订一份买卖合同，价款为15万元。合同签订后，甲企业认为该合同是张某超越权限订立的，合同无效。赵某向法院起诉。经查，赵某知悉张某超越合伙协议对其权限的限制仍签订了该合同。王某、李某认为张某签订买卖合同的行为不妥，决定撤销张某对外签订合同的资格。

要求：根据上述资料和合伙企业法律制度的规定，回答下列问题。

（1）张某是否有权自行决定以合伙企业的名义为刘某提供担保？简要说明理由。

（2）甲企业主张买卖合同无效是否成立？简要说明理由。

（3）王某、李某是否有权撤销张某对外签订合同的资格？简要说明理由。

2. 赵某、钱某、孙某、李某共同出资设立甲普通合伙企业（以下简称"甲企业"）。合伙协议约定：

（1）赵某、孙某、李某以货币各出资10万元，钱某以房屋作价出资10万元。

（2）合伙人向合伙人以外的人转让其在甲企业中的全部或部分财产额时，须经半数以上合伙人同意。

（3）合伙人以其在甲企业中的财产份额出质的，须经2/3以上的合伙人同意。

甲企业成立后，接受郑某委托加工承揽一批产品，郑某未向甲企业支付5万元加工费。由于钱某在购买出资房屋时曾向郑某借款3万元一直未偿还，甲企业向郑某请求支付5万元加工费时，郑某认为钱某尚欠其借款3万元，故主张抵销3万元，只付甲企业2万元。

要求：根据上述资料和合伙企业法律制度的规定，回答下列问题。

（1）合伙协议（2）中的约定是否合法？简要说明理由。

（2）合伙协议（3）中的约定是否合法？简要说明理由。

（3）郑某主张抵销的理由是否成立？简要说明理由。

3. 2018年10月，甲、乙、丙、丁四人出资设立A有限合伙企业（以下简称"A企业"），合伙协议约定：甲、乙为普通合伙人；丙、丁为有限合伙人；甲以劳务出资；乙出资5万元；丙、丁各出资50万元。合伙协议对其他事项未作约定。

2020年1月8日，A企业与B公司签订买卖合同，双方约定货款80万元，收到货物后7日内付款。2月26日，A企业如约收到货物，但因资金周转困难一直未付款。

4月，乙因发生车祸瘫痪，退出A企业，并办理了退伙结算。

7月，丙未征求其他合伙人的意见，以其在A企业中的财产份额出质，向C银行借款15万元。

8月，经全体合伙人同意，丁由有限合伙人转为普通合伙人。

9月，B公司向A企业催要上述到期货款，因A企业无力偿还，B公司遂要求乙承担全部责任，乙以自己已经退伙为由拒绝；B公司又要求丁承担全部责任，丁以债务发生时自己为有限合伙人为由拒绝。

要求：根据上述资料和合伙企业法律制度的规定，回答下列问题。

（1）丙未经其他合伙人同意将其在A企业中

的财产份额出质是否合法？简要说明理由。

（2）乙拒绝向 B 公司承担责任的理由是否合法？简要说明理由。

（3）丁拒绝向 B 公司承担责任的理由是否合法？简要说明理由。

4. 甲、乙、丙拟设立 A 有限合伙企业（以下简称"A 企业"）。合伙协议约定：甲为普通合伙人，以实物作价出资 3 万元；乙、丙为有限合伙人，各以 5 万元现金出资，丙自企业成立之日起 2 年内缴纳出资；甲执行 A 企业事务，并由 A 企业每月支付报酬 3000 元；A 企业定期接受审计，由甲和乙共同选定承办审计业务的会计师事务所；A 企业的盈利在丙未缴纳 5 万元出资前全部分配给甲和乙。

要求：根据上述资料和合伙企业法律制度的规定，回答下列问题。

（1）合伙协议可否约定每月支付甲 3000 元的报酬？简要说明理由。

（2）合伙协议有关乙参与选择承办审计业务的会计师事务所的约定可否被视为乙在执行合伙企业事务？简要说明理由。

（3）合伙协议可否约定 A 企业的利润全部分配给甲和乙？简要说明理由。

5. 李某、王某、林某、郑某于 2017 年 12 月共同出资设立甲有限合伙企业（下称"甲企业"），合伙协议约定：李某为普通合伙人。王某、林某、郑某为有限合伙人；李某执行合伙企业事务。合伙协议对有限合伙人的权利未作限制性约定。

2019 年甲企业发生下列事项：

（1）1 月，王某未经其他合伙人一致同意，将其在甲企业中的财产份额出质给乙商业银行，借款 20 万元。

（2）3 月，李某发现林某投资设立了一个一人有限责任公司，从事与甲企业同类的业务。挤占了甲企业的市场份额。李某要求林某不得从事与甲企业相竞争的业务，遭到林某拒绝。

（3）4 月，郑某因个人原因退伙，从甲企业取得退伙结算财产 5 万元。8 月，丙公司要求甲企业偿还 2018 年 12 月所欠的到期货款 30 万元。因无力清偿，甲企业要求郑某承担其中 5

万元的债务。郑某以其已经退伙为由拒绝。

要求：根据上述资料和合伙企业法律制度的规定，不考虑其他因素，回答下列问题。

（1）王某将其在甲企业中的财产份额出质给乙商业银行是否合法？简要说明理由。

（2）李某要求林某不得从事与甲企业相竞争的业务是否合法？简要说明理由。

（3）郑某拒绝承担 5 万元债务是否合法？简要说明理由。

6. 2019 年 1 月，注册会计师甲、乙、丙三人在北京成立了一家会计师事务所，性质为特殊的普通合伙企业。甲、乙、丙在合伙协议中约定：

（1）甲、丙分别以现金 3000 万元和 500 万元出资，乙以一套房屋出资，作价 2000 万元，作为会计师事务所的办公场所。

（2）会计师事务所的盈亏按照各自的出资比例承担。

（3）甲负责执行合伙事务。

2020 年 2 月，乙拟将其在会计师事务所中的财产份额转让给 A。丙表示同意，丙则对乙拟转让的财产份额主张优先购买权，乙以合伙协议中未约定优先购买前为由予以拒绝。

2020 年 3 月，丙在为 B 公司提供审计服务时，因重大过失给 B 公司造成 3000 万元损失。该会计师事务所现有全部财产价值 2500 万元，其中，乙用以出资的房屋变现价值为 2300 万元。该会计师事务所在将全部财产用于赔偿 B 公司后，要求丙向 B 公司支付剩余的 500 万元赔偿金。丙认为，合伙协议约定合伙人对于会计师事务所的亏损按照各自出资比例承担，自己不应对合伙企业财产不足清偿的债务承担全部责任。乙认为其对此债务只应以出资额为限承担责任，而其出资的房屋已经升值，目前变现价值 2300 万元，故丙应退还其 300 万元。

2020 年 5 月，因会计师事务所在北京的业务量下滑，甲提出将会计师事务所的主要经营地点迁至上海。在合伙人会议上，乙对此表示赞同，丙则反对。甲、乙认为，其二人人数及所持出资额均超过半数，且合伙协议对此并无特别规定，于是作出迁址决议。

要求:根据上述情况和《合伙企业法》的规定,回答下列问题。

(1)甲对乙拟转让给 A 的财产份额是否享有优先购买权?简要说明理由。

(2)乙是否有权要求丙退还 300 万元?简要说明理由。

(3)丙是否应当单独承担对 B 公司剩余 500 万元的赔偿责任?简要说明理由。

(4)将会计师事务所迁至上海的决议是否有效?简要说明理由。

五、综合题

甲、乙、丙、丁共同投资设立了 A 有限合伙企业(以下简称"A 企业")。合伙协议的部分内容如下:甲、乙为普通合伙人,分别出资 10 万元;丙、丁为有限合伙人,分别出资 15 万元;由甲执行合伙企业事务,对外代表 A 企业。

A 企业存续期间,发生如下事项:

(1)2020 年 1 月,丁自营同 A 企业相竞争的业务,获利 250 万元。乙认为,由于合伙协议对此没有约定,因此,丁不得自营同 A 企业相竞争的业务,其获利 250 万元应当归 A 企业所有。

(2)2020 年 2 月,丙以其在 A 企业中的财产份额出质向 B 银行借款 50 万元。乙认为,由于

合伙协议对此没有约定,因此,丙不得将其在 A 企业中的财产份额出质。

(3)2020 年 3 月,甲以其在 A 企业中的财产份额出质向 B 银行借款 60 万元,乙、丙、丁对该事项并不知情。

(4)2020 年 4 月 1 日,A 企业向 B 银行贷款 100 万元,期限 3 个月。4 月 10 日,经全体合伙人一致同意,普通合伙人乙转变为有限合伙人,有限合伙人丙转变为普通合伙人。4 月 20 日,丁提出退伙,并办理了退伙结算,丁从 A 企业取回财产 20 万元。7 月 1 日,B 银行的贷款到期,A 企业的全部财产只有 40 万元。

要求:根据上述内容,分别回答下列问题。

(1)根据事项(1)的内容,乙的主张是否符合法律规定?并说明理由。

(2)根据事项(2)的内容,乙的主张是否符合法律规定?并说明理由。

(3)根据事项(3)的内容,甲的出质行为是否有效?并说明理由。

(4)根据事项(4)的内容,债权人 B 银行能否要求合伙人乙承担无限连带责任?并说明理由。

(5)根据事项(4)的内容,债权人 B 银行能否要求合伙人丙承担无限连带责任?并说明理由。

(6)根据事项(4)的内容,债权人 B 银行能否要求合伙人丁承担无限连带责任?并说明理由。

参考答案及解析

一、单项选择题

1.【答案】 C

【解析】 合伙人发生与合伙企业无关的债务,相关债权人不得以其债权抵销其对合伙企业的债务;也不得代位行使合伙人在合伙企业中的权利。如果张某对赵某的债权抵销则会侵犯其他合伙人的利益。

2.【答案】 C

【解析】 选项 B,"自行接管"即表示不经过人民法院,相当于直接代位行使权利,故错误。

3.【答案】 B

【解析】 选项 C,汽车为甲企业和李某之间承揽合同的标的物,50 万元为赵某和李某之间借款合同的借款,不属于同一法律关系,且涉及自然人,不得留置。如果留置权实现,其本质为以甲企业财产清偿赵某的私人债务,不合法。

4.【答案】 D

【解析】 选项 D,承租(不论经营租赁还是融资租赁)的设备,所有权并不属于合伙企业,不能界定为合伙企业的财产。

5.【答案】 A

【解析】 选项 A,内部转让,通知其他合伙人即可。

6.【答案】 A

【解析】 选项 B,普通合伙人(绝对)不得自营或者同他人合作经营与本合伙企业相竞争的业务;选项 C,普通合伙人(不论是否为事务执行人)有权查阅合伙企业会计账簿等财务资料;选项 D,合伙企业聘用的合伙人以外的经营管理人员属于非合伙人,无须对企业债务承担无限连带责任。

7.【答案】 A

【解析】 选项 BCD 属于普通合伙人当然退伙的情形。

8.【答案】 B

【解析】 选项 ACD 属于除名的情形。

9.【答案】 A

【解析】 合伙人死亡时其继承人取得该合伙企业的合伙人资格的条件主要有:具备法定或约定的资格;有合伙协议的约定或者全体合伙人的一致同意;继承人愿意成为合伙人。因此,选项 A 所述"当然取得"错误。

10.【答案】 A

【解析】 选项 B,新入伙的普通合伙人对入伙前合伙企业的债务承担无限连带责任;选项 ACD,退伙的普通合伙人对基于其退伙前的原因发生的合伙企业债务承担无限连带责任。因此,杨某应当对退伙前甲企业的 80 万元债务承担无限连带责任,故选项 A 正确。

11.【答案】 B

【解析】 退伙的普通合伙人对基于其退伙前的合伙企业债务所应承担的无限连带责任不因合伙人之间的内部约定而免除,孙某应当对退伙前的债务承担无限连带责任。

12.【答案】 A

【解析】 有限合伙人(乙、丁)对有限合伙企业的债务,以其认缴(而非实缴)的出资额为限承担责任;有限合伙人转变为普通合伙人的,对其作为有限合伙人期间有限合伙企业发生的债务承担无限连带责任。在本题中,丙由有限合伙人转为普通合伙人,对其转变性质前发生的合伙企业债务应与普通合伙人甲一起承担无限连带责任。

13.【答案】 A

【解析】 在执业活动中因重大过失给合伙企业造成债务属于特殊债务,合伙人王某在执业活动中因重大过失给合伙企业造成债务,应承担无限责任,其他合伙人,承担有限责任。

14.【答案】 D

【解析】 有限合伙企业的有限合伙人严禁执行合伙事务,这是法律的强制规定。

15.【答案】 D

【解析】 虽已退伙,但对基于退伙前原因发生的合伙企业债务仍有责任,选项 BC 错误;承担的债务责任以退伙时取回的财产为限,选项 A 错误,选项 D 正确。

16.【答案】 C

【解析】 甲从有限合伙人转为普通合伙人,不分债务发生期间,均承担无限连带责任。

17.【答案】 A

【解析】 对基于其退伙前的原因发生的有限合伙企业的债务,有限合伙人以其退伙时从有限合伙企业中取回的财产承担责任。

18.【答案】 C

【解析】 新入伙的有限合伙人对入伙前有限合伙企业的债务,以其认缴的出资额为限承担责任,选项 A 不正确;作为有限合伙人的自然人在有限合伙企业存续期间丧失民事行为能力的,其他合伙人不得因此要求其退伙,选项 B 不正确;有限合伙人退伙后,对基于其退伙前的原因发生的有限合伙企业债务,以其退伙时从有限合伙企业中取回的财产为限承担责任,选项 C 正确,选项 D 不正确。

19.【答案】 C

【解析】 作为有限合伙人的自然人在有限合伙企业存续期间丧失民事行为能力的,其他合伙人不得因此要求其退伙。

二、多项选择题

1.【答案】 ABC

【解析】 选项 D,普通合伙人之间转让在合伙企业中的全部或者部分财产份额时,应当通知其他合伙人。

2.【答案】 BCD

【解析】 选项 A,普通合伙人(无论其是否执行合伙企业事务)均不得自营或者同他人合作经营与本合伙企业相竞争的业务。

3.【答案】 ACD

【解析】 选项 B,普通合伙人不得自营或者同他人合作经营与本合伙企业相竞争的业务,这是绝对禁止条款。

4.【答案】 AD
【解析】 选项 BCD,甲担任合伙人期间新增的 10 万元债务属于退伙前原因发生的合伙企业债务,甲应承担无限连带责任。而甲退伙后,合伙企业进一步发生的 50 万元债务,甲不承担责任。

5.【答案】 AD
【解析】 选项 BC,特殊的普通合伙企业的合伙人因故意或重大过失给合伙企业造成债务的,该合伙人承担无限连带责任,其他合伙人以其在合伙企业中的财产份额为限承担责任。

6.【答案】 BD
【解析】 选项 AC,特殊的普通合伙企业的合伙人因故意或重大过失给合伙企业造成债务的,该合伙人承担无限连带责任,其他合伙人以其在合伙企业中的财产份额为限承担责任。甲承担无限连带责任,乙、丙以其在合伙企业中的财产份额为限承担责任。

7.【答案】 AD
【解析】 选项 AC,某公益性社会团体只能作为有限合伙人,该合伙企业只能为有限合伙企业,有限合伙人以其认缴的出资额为限对合伙企业债务承担责任,选项 A 正确,选项 C 不正确;选项 BD,有限合伙企业应当至少有一名普通合伙人,在本题中,某私立学校只能作为普通合伙人,应对该有限合伙企业的债务承担无限责任,选项 B 不正确,选项 D 正确。

8.【答案】 ABCD
【解析】 普通合伙人之间的分担比例(4:3:3)对债权人没有约束力,债权人丁可以要求甲、乙、丙中的一人、数人或者全体承担全部或者部分债务(连带责任)。

9.【答案】 BD
【解析】 有限合伙人应当按照合伙协议的约定按期足额缴纳出资;未按期足额缴纳的,应当承担补缴义务,并对其他合伙人承担违约责任;区别于公司,合伙企业不实行注册资本制度,不存在其他合伙人负连带出资责任的问题。

10.【答案】 ACD
【解析】 选项 B,属于执行合伙企业事务的行为,符合规定。

11.【答案】 CD
【解析】 第三人有理由相信有限合伙人为普通合伙人并与其交易的,该有限合伙人对该笔交易承担与普通合伙人同样的责任;有限合伙人未经授权以有限合伙企业名义与他人进行交易,给有限合伙企业或者其他合伙人造成损失的,该有限合伙人应当承担赔偿责任。

12.【答案】 AC
【解析】 选项 AB,有限合伙人退伙后,对基于其退伙前的原因发生的有限合伙企业债务,以其退伙时从有限合伙企业中取回的财产承担责任;选项 CD,新入伙的有限合伙人对入伙前有限合伙企业的债务,以其认缴的出资额为限承担责任。

13.【答案】 ABC
【解析】 在特殊的普通合伙企业中,一个合伙人或者数个合伙人在执业活动中因故意或者重大过失造成合伙企业债务的,应当承担无限责任或者无限连带责任(选项 A 正确),其他合伙人以其在合伙企业中的财产份额为限承担责任(选项 B 正确)。选项 CD,丙和丁应以其在事务所中的财产份额为限承担赔偿责任。

14.【答案】 AD
【解析】 50 万元银行借款,是赵、孙二人转变性质之前发生的企业债务;赵某目前为有限合伙人,但对其作为普通合伙人期间的企业债务仍应承担无限连带责任,选项 C 错误;孙某目前为普通合伙人,对其作为有限合伙人期间的企业债务亦应承担无限连带责任,选项 B 错误;钱某始终是有限合伙人,对企业债务仅承担有限责任,选项 AD 正确。

三、判断题

1.【答案】 ×
【解析】 普通合伙人对执行合伙事务享有同等的权利。

2.【答案】 √
【解析】 除合伙协议另有约定或者经全体合伙人一致同意外,合伙人不得同本合伙企业进行交易。

3.【答案】 ×
【解析】 本题所述事项既不属于严格按照法

定要求处理的事项,也不属于除合伙协议另有约定外,应当经全体(其他)合伙人一致同意的事项。在合伙协议没有约定的情况下,应当实行合伙人一人一票并经全体合伙人过半数通过的决议办法。

4.【答案】 ×

【解析】 合伙企业损益分配的顺序:约定→协商→实缴→平均。因此,若未约定则由合伙人协商决定,而不是平均分配、分担。

5.【答案】 √

【解析】 入伙的新普通合伙人与原合伙人享有同等权利,承担同等责任;入伙协议另有约定的,从其约定。可以约定比原合伙人享有较大的权利,承担较少的责任。

6.【答案】 ×

【解析】 非因故意或者重大过失造成的合伙企业债务,属于特殊普通合伙企业的一般债务,全体合伙人均应承担无限连带责任。

7.【答案】 √

【解析】 本题考查有限合伙企业财产出质的特殊规定。根据规定,有限合伙人可以将其财产份额的出质。但是有限合伙企业合伙协议可以对有限合伙人的财产份额出质作出约定,如有约定,应按约定进行。

8.【答案】 √

【解析】 考查有限合伙企业的利润分配、份额转让规则。

9.【答案】 ×

【解析】 新入伙的有限合伙人对入伙前有限合伙企业的债务,以其认缴的出资额为限承担责任。

10.【答案】 ×

【解析】 新入伙的有限合伙人对入伙前有限合伙企业的债务,以其认缴的出资额为限承担责任。

四、简答题

1.【答案】 (1)张某无权自行决定以合伙企业的名义为刘某提供担保。根据规定,除合伙协议另有约定外,以合伙企业名义为他人提供担保,应当经全体合伙人一致同意。

(2)甲企业主张买卖合同无效成立。根据规定,合伙企业对合伙人执行合伙事务以及对外代表合伙企业权利的限制,不得对抗善意第三人。在本题中,赵某对张某超越权限签订合同

一事知情,不属于善意第三人,甲企业有权以赵某和张某恶意串通、损害甲企业合法权益为由主张该合同无效。

(3)王某、李某有权撤销张某对外签订合同的资格。根据规定,受委托执行合伙事务的合伙人不按照合伙协议或者全体合伙人的决定执行事务的,其他合伙人可以决定撤销该委托。

2.【答案】 (1)合伙协议(2)中的约定合法。根据规定,除合伙协议另有约定外(法律允许合伙协议自由约定),普通合伙人向合伙人以外的人转让其在合伙企业中的全部或者部分财产份额时,须经其他合伙人一致同意,合伙人对外转让财产份额可以先约定。

(2)合伙协议(3)中的约定不合法。根据规定,普通合伙人以其在合伙企业中的财产份额出质的,须经其他合伙人一致同意;未经其他合伙人一致同意,其行为无效。在上述法律规定中,法律并未允许合伙协议对普通合伙人财产份额出质事项作出约定,而是要求一律应经其他合伙人一致同意,甲企业合伙协议的约定与法律规定相悖,不合法。

(3)郑某主张抵销的理由不成立。根据规定,合伙人发生与合伙企业无关的债务,相关债权人不得以其债权抵销其对合伙企业的债务。

3.【答案】 (1)丙未经其他合伙人同意将其在A企业中的财产份额出质合法。根据规定,有限合伙人可以将其在有限合伙企业中的财产份额出质;但是,合伙协议另有约定的除外。

(2)乙拒绝向B公司承担责任的理由不合法。根据规定,退伙的普通合伙人对基于其退伙前的原因发生的合伙企业债务,承担无限连带责任。

(3)丁拒绝向B公司承担责任的理由不合法。根据规定,有限合伙人转变为普通合伙人的,对其作为有限合伙人期间有限合伙企业发生的债务承担无限连带责任。

4.【答案】 (1)合伙协议可以约定每月支付甲3000元的报酬。根据规定,有限合伙企业由普通合伙人执行合伙事务,执行事务合伙人可以要求在合伙协议中确定执行事务的报酬及报酬提取方式。

(2)不视为乙执行合伙企业事务。根据规定,有限合伙人参与选择承办有限合伙企业审计业务的会计师事务所,不视为执行合伙事务。

(3) 合伙协议可以约定 A 企业的利润全部分配给甲和乙。根据规定，有限合伙企业不得将全部利润分配给部分合伙人，但是，合伙协议另有约定的除外。

5.【答案】(1) 王某将其在甲企业中的财产份额出质给乙商业银行合法。根据规定，有限合伙人可以将其在有限合伙企业中的财产份额出质，但是，合伙协议另有约定的除外。本题中，合伙协议对有限合伙人的权利未作限制性约定。

(2) 李某要求林某不得从事与甲企业相竞争的业务不合法。根据规定，有限合伙人可以自营或者同他人合作经营与本有限合伙企业相竞争的业务，但是，合伙协议另有约定的除外。本题中，合伙协议对有限合伙人的权利未作限制性约定。

(3) 郑某拒绝承担 5 万元债务不合法。根据规定，有限合伙人退伙后，对基于其退伙前的原因发生的有限合伙企业债务，以其退伙时从有限合伙企业中取回的财产承担责任。

6.【答案】(1) 甲对乙拟转让给 A 的财产份额享有优先购买权。根据合伙企业法律制度的规定，除非合伙协议另有约定，合伙人向合伙人以外的人转让其在合伙企业中的财产份额的，在同等条件下，其他合伙人有优先购买权。本题中合伙协议未另做约定，因此，甲对乙拟转让给 A 的财产份额享有优先购买权。

(2) 乙无权要求丙退还 300 万元。乙用于出资的房屋已经成为合伙企业财产，其升值部分应归会计师事务所所有，因此乙无权就出资房屋的升值部分要求丙退还。

(3) 丙应当单独承担对 B 公司剩余 500 万元的赔偿责任。根据合伙企业法律制度的规定，在特殊的普通合伙企业中，合伙人在执业活动中因故意或者重大过失造成合伙企业债务的，应当承担无限责任或者无限连带责任，其他合

伙人以其在合伙企业中的财产份额为限承担责任。

(4) 将会计师事务所迁至上海的决议无效。根据合伙企业法律制度规定，对于改变合伙企业经营场所地点的决议，如合伙协议无特别规定的，应当经全体合伙人一致同意。

五、综合题

【答案】(1) 乙的主张不符合规定。根据规定，有限合伙人可以自营或者同他人合作经营与本有限合伙企业相竞争的业务，但是，合伙协议另有约定的除外。在本题中，由于合伙协议没有特别约定，因此，有限合伙人丁可以自营同 A 企业相竞争的业务。

(2) 乙的主张不符合规定。根据规定，有限合伙人可以将其在有限合伙企业中的财产份额出质，但是，合伙协议另有约定的除外。在本题中，由于合伙协议没有特别约定，因此，有限合伙人丙可以将其在 A 企业中的财产份额出质。

(3) 甲的出质行为无效。根据规定，普通合伙人以其在合伙企业中的财产份额出质的，须经其他合伙人一致同意；未经其他合伙人一致同意的，其行为无效。

(4) B 银行有权要求乙承担无限连带责任。根据规定，普通合伙人转变为有限合伙人的，对其作为普通合伙人期间合伙企业发生的债务承担无限连带责任。

(5) B 银行有权要求丙承担无限连带责任。根据规定，有限合伙人转变为普通合伙人的，对其作为有限合伙人期间有限合伙企业发生的债务承担无限连带责任。

(6) B 银行无权要求丁承担无限连带责任。根据规定，有限合伙人退伙后，对基于其退伙前的原因发生的有限合伙企业债务，以其退伙时从有限合伙企业中取回的财产承担责任。

第四章
金融法律制度

考情回顾

本章为中级职称考试的考查重点,预计分值为 13 分左右。从内容角度来看,《证券法》可以结合《公司法》考查主观题,但最近几年证券法律制度涉及大题的频率很低;《票据法》可以直接以简答题形式出题也可以结合《合同法》进行命题;《保险法》以客观题形式为主。

考试变化

本章 2021 年本章变动较大,包括:

(1) 创业板上市公司的首次公开发行条件等依照新法进行了调整。

(2) 新增"科创板、创业板上市公司配股与增发的条件"。

(3) 新增"科创板、创业板股票发行程序"。

(4) 删除了面向公众投资者公开发行公司债券的条件中"信用评级达到 AAA"这一点。

(5) 票据法部分个别表述进行了调整。

本章结构

第一节　证券法律制度

第二节　保险法律制度

第三节　票据法律制度

第一节　证券法律制度

一、　证券法律制度概述

（一）概念与种类

1. 概念

证券是以证明或设定权利为目的所做成的一种书面凭证。证券法和本节所介绍的证券是狭义上的证券,仅指资本证券。

2. 种类

（1）股票。股票是股份有限公司签发的,证明股东所持股份的凭证。

（2）债券。债券是政府、金融机构、公司企业等单位依照法定程序发行的、约定在一定期限还本付息的有价证券。

（3）存托凭证。

（4）证券投资基金份额。

（5）资产支持证券。

（6）资产管理产品。

（7）认股权证。

（8）期货。

（9）期权。

（二）证券市场

1. 结构

证券市场是指证券发行与交易的场所。

（1）交易所市场。目前我国的交易所市场，主要由两个交易所（上海证券交易所和深圳证券交易所）、四个板块（主板市场、中小企业板、创业板、科创板）构成。

（2）全国中小企业股份转让系统。

（3）产权交易所。

2. 主体

证券市场的主体是指参与证券市场的各类法律主体，包括证券发行人、投资者、中介机构、交易场所以及自律性组织和监管机构等。

（三）证券活动和证券监管原则

根据《证券法》的规定，在证券发行、交易及监管中应当坚持以下原则：

（1）公开、公平、公正原则（基本原则）。

（2）自愿、有偿、城市信用原则。

（3）守法原则。

（4）分业经营、分业管理原则。

（5）保护投资者合法权益原则。

（6）监督管理与自律管理相结合原则。

二、证券发行的分类 ★

证券发行和证券交易是证券市场的主要构成部分，两者相辅相成。证券发行是发行人、上市公司筹集资金的基本途径。根据发行的证券种类不同，证券发行可分为股票发行、公司债券发行、存托凭证发行与投资资金份额发售。根据不同的标准，证券发行可以分为不同的类型。详见表 4-1。

表 4-1　证券发行的类型

分类标准	类型	具体内容
发行对象的不同	公开发行	① 向不特定对象发行 ② 向累计超过 200 人的特定对象发行 提示▶依法实施员工持股计划的员工人数不计算在内 ③ 法律、行政法规规定的其他发行行为
	非公开发行（私募发行）	向少数特定对象发行。不得采用广告、公开劝诱和变相公开方式发行
发行目的的不同	设立发行（首发）	为成立新的股份有限公司而发行股票
	增资发行（增发）	为增加已有公司的资本总额或改变股本结构而发行股票。采用配股、赠股方式或公开方式发行

（续表）

分类标准	类型	具体内容
发行方式的不同	直接发行	发行人不通过证券承销机构,自行承担发行风险
	间接发行	委托证券承销机构发行证券
发行价格与证券票面金额的关系	溢价发行	发行价格＞证券票面金额
	平价发行	发行价格＝证券票面金额
	折价发行	发行价格＜证券票面金额 提示 ▶我国不允许折价发行股票

【例题 4-1 多选题】(经典好题) 根据证券法律制度的规定,下列属于证券公开发行情形的有(　　)。

A. 向不特定对象发行证券的

B. 向累计不超过 200 人的不特定对象发行证券的

C. 向累计不超过 200 人的特定对象发行证券的

D. 采取电视广告方式发行证券的

【答案】 ABD

【名师点睛】 有下列情形之一的,为公开发行:向不特定对象发行证券的;向特定对象发行证券累计超过 200 人的;法律、行政法规规定的其他发行行为。非公开发行证券,不得采用广告、公开劝诱和变相公开方式。

考试方向
考查证券发行的类型。

三、 证券发行的审核制度 ★

证券发行的审核制度分为两种体制:一是实行公开主义的注册制;二是实行准则主义的核准制。

(一) 注册制

(1) 审核机构只进行形式审查,不进行实质判断。

(2) 只要发行人依法将有关信息与资料完全公开,以及履行信息披露义务,监管机构就不得以发行人的财务状况未达到一定标准而拒绝其发行。

(3) 目前,我国公司债券、企业债券公开发行实行注册制,科创板与创业板公开股票发行实行注册制。科创板与创业板实行的股票发行注册制由证券交易所负责发行上市审核,证监会负责发行注册,证监会对证券交易所发行上市审核工作进行监督。

(二) 核准制

证券监管机构有权依照法律的规定,对发行人提出的申请以及有关材料进行实质性审查,发行人得到批准以后,才可以发行证券。

四、 股票的发行

(一) 首次公开发行股票的一般条件

(1) 具备健全且运行良好的组织机构。

(2) 具有持续经营能力。

第四章

（3）最近 3 年财务会计报告被出具无保留意见审计报告。

（4）发行人及其控股股东、实际控制人最近 3 年不存在贪污、贿赂、侵占财产、挪用财产或者破坏社会主义市场经济秩序的刑事犯罪。

（5）经国务院批准的国务院证券监督管理机构规定的其他条件。

> **提示** 上述基本条件是注册制下在主板、中小板、创业板上市的公司均应当遵守的规则。文件所列资金用途使用；若要改变资金用途，必须经股东大会作出决议；擅自改变用途，未作纠正的，或者未经股东大会认可的，不得公开发行新股。

（二）在科创板、创业板上市公司的首次公开发行股票应当同时满足的条件★★

（1）行业、技术符合科创板、创业板定位。

（2）组织机构健全，持续经营满 3 年。

发行人是依法设立且持续经营 3 年以上的股份有限公司，具备健全且运行良好的组织机构，相关机构和人员能够依法履行职责。

有限责任公司按原账面净资产值折股整体变更为股份有限公司的，持续经营时间可以从有限责任公司成立之日起计算。

（3）会计基础工作规范，内控制度健全有效。

（4）业务完整并具有直接面向市场独立持续经营的能力。

最近 2 年内主营业务和董事、高级管理人员、核心技术人员均没有发生重大不利变化，实际控制人没有发生变更，不存在导致控制权可能变更的重大权属纠纷。

（5）生产经营合法合规。

① 发行人及其控股股东、实际控制人：a.最近 3 年内不存在贪污、贿赂、侵占财产、挪用财产或者破坏社会主义市场经济秩序的刑事犯罪；b.不存在欺诈发行、重大信息披露违法或其他涉及国家安全、公共安全、生态安全、生产安全、公众健康安全等领域的重大违法行为。

② 董事、监事、高级管理人员：a.不存在最近 3 年内受到中国证监会行政处罚，或涉嫌违法违规被中国证监会立案调查，尚未有明确结论意见；b.不存在因涉嫌犯罪被司法机关立案侦查等情形。

（三）主板、中小板上市公司配股的条件（面向原股东）★★

（1）拟配售股份数量不超过本次配售股份前股本总额的 30%。

（2）控股股东应在股东大会召开前公开承诺认配股份的数量。

（3）采用代销方式发行。

> **提示** 配股失败的情形：控股股东不履行认配股份的承诺，或代销期限届满，原股东认购股票的数量未达到拟配售数量 70%，发行人应当按发行价并加算银行同期存款利息返还已经认购的股东。

（四）主板、中小板上市公司增发的条件★★

（1）最近 3 个会计年度加权平均净资产收益率平均不低于 6%。

> **提示** 扣除非经常性损益后的净利润与扣除前的净利润相比，以低者作为加权平均净资产收益率的计算依据。

 净资产收益率＝净利润÷净资产(所有者权益)

非经常性损益是指营业外收入和营业外支出。

案例 4-1

甲上市公司最近三年的净资产收益率如表 4-2 所示,假设该公司满足股票增发的其他条件,则甲公司能否增发股票?

表 4-2　甲公司近三年净资产收益率

年份	2018	2019	2020
扣除非经常性损益前	6%	7%	8%
扣除非经常性损益后	7%	5%	6%

【分析】　最近 3 个会计年度加权平均净资产收益率平均不低于 6%。扣除非经常性损益后的净利润与扣除前的净利润相比,以低者作为加权平均净资产收益率的计算依据。2018 年取 6%,2019 年取 5%,2020 年取 6%,(6%＋5%＋6%)÷3＝5.67%＜6%,因此甲公司不满足增发股票的条件。

(2) 除金融类企业外,最近一期期末不存在持有金额较大的交易性金融资产和可供出售金融资产、借予他人款项、委托理财等财务性投资的情形。

(3) 发行价格应不低于公告招股意向书前 20 个交易日公司股票均价或前 1 个交易日的均价。

提示▶发行价格高于上面两者中的较低者即可。

(五) 科创板、创业板上市公司配股与增发的条件(2021 年新增)

1. 科创板、创业板上市公司向不特定对象发行股票,应当符合下列规定

(1) 具备健全且运行良好的组织机构。

(2) 现任董事、监事和高级管理人员符合法律、行政法规规定的任职要求。

(3) 具有完整的业务体系和直接面向市场独立经营的能力,不存在对持续经营有重大不利影响的情形。

(4) 会计基础工作规范,内部控制制度健全且有效执行,财务报表的编制和披露符合企业会计准则和相关信息披露规则的规定,在所有重大方面公允反映了上市公司的财务状况、经营成果和现金流量,最近 3 年财务会计报告被出具无保留意见审计报告。

(5) 除金融类企业外,最近一期末不存在金额较大的财务性投资。创业板上市公司还应当符合盈利要求,即最近 2 年盈利,净利润以扣除非经常性损益前后孰低者为计算依据。

2. 科创板、创业板上市公司存在下列情形之一的,不得向不特定对象发行股票

(1) 擅自改变前次募集资金用途未作纠正,或者未经股东大会认可。

(2) 上市公司及其现任董事、监事和高级管理人员最近 3 年受到中国证监会行政处罚,或者最近 1 年受到证券交易所公开谴责,或者因涉嫌犯罪正在被司法机关立案侦查或者涉嫌违法违规正在被中国证监会立案调查。

(3) 上市公司及其控股股东、实际控制人最近 1 年存在未履行向投资者作出的公开

承诺的情形。

（4）上市公司及其控股股东、实际控制人最近 3 年存在贪污、贿赂、侵占财产、挪用财产或者破坏社会主义市场经济秩序的刑事犯罪，或者存在严重损害上市公司利益、投资者合法权益、社会公共利益的重大违法行为。

3. 科创板、创业板上市公司存在下列情形之一的，不得向特定对象发行股票

（1）擅自改变前次募集资金用途未作纠正，或者未经股东大会认可。

（2）最近 1 年财务报表的编制和披露在重大方面不符合企业会计准则或者相关信息披露规则的规定；最近 1 年财务会计报告被出具否定意见或者无法表示意见的审计报告；最近 1 年财务会计报告被出具保留意见的审计报告，且保留意见所涉及事项对上市公司的重大不利影响尚未消除。本次发行涉及重大资产重组的除外。

（3）现任董事、监事和高级管理人员最近 3 年受到中国证监会行政处罚，或者最近 1 年受到证券交易所公开谴责。

（4）上市公司及其现任董事、监事和高级管理人员因涉嫌犯罪正在被司法机关立案侦查或者涉嫌违法违规正在被中国证监会立案调查。

（5）控股股东、实际控制人最近 3 年你在严重损害上市公司利益或者投资者合法权益的重大违法行为。

（6）最近 3 年存在严重损害投资者合法权益或者社会公共利益的重大违法行为。

（六）科创板股票公开发行上市程序（注册制）★

首次公开发行股票并在科创板上市，应依法经上海证券交易所（下称"上交所"）发行上市审核，并报经中国证监会履行发行注册程序。其上市程序如图 4-1 所示。

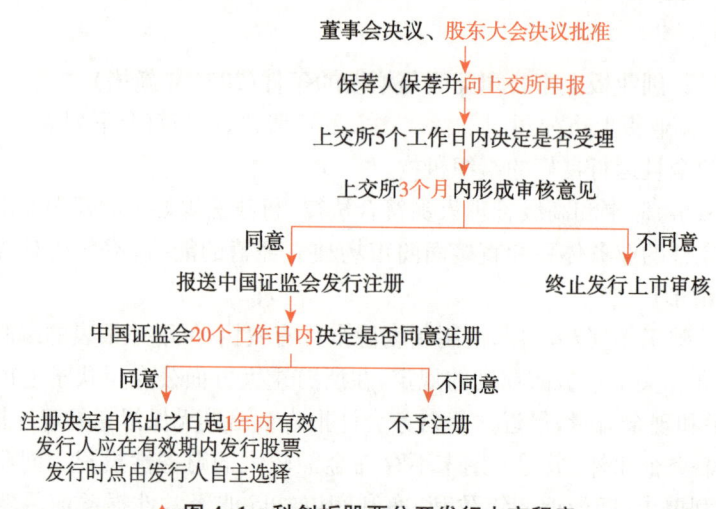

▲ 图 4-1 科创板股票公开发行上市程序

（七）证券承销制度

（1）证券承销分为代销和包销两种方式。

① 代销：指证券公司代发行人发售证券，在承销结束时，将未售出的证券全部退还给发行人的承销方式。

股票发行采用代销方式的，代销期限届满，向投资者出售的股票数量未达到拟公开发行股票数量 70% 的，为发行失败。发行人应当按照发行价并加算银行同期存款利息返

还股票认购人。

② 包销:指证券公司将发行人的证券按照协议全部购入或在承销结束时将售后剩余证券全部自行购入的承销方式。

(2) 证券公司在代销、包销期内,对所代销、包销的证券应当保证先行出售给认购人,证券公司不得为本公司预留所代销的证券和预先购入并留存所包销的证券。

(3) 向不特定对象发行证券聘请承销团承销的,承销团应当由主承销和参与承销的证券公司组成。

(4) 证券的代销、包销期限最长不得超过90日。

【例题4-2 单选题】(2019年真题) 根据证券法律制度的规定,下列关于证券承销的表述中,正确的是( )。

A. 采用包销方式销售证券的,承销人可将未售出的证券全部退还发行人

B. 证券承销期限可以约定为60日

C. 采用代销方式销售证券的,承销人应将发行人证券全部购入

D. 代销期限届满销售股票数量达到拟公开发行股票数量60%的为发行成功

【答案】 B

【名师点睛】 选项A,所谓"包销",即未售出的证券应由证券公司"包"下来;选项C,所谓"代销",即代为销售,承销期满未售出的证券,应退还发行人;选项D,代销期限届满,向投资者出售的股票数量未达到拟公开发行股票数量70%的,为发行失败。

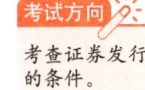

考试方向
考查证券发行的条件。

五、公司债券的发行

(一) 债券发行的一般规定

(1) 发行人应当依照《公司法》或者公司章程相关规定对发行债券的数量、发行方式、债券期限、募集资金的用途、决议的有效期等作出决议。如果对增信机制、偿债保障措施作出安排的,也应当在决议事项中载明。

(2) 公开发行公司债券,募集资金必须按照公司债券募集办法所列资金用途使用;非公开发行公司债券,募集资金应当用于约定的用途。

(3) 除金融类企业外,募集资金不得转借他人。

(4) 发行人应当指定专项账户,用于公司债券募集资金的接收、存储、划转与本息偿付。

(二) 合格投资者应满足的条件★★

合格投资者应当具备相应的风险识别和承担能力,知悉并自行承担公司债券的投资风险,并符合下列资质条件:

(1) 经有关金融监管部门批准设立的金融机构,包括证券公司、基金管理公司及其子公司、期货公司、商业银行、保险公司和信托公司等,以及经中国证券投资基金业协会登记的私募基金管理人。

(2) 上述金融机构面向投资者发行的理财产品,包括但不限于证券公司资产管理产品、基金及基金子公司产品、期货公司资产管理产品、银行理财产品、保险产品、信托产品以及经中国证券投资基金业协会备案的私募基金。

(3) 合格境外机构投资者(QFII)、人民币合格境外机构投资者(RQFII)。

第四章

(4) 社会保障基金、企业年金等养老基金,慈善基金等社会公益基金。

(5) **净资产**不低于**人民币 1000 万元**的企事业单位法人、合伙企业。

(6) 名下**金融资产**不低于**人民币 300 万元**的个人投资者。

(7) 经中国证监会认可的其他合格投资者。

【例题 4-3 多选题】(经典好题) 根据规定,合格投资者应当具备相应的风险识别和承担能力,能够自行承担公司债券的投资风险,并符合一定资质条件。下列投资者符合该资质条件的有( )。

A. 净资产达到 1100 万元的合伙企业 B. 名下金融资产达到 280 万元的自然人

C. 社会保障基金 D. 企业年金

【答案】 ACD

【名师点睛】 合格投资者,应当具备相应的风险识别和承担能力,知悉并自行承担公司债券的投资风险,并符合下列资质条件:经有关金融监管部门批准设立的金融机构,包括证券公司、基金管理公司及其子公司、期货公司、商业银行、保险公司和信托公司等,以及经中国证券投资基金业协会登记的私募基金管理人;上述金融机构面向投资者发行的理财产品,包括但不限于证券公司资产管理产品、基金及基金子公司产品、期货公司资产管理产品、银行理财产品、保险产品、信托产品以及经中国证券投资基金业协会备案的私募基金;净资产不低于人民币 1000 万元的企事业单位法人、合伙企业(选项 A);合格境外机构投资者(QFII)、人民币合格境外机构投资者(RQFII);社会保障基金、企业年金等养老基金,慈善基金等社会公益基金(选项 CD);名下金融资产不低于人民币 300 万元的个人投资者(选项 B);经中国证监会认可的其他合格投资者。

(三) 公开发行

1. 公开发行程序(注册制)

(1) 国务院证券监督管理机构或者国务院授权的部门应当自受理公司债券发行申请文件之日起 **3 个月**内,依照法定条件和法定程序作出予以注册或者不予注册的决定。

(2) **应当**进行债券信用评级。

(3) 公开发行公司债券筹集的资金,**不得用于弥补亏损和非生产性支出**。

2. 向合格投资者**公开发行**债券

(1) 发行条件。

① 具备健全且运行良好的组织机构。

② **最近 3 年平均可分配利润**足以支付公司债券 **1 年的利息**(付息能力)。

③ 国务院规定的其他条件。

提示▶ 仅满足上述条件只能向合格投资者**公开**发行,而不能向社会公众公开发行。

(2) 有下列情形之一的,不得再次公开发行公司债券:

① 对已公开发行的公司债券或者其他债务有违约或者迟延支付本息的事实,**仍处于继续状态**。

② 违反证券法规定,改变公开发行公司债券所募资金的用途。

提示▶ 改变资金用途,必须经债券持有人召开会议作出决议。

3. 向社会公众**公开发行**债券的条件

(1) 发行人**最近 3 年**无债务违约或者迟延支付本息的事实。

(2) 发行人**最近 3 年的平均可分配利润**不少于债券 1 年利息的 **1.5 倍**。

(3) 中国证监会根据投资者保护的需要规定的其他条件。

满足上述条件,发行人可自行选择向公众投资者公开发行,或仅面向合格投资者公开发行。

(四) 非公开发行★★

(1) 对象:向合格投资者发行。

发行人的董事、监事、高级管理人员及持股比例超过 5% 的股东,可以参与本公司非公开发行公司债券的认购与转让,不受合格投资者资质条件的限制。

(2) 限制:不得采用广告、公开劝诱和变相公开方式。

(3) 人数:**≤200 人**。

(4) 评级:无强制要求。

非公开发行公司债券是否进行信用评级由发行人确定,并在债券募集说明书中披露。

提示▶ 公开发行债券:**应当**进行债券信用评级。

(5) 转让:仅限于合格投资者范围内转让,转让后,持有同次发行债券的合格投资者合计**不得超过 200 人**。

【例题 4-4 单选题】(2019 年真题) 根据证券法律制度的规定,下列关于非公开发行公司债券的表述中,正确的是( )。

A. 持股比例超过 1% 的发行人股东可以参与认购和转让,不受合格投资者资质条件的限制

B. 非公开发行公司债券转让后,持有同次发行债券的合格投资者合计不得超过 200 人

C. 合格投资者可以将持有的债券转让给公众投资者

D. 非公开发行公司债券可以选择向公众投资者或者合格投资者发行

【答案】 B

【名师点睛】 选项 A,发行人的董事、监事、高级管理人员及持股比例超过 5% 的股东,可以参与本公司非公开发行公司债券的认购与转让,不受合格投资者资质条件的限制;选项 BC,非公开发行的公司债券仅限于合格投资者范围内转让,转让后,持有同次发行债券的合格投资者合计不得超过 200 人;选项 D,非公开发行公司债券,应当向合格投资者发行。

考试方向
考查非公开发行公司债券的相关规定。

六、 证券投资基金的募集★

证券投资基金指通过公开或者非公开方式募集投资者资金,由基金管理人管理,基金托管人托管,从事股票、债券等金融工具组合方式进行的一种利益共享、风险共担的集合证

券投资方式。

（一）分类

根据运作方式不同，可分为开放式基金和封闭式基金。

（1）封闭式：基金份额总额在基金合同期限内固定不变，基金份额持有人不得申请赎回的基金。

（2）开放式：基金份额总额不固定，基金份额可以在基金合同约定的时间和场所申购或者赎回的基金。

（二）公开募集基金与非公开募集基金

1. 公开募集

（1）公开募集基金应当经国务院证券监督管理机构注册。

（2）基金募集申请注册后，方可发售基金份额。

（3）基金募集不得超过国务院证券监督管理机构准予注册的基金募集期限。

公开募集基金流程如图 4-2 所示。

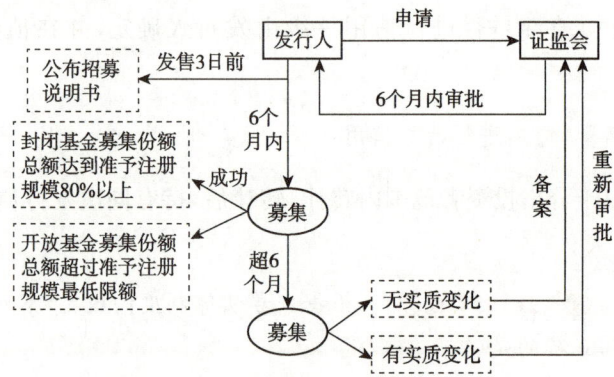

▲ 图 4-2　公开募集基金流程

2. 非公开募集

（1）登记备案。

非公开募集基金即私募基金是指在我国境内以非公开的方式向投资者募集资金设立的投资基金。

各类私募基金管理人应当向基金业协会申请登记。各类私募基金募集完毕后，应当向基金业协会办理备案手续（不设行政审批）。

（2）合格投资者。

私募基金应当向合格投资者募集，合格投资者是指具备相应风险识别能力和风险承担能力，投资于单只私募基金的金额不低于 100 万元且符合下列相关标准的单位和个人：

① 净资产不低于 1000 万元的单位。

② 金融资产不低于 300 万元或者最近 3 年个人年均收入不低于 50 万元的个人。

此外，下列投资者视为合格投资者：

① 社会保障基金、企业年金等养老基金、慈善基金等社会公益基金。

② 依法设立并在基金业协会备案的投资计划。

③ 投资于所管理私募基金的私募基金管理人及其从业人员。

④ 中国证监会规定的其他投资者。

公司债券的合格投资者包括但不限于：
① 净资产不低于人民币 1000 万元的企事业单位法人、合伙企业。
② 名下金融资产不低于人民币 300 万元的个人投资者。
③ 社会保障基金、企业年金等养老基金、慈善基金等社会公益基金等。

（3）募集规则。

① 不得向合格投资者之外的单位和个人募集资金，不得通过报刊、电台、电视、互联网等公众传播媒体或者讲座、报告会、分析会和布告、传单、手机短信、微信、微博、博客和电子邮件等方式，向不特定对象宣传推介。

② 不得向投资者承诺投资本金不受损失或者承诺最低收益。

③ 私募基金管理人或者私募基金销售机构要对投资者的风险识别能力和风险承担能力进行评估，并由投资者书面承诺符合合格投资者条件。

④ 私募基金管理人自行销售或者委托销售机构销售私募基金，应当自行或者委托第三方机构对私募基金进行风险评级，向风险识别能力和风险承担能力相匹配的投资者推介私募基金。

⑤ 投资者应当如实填写风险识别能力和风险承担能力问卷，如实承诺资产或者收入情况，并对其真实性、准确性和完整性负责。

⑥ 投资者应当确保投资资金来源合法，不得非法汇集他人资金投资私募基金。

（4）投资运作。

除基金合同另有约定外，私募基金应当由基金托管人托管。

提示 ▶ 基金合同约定私募基金不进行托管的，应当在基金合同中明确保障私募基金财产安全的制度措施和纠纷解决机制。

七、证券交易的一般规定（限制性）★★★

（1）概念：证券交易，主要指证券买卖，即证券持有人依照证券交易规则，将已依法发行的证券转让给其他证券投资者的行为。

（2）特征：流动性、收益性、风险性。

（3）方式：集中交易和非集中交易，分别适用于证券交易所和场外交易市场。

（4）一般规定。

证券交易的标的与主体必须合法。根据《公司法》和《证券法》的有关规定，涉及该限制性规定如表 4-3 所示。

表 4-3　证券交易的一般规定

发起人	① 所持本公司股份，自公司成立之日起 1 年内不得转让 ② 公司公开发行股票前已发行的股份，自公司股票在证券交易所上市交易之日起 1 年内不得转让
董事、监事、高级管理人员	① 所持本公司股份，自公司股票上市交易之日起 1 年内不得转让 ② 在任职期间每年转让的股份不得超过所持有本公司股份总数的 25%；所持股份不超过 1000 股的，可一次全部转让 ③ 离职后半年内，不得转让其所持有的本公司股份

（续表）

上市公司的董事、监事、高级管理人员及持有 5% 以上股份的股东	其持有的该公司股票或其他具有股权性质的证券在买入后 6 个月内卖出或卖出后 6 个月内买入，所得收益归该公司所有 提示▶证券公司包销购入剩余股票而持有 5% 以上股份的，卖出该股票不受 6 个月时间限制 其中，上市公司董事、监事、高级管理人员在下列期间不得买卖本公司股票： ① 上市公司定期报告公告前 30 日内 ② 上市公司业绩预告、业绩快报公告前 10 日内 ③ 自可能对本公司股票交易价格产生重大影响的重大事项发生之日或在决策过程中，至依法披露后 2 个交易日内 ④ 证券交易所规定的其他期间
证券从业人员	任期或者法定限期内，不得直接或者以化名、借他人名义持有、买卖股票，也不得收受他人赠送的股票，必须依法转让
出具审计、资产评估报告或法律意见书的机构人员	① 为证券发行出具的，在该证券承销期内和期满后 6 个月内不得买卖该证券 ② 为发行人及其控股股东、实际控制人或收购人、重大资产交易方出具的，自接受委托之日起至上述文件公开后 5 日内，不得买卖该证券

八、证券上市★★

申请证券上市交易，应当向证券交易所提出申请，由证交所依法审核同意。

（一）股票在科创板上市的条件

（1）股票经国务院证券监督管理机构核准已公开发行。

（2）发行后股本总额不少于人民币 3000 万元。

（3）公开发行的股份达到公司股份总数的 25% 以上，公司股本总额超过 4 亿元人民币的，公开发行股份的比例为 10% 以上。

（4）市值及财务指标符合标准。

（二）证券投资基金上市的条件

（1）基金的募集符合《证券投资基金法》的规定。

（2）基金合同期限为 5 年以上。

（3）基金募集金额不低于 2 亿元人民币。

（4）基金份额持有人不少于 1000 人。

（5）基金份额上市交易规则规定的其他条件。

・易错易混点・

发行与上市：

发行是一级市场（公司卖给投资者）。

上市是二级市场（投资者之间进行买卖）。

九、禁止的交易行为★★

禁止的交易行为包括内幕交易、操纵证券市场、虚假陈述、欺诈客户。

第四章

（一）内幕交易

内幕交易行为是指证券交易内幕信息的知情人员利用内幕信息进行证券交易的行为。内幕信息知情人员自己未买卖也未建议他人买卖证券，但将内幕信息泄露给他人，接受内幕信息的人依此买卖证券的，也属于内幕交易行为。

1. 内幕信息知情人

（1）发行人及其董事、监事、高级管理人员。

（2）持有上市公司5％以上股份的股东及其董事、监事、高级管理人员，公司的实际控制人及其董事、监事、高级管理人员。

（3）发行人控股或实际控制的公司及其董事、监事、高级管理人员。

（4）由于所任公司职务（如财务总监）或因与公司业务往来可以获取公司有关内幕信息的人员。

（5）上市公司收购人或者重大资产交易方及其控股股东、实际控制人、董事、监事和高级管理人员。

（6）因职务、工作可以获取内幕信息的证券交易场所、证券公司、证券登记结算机构、证券服务机构的有关人员。

（7）因职务、工作可以获取内幕信息的证券监督管理机构工作人员。

（8）因法定职责对证券的发行、交易或者对上市公司及其收购、重大资产交易进行管理可以获取内幕信息的有关主管部门、监管机构的工作人员。

（9）国务院证券监督管理机构规定的可以获取内幕信息的其他人员。

2. 内幕信息

内幕信息是指应报送临时报告的重大事件。

3. 行为禁止

证券交易内幕信息的知情人和非法获取内幕信息的人，在内幕信息公开前，不得买卖该公司的证券，或者泄露该信息，或者建议他人买卖该证券。

禁止相关从业人员与工作人员利用未公开的信息进行证券交易活动或明示、暗示他人从事相关交易活动。

（二）操纵证券市场

操纵证券市场行为是指单位或个人以获取利益或减少损失为目的，利用其资金、信息等优势影响证券市场价格，制造证券市场假象，诱导或者致使投资者在不了解事实真相的情况下作出买卖证券的决定，扰乱证券市场秩序的行为。

操纵证券市场的判定标准：是否采用非法手段影响证券市场价格或交易量。具体情形包括：

（1）单独或者通过合谋，集中资金优势、持股优势或者利用信息优势联合或者连续买卖。

（2）与他人串通，以事先约定的时间、价格和方式相互进行证券交易。

（3）在自己实际控制的账户之间进行证券交易。

（4）不以成交为目的，频繁或大量申报并撤销申报。

（5）利用虚假或不确定的重大信息，诱导投资者进行证券交易。

（6）对证券、发行人公开作出评价、预测或投资建议，并进行反向证券交易。

（7）利用在其他相关市场的活动操纵证券市场。

（8）操纵证券市场的其他手段。

考试方向

考查操作证券市场行为的判定。

【例题 4-5 单选题】(经典好题) 某证券公司利用资金优势,在 3 个交易日内连续对某一上市公司的股票进行买卖,使该股票从每股 10 元上升至 13 元,然后在此价位大量卖出获利。根据《证券法》的规定,下列关于该证券公司行为效力的表述中,正确的是( )。

A. 合法,因该行为不违反平等自愿、等价有偿的原则

B. 合法,因该行为不违反交易自由、风险自担的原则

C. 不合法,因该行为属于操纵市场的行为

D. 不合法,因该行为属于欺诈客户的行为

【答案】 C

【名师点睛】 单独或者通过合谋,集中资金优势、持股优势或者利用信息优势联合或者连续买卖,操纵证券交易价格或者证券交易量,属于操纵证券市场的行为。

(三) 虚假陈述

虚假陈述行为是指行为人在提交和公布的信息披露文件中作出的违背事实真相的**虚假记载、误导性陈述和重大遗漏**的行为。

行为主体:依法承担信息披露义务的人。

提示▶信息披露义务人**以外**的机构和人员编造、传播虚假信息或误导性信息、虚假陈述,误导投资者的行为,**不构成**虚假陈述,但属于证券违法行为,应当依法承担民事赔偿责任。

(四) 欺诈客户

判定标准:**证券公司及其从业人员**违背客户真实意愿,侵害客户利益。具体情形包括:

(1) 违背客户的委托为其买卖证券。

(2) 不在规定时间内向客户提供交易的书面确认文件。

(3) 未经客户的委托,擅自为客户买卖证券,或者假借客户的名义买卖证券。

(4) 为牟取佣金收入,诱使客户进行不必要的证券买卖。

(5) 其他违背客户真实意思表示,损害客户利益的行为。

(五) 其他禁止交易的行为

(1) 禁止任何单位和个人违反规定出借自己的证券账户或者借用他人的证券账户从事证券交易。

(2) 禁止资金违规流入股市。

(3) 禁止投资者违规利用财政资金、银行信贷资金买卖证券。

十、 上市公司收购★★

(1) 概念:上市公司收购指收购人通过在证券交易所的股份转让活动,持有一个上市公司的已发行的表决权股份达到一定比例或通过证券交易所股份转让活动的其他合法方式控制一个上市公司的表决权股份达到一定程度,导致其获得或可能获得对该公司的实际控制权的行为。

(2) 目的:上市公司收购的投资者目的在于获得对上市公司的实际控制权。

(3) 方式:通过在证券交易所的股份转让活动或其他合法方式。

(4) 有下列情形之一的,表明已获得或拥有上市公司的实际控制权:

① 投资者为上市公司持股 50％以上的控股股东。

② 投资者可实际支配上市公司股份表决权超过 30％。

③ 投资者通过实际支配上市公司股份表决权能够决定公司董事会半数以上成员选任。

④ 投资者依其可实际支配的上市公司股份表决权足以对公司股东大会的决议产生重大影响。

⑤ 国务院证券监督管理机构认定的其他情形。

十一、 收购人

（一）不得收购上市公司的情形

（1）收购人负有数额较大债务，到期未清偿，且处于持续状态。

（2）收购人最近 3 年有重大违法行为或者涉嫌有重大违法行为。

（3）收购人最近 3 年有严重的证券市场失信行为。

（4）收购人为自然人的，存在《公司法》规定的不得担任公司董事、监事、高级管理人员的情形。

（5）法律、行政法规规定以及国务院证券监督管理机构认定的不得收购上市公司的其他情形。

（二）一致行动人★★

收购人包括投资者及与其一致行动的他人。一致行动，是指投资者通过协议、其他安排，与其他投资者共同扩大其所能够支配的一个上市公司股份表决权数量的行为或者事实。

在上市公司的收购及相关股份权益变动活动中有一致行动情形的投资者，互为一致行动人。如果没有相反证据，投资者有下列情形之一的，为一致行动人（如图 4-3 所示）：

（1）投资者之间有股权控制关系。

（2）投资者受同一主体控制。

（3）投资者的董事、监事或者高级管理人员中的主要成员，同时在另一个投资者担任董事、监事或者高级管理人员。

（4）投资者参股另一投资者，可以对参股公司的重大决策产生重大影响。

（5）银行以外的其他法人、组织和自然人为投资者取得相关股份提供融资安排。

（6）投资者之间存在合伙、合作、联营等其他经济利益关系。

（7）持有投资者 30％以上股份的自然人，与投资者持有同一上市公司股份。

（8）在投资者任职的董事、监事及高级管理人员，与投资者持有同一上市公司股份。

（9）持有投资者 30％以上股份的自然人和在投资者任职的董事、监事及高级管理人员，其父母、配偶、子女及其配偶、配偶的父母、兄弟姐妹及其配偶、配偶的兄弟姐妹及其配偶等亲属，与投资者持有同一上市公司股份。

（10）在上市公司任职的董事、监事、高级管理人员及其前项所述亲属同时持有本公司股份的，或者与其自己或者其前项所述亲属直接或者间接控制的企业同时持有本公司股份。

（11）上市公司董事、监事、高级管理人员和员工与其所控制或者委托的法人或者其他组织持有本公司股份。

（12）投资者之间具有其他关联关系。

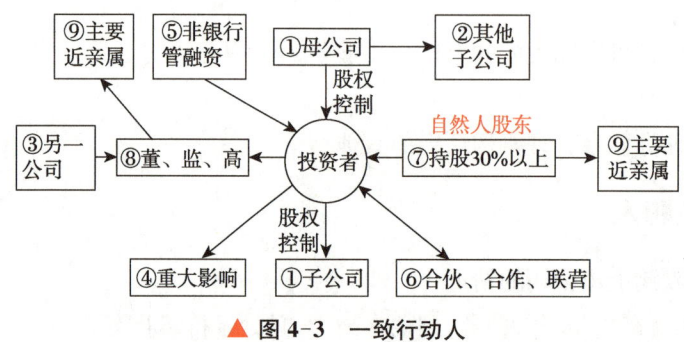

▲ 图4-3 一致行动人

提示▶ 投资者及其一致行动人在一个上市公司中拥有的权益应当合并计算。

【例题4-6多选题】（经典好题） 甲公司收购乙上市公司时，下列投资者同时也在购买乙上市公司的股票。根据证券法律制度的规定，如无相反证据，与甲公司为一致行动人的投资者有（　　）。

A. 甲公司董事杨某

B. 甲公司董事长张某多年未联系的同学

C. 甲公司某监事的母亲

D. 甲公司总经理的配偶

【答案】 ACD

【名师点睛】 根据规定，在投资者任职的董事、监事及高级管理人员，其父母、配偶、子女及其配偶、配偶的父母、兄弟姐妹及其配偶、配偶的兄弟姐妹及其配偶等亲属，与投资者持有同一上市公司股份，与投资者属于一致行动人。

（三）上市公司收购的权益披露★★

1. 披露情形

（1）拥有的已发行股份达到5％时：

自该事实发生之日起3日内编制权益变动报告书，向中国证监会、证券交易所提交书面报告，通知该上市公司，并予公告。上述期限内，不得买卖该上市公司的股票。

（2）所持已发行股份每增减5％时：

拥有上市公司已发行的股份达到5％后，所持股份比例每增加或者减少5％，应当依照前述规定进行报告和公告。在事实发生之日起至公告后3日内，不得买卖该上市公司的股票。

（3）违规后果：

违规买入上市公司有表决权的股份的，在买入后36个月内，对该超过规定比例部分的股份不得行使表决权。

2. 报告书类型

权益变动的披露文件有简式权益变动报告书和详式权益变动报告书,详见表4-4。

表4-4　报告书类型

收购比例	收购主体	报告书类型
5%≤比例<20%	不是上市公司第一大股东或实际控制人	简式权益变动报告书
	上市公司第一大股东或实际控制人	详式权益变动报告书
20%≤比例≤30%	不是上市公司第一大股东或实际控制人	
	上市公司第一大股东或实际控制人	
比例>30%且达到30%后继续增持	触发要约收购	

十二、要约收购★★

要约收购是指通过证券交易所的证券交易,投资者持有或通过协议、其他安排与他人共同持有一个上市公司已发行的有表决权股份达到30%时,继续增持股份的,应当采取向被收购公司的股东发出收购要约的方式进行收购。详见表4-5。

表4-5　要约收购

触发条件	持股比例达到30%同时继续增持股份
收购方式	① 全面要约:向被收购公司所有股东发出要约收购其全部股份 ② 部分要约:向被收购公司所有股东发出要约收购其部分股份
收购期限	30日≤收购期限≤60日(出现竞争要约的除外)
撤销邀约	承诺期内,不得撤销
变更邀约	① 变更程序:及时公告→通知被收购公司 ② 收购要约期限届满前15日内,收购人不得变更,出现竞争要约的除外
要求	① 在要约收购期间,被收购公司董事不得辞职 ② 收购人应当公平对待被收购公司的所有股东
收购人的义务	① 公告义务 a. 收购人应当编制要约收购报告书,聘请财务顾问,通知被收购公司,同时对要约收购报告书摘要作出提示性公告 b. 收购期限届满后15日内,收购人应当向证监会和证券交易所提交关于收购情况的书面报告,并予以公告 ① 禁售义务 收购人在要约收购期内,不得卖出被收购公司的股票;也不得采取要约规定以外的形式和超出要约的条件买入 ② 锁定义务 收购人持有的被收购上市公司的股票,在收购行为完成后18个月内不得转让

【例题4-7单选题】(经典好题)　下列关于上市公司收购人权利义务的表述中,不符合上市公司收购法律制度规定的是(　　)。

A. 收购人在要约收购期内,可以卖出被收购公司的股票

B. 收购人持有的被收购上市公司的股票,在收购行为完成后的18个月内不得转让

C. 收购人在收购要约期限届满前 15 日内,不得变更其收购要约,除非出现竞争要约

D. 收购人在收购要约确定的承诺期限内,不得撤销其收购要约

【答案】 A

【名师点睛】 收购人在要约收购期内,不得卖出被收购公司的股票。因此选项 A 的说法不符合规定。

十三、 协议收购与其他合法方式收购

(一)协议收购

协议收购是指收购人在证券交易所之外,通过与被收购公司股东协商一致达成协议,受让其持有的上市公司的股份而进行的收购。

收购协议达成后,收购人必须在 3 日内将该收购协议向中国证监会、证券交易所作出书面报告,并予公告。

达到 30% 时,继续进行收购的,应当转化为要约收购。

(二)其他合法方式收购★

(1)认购股份收购。

(2)集中竞价收购。

(3)国有股权的行政划转或变更。

(4)执行法院裁定。

(5)继承。

(6)赠与。

十四、 上市公司收购的法律后果★★

上市公司收购完成后,会产生一系列法律后果。

(1)被收购公司不符合上市条件的:

① 由证券交易所依法终止上市交易。

② 其余仍持有被收购公司股票的股东,有权向收购人以收购要约的同等条件出售其股票,收购人应当收购。

> 知识链接 ▶ 股票科创板上市条件:公开发行的股份达到股份总数的 25% 以上;股本总额超过人民币 4 亿元的,公开发行股份的比例为 10% 以上。

(2)被收购公司不再具备股份有限公司条件的:依法变更企业形式。

(3)锁定期:收购人持有的被收购的上市公司的股票,在收购行为完成后的 18 个月内不得转让。

【例题 4-8 多选题】(经典好题) 甲投资者收购一家股本总额为 4.5 亿元人民币的上市公司。下列关于该上市公司收购的法律后果的表述中,符合证券法律制度规定的有( )。

A. 收购期限届满,该上市公司公开发行的股份占公司股份总数的 8%,该上市公司的股票应由证券交易所终止上市交易

B. 收购期限届满,持有该上市公司股份 2% 的股东,要求以收购要约的同等条件向

C. 甲投资者持有该上市公司股票,在收购行为完成后的 12 个月内不得转让

D. 收购行为完成后,甲投资者应当在 15 日内向证券交易所提交关于收购情况的书面报告,并予公告

【答案】 AD

考试方向
考查上市公司收购的法律后果。

【名师点睛】 收购期限届满,被收购公司股权分布不符合上市条件(股本总额超过 4 亿元的,公开发行比例应为 10％以上,这是上市条件之一),该上市公司的股票由证券交易所依法终止上市交易,因此选项 A 的说法正确;在收购行为完成前,其余仍持有被收购公司股票的股东,有权在收购报告书规定的合理期限内向收购人以收购要约的同等条件出售其股票,收购人应当收购,因此选项 B 的说法错误;在上市公司收购中,收购人持有的被收购公司的股份,在收购完成后 18 个月内不得转让,因此选项 C 的说法错误。

十五、 证券交易市场信息披露(持续信息公开)

证券交易市场信息披露是指证券进入交易市场依法进行交易期间,证券发行人定期或不定期地进行公开披露与其发行证券相关的影响证券交易的所有重要信息。该类信息披露文件主要有定期报告和临时报告。

(一) 定期报告

(1) 概念:公司在一定时期内(某一会计核算期间)分别向证券监管机构、证券交易场所报送和向社会公众公布的反映上市公司等信息披露义务人某个会计期间的财务状况、经营情况、股本变动和股东的情况、募集资金的使用情况和公司重要事项的报告。

(2) 形式:年度报告、中期报告和季度报告。

(二) 临时报告★★★

临时报告是指在定期报告之外临时发布的报告。详见表 4-6。

表 4-6 临时报告的含义及内容

具体含义	可能对上市公司股票、上市交易公司债券交易价格产生较大影响的重大事件,投资者尚未得知时,公司应当立即提出的,披露事件内容,说明事件的起因、目前的状态和可能产生影响的报告
股票发行公司发布临时报告的重大事件	① 公司的经营方针和经营范围的重大变化 ② 公司订立重要合同、提供重大担保或者从事关联交易,可能对公司的资产、负债、权益和经营成果产生重要影响 ③ 公司发生重大债务和未能清偿到期重大债务的违约情况 ④ 公司发生重大亏损或者重大损失 ⑤ 公司生产经营的外部条件发生的重大变化 ⑥ 涉及公司的重大诉讼、仲裁,股东大会、董事会决议被依法撤销或者宣告无效 ⑦ 公司涉嫌犯罪被依法立案调查,公司的控股股东、实际控制人、董事、监事、高级管理人员涉嫌犯罪被依法采取强制措施

第四章

（续表）

股票发行公司发布临时报告的重大事件	⑧ 公司的重大投资行为,公司在 1 年内购买、出售重大资产超过公司资产总额的 30%,或者公司营业用主要资产的抵押、质押、出售或者报废一次超过该资产的 30% ⑨ 持有公司 5%以上股份的股东或者实际控制人持有股份或者控制公司的情况发生较大变化,公司的实际控制人及其控制的其他企业从事与公司相同或者相似业务的情况发生较大变化 ⑩ 公司的董事、1/3 以上监事或者经理发生变动,董事长或者经理无法履行职责 **提示▶**董事、经理只要发生变动就属于重大事件,监事变动要达到 1/3,不包括副总经理、财务负责人和董事会秘书 ⑪ 公司分配股利、增资的计划,公司股权结构的重要变化,公司减资、合并、分立、解散及申请破产的决定,或者依法进入破产程序、被责令关闭
债券上市交易公司发布临时报告的重大事件	① 公司股权结构或者生产经营状况发生重大变化 ② 公司债券信用评级发生变化 ③ 公司重大资产抵押、质押、出售、转让、报废 ④ 公司发生不能清偿到期债务的情况 ⑤ 涉及公司的重大诉讼、仲裁 ⑥ 公司涉嫌犯罪被依法立案调查,公司的控股股东、实际控制人、董事、监事、高级管理人员涉嫌犯罪被依法采取强制措施 ⑦ 公司新增借款或者对外提供担保超过上年末净资产的 20% ⑧ 公司放弃债权或者财产超过上年末净资产的 10% ⑨ 公司发生超过上年末净资产 10%的重大损失 ⑩ 公司分配股利,作出减资、合并、分立、解散及申请破产的决定,或者依法进入破产程序、被责令关闭 **提示▶**增资会增强企业偿债能力,不会影响债权人利益,无需披露

考试方向
考查股票发行公司和债券上市交易公司发布临时报告的情形。

【例题 4-9 多选题】(经典好题)　根据证券法律制度的规定,凡发生可能对上市公司股票交易价格产生较大影响的重大事件,投资者尚未得知时,上市公司应当立即报送临时报告,并予公告,下列情形中,属于重大事件的有(　　)。

A. 公司分配股利的计划

B. 公司对外提供担保超过上年末净资产的 20%

C. 公司注册资本减少的决定

D. 公司涉嫌违法受到刑事处罚

【答案】　ACD

【名师点睛】　选项 B,公司新增借款或者对外提供担保超过上年末净资产的 20%属于公司债券上市交易公司发布临时报告的重大事件。

十六、投资者保护★★

本部分仅介绍新《证券法》上专章规定的制度内容。详见表 4-7。

表 4-7　投资者保护的相关制度

制度	具体内容
投资者适当性管理制度	在证券公司与投资者的关系上,证券公司依法承担适当性管理义务。证券公司应如实说明证券、服务的重要内容,并充分揭示投资风险,并提供与投资者状况相匹配的证券、服务

（续表）

制度	具体内容
证券公司与普通投资者纠纷的自证清白制度	普通投资者与证券公司发生纠纷的,证券公司应当证明其行为符合法律法规,不存在误导、欺诈等情形。证券公司不能证明的,应当承担相应的赔偿责任
股东权利代为行使征集制度	① 设立投资者保护机构:上市公司董事会、独立董事、持有 1%以上 有表决权股份的股东按规定设立 ② 依照规定征集股东权利的,征集人应当披露征集文件,上市公司应当予以配合,禁止 以有偿或变相有偿方式公开征集股东权利
上市公司现金分红制度	上市公司应当在章程中明确分配现金股利的具体安排和决策程序,依法保障股东的资产收益权。上市公司当年税后利润,在弥补亏损及提取法定公积金后有盈余的,应当按照公司章程的规定分配现金股利
公司债券持有人会议制度与受托管理人制度	公开发行公司债券的:①应当设立债券持有人会议;②发行人应当为债券持有人聘请债券受托管理人,并订立债券受托管理协议 提示▶受托管理人应当由本次发行的承销机构或其他经证监会认可的机构担任 债券持有人会议可以决议变更债券受托管理人 债券发行人未能按期兑付债券本息的,债券受托管理人可以接受全部或部分债券持有人的委托,以自己名义代表债券持有人提起、参加民事诉讼或者清算程序
先行赔付的赔偿机制	发行人因欺诈发行,虚假陈述或其他重大违法行为给投资者造成损失的,发行人的控股股东、实际控制人、相关的证券公司可以委托投资者保护机构,就赔偿事宜与受到损失的投资者达成协议,予以先行赔付 提示▶先行赔付后,可以依法向发行人以及其他连带责任人追偿
普通投资者与证券公司纠纷的强制调解制度	① 投资者与发行人、证券公司等发生纠纷的,双方可以向投资者保护机构申请调解 ② 调解方:投资者保护机构 普通投资者与证券公司发生证券业务纠纷,普通投资者提出调解请求的,证券公司不得拒绝
投资者保护机构的代表诉讼制度	发行人的董事、监事、高级管理人员执行公司职务时违反规定给公司造成损失,发行人的控股股东、实际控制人等侵犯公司合法权益给公司造成损失,投资者保护机构持有该公司股份的,可以为公司的利益以自己的名义向人民法院提起诉讼,持股比例和持股期限不受《公司法》规定的限制 知识链接▶《公司法》规定,股份有限公司连续 180 日单独或者合计持有公司 1%以上股份的股东可以代表公司提起诉讼
代表人诉讼制度（团体诉讼、共同诉讼）	投资者代表人诉讼	① 推选代表人进行诉讼 ② 人民法院可以发出公告,通知投资者在一定期间向人民法院登记 ③ 人民法院作出的判决、裁定,对参加登记的投资者发生效力
	投资者保护机构的代表人诉讼	① 由投资者保护机构代表投资者进行的诉讼 ② 前提:接受 50 名以上 投资者委托,可以作为代表人参加诉讼 ③ 实行"默示加入、明示退出"的规则

【例题 4-10 单选题】(经典好题) 根据证券法律制度的规定,下列关于投资者保护制度的说法中正确的是( )。

A. 国务院证券监督管理机构应当依法承担适当性管理义务

B. 所有投资者与证券公司发生纠纷的,证券公司均应当证明其行为符合规定,不能证明的应当承担相应的赔偿责任

C. 投资者保护机构可以有偿方式公开征集股东权利

考试方向

考查投资者保护的九种制度的界定。

D. 上市公司应当在章程中明确分配现金股利的具体安排和决策程序

【答案】 D

【名师点睛】 选项A,证券公司依法承担适当性管理义务;选项B,普通投资者与证券公司发生纠纷的,证券公司应当证明其行为符合规定,不存在误导、欺诈等情形;选项C,投资者保护机构禁止以有偿方式公开征集股东权利。

第二节 保险法律制度

本节框架

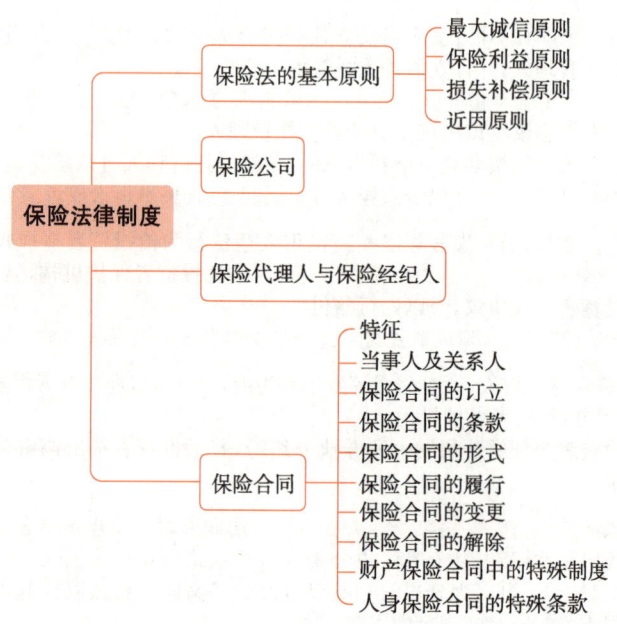

一、 保险法的基本原则 ★★★

保险法的基本原则包含以下内容:最大诚信原则、保险利益原则、损失补偿原则、近因原则。

(一) 最大诚信原则

最大诚信原则的基本内容:告知、保证、弃权和禁止反言。

1. 告知

(1) 时间:订立保险合同时。

(2) 内容:①与保险标的有关的重要事实;②由保险人决定是否予以承保及确定保险费率。

(3) 义务:仅限于保险人询问的事实,对于保险人询问之外的问题,投保人没有告知义务。

《保险法》司法解释：

① 当事人对询问范围及内容有争议的，保险人负举证责任。

② 保险人以投保人违反了对投保单询问表中所列概括性条款的如实告知义务为由请求解除合同的，人民法院不予支持。但该概括性条款有具体内容的除外。

> **提示** ▶ 概括性条款，一般是指词义模糊、概括性极强的条款。实践中，概括性条款往往以"其他""除此以外""等"的方式出现。

（4）法律后果。

① 投保人。

a. 故意不履行告知义务的：解除合同，保险人不赔偿保险金且不退还保费。

b. 因重大过失未履行告知义务且对保险事故的发生有严重影响的：解除合同，保险人不赔偿保护金但退还保费。

> **提示** ▶ 故意不告知和重大过失不告知的法律后果不同。重大过失是指必须对保险事故的发生有严重影响。

② 保险人。

a. 投保人故意或者因重大过失未履行如实告知义务的，足以影响保险人决定是否同意承保或者提高保险费率的，保险人有权解除合同。

b. 在合同订立时已经知道投保人未如实告知情况的，不得解除合同，并且承担赔偿责任。

《保险法》司法解释：

保险人在保险合同成立后知道或者应当知道投保人未履行如实告知义务，仍然收取保险费，又依照《保险法》第十六条第二款的规定主张解除合同的，人民法院不予支持。

（5）期限。

① 保险人的解除合同权：自保险人知道有解除事由之日起，超过 30 日不行使而消灭。

② 自合同成立之日起超过两年，保险人不得解除合同；发生保险事故的，保险人应当承担赔偿或者给付保险金的责任。

2. 保证

（1）概念：保证指投保人在保险合同中向保险人作出的履行某种特定义务的承诺，或担保某一事项的真实性（如不去战乱地区、不改变保险标的用途等）。

（2）法律后果：如果投保人违反保证义务，保险人可解除合同或不负赔偿责任。

3. 弃权与禁止反言

（1）弃权：指保险人放弃因投保人或被保险人违反告知义务或保证而产生的保险合同解除权。

（2）禁止反言：指保险人既然放弃自己的权利，将来不得反悔再向对方主张已经放弃的权利。

> **提示** ▶ 弃权是禁止反言的前提，禁止反言是弃权的法律后果。

【例题 4-11 单选题】(经典好题)　甲以自己为被保险人向某保险公司投保健康险，指定其子乙为受益人，保险公司承保并出具保单。两个月后，甲突发心脏病死亡。保险公司经调查发现,甲两年前曾做过心脏搭桥手术,但在填写投保单以及回答保险公司相关询问时,甲均未如实告知。对此,下列表述中,正确的是(　　)。

A. 因甲违反如实告知义务,故保险公司对甲可主张违约责任

B. 保险公司有权解除保险合同

C. 保险公司即使不解除保险合同,仍有权拒绝乙的保险金请求

D. 保险公司虽可不必支付保险金,但须退还保险费

【答案】 B

【名师点睛】 选项A,如实告知义务属于法定义务,并非合同约定义务,不能主张违约责任;选项B,投保人故意不履行告知义务,保险人有权解除保险合同,对解除前发生的保险事故不承担给付保险金责任,并不退还保险费;选项C,《保险法》司法解释(二)规定:保险人未行使合同解除权,直接以《保险法》第十六条第四款、第五款规定的情形为由拒绝赔偿的,人民法院不予支持;选项D,投保人重大过失不履行告知义务且对保险事故的发生有严重影响的,保险人有权解除合同,并对解除前发生的保险事故不承担赔偿或给付保险金责任,但应退还保费。

(二) 保险利益原则

1. 概念

投保人或者被保险人对保险标的具有的法律上承认的利益(可保利益)。人身保险和财产保险均适用保险利益原则。

2. 利益构成要件

(1) 保险利益必须是法律上承认的利益(合法利益)。

(2) 保险利益必须具有经济性(可以用货币计算估价)。

(3) 保险利益必须是确定的(现有利益和可期待利益)。

3. 人身保险

(1) 投保人对下列人员具有保险利益:

① 本人。

② 配偶、子女、父母。

③ 上述人员以外的与投保人有抚养、赡养或者扶养关系的家庭其他成员、近亲属。

④ 与投保人有劳动关系的劳动者。

提示▶ 除上述情形外,被保险人同意投保人为其订立合同的,视为投保人对被保险人具有保险利益。

(2) 时间限制。

在签订保险合同时必须对保险标的具有保险利益,否则合同无效。

《保险法》司法解释:

① (人身)保险合同订立后,因投保人丧失对被保险人的保险利益,当事人主张保险合同无效的,人民法院不予支持。

② 投保人对被保险人不具有保险利益的,保险合同无效,但投保人主张保险人退还扣减相应手续费后的保险费的,人民法院应予支持。

案例 4-2

　　老周为妻子购买人身意外伤害保险,受益人是儿子小周,后老周与妻子离婚,该保险依然有效。

　　4. 财产保险

　　(1) 保险利益的人员范围:

　　① 对财产享有法律上权利的人,如所有权人、抵押权人、留置权人等。

　　② 财产保管人。

　　③ 合法占有财产的人,如承租人、承包人等。

　　(2) 时间限制:在保险事故发生时被保险人对保险标的应当具有保险利益,否则不得对保险人行使请求赔偿或给付保险金的权利。

案例 4-3

　　老潘为自己的汽车购买了盗抢险,后不慎将汽车丢失,老潘对保险标的具有保险利益。

　　【例题 4-12 多选题】(经典好题)　　根据《保险法》的规定,人身保险的投保人在订立保险合同时,对某些人员具有保险利益。该人员包括(　　　　)。

　　A. 投保人的父亲

　　B. 投保人赡养的伯父

　　C. 投保人抚养的外甥女

　　D. 投保人的妻子

　　【答案】 ABCD

　　【名师点睛】 根据规定,投保人对下列人员具有保险利益:本人;配偶、子女、父母;前项以外与投保人有抚养、赡养或者扶养关系的家庭其他成员、近亲属;与投保人有劳动关系的劳动者。

考试方向

考查保险利益原则。

　　(三) 损失补偿原则(财产保险特有)

　　(1) 被保险人只有遭受约定的保险危险所造成的损失才能获得赔偿。

　　(2) 补偿的金额等于实际损失的金额。

　　① 保险人的赔付以投保时约定的保险金额为限,而且保险金额不得超过保险标的的实际价值,超过保险金额的损失,保险人不予赔偿。

　　② 财产保险的保险金额可以等于或少于保险价值但不得超过保险价值。超过保险价值的,超过部分无效,保险人应当退还相应的保险费。

　　③ 保险金额低于保险价值的,除合同另有规定外,保险人按照保险金额与保险价值的比例承担赔偿保险金的责任。

　　(四) 近因原则——保险事故与损害后果之间应具有因果关系

　　保险人对承保范围内的保险事故作为直接的、最接近的原因所引起的损失,承担保险责任。

案例 4-4

老周投保人身重大疾病保险,后不幸死于车祸。保险人是否应当承担保险赔偿责任?

【分析】 老周死亡的近因是意外伤害车祸,保险人不承担保险责任。

二、保险公司 ★

保险公司的设立、变更、中止、业务范围、资金运用限制,详见表4-8。

表4-8 保险公司的相关规定

设立条件	① 注册资本:最低限额为人民币2亿元,且必须为实缴货币资本 ② 主要股东: a. 净资产不低于人民币2亿元 b. 有持续盈利能力,信誉良好,最近3年内无重大违法记录 ③ 有具备任职专业知识和业务工作经验的董事、监事和高级管理人员 ④ 有健全的组织机构和管理制度(制度健全) ⑤ 有符合要求的营业场所和与经营有关的其他设施(固定场所) ⑥ 有符合保险法和公司法规定的章程 ⑦ 法律、行政法规和国务院保险监督管理机构规定的其他条件 提示▶保险公司在中国境内、境外设立分支机构,应当经国务院保险监督管理机构(保监会)批准。保险公司分支机构不具有法人资格,其民事责任由保险公司承担
变更	保险公司的变更有下列情形之一的,应当经保监会批准: ① 变更名称 ② 变更注册资本 ③ 变更公司或者分支机构的营业场所、撤销分支机构 ④ 公司分立或者合并 ⑤ 修改公司章程 ⑥ 变更出资额占有限责任公司资本总额5%以上的股东,或者变更持有股份有限公司股份5%以上的股东 ⑦ 中国保监会规定的其他情形
终止	① 终止原因:解散、被撤销、破产 提示▶因上述原因终止需要经过国务院保险监督管理机构批准 ② 经营人寿保险业务公司的特殊规定: a. 经营有人寿保险业务的保险公司,除因合并、分立或者被依法撤销外,不得解散 b. 经营有人寿保险业务的保险公司被依法撤销或者被依法宣告破产的,其持有的人寿保险合同及责任准备金,必须转让给其他经营有人寿保险业务的保险公司;不能同其他保险公司达成转让协议的,由国务院保险监督管理机构指定经营有人寿保险业务的保险公司接受转让
业务范围	人身保险(人寿、健康、意外伤害)+财产保险(财产损失、责任、信用、保证) 提示▶保险人不得兼营人身保险业务和财产保险业务(分业经营原则)。但是,经营财产保险业务的保险公司经国务院保险监督管理机构批准,可以经营短期健康保险业务和意外伤害保险业务(无人寿保险)
资金运用限制	保险公司的资金运用形式: ① 银行存款 ② 买卖债券、股票、证券投资基金份额等有价证券 ③ 投资不动产 ④ 国务院规定的其他资金运用形式

【例题 4-13 多选题】(经典好题) 下列关于保险公司的设立、变更和终止的说法中正确的有( )。

考试方向
考查保险公司的设立、变更和终止。

A. 保险公司注册资本最低限额为人民币 10 亿元,且必须为实缴货币资本

B. 保险公司主要股东总资产不低于人民币 2 亿元

C. 变更持有股份有限公司股份 5% 以上的股东要经过国务院保险监督管理机构批准

D. 经营有人寿保险业务的保险公司,除因合并、分立或者被依法撤销外,不得解散

【答案】 CD

【名师点睛】 保险公司注册资本最低限额为人民币 2 亿元,并非 10 亿元,所以选项 A 错误;保险公司的主要股东净资产不低于人民币 2 亿元,并非总资产,所以选项 B 错误。

三、 保险代理人与保险经纪人 ★★

(一) 保险代理人(代理行为)

保险代理人是指根据保险人的委托,向保险人收取佣金,并在保险人授权的范围内代为办理保险业务的机构或者个人。

代理的特征:

① 代理人必须以被代理人的名义实施法律行为。

② 代理人在代理权限内独立地向第三人进行意思表示。

③ 法律后果直接归属于被代理人。

(1) 保险代理人接受保险人的委托,代表保险人的利益,以保险人的名义,在保险人授权范围内代理保险人进行保险业务。保险代理人的保险代理活动所产生的法律后果,由保险人承担。

(2) 保险代理人必须与保险人签订委托代理合同(也适用表见代理的规定)。

保险代理人没有代理权、超越代理权或者代理权终止后以保险人的名义订立合同,使投保人有理由相信其有代理权的,该代理行为有效;保险人可以依法追究越权的保险代理人的责任。

(3) 保险代理人可以是单位,也可以是个人。

提示▶个人保险代理人在代为办理人寿保险业务时,不得同时接受两个以上保险人的委托。

(二) 保险经纪人

保险经纪人是指基于投保人的利益,为投保人与保险人订立保险合同提供中介服务,并依法收取佣金的机构。

提示▶经纪人行为属于"居间"行为,不属于代理。

(1) 保险经纪人是以自己的名义独立实施保险经纪行为。保险经纪人既不是保险合同的当事人,也不是任何一方的代理人,它是具有独立法律地位的经营组织,自行承担由此产生的法律后果。

第四章

（2）保险经纪人代表<u>投保人的利益</u>从事保险经纪行为，应当按照投保人的指示和要求行事，维护<u>投保人、被保险人</u>的利益。

（3）保险经纪人的佣金一般由<u>保险人支付</u>。

提示 ▶保险经纪机构<u>不得同时</u>向投保人和保险人双方收取佣金。

▶保险佣金只限于向<u>具有合法资格</u>的保险代理人、保险经纪人支付，不得向其他人支付。

保险代理人和保险经济人的区别如表4-9所示。

表4-9　保险代理人 VS 保险经纪人

项目	保险代理人	保险经纪人
代表谁的利益	保险人	投保人
身份	代理人	中介服务
以谁的名义	保险人	保险经纪人（自己的名义）
性质	机构或个人	机构
佣金支付方	保险人	一般为保险人

考试方向

考查保险经纪人与保险代理人的区别。

【**例题4-14 单选题**】（**2018年真题**）　根据保险法律制度的规定，下列关于保险经纪人的表述中，正确的是（　　）。

A. 保险经纪人是专门从事保险经纪活动的个人

B. 保险经纪人是投保人的代理人

C. 保险经纪人是保险人的代理人

D. 保险经纪人可以依法收取佣金

【**答案**】　D

【**名师点睛**】　选项A，保险经纪人是专门从事保险经纪活动的单位，而不能是个人；选项BC，保险经纪人既不是保险合同的当事人，也不是任何一方的代理人；选项D，保险经纪人可以依法收取佣金。

四、保险合同

（一）特征★★

保险合同的特征为：保险合同是双务有偿合同、射幸合同、诺成合同、格式合同或附和合同、最大诚信合同。详见表4-10。

表4-10　保险合同的特征表现

特征表现	具体内容
双务有偿合同	① 与一般的双务合同不同：不确定保险责任是否履行 ② 与一般的有偿合同不同：可能因合同有效期内未发生保险事故无须承担保险责任，也可能保险事故发生后承担的保险金或赔偿金的数额大于保险人收取的保险费
射幸合同	保险人是否承担保险责任具有偶然性
诺成合同	投保人和保险人就投保和承保事宜<u>达成一致</u>，保险合同成立并生效

(续表)

特征表现	具体内容
格式合同或附和合同	保险合同的内容或主要条款或保险单一般是由保险人一方根据相关规定拟订和提供的,投保人在投保时,通常只能决定是否接受保险人制定的保险条款,一般没有拟定、磋商或更改保险合同条款的自由,因此附和性是保险合同的一个重要特征 对格式条款的制约机制: ① 保险人在订立合同时设定免责条款的应当在投保单、保险单或者其他保险凭证上作出足以引起投保人注意的提示,并以书面或口头形式向投保人作出明确说明,否则该条款不生效 ② 对合同条款有争议的,应按通常理解予以解释。有两种以上解释的,人民法院或仲裁机构应当作出有利于被保险人和受益人的解释
最大诚信合同	保险活动要求的诚信程度比一般民事活动更高。见前述保险法的基本原则中的"最大诚信原则"

(二) 当事人及关系人★★

1. 保险合同的当事人(投保人和保险人)

(1) 投保人可以是自然人,也可以是法人。

(2) 投保人需具有相应的民事权利能力和民事行为能力。

(3) 对被保险人或保险标的具有保险利益。

2. 保险合同的关系人(被保险人和受益人)

(1) 被保险人。

① 身份。

a. 财产保险:可以是自然人和法人。

b. 人身保险:只能是自然人。

c. 对于以死亡为给付保险金条件的合同(死亡保险):投保人不得为无民事行为能力人投保死亡保险,但父母为其未成年子女投保的除外。

② 被保险人的权利。

a. 请求权:对保险金的给付享有独立的请求权。

b. 同意权(受益人):人身保险的受益人由被保险人或投保人指定。若投保人指定受益人,须经被保险人同意;投保人变更受益人经被保险人同意。

提示 ▶ 受益人由被保险人决定。

③ 有下列情形之一的,应认定为被保险人同意投保人为其订立保险合同并认可保险金额:

a. 被保险人明知他人代其签名同意而未表示异议的。

b. 被保险人同意投保人指定的受益人的。

c. 有证据足以认定被保险人同意投保人为其投保的其他情形。

④ 死亡险。

a. 未经被保险人同意并认可保险金额,保险合同无效;父母为其未成年子女投保的人身保险除外。

b. 保险单未经被保险人书面同意,不得转让或质押。

《保险法》司法解释：

当事人订立以死亡为给付保险金条件的合同,根据保险法的规定,被保险人同意并认可保险金额可以采取书面形式、口头形式或者其他形式;可以在合同订立时作出,也可以在合同订立后追认。

关于死亡保险被保险人的处理,见表4-11。

表4-11 死亡保险的处理

成年人	无民事行为能力人	不得为其投保
	其余	经同意(保险利益＋死亡保险)可以
未成年子女	父母可以为其投保,无须同意	

考试方向

考查死亡保险的相关规定。

【例题4-15 多选题】(经典好题) 根据保险法律制度的规定,下列关于被保险人和死亡保险的表述中,正确的有( )。

A. 子女未征得父母的意见,可以为父母购买以死亡为给付保险金条件的人身保险

B. 财产保险的被保险人可以是自然人和法人

C. 投保人不得为任何无民事行为能力人投保以死亡为给付保险金条件的人身保险

D. 父亲为28岁的儿子购买以死亡为给付保险金条件的人身保险,但事后儿子向保险公司表示同意指定父亲为受益人,该保险合同有效

【答案】 BD

【名师点睛】 选项A,只有父母为未成年子女投保以死亡为给付保险金条件的人身保险才不需要被保险人同意。选项C,投保人不得为无民事行为能力人投保以死亡为给付保险金条件的人身保险,保险人也不得承保;父母为其未成年子女投保的人身保险,不受此限。选项D,被保险人同意并认可保险金额可以在合同订立时作出,也可以在合同订立后追认。被保险人同意投保人指定的受益人的,应认定为被保险人同意投保并认可保险金额。

(2) 受益人。

① 投保人、被保险人可以为受益人。受益人的资格一般没有限制,自然人、法人均可以为受益人。

提示 ▶胎儿作为受益人应以活着出生为限,已经死亡的人不得作为受益人。

▶受益人不要求行为能力。

▶投保人指定受益人未经被保险人同意的,人民法院应认定指定行为无效。

▶当事人对保险合同约定的受益人存在争议,除投保人、被保险人在保险合同之外另有约定的,按照以下情形分别处理(见表4-12):

表4-12 当事人对保险合同约定的受益人存在争议时不同的处理情形

约定为"法定"或"法定继承人"	以继承法规定的法定继承人为受益人	
约定为身份关系	投保人、被保险人为同一主体	根据事故发生时与被保险人的身份关系确定受益人
	投保人、被保险人为不同主体	根据保险合同成立时与被保险人的身份关系确定受益人
约定包括姓名和身份关系	保险事故发生时,身份关系发生变化,认定为未指定受益人	

第四章

② 被保险人或者投保人可以指定一人或数人为受益人。

受益人为数人的,被保险人或者投保人可以确定受益顺序和受益份额;未确定受益份额的,受益人按照相等份额享有受益权。

提示▶ 受益人故意造成被保险人死亡、伤残、疾病的,或者故意杀害被保险人未遂的,该受益人丧失受益权。

《保险法》司法解释:

a. 投保人或者被保险人指定数人为受益人,部分受益人在保险事故发生前死亡、放弃受益权或者依法丧失受益权的,该受益人应得的受益份额按照保险合同的约定处理。

b. 保险合同没有约定或者约定不明的,该受益人应得的受益份额按照以下情形分别处理(先约定后法定)(见表4-13):

表4-13 受益人受益份额的处理

约定受益顺序	约定受益份额	该受益人应得的受益份额的处理
无	无	其他受益人平均享有
无	有	其他受益人按比例享有
有	无	同顺序的其他受益人平均享有→后一顺序的受益人平均享有
有	有	同顺序的其他受益人按比例享有→后一顺序的受益人按比例享有

③ 被保险人死亡后,有下列情形之一的,保险金作为被保险人的遗产,由保险人依照《继承法》的规定履行给付义务:

a. 没有指定受益人,或者受益人指定不明无法确定的。

b. 受益人先于被保险人死亡,没有其他受益人的。

c. 受益人依法丧失受益权或者放弃受益权,没有其他受益人的。受益人与被保险人在同一事件中死亡,且不能确定死亡先后顺序的,推定受益人死亡在先。

3. 保险合同的当事人和关系人的身份总结如表4-14所示

表4-14 保险合同的当事人和关系人

当事人	投保人	负有支付保险费义务的人
	保险人	保险公司
关系人	被保险人	① 其财产或者人身受保险合同保障 ② 享有保险金请求权的人 ③ 可以为投保人
	受益人	人身保险合同中由被保险人或者投保人指定的享有保险金请求权的人

(三) 保险合同的订立★

保险合同的订立有要约和承诺两个程序。

(1) 投保是一种要约,投保人在其投保的要约有效期内,受其所填写的投保单的约束。保险人在此期限内向投保人承保的,投保人应当与保险人签订保险合同。只有满足

以下情形之一时,投保人填写的保单才失去效力,才不受其所填写的投保单的约束:

① 有效期满后。

② 保险人不予承保。

③ 投保人提出新的要约。

(2) 保险合同为诺成合同,保险人同意承保就意味着承诺,因此,保险合同成立。

提示 ▶投保人提出保险要求,承保人同意承保则保险合同成立。

《保险法》司法解释:

(1) 保险人接受了投保人提交的投保单并收取了保险费,尚未作出是否承保的意思表示,发生保险事故,被保险人或者受益人请求保险人按照保险合同承担赔偿或者给付保险金责任,符合承保条件的,人民法院应予支持;不符合承保条件的,保险人不承担保险责任,但应当退还已经收取的保险费。保险人主张不符合承保条件的,应承担举证责任。

提示 ▶实际履行原则。

(2) 投保人或者投保人的代理人订立保险合同时没有亲自签字或者盖章,而由保险人或者保险人的代理人代为签字或者盖章的,对投保人不生效;但投保人已经交纳保险费的,视为其对代签字或者盖章行为的追认。

考试方向
考查保险合同的成立时间。

【例题 4-16 单选题】(经典好题) 根据《保险法》的规定,下列关于保险合同成立时间的表述中,正确的是(　　)。

A. 投保人支付保险费时,保险合同成立

B. 保险人签发保险单时,保险合同成立

C. 保险代理人签发暂保单时,保险合同成立

D. 投保人提出保险要求,保险人同意承保时,保险合同成立

【答案】 D

【名师点睛】 根据规定,投保人提出保险要求,经保险人同意承保,保险合同成立。

(四) 保险合同的条款★

1. 保险合同应当包括的事项

(1) 保险人的名称和住所。

(2) 投保人、被保险人以及人身保险的受益人的姓名或者名称、住所。

(3) 保险标的。

(4) 保险责任和责任免除。

(5) 保险期间和保险责任开始期间。

(6) 保险金额。

(7) 保险费以及支付办法。

(8) 保险金赔偿或者给付办法。

(9) 违约责任和争议处理。

(10) 订立合同的年、月、日。

2. 责任免除条款(又称除外责任)——保险人不承担保险责任的范围

（1）保险人对在责任免除范围内发生的危险事故造成的损害,不承担保险责任。

（2）保险人在订立合同时应以书面或口头形式向投保人说明,未作提示或未明确说明的,该条款不产生效力。

《保险法》司法解释:

① 保险人将法律、行政法规中的禁止性规定情形作为保险合同免责条款的免责事由,保险人对该条款作出提示后,投保人、被保险人或者受益人以保险人未履行明确说明义务为由主张该条款不生效的,人民法院不予支持。

② 通过网络、电话等方式订立的保险合同,保险人以网页、音频、视频等形式对免除保险人责任条款予以提示和明确说明的,人民法院可以认定其履行了提示和明确说明义务。

保险人对其履行了明确说明义务负举证责任。投保人对保险人履行了符合本解释要求的明确说明义务在相关文书上签字、盖章或者以其他形式予以确认的,应当认定保险人履行了该项义务。但另有证据证明保险人未履行明确说明义务的除外。

保险人已向投保人履行了规定的提示和明确说明义务,保险标的受让人以保险标的转让后保险人未向其提示或明确说明为由,主张免除保险人责任的条款不生效的,人民法院不予支持。

3. 保险期间和保险责任开始期间

（1）保险期间就是保险责任从开始到终止的期间。

（2）保险期间是计算保险费率的依据之一。

（3）保险责任开始的时间一般与保险合同生效的时间不一致。

① 保险合同的生效时间:保险合同自成立时生效(诺成)。

② 保险责任的开始时间:按照约定的时间。

4. 保险金额(损失补偿原则)

对于财产保险,保险金额可以等于或少于保险价值但不得超过保险价值,超过保险价值的,超过部分无效,保险人应当退还相应的保险费。

（五）保险合同的形式★★

保险合同的形式包括保险单、保险凭证、暂保单、投保单、其他书面形式。详见表4-15。

表4-15　保险合同的形式

形式	具体内容
保险单 （正式凭证）	保险合同的正式书面凭证,索赔的主要凭证 提示▶某些情况下,保险单具有有价证券的效用,如人身保险单可转让或质押
保险凭证 （简化版）	俗称"小保单",是内容简化的保险单,不列明具体条款,与保险单具有同等法律效力 提示▶对保险凭证未列明的内容,以相应的保险单的记载为准
暂保单 （临时凭证）	① 保险单发出前的临时保险凭证,一般有效期为15~30日 ② 保险人正式签发保险单前,暂保单与保险单具有同等法律效力;保险人出具正式保险单或暂保单的有效期限届满,暂保单的法律效力自动终止

（续表）

形式	具体内容
投保单 （不是合同）	保险人事先制定的供投保人提出保险要约的格式文件 提示▶投保单不是保险合同，但经投保人填具后，如保险人完全接受并盖章，就成为保险合同的组成部分 《保险法》司法解释： 保险合同中记载的内容不一致的，按照下列规则认定： ① 投保单与保险单或者其他保险凭证不一致的，以投保单为准；但不一致的情形为经保险人说明并经投保人同意的，以投保人签收的保险单或者其他保险凭证载明的内容为准 ② 非格式条款与格式条款不一致的，以非格式条款为准 ③ 保险凭证记载的时间不同的，以形成时间在后的为准 ④ 保险凭证存在手写和打印两种方式的，以双方签字、盖章的手写部分的内容为准

（六）保险合同的履行★★

1. 投保人、被保险人的义务（见表4-16）

表4-16　投保人、被保险人的义务

义务	具体内容
支付保险费（最主要、最基本的义务）	《保险法》司法解释：当事人以被保险人、受益人或者他人已经代为支付保险费为由，主张投保人对应的交费义务已经履行的，人民法院应予支持 ① 合同约定分期支付保险费，投保人支付首期保险费后，除另有约定，投保人自保险人催告之日起超过30日未支付当期保险费，或超过约定期限60日未支付当期保险费，合同效力中止或减少保险金额 ② 人身保险合同因投保人未按规定支付保费而导致合同效力中止的，经保险人与投保人协商并达成协议，在投保人补交保险费后，合同效力恢复。但自合同效力中止之日起满2年未达成协议，保险人有权解除合同
危险增加通知	保险标的的危险显著增加的，被保险人应当按照合同约定及时通知保险人，保险人可以按照合同约定增加保险费或解除合同 提示▶保险人解除合同的，应当将已收取的保险费，按照合同约定扣除自保险责任开始日起至合同解除日止应收的部分后，退还投保人；未通知，不赔付
保险事故后通知	故意或者因重大过失未及时通知，致使保险事故的性质、原因、损失程度等难以确定的部分，不承担赔偿责任，但保险人通过其他途径已经及时知道或应当及时知道保险事故发生的除外
接受检查和维护标的的安全	投保人、被保险人未按照约定履行其对保险标的的安全应尽责任的，保险人有权要求增加保险费或者解除合同
积极施救	保险事故发生时，被保险人应当尽力采取必要的措施，防止或者减少损失

2. 保险人的义务（见表4-17）

表4-17　保险人的义务

义务	具体内容
给付保险赔偿金或保险金（最基本、最主要的义务）	① 及时核定，情形复杂的，应当在30日内作出核定 ② 60日内对赔偿数额不能确定的，应当对可以确定的数额先予支付 保险金额低于保险价值的，除合同另有规定外，保险人按照保险金额与保险价值的比例承担赔偿保险金的责任

（续表）

义务		具体内容
支付其他合理、必要费用	止损费	为防止或者减少保险标的损失所支付的合理费用,如施救费用等,由保险人承担 **提示** ▶费用在保险标的损失赔偿金额以外另行计算,最高不超过保险金
	查证费	为查明和确定保险事故的性质、原因和标的损失程度所支付的合理费用,由保险人承担
	诉讼费	责任保险中被保险人被提起诉讼或仲裁及其他费用,除合同另有约定外,由保险人承担

考试方向

考查保险赔偿的计算。

【例题4-17 单选题】（经典好题） 甲公司购进一台价值120万元的机器设备,向保险公司投保。保险合同约定保险金额为60万元,但未约定保险金的计算方法,后保险期间发生了保险事故,造成该设备实际损失80万元;甲公司为防止损失的扩大,花费了6万元施救费。根据保险法律制度的规定,保险公司应当支付给甲公司的保险金的数额为（　　）万元。

A. 46　　　　　B. 60　　　　　C. 80　　　　　D. 86

【答案】 A

【名师点睛】 根据规定,保险金额低于保险价值的,除合同另有约定外,保险人按照保险金额与保险价值的比例承担赔偿保险金的责任。本题保险金额与保险价值的比例是1:2,保险公司应该承担的保险赔偿金=80×1/2=40(万元),甲公司为防止损失的扩大,花费的6万元施救费也由保险人承担,所以保险公司应当支付给甲公司的保险金的数额=40+6=46(万元)。

3. 索赔时效。详见表4-18。

表4-18　索赔时效

索赔权利人		诉讼时效
人身保险	被保险人或受益人	人寿保险:知道保险事故发生之日起5年
		其他保险:知道保险事故发生之日起2年
财产保险	被保险人	商业责任险:被保险人对第三者应负的赔偿责任确定之日起2年

提示 ▶人身保险包括人身意外伤害保险、健康保险和人寿保险等,仅人寿保险适用5年诉讼时效期间。

（七）保险合同的变更 ★★★

保险合同的变更包括主体变更和内容变更。

1. 投保人、被保险人的变更

(1) 在财产保险合同中,保险标的转让或被继承的,保险标的的受让人或继承人承继被保险人的权利和义务。

(2) 保险标的的转让,被保险人或者受让人应当及时通知保险人,但货物运输保险合同和另有约定的合同除外。

提示 ▶一般情况下只需要通知保险人,无需经过其同意。货物运输合同允许保险单随货物所有权的转移而转移,只需投保方背书即可转让。特殊情况见表4-19。

表 4-19　保险标的转让后风险的承担

已通知未答复	被保险人、受让人依法及时向保险人发出保险标的转让通知后,保险人作出答复前,发生保险事故,被保险人或者受让人主张保险人按照保险合同承担赔偿保险金的责任的,人民法院应予支持
已交付未过户	保险标的已交付受让人,但尚未依法办理所有权变更登记,承担保险标的的毁损灭失风险的受让人主张行使被保险人权利的,人民法院应予支持

2. 保险合同内容的变更

一般情况下,变更保险合同的内容需要取得保险人的同意;但是在人身保险合同中,被保险人或者投保人可以变更受益人并书面通知保险人。

《保险法》司法解释:

(1) 投保人或者被保险人变更受益人,当事人主张变更行为自变更意思表示发出时生效的,人民法院应予支持。

(2) 投保人或者被保险人变更受益人未通知保险人,保险人主张变更对其不发生效力的,人民法院应予支持。

(3) 投保人变更受益人未经被保险人同意,人民法院应认定变更行为无效。

(4) 投保人或者被保险人在保险事故发生后变更受益人,变更后的受益人请求保险人给付保险的,人民法院不予支持。

(八) 保险合同的解除

投保人和保险人均具有合同解除权,具体情形见表 4-20。

表 4-20　保险合同的解除

投保人单方解除合同权	除法律另有规定或保同另有约定外,保险合同成立后,投保人可以解除合同,保险人不得解除合同 ① 人身保险:保险人应自收到解除通知之日起 30 日内,按约定退还保险单的现金价值 ② 财产保险: a. 保险责任开始前:投保人向保险人支付手续费;保险人应当退还保险费 b. 保险责任开始后:保险人应扣除自保险责任开始之日起至合同解除之日止应收的部分保险费后,退还投保人 提示▶手续费不管保险责任开始前后均不予退还
保险人单方解除合同权(投保人违背了最大诚信原则)	① 投保人故意或者因重大过失未履行如实告知义务,足以影响保险人决定是否同意承保或者提高保险费率的,保险人有权解除合同 ② 被保险人或者受益人未发生保险事故,谎称发生了保险事故,向保险人提出赔偿或者给付保险金请求的,保险人有权解除合同,并不退还保险费 投保人、被保险人故意制造保险事故的,保险人有权解除合同,不承担赔偿或者给付保险金的责任 ③ 投保人、被保险人未按照合同约定履行其对保险标的的安全应尽责任的,保险人有权解除合同 ④ 在合同有效期内,保险标的的危险程度显著增加,被保险人未按合同约定及时通知保险人的或者保险人要求增加保险费被拒绝的,保险人有权解除合同 ⑤ 投保人申报的被保险人年龄不真实,并且其真实年龄不符合合同约定的年龄限制的,保险人可以解除合同 ⑥ 人身保险合同效力中止后 2 年保险合同双方当事人未达成协议恢复合同效力的,保险人有权解除合同

(续表)

双方均有权 解除合同	① 保险标的发生部分损失的,自保险人赔偿之日起30日内,投保人可以解除合同 ② 除合同另有约定外,保险人也可以解除合同,但应当提前15日通知投保人 ③ 合同解除的,保险人应当将保险标的未受损失部分的保险费,按照合同约定扣除自保险责任开始之日起至合同解除之日止应收的部分后,退还投保人
当事人不得 解除的合同	货物运输保险合同和运输工具航程保险合同,其保险责任开始后,合同当事人不得解除合同

【例题4-18多选题】(经典好题) 根据我国《保险法》的规定,保险合同成立后,投保人单方解除合同的情况下,下列说法正确的有(　　)。

考试方向
考查保险合同的解除。

A. 人身保险合同中保险人应自收到解除通知之日起30日内,按约定退还保险单的现金价值

B. 财产保险保险责任开始前投保人要求解除合同的,无需再向保险人支付手续费

C. 财产保险保险责任开始前投保人要求解除合同的,保险人应当退还保险费

D. 财产保险保险责任开始后投保人要求解除合同的,保险人应扣除应收的部分保险费后,将剩余保费退还投保人

【答案】 ACD

【名师点睛】 财产保险保险责任开始前投保人要求解除合同的,可以退还保费,但应支付手续费,因此选项B错误。

(九) 财产保险合同中的特殊制度 ★★★

1. 重复保险的分摊制度

(1) 重复保险的概念。

重复保险指投保人对同一保险标的、同一保险利益、同一保险事故分别与两个以上保险人订立保险合同,且保险金额总和超过保险价值的保险。

提示 ▶ 重复保险是否成立的判断时点是保险事故发生时,而不是保险合同订立时。

(2) 与其他概念相区别。

① 不同投保人分别投保:不同投保人就同一保险标的分别投保,保险事故发生后,被保险人在其保险利益范围内依据保险合同主张保险赔偿的,人民法院应予支持。

② 共同保险。

a. 概念:同一投保人对同一保险标的、同一保险利益、同一保险事故分别与两个以上保险人订立保险合同,各保险合同的保险金额总和未超过保险标的的价值。

b. 责任:各个保险合同的保险人只就其承保部分在保险事故发生时,按比例承担保险赔偿的责任。

③ 超额保险:保险金额不得超过保险价值,超过部分无效。

(3) 重复保险的通知义务。

① 义务:重复保险的投保人应当将重复保险的有关情况通知各保险人。

提示 ▶ 投保人需要主动告知,并非询问回答。

我国保险法对重复保险的投保人不履行通知义务的法律后果未作规定,因此不适用最大诚信原则关于解除保险合同的规定,各保险人仍然应当按规定承担保险责任。

第四章

② 通知方式:口头、书面或其他方式均可。

(4)重复保险的责任分摊。

① 分摊方法:除合同另有约定外,采用比例责任分摊方式。

重复保险的各保险人赔偿保险金的总和不得超过保险价值。除合同另有约定外,各保险人按照其保险金额与保险金额总和的比例承担赔偿保险金的责任。

② 重复保险的投保人可以就保险金额总和超过保险价值的部分,请求各保险人按比例返还保险费。

保险公司应返还保险费=保险人承保的保险金额占总额的比例×多收取保费总额

案例 4-5

老潘买了一辆车,价值 50 万元,其投保情况如图 4-4 所示。

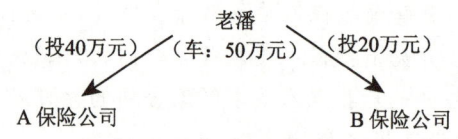

图 4-4 投保情况

1. 假设无约定赔付顺序,损失 30 万元,如何赔付?

A 保险公司:30×4÷6=20(万元)

B 保险公司:30×2÷6=10(万元)

2. 假设保费按 1‰收取,如何退还保险费?

多收取保费总额=(40+20-50)×1‰=0.1(万元)

A 保险公司:0.1×4÷6=0.067(万元)

B 保险公司:0.1×2÷6=0.033(万元)

---

2. 财产保险合同中的代位求偿制度

(1)代位求偿的概念。

代位求偿是指因第三者对保险标的的损害而造成保险事故的,保险人自向被保险人赔偿保险金之日起,在赔偿金额范围内代位行使被保险人对第三者请求赔偿的权利。

《保险法》司法解释:保险人代位求偿权的诉讼时效期间应自其取得代位求偿权之日起算。

(2)代位求偿的成立要件。

① 保险事故的发生与第三者的过错行为须有因果关系。

② 被保险人未放弃向第三者的赔偿请求权。

③ 代位权的产生须在保险人支付保险金之后。

(3)代位求偿权的行使。

① 保险人应以自己的名义行使保险代位求偿权。

② 除被保险人的家庭成员或者其组成人员故意对保险标的损害而造成保险事故外,保险人不得对被保险人的家庭成员或者其组成人员行使代位请求赔偿的权利。

提示▶因被保险人**故意或者重大过失**致使保险人不能行使代位求偿权利的,保险人可以扣减或者要求返还相应的保险金。

(4) 放弃赔偿的情形。如图 4-5 所示。

① 在**保险合同订立之前**放弃:放弃行为合法有效,保险人不得代位求偿。

在保险人以第三者为被告提起的代位求偿权之诉中,第三者以被保险人在保险合同订立前已放弃对其请求赔偿的权利为由进行抗辩,人民法院认定上述放弃行为合法有效,保险人就相应部分主张行使代位求偿权的,人民法院不予支持。

保险**合同订立时**,保险人就是否存在上述放弃情形提出询问,投保人未如实告知,导致保险人不能代位行使请求赔偿的权利,保险人请求返还相应保险金的,人民法院应予支持,但保险人知道或者应当知道上述情形仍同意承保的除外。

② 在保险人未赔偿保险金之前放弃:保险人不承担赔偿保险金的责任。

③ 在保险人向被保险人赔偿保险金后放弃:未经保险人同意放弃,放弃无效。

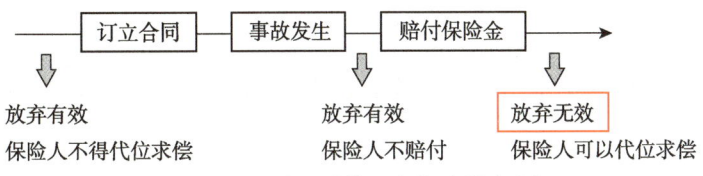

▲ 图 4-5　放弃对第三者的赔偿请求权

提示▶重复赔偿的后果:

① **未通知**第三者或者通知到达第三者前赔偿:因第三者对保险标的的损害而造成保险事故,保险人获得代位请求赔偿的权利的情况未通知第三者或者通知到达第三者前,第三者在被保险人已经从保险人处获赔的范围内又向被保险人作出赔偿,保险人主张代位行使被保险人对第三者请求赔偿的权利的,人民法院不予支持(不得代位)。保险人就相应保险金主张被保险人返还的,人民法院应予支持,即被保险人获得双重赔付,超出其实际损失的部分属于不当得利,应当返还保险公司。

② **已经通知**到第三者仍赔偿:保险人获得代位请求赔偿的权利的情况已经通知到第三者,第三者又向被保险人作出赔偿,保险人主张代位行使请求赔偿的权利,第三者以其已经向被保险人赔偿为由抗辩的,人民法院不予支持(可以行使代位权)。

(十) 人身保险合同的特殊条款★

(1) 迟交宽限条款(60 日/30 日,见表 4-15)。

(2) 中止、复效条款(2 年,见表 4-15)。

(3) 不丧失价值条款。

① 如果投保人不愿意继续投保而要求退保时,保险金所具有的现金价值并不因此而丧失。

② 投保人申报的被保险人年龄不真实,并且其真实年龄不符合合同约定的年龄限制的,保险人可以解除合同,并按照合同约定退还保险单的现金价值。

③ 即使投保人故意造成被保险人死亡、伤残或疾病的,保险人虽不承担给付保险金的责任,但若投保人已交足 2 年以上保费,保险人应向其他权利人退还保险单的现金价值。

④ 投保人故意犯罪或者抗拒依法采取的刑事强制措施导致其伤残或者死亡的,保险人不承担给付保险金的责任。投保人已交足 2 年以上保险费的,保险人应退还保险单的现金价值。

(4)误告年龄条款。

① 超越年龄限制——解除合同。

② 未超越年龄限制——多退少补。

投保人申报的被保险人的年龄不真实,致使投保人支付的保险费少于应付保险费的,保险人有权更正并要求投保人补交保险费,或在给付保险金时按照实付保险费与应付保险费的比例支付。但若投保人为此支付的保险费多于应交的保险费,保险人应当将多收的保险费退还投保人。

(5)自杀条款(免责)。

以被保险人死亡为给付保险金条件的合同,自合同成立或合同复效之日起 2 年内,被保险人自杀的,保险人不承担给付保险金的责任,但被保险人自杀时为无民事行为能力人除外。

被保险人死亡的赔付总结如表 4-21 所示。

表 4-21　被保险人死亡的赔付

被动情况	受益人故意制造	受益人丧失受益权,但保险公司依然赔付
	投保人故意制造	保险公司不赔付,但投保人交足 2 年,退现金价值给其他人
主动情况	被保险人故意犯罪或者抗拒	保险公司不赔付,但投保人交足 2 年,退现金价值
	自杀	一般不赔,除非合同生效 2 年后自杀或自杀时无民事行为能力

考试方向

考查人身保险合同的特殊条款。

【例题 4-19 判断题】(2019 年真题)　因被保险人张某抗拒依法采取的刑事强制措施致其自身伤残的,保险人应承担给付保险金的责任。(　　)

【答案】　×

【名师点睛】　因被保险人故意犯罪或者抗拒依法采取的刑事强制措施导致其伤残或者死亡的,保险人不承担给付保险金的责任;投保人已交足 2 年以上保险费的,保险人应当按照合同约定退还保险单的现金价值。

第四章

第三节　票据法律制度

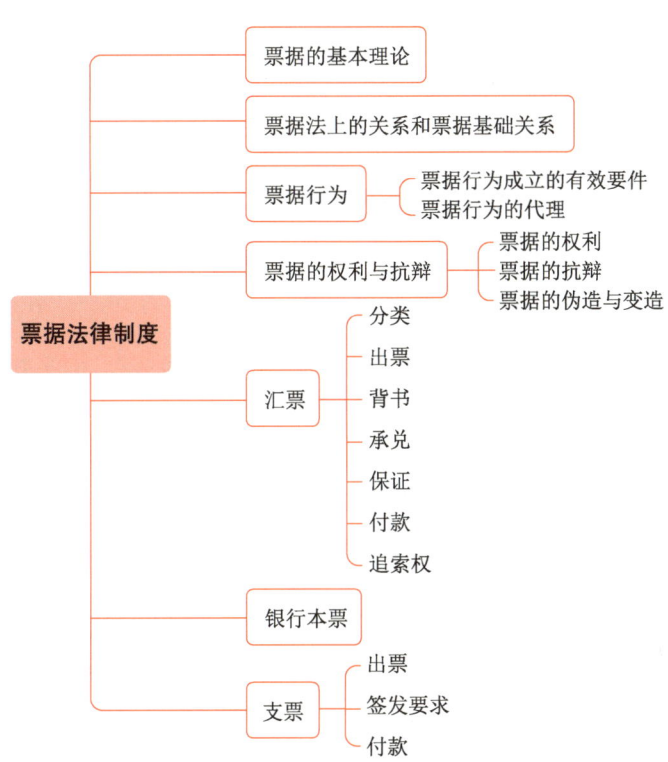

一、票据的基础理论 ★

　　狭义上的票据指由出票人依法签发的,约定自己或委托付款人在见票时或指定的日期向收款人或持票人无条件支付一定金额的有价证券,包括汇票、本票和支票,如图 4-5 所示。三种票据的主要特征如表 4-22 所示。

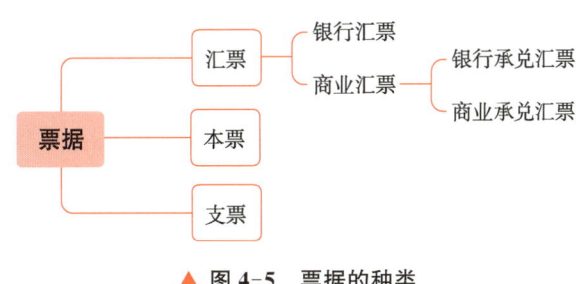

▲ 图 4-5　票据的种类

第四章

表 4-22 票据的主要特征

(√:提示承兑期限 ×:无须提示承兑)

	汇票		本票	支票
	商业汇票	银行汇票		
出票人	企业	银行	银行	企业或个人
必须记载事项	无条件支付的委托	无条件支付的承诺	承诺	委托
期限	一般远期	即期	即期	即期
承兑	√	×	×	×

二、票据法上的关系和票据基础关系 ★

(一)票据法上的关系

(1)票据关系:是指当事人基于票据行为而产生的票据权利义务关系。

票据当事人:出票人、付款人、收款人、承兑人、背书人、被背书人、保证人。

票据行为:出票、承兑、背书、保证。

票据权利:付款请求权、追索权。

票据义务:付款义务、偿还义务。

(2)非票据关系:是指由票据法直接规定的,不基于票据行为而发生的票据当事人之间与票据有关的法律关系。

① 正当权利人对于因恶意而取得票据的人行使票据返还请求权而发生的关系。

② 因时效届满或手续欠缺而丧失票据权利的持票人对出票人或承兑人行使利益偿还请求权而发生的关系。

③ 付款人付款后请求持票人交还票据而发生的关系(缴回证券)。

(二)票据基础关系

票据基础关系是票据关系产生的原因。

(1)票据关系一经形成,就与基础关系分离,基础关系是否存在、是否有效,对票据关系都不起影响作用。

如果当事人签发、取得和转让了没有真实的交易关系和债权债务关系的票据,该票据只要符合法定的形式要件,该票据关系的债务人就必须对票据债权人承担票据责任,而不得以该票据没有真实的交易关系和债权债务关系为由进行抗辩(无因证券)。

(2)票据关系因一定原因而失效,并不影响票据基础关系的效力。

持票人因超过票据权利时效或者因票据记载事项欠缺而丧失票据权利的,仍享有民事权利,仍可以请求出票人或者承兑人返还其与未支付的票据金额相当的利益。

提示▶合同无效,不影响票据的效力;票据无效,不影响合同的效力。

三、票据行为 ★★★

票据行为是指票据当事人以发生票据债务为目的的、以在票据上签名或盖章为权利义务成立要件的法律行为,包括出票、承兑、背书、保证。

提示▶付款、提示付款、挂失止付均不是票据行为。

(一) 票据行为成立的有效条件

(1) 行为人必须具有从事票据行为的能力(必须具备完全民事行为能力)。无民事行为能力或者限制民事行为能力人在票据上签章的,其签章无效。

(2) 行为人的意思表示必须真实或者无缺陷。以欺诈、偷盗、胁迫等手段取得票据的,或者明知有前列情形,出于恶意取得票据的,不得享有票据权利。

(3) 票据行为的内容必须符合法律、法规的规定。票据行为的合法主要是指票据行为本身必须合法(如记载的内容合法),至于票据的基础关系是否合法,与此无关(票据关系一经形成即与基础关系相分离)。

(4) 票据行为必须符合法定形式。

① 关于签章——盖相应的章,否则就要承担责任。

a. 个人:本人的签名或盖章(1个章)。

b. 单位签章:单位的公章或财务专用章+法定代表人或授权代理人的签名或盖章(2个章:公+私)。

c. 银行签章:银行汇票(本票)专用章+其法定代表人或授权代理人的签名或盖章(2个章)。

提示▶商业承兑汇票的承兑人和支票的出票人在票据上的签章应为其预留银行签章。

▶支票的出票人(企业)在票据上未加盖与预留签章一致的财务专用章而加盖公章,签章人承担票据责任(与盖预留银行签章具有同等效力)。

▶银行汇票、银行本票的出票人及银行承兑汇票的承兑人(银行)未加盖专用章而加盖该银行的公章,签章人承担票据责任(与盖专用章具有同等效力)。

提示▶出票人在票据上的签章不符合规定的,票据无效。即出票人签章是票据的绝对记载事项,票据缺少绝对记载事项无效。

▶承兑人、保证人在票据上的签章不符合规定的,其签章无效,但不影响其他符合规定签章的效力。即承兑人、保证人签章是承兑和保证的绝对记载事项,缺少该签章,其承兑行为和保证行为无效(以签章为权利义务构成要件)。但出票人的签章是符合规定的,则出票行为是有效的。

▶背书人在票据上的签章不符合规定的,其签章无效,后手签章即使符合规定也没有票据权利,但不影响其前手符合规定签章的效力。

② 关于票据记载事项。

a. 绝对记载事项:必须记载,如无记载,票据无效。

b. 相对记载事项:应该记载而未记载,适用法律的有关规定而不使票据失效。

任意记载事项:由当事人任意记载的事项(记载即产生法律效力,不记载不产生法律效力)。

非法定记载事项:该记载事项不具有票据上的效力,银行不负审查责任。

③ 关于金额和票据上不得更改的事项。

a. 票据金额以中文大写和数码同时记载,两者必须一致,两者不一致的,票据无效。

b. 票据金额、日期、收款人名称不得更改,更改的票据无效。

(二)票据行为的代理★★

1. 条件(授权委托书＋表明"代理"的字样＋代理人签章)

(1)票据当事人必须有委托代理的意思表示。该种授权委托一般以书面形式,即授权委托书。

(2)代理人在行使代理权时,必须由代理人在票据上签章,如果代理人未在票据上签章的,则不产生票据代理的效力。

(3)代理人应在票据上表明代理关系,即注明"代理"字样或类似的文句。

符合上述条件的,其后果由被代理人承担。

2. 无权代理

没有代理权而以代理人名义在票据上签章的,应当由签章人承担票据责任,即签章人应承担向持票人支付票据金额的义务。

3. 越权代理

代理人超越代理权限的,应当就其超越权限的部分承担票据责任。

考试方向

考查票据代理的规定。

【例题4-20 判断题】(经典好题) 甲没有代理权而以代理人名义在票据上签章,应由票面上显示的本人和甲连带承担票据责任。( )

【答案】 ×

【名师点睛】 根据规定,没有代理权而以代理人名义在票据上签章的,应当由签章人承担票据责任。

四、票据的权利与抗辩★★★

(一)票据权利(付款请求权＋追索权)

1. 票据权利的取得

(1)票据的取得必须给付对价,即应当给付票据双方当事人认可的相对应的代价。

(2)因税收、继承、赠与可以依法无偿取得票据的,不受给付对价之限制,但所享有的票据权利不得优于其前手。

(3)因欺诈、偷盗、胁迫、恶意或重大过失而取得票据的,不得享有票据权利。

考试方向

考查票据权利的取得。

【例题4-21 单选题】(经典好题) 张某因采购货物签发一张票据给王某,胡某从王某处窃取该票据,陈某明知胡某系窃取所得但仍受让该票据,并将其赠与不知情的黄某,下列取得票据的当事人中,享有票据权利的是( )。

A. 王某　　　　B. 胡某　　　　C. 陈某　　　　D. 黄某

【答案】 A

【名师点睛】 持票人以欺诈、偷盗或者胁迫等手段取得票据的,或者明知有上述情形,出于恶意取得票据的,不享有票据权利,故胡某和陈某均不享有票据权利。因税收、继承、赠与可以依法无偿取得票据的,票据权利不得优于其前手。黄某虽然是善意不知情的,但是其未支付合理对价,其票据权利不优于其前手陈某,故黄某不享有票据权利。

2. 票据权利补救（注意和票据行为区分）

票据丧失后可以采取<u>挂失止付、公示催告、普通诉讼</u>三种形式进行补救。

（1）挂失止付：是指失票人将票据丧失的情况通知付款人并由接受通知的付款人暂停支付的一种方法。

只有确定付款人或代理付款人的票据丧失时才可进行挂失止付。具体包括已承兑的商业汇票、支票、填明"现金"字样和代理付款人的银行汇票、填明"现金"字样的银行本票。

挂失止付不是丧失票据后采取的必经措施，而是一种暂时的预防措施，最终要通过公示催告或普通诉讼来补救。付款人或者代理付款人自收到挂失止付通知之日起 <u>12 日内</u>没有收到人民法院的止付通知书的，自第 13 日起，挂失止付通知书失效。

（2）公示催告：是指在票据丧失后，由失票人向<u>人民法院</u>提出申请，请求人民法院以公告方法通知不确定的利害关系人限期申报权利，逾期未申报者，由人民法院通过除权判决宣告所丧失票据无效的一种制度。

> **提示** ▶只有可以背书转让的票据才能申请公示催告，填明现金字样的银行汇票、填明现金字样的银行本票，现金支票不得申请公示催告（不得背书转让）。
>
> ▶失票人应当在通知挂失止付后的 <u>3 日内</u>，也可以在票据丧失后，依法向人民法院申请公示催告。
>
> ▶申请公示催告的主体必须是可以背书转让的票据的最后合法持票人。
>
> ▶公示期间<u>不得少于 60 日</u>，且公示催告期间届满日<u>不得早于</u>票据付款日后 <u>15 日</u>。

（3）普通诉讼：指丧失票据的失票人向人民法院提起民事诉讼，要求法院判定付款人向其支付票据金额的活动。

【例题 4-22 多选题】（经典好题） 下列票据中，在丧失后可以挂失止付的有（　　）。

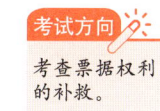
考查票据权利的补救。

A. 已承兑银行承兑汇票　　　　　B. 支票

C. 未承兑商业承兑汇票　　　　　D. 未填明"现金"字样的银行本票

【答案】 AB

【名师点睛】 根据规定，已承兑的商业汇票、支票、填明"现金"字样和代理付款人的银行汇票以及填明"现金"字样的银行本票丧失，可以由失票人通知付款人或者代理付款人挂失止付。未填明"现金"字样和代理付款人的银行汇票以及未填明"现金"字样的银行本票丧失，不得挂失止付。

3. 票据权利的消灭

票据权利的消灭是指因发生一定的法律事实而使票据权利不复存在。票据权利在下列期限内不行使而消灭：

（1）持票人对票据的出票人和承兑人的权利，自票据<u>到期日</u>起 2 年（商业汇票）。

（2）见票即付的汇票、本票，自<u>出票日</u>起 2 年（银行汇票、本票、见票即付的商业汇票）。

（3）持票人对支票<u>出票人</u>的权利，自出票日起 6 个月。

（4）持票人对<u>前手</u>的追索权，自被拒绝承兑或者被拒绝付款之日起 6 个月。

（5）持票人对<u>前手</u>的再追索权，自清偿或者被提起诉讼之日起 3 个月。

提示 ▶票据权利丧失但仍然享有民事权利。

▶第(4)(5)种情况所指的追索权,不包括对出票人、承兑人的追索权。

考试方向
考查票据权利时效。

【例题 4-23 单选题】(经典好题) 甲公司于 2018 年 2 月 10 日签发一张汇票给乙公司,付款日期为同年 3 月 20 日。乙公司将该汇票提示承兑后背书转让给丙公司,丙公司又将该汇票背书转让给丁公司。丁公司于同年 3 月 23 日向承兑人请求付款时遭到拒绝。根据《票据法》的规定,丁公司向甲公司行使追索权的期限是( )。

A. 自 2018 年 2 月 10 日至 2020 年 2 月 10 日

B. 自 2018 年 3 月 20 日至 2020 年 3 月 20 日

C. 自 2018 年 3 月 23 日至 2020 年 9 月 23 日

D. 自 2018 年 3 月 23 日至 2018 年 6 月 23 日

【答案】 B

【名师点睛】 持票人对商业汇票的出票人的追索权的期限为自票据到期日起 2 年。

(二)票据的抗辩★★★

票据抗辩可分为对物抗辩(详见表 4-23)和对人抗辩(详见表 4-24)。

表 4-23 对物的抗辩

概念	指基于票据本身存在的事由而发生的抗辩,可以对任何持票人提出
情形	① 票据行为不成立: a. 如应记载的内容有欠缺 b. 债务人无行为能力 c. 无权代理或超越代理权进行票据行为 d. 票据上有禁止记载的事项(如付款附条件、记载到期日不合法) e. 背书不连续 f. 持票人的票据权利有瑕疵(如恶意取得)等 ② 依票据记载不能提出请求:如票据未到期、付款地不符等 ③ 票据载明的权利已消灭或已失效:如票据债权因付款、抵销、提存、免除、除权判决、时效届满而消灭等 ④ 票据权利的保全手续欠缺:如应作成拒绝证书而未作等 ⑤ 票据上有伪造、变造情形

表 4-24 对人的抗辩

概念		指票据债务人对抗特定债权人的抗辩
情形	可以抗辩的情形	票据债务人可以对不履行约定义务的与自己有直接债权债务关系的持票人进行抗辩
	不可以抗辩的情形	① 票据债务人不得以自己与出票人之间的抗辩事由对抗持票人,但是持票人明知存在抗辩事由而取得票据的除外 ② 票据债务人不得以自己与持票人的前手之间的抗辩事由对抗持票人,但是持票人明知存在抗辩事由而取得票据的除外 ③ 凡是善意的,已付对价的正当持票人可以向票据上的一切债务人请求付款,不受前手权利瑕疵和前手相互间抗辩的影响 ④ 持票人取得的票据是无对价或不相当对价的,由于其享有的权利不能优于其前手,故票据债务人可以对抗持票人前手的抗辩事由对抗该持票人

【例题4-24 单选题】(经典好题) 根据票据法律制度的规定,下列各项中,汇票债务人可以对任何持票人行使抗辩权的事由是( )。

A. 汇票债务人与出票人之间存在合同纠纷

B. 汇票债务人与持票人的前手存在抵销关系

C. 背书不连续

D. 出票人存入汇票债务人的资金不够

【答案】 C

【名师点睛】 选项C属于对物抗辩,票据债务人可以对任何持票人提出抗辩。

(三) 票据的伪造与变造★★★

(1) 票据的伪造:是指无权限人假冒他人或虚构他人名义签章的行为。

① 伪造出票人签章:伪造票据。

② 伪造其他人签章:伪造签章。

提示▶ 持票人即使是善意取得,对被伪造人也不能行使票据权利。伪造人不承担票据责任,应承担民事责任,构成犯罪的应承担刑事责任。票据上有伪造签章的,不影响票据上其他真实签章的效力。

(2) 票据的变造:是指无权更改票据内容的人,对票据上签章以外的记载事项加以改变的行为。

提示▶ 如果当事人的签章在变造之前,应当按照原记载的内容负责;如果当事人的签章在变造之后,则应当按照变造后的记载内容负责。如果无法辨别签章发生在变造之前还是之后,视同在变造之前签章。

▶ 变造人的行为给他人造成经济损失的,应当对此承担民事责任,构成犯罪的,依法承担刑事责任。

【例题4-25 单选题】(经典好题) 根据《票据法》的规定,下列关于票据伪造的表述中,正确的是( )。

A. 票据伪造是指无权更改票据的人变更票据金额的行为

B. 被伪造人应向善意且支付了对价的持票人承担票据责任

C. 票据上有伪造签章的,不影响票据上其他真实签章的效力

D. 伪造人因未在票据上以自己的名义签章,故不承担票据责任之外的民事责任

【答案】 C

【名师点睛】 选项A属于票据变造不是伪造;被伪造签章者不承担票据责任,故持票人即使是善意取得,对被伪造人也不能行使票据权利,选项B不正确;票据上有伪造签章的,不影响票据上其他真实签章的效力,选项C正确;对伪造人而言,由于票据上没有以自己名义所作的签章,因此不承担票据责任,但是,如果伪造人的行为给他人造成损害的,应承担民事责任,构成犯罪的,还应承担刑事责任,选项D不正确。

五、汇票★★★

(一) 分类

根据不同的标准,汇票可作不同的分类。详见表4-25。

表 4-25　汇票的分类对比表

依出票人身份的不同	银行汇票	出票	出票银行签发
		使用	可用于转账,填明"现金"字样也可用于支取现金
		提示付款期	自出票日起1个月(即付)
	商业汇票	按承兑人分	银行承兑汇票:银行承兑
			商业承兑汇票:银行以外的付款人承兑
		出票	银行以外的企业或组织(个人不能使用)
		付款期限	最长不得超过6个月
		提示付款期	自汇票到期日起10日(远期)
依汇票到期日的不同	即期汇票		见票即付的汇票、到期日与出票日相同的汇票、未记载付款日的汇票
	远期汇票		定日付款汇票、出票后定期付款汇票、见票后定期付款汇票

(二) 出票

1. 记载事项

(1) 绝对记载事项。

① 表明"汇票"的字样。

② 无条件支付的委托(商业汇票)。

③ 确定的金额。

④ 付款人名称。

⑤ 收款人名称。

⑥ 出票日期。

⑦ 出票人签章。

· 易错易混点 ·

与本票和支票的区分:本票的绝对记载事项无付款人名称;支票的绝对记载事项无收款人名称。

(2) 相对记载事项。

① 付款日期:未记载的,视为见票即付。

② 付款地:未记载的,以付款人的营业场所、住所或经常居住地为付款地(3选1)。

③ 出票地:未记载的,以出票人的营业场所、住所或经常居住地为出票地(3选1)。

· 易错易混点 ·

与支票的区分:支票不得另行记载付款日期,另行记载付款日期的,该记载无效(票据有效);支票的付款地为付款人营业场所(1个)。

(3) 非法定记载事项:如签发票据的原因或用途、票据项下交易的合同号码。

2. 出票的效力

(1) 对出票人的效力:出票人签发汇票后,即承担保证该汇票承兑和付款的责任。汇票得不到承兑和付款时,出票人应当向持票人清偿法律规定的金额和费用。

(2) 对付款人的效力:出票行为是单方行为,付款人并不因此而有付款义务(付款人并未签章),只有在其对汇票进行承兑后,付款人才成为汇票上的主债务人。

(3) 对收款人的效力:收款人取得出票人发出的汇票后,即取得票据权利。

(三) 背书

1. 种类

背书分为转让背书和非转让背书。非转让背书分为委托收款背书和质押背书。

(1) 委托收款背书。详见表4-26。

表4-26 委托收款背书

概念	指持票人以行使票据上的权利为目的,而授予背书人以代理权的背书
权利	被背书人只是代理人,而未取得票据权利,背书人仍是票据权利人
记载	背书记载委托收款字样的,被背书人有权代背书人行使被委托的汇票权利
责任	被背书人不得再以背书转让汇票权利

(2) 质押背书。详见表4-27。

表4-27 质押背书

概念	指持票人以票据权利设定质权为目的而在票据上作成的背书(担保关系)
权利	① 背书人作成背书并交付时:背书人仍然是票据权利人,被背书人并不因此而取得票据权利 ② 背书人不履行其债务时:被背书人可以行使票据权利,并从票据金额中按担保债权的数额优先得到偿还 ③ 背书人履行债务时:被背书人将票据返还给背书人 提示▶返还即可,无需再次背书;质押背书不影响背书的连续性
记载	质押时应当以背书记载"质押"字样。如写为"为担保""为设质"等表明了质押意思的文句,也应视为其有效 出质人在汇票上只记载了"质押"字样而未在票据上签章的,或出质人未在汇票、粘单上记载"质押"字样而另行签订质押合同、质押条款,不构成票据质押

2. 背书记载事项

(1) 必须记载事项:被背书人名称、背书人签章。

(2) 相对记载事项:背书日期。

背书未记载日期的,视为在票据到期日前背书。

提示▶背书人未记载被背书人名称即将票据交付他人的,持票人在被背书人栏内记载自己的名称与背书人记载具有同等法律效力。

3. 粘单的使用

粘单上的第一记载人,应当在票据和粘单的粘接处签章。

4. 背书连续

(1) 以背书转让的票据,背书应当连续。持票人以背书的连续,证明其票据权利。

提示 ▶ 如果背书不连续,付款人可以拒绝向持票人付款,否则付款人自行承担责任(对物的抗辩)。

背书连续主要是指背书在形式上连续,如果背书在实质上不连续,如有伪造签章等,付款人仍应对持票人付款。但是,如果付款人明知持票人不是真正票据权利人,则不得向持票人付款,否则自行承担责任。

知识链接 ▶ 背书人签章不符合规定,仅仅是不影响其前手符合规定的签章,后手签章即使符合规定也没有票据权利。

(2)非经背书转让,而以其他合法方式(继承、税收、赠与)取得票据的,依法举证,证明其票据权利。非转让背书,不影响背书的连续性。

5. 背书不得记载的内容

(1)背书不得附有条件,背书附有条件的,所附条件不具票据上的效力。

(2)部分背书无效:部分背书是指将票据金额的一部分转让或者将票据金额分别转让给两人以上的背书。

6. 禁止背书的记载

(1)出票人记载"不得转让"字样,票据不得背书转让。

(2)背书人在汇票上记载"不得转让"字样,其后手再背书转让的,原背书人对后手的被背书人不承担保证责任,其只对直接的被背书人承担责任。

7. 法定禁止背书

被拒绝承兑、被拒绝付款或者超过付款提示期限的,不得背书转让;背书转让的,背书人应当承担汇票责任。

8. 背书效力

背书人以背书转让票据后,即承担保证其后手所持票据承兑和付款的责任。

考试方向 考查票据背书无效的情形。

【例题 4-26 多选题】(经典好题) 根据《票据法》的规定,下列情形中,属于汇票背书行为无效的有( )。

A. 附有条件的背书

B. 只将汇票金额的一部分进行转让的背书

C. 将汇票金额分别转让给予二人或二人以上的背书

D. 背书人在汇票上记载"不得转让",其后手又进行背书转让的

【答案】 BC

【名师点睛】 根据规定,附有条件的背书,条件无效,背书有效,因此选项 A 不符合题意;背书人在汇票上记载"不得转让",其后手又进行背书转让的,原背书人对后手的被背书人不承担票据责任,背书本身还是有效的,因此选项 D 不符合题意。

(四)承兑

1. 承兑仅适用于(远期)商业汇票

提示 ▶ 见票即付的商业汇票(如商业汇票未记载付款日期)、银行汇票由于其"见票即付"因此无需提示承兑。

2. 提示承兑

（1）定日付款或者出票后定期付款：汇票到期日前承兑。

（2）见票后定期付款：出票日起1个月内提示承兑。

提示 ▶ 汇票未按照规定期限提示承兑的，丧失对其前手的追索权，并不丧失对出票人的追索权。

3. 受理

付款人应当在自收到提示承兑的汇票之日起3日内承兑或拒绝承兑。

付款人自收到提示承兑的汇票之日起3日内不作出承兑与否表示的，视为拒绝承兑。

4. 记载事项（详见表4-28）

表4-28　承兑的记载事项

绝对记载事项	"承兑"字样以及签章
相对记载事项	承兑日期：未记载承兑日期，则以收到提示承兑的汇票之日起的第3日为承兑日期
注意：见票后定期付款的汇票，应当在承兑时记载付款日期	

5. 附条件的承兑

承兑不得附有条件，承兑附有条件的，视为拒绝承兑。

• 易错易混点 •

与背书附有条件的区分：背书附有条件的，所附条件不具有票据上的效力。

6. 承兑的效力

（1）承兑人于汇票到期日必须向持票人无条件地支付汇票上的金额，否则其必须承担延迟付款责任。

（2）承兑人必须对汇票上的一切权利人承担责任，这些权利人包括付款请求权人和追索人。

（3）承兑人不得以其与出票人之间的资金关系来对抗持票人，拒绝支付汇票金额。

（4）承兑人的票据责任不因持票人未在法定期限提示付款而解除。

【例题4-27 多选题】（经典好题） 根据票据法律制度的规定，汇票承兑生效后，承兑人应当承担到期付款的责任。下列关于该责任的表述中，正确的有（　　）。

考试方向 考查承兑的效力。

A. 承兑人在汇票到期日必须向持票人无条件地支付汇票上的金额

B. 承兑人必须对汇票上的付款请求权人承担责任

C. 承兑人必须对汇票上的追索权人承担责任

D. 承兑人的票据责任不因持票人未在法定期限提示承兑而解除

【答案】 ABC

【名师点睛】 承兑人于汇票到期日必须向持票人无条件地支付汇票上的金额，否则其必须承担延迟付款责任，所以选项A正确；承兑人必须对汇票上的一切权利人承担责任，这些权利人包括付款请求权人和追索人，所以选项BC正确；承兑人的票据责任不因

第四章

持票人未在法定期限提示付款而解除，并不是因为未在法定期限提示承兑而解除，所以选项D错误。

（五）保证

1. 记载事项（详见表4-29）

表4-29 保证的记载事项

绝对记载事项	表明"保证"的字样；保证人签章
相对记载事项	① 被保证人的名称 a. 已承兑的汇票，未记载的，承兑人为被保证人 b. 未承兑的汇票，未记载的，出票人为被保证人 ② 保证日期：未记载的，出票日期为保证日期

提示▶保证人未在票据或者粘单上记载"保证"字样而另行签订保证合同或者保证条款的，不属于票据保证。

2. 附条件的保证

保证不得附有条件，附有条件的，不影响对汇票的保证责任。

保证、承兑、背书附条件的情形的比较，详见表4-30。

表4-30 附条件的情形

	附条件
保证	条件无效，保证有效
承兑	视为拒绝承兑的三种情形： ① 当面拒绝 ② 三天未答复 ③ 附有条件
背书	条件无效，背书有效

3. 保证效力

（1）保证人应当与被保证人对持票人承担连带责任。

（2）保证人为2人以上的，保证人之间承担连带责任。

（3）保证人清偿汇票债务后，可以对被保证人及其前手行使追索权。

（六）付款

1. 提示付款期限

（1）见票即付的汇票，自出票日起1个月内向付款人提示付款（同银行汇票）。

（2）定日付款、出票后定期付款、见票后定期付款的汇票，自到期日起10日内向承兑人提示付款（远期票据）。

提示▶持票人未在法定期限内提示付款的，在作出说明后，承兑人或者付款人仍应当继续对持票人承担付款责任。通过委托收款银行或者票据交换系统向付款人提示付款的，视同持票人提示付款。

2. 付款的效力

付款人或者代理付款人在付款时应当履行审查义务,审查义务仅限于汇款格式是否合法,即汇票形式上的审查,而不负责实质上的审查。

如果付款人或者其代理付款人以恶意或者有重大过失付款的,应当自行承担责任。

(七) 追索权

1. 适用情形

(1) 实质条件。

① 到期后追索——到期后被拒绝付款。

② 到期前追索——被拒绝承兑,如承兑人或付款人死亡、逃匿、被依法宣告破产等。

(2) 形式要件。

① 已在法定期限内提示承兑或提示付款。

② 获得拒绝证明。

2. 被追索人的确定

(1) 票据的出票人、背书人、承兑人和保证人对持票人承担连带责任。

(2) 持票人行使追索权,可以不按照票据债务人的先后顺序,对其中任何一人、数人或者全体行使追索权。

(3) 持票人对票据债务人中的一人或者数人已经进行追索的,对其他票据债务人仍可以行使追索权。

3. 追索内容

(1) 持票人的追索内容。

① 本金:被拒绝付款的汇票金额。

② 利息:汇票金额从到期日或者提示付款日起至清偿日止,按照中国人民银行规定的利率计算的利息。

③ 费用:取得有关拒绝证明和发出通知书的费用。

提示▶追索金额不包括持票人的间接损失。

(2) 被追索人的再追索内容。

① 已经清偿的全部金额(新本金)。

② 再发生的利息(新利息)。

③ 发出通知书的费用(新费用)。

4. 行使追索权

(1) 通知期限:得到证明之日起3日内。

(2) 未通知的责任:未按照规定期限通知,仍可以行使追索权,但应当赔偿因为迟延通知而给被追索人造成的损失,赔偿金额以汇票金额为限。

5. 清偿效力

被追索人依照规定清偿债务后,其责任解除,与持票人享有同一权利。

【例题4-28 多选题】(经典好题) 根据《票据法》的规定,在汇票到期日前的下列情形中,持票人可以行使追索权的有( )。

A. 承兑人或付款人死亡

B. 汇票被拒绝承兑

C. 承兑人或付款人被宣告破产

D. 承兑人或付款人因违法被责令终止业务活动

【答案】 ABCD

【名师点睛】 根据规定,汇票到期日前,有下列情形之一的,持票人可以行使追索权:汇票被拒绝承兑的;承兑人或者付款人死亡、逃匿的;承兑人或者付款人被依法宣告破产的或者因违法被责令终止业务活动的。

六、银行本票 ★

银行本票是银行签发的,承诺自己在见票时无条件支付票据金额给收款人或持票人的票据。

提示 ▶本票的基本当事人只有出票人和收款人。

(一) 种类和适用范围

1. 种类

在我国,本票仅限于银行本票,且为记名式本票和即期本票。

2. 适用范围

单位和个人在同一票据交换区域支付各种款项时,均可以使用银行本票。

银行本票可以用于转账,注明"现金"字样的银行本票可以用于支取现金。

(二) 出票

1. 绝对记载事项。

(1) 表明"银行本票"的字样。

(2) 无条件支付的承诺。

(3) 确定的金额。

(4) 收款人名称。

(5) 出票日期。

(6) 出票人签章。

提示 ▶本票的绝对记载事项无付款人名称。

2. 相对记载事项

(1) 付款地:未记载,以出票人的营业场所为付款地。

(2) 出票地:未记载,以出票人的营业场所为出票地。

提示 ▶同支票一样,本票的相对记载事项也没有付款日期。

(三) 付款

提示付款期限:自出票日起最长不得超过2个月。

提示 ▶本票的持票人未按规定期限提示见票的,丧失对出票人以外的前手的追索权。

▶持票人超过提示付款期限不获付款的,在票据权利时效内向出票银行作出说明,并提供本人身份证件或单位证明,可持银行本票向出票银行请求付款。

【例题 4-29 多选】(经典好题) 甲出具一张银行本票给乙,乙将该本票背书转让给丙,丁作为乙的保证人在票据上签章。丙又将该本票背书转让给戊,戊作为持票人未按规定期限向出票人提示本票。根据票据法的有关规定,下列选项中,戊不得对其行使追索权的有(   )。

A. 甲　　　　　　　B. 乙　　　　　　　C. 丙　　　　　　　D. 丁

【答案】 BCD

【名师点睛】 根据《票据法》规定,本票的持票人未按照规定期限提示见票的,丧失对出票人以外的前手的追索权。故选项 A 错误。

考试方向
考查本票的规定。

七、支票★★

支票是出票人签发的、委托办理支票存款业务的银行在见票时无条件支付确定的金额给收款人或者持票人的票据。

(一) 出票

1. 绝对记载事项

(1) 表明"支票"的字样。

(2) 无条件支付的委托。

(3) 确定的金额。

(4) 付款人名称。

(5) 出票日期。

(6) 出票人签章。

缺少任一事项,支票无效。

提示 ▶支票的绝对记载事项无收款人名称。

2. 授权补记事项(支票独有)

(1) 金额。

(2) 收款人名称。

提示 ▶未补记前不得背书转让和提示付款。

▶出票人可以在支票上记载自己为收款人。

▶出票人既可以授权收取支票的相对人补记,也可以由相对人再授权他人补记。

3. 相对记载事项

(1) 付款地:支票上未记载付款地的,付款地为付款人的营业场所。

(2) 出票地:支票上未记载出票地的,出票地为出票人的营业场所、住所地或经常居住地(3 选 1)。

提示 ▶无付款日期,支票限于见票即付,不得另行记载付款日期,另行记载付款日期的,该记载无效(票据有效)。

(二) 签发要求

支票的出票人签发支票的金额不得超过付款时在付款人处实有的金额。禁止签发空头支票。

第四章

提示 ▶ 陷阱：出票时、签发时、开具时。

(三) 付款

支票的持票人应当自出票日起 10 日内提示付款。

超过提示付款期提示付款，付款人可以不予付款。付款人不予付款的，出票人仍应当对持票人承担票据责任（并不丧失对出票人的追索权）。

汇票、本票、支票的时间和时效对比，如表 4-31 所示。

表 4-31 票据的时间和时效

票据种类		付款期限	提示承兑期限	提示付款期限	票据权利时效
汇票	银行汇票	见票即付	不需要	出票日起 1 个月	出票日起 2 年
	商业汇票	定日付款	到期日前提示承兑	到期日起 10 日	到期日起 2 年
		出票后定期付款			
		见票后定期付款	出票日起 1 个月		
本票		—	不需要	出票日起 2 个月	出票日起 2 年
支票		—	不需要	出票日起 10 日	出票日起 6 个月

同步练习

一、单项选择题

1. 根据证券法律制度的规定,下列各项中,属于欺诈客户行为的是(   )。
   A. 甲证券公司违背客户的委托为其买卖证券
   B. 乙上市公司在上市公告书中夸大净资产金额
   C. 丙公司与戊公司串通相互交易以抬高证券价格
   D. 丁公司董事赵某提前泄露公司增资计划以使李某获利

2. 投资者及其一致行动人(非上市公司第一大股东或实际控制人)拥有权益的股份达到或者超过一个上市公司已发行股份的一定比例,应当编制详式权益变动报告书。根据规定,该一定的比例为(   )。
   A. 达到 10%,但未达到 20%
   B. 达到 5%,但未超过 30%
   C. 达到 10%,但未超过 30%
   D. 达到 20%,但未超过 30%

3. 根据证券法律制度的规定,下列关于上市公司协议收购的表述中,不正确的是(   )。
   A. 收购协议达成后,收购人必须公告该收购协议
   B. 协议收购是在证券交易所之外进行的收购
   C. 收购协议达成后,收购人必须将该收购协议向国务院证券监督管理机构及证券交易所作出书面报告
   D. 收购人拟通过协议方式收购上市公司 30%股份的,须经国务院证券监督管理机构核准

4. 根据《保险法》的规定,保险人对保险合同中的免责条款未作提示或未明确说明的,该免责条款(   )。
   A. 不产生效力   B. 效力待定
   C. 可撤销   D. 可变更

5. 李某为其母亲赵某投保人寿险,在确定具体受益人时李某与赵某发生了分歧。下列关于如何确定受益人的表述中,符合保险法律制度规

定的是(   )。
   A. 受益人只能是李某
   B. 受益人只能是赵某
   C. 受益人可以由李某指定,但必须经赵某同意
   D. 受益人只能由赵某指定

6. 根据我国《保险法》的规定,财产保险合同中的被保险人自其知道或者应当知道保险事故发生之日起计算,向保险人请求赔偿或者给付保险金的诉讼时效期间为(   )年。
   A. 5   B. 2   C. 1   D. 20

7. 甲公司在向乙银行申请贷款时以一张银行承兑汇票作质押担保。下列关于甲公司汇票质押生效要件的表述中,符合票据法律制度规定的是(   )。
   A. 甲公司只须和乙银行签订该汇票的质押合同即可生效
   B. 甲公司只须将该汇票交付乙银行占有即可生效
   C. 甲公司只须向乙银行作该汇票的转让背书即可生效
   D. 甲公司只须在该汇票上记载"质押"字样、乙银行名称并签章即可生效

8. 根据《票据法》的规定,下列关于本票的表述中,正确的是(   )。
   A. 本票的基本当事人为出票人、付款人和收款人
   B. 未记载付款地的本票无效
   C. 本票包括银行本票和商业本票
   D. 本票无须承兑

9. 甲公司向乙公司签发一张金额为 35 万元的银行承兑汇票,用于支付购买设备的价款。乙公司随即将汇票背书转让给丙公司,用于支付工程款。在丙公司提示付款前,甲、乙公司之间的设备买卖合同因乙公司欺诈而被人民法院撤销。甲公司的下列主张中,符合票据法律制度规定的是(   )。
   A. 请求乙公司返还汇票
   B. 请求乙公司返还 35 万元价款

C. 请求丙公司返还汇票

D. 请求承兑银行对丙公司拒绝付款

10. 丙公司持有一张以甲公司为出票人、乙银行为承兑人、丙公司为收款人的汇票,汇票到期日为2017年6月5日,但是丙公司一直没有主张票据权利。根据票据法律制度的规定,丙公司对甲公司的票据权利的消灭时间是( )。

A. 2017年6月15日

B. 2017年12月5日

C. 2018年6月5日

D. 2019年6月5日

11. 甲私刻乙公司的财务专用章,假冒乙公司名义签发一张转账支票交给收款人丙,丙将该支票背书转让给丁,丁又背书转让给戊。当戊主张票据权利时,下列表述中正确的是( )。

A. 甲不承担票据责任

B. 乙公司承担票据责任

C. 丙不承担票据责任

D. 丁不承担票据责任

12. 甲签发一张票面金额为2万元的转账支票给乙,乙将该支票背书转让给丙,丙将票面金额改为5万元后背书转让给丁,丁又背书转让给戊。下列关于票据责任承担的表述中,正确的是( )。

A. 甲、乙、丁对2万元负责,丙对5万元负责

B. 乙、丙、丁对5万元负责,甲对2万元负责

C. 甲、乙对2万元负责,丙、丁对5万元负责

D. 甲、乙对5万元负责,丙、丁对2万元负责

13. A公司为购买原材料而将所持有的银行承兑汇票背书转让给B公司,但因担心以此方式付款后对方不交货,因此在背书栏中记载了"B公司必须按期保质交货,否则不付款"的字样。B公司在收到票据后没有按期交货。根据票据法律制度的规定,下列表述中,正确的是( )。

A. 背书无效

B. 背书有效,B公司的后手持票人应受上述记载约束

C. 背书有效,上述记载没有汇票上的效力

D. 票据无效

二、多项选择题

1. 根据保险法律制度的规定,保险合同中记载的内容不一致的情况下,关于认定标准的说法中正确的有( )。

A. 保险单与投保单或者其他保险凭证不一致的,以保险单为准

B. 非格式条款与格式条款不一致的,以非格式条款为准

C. 保险凭证记载的时间不同的,以形成时间在后的为准

D. 保险凭证存在手写和打印两种方式的,以双方签字、盖章的手写部分的内容为准

2. 下列保险合同的变更应当通知保险人的有( )。

A. 财产保险的标的物被转让

B. 货物运输保险合同标的物所有权转移

C. 人身保险合同被保险人变更受益人

D. 短期健康险合同被保险人变更所保的疾病种类

3. 下列关于保险代位求偿权的表述中,符合规定的有( )。

A. 保险人未赔偿保险金之前,被保险人放弃对第三人请求赔偿的权利的,保险人不承担赔偿保险金的责任

B. 保险人向被保险人赔偿保险金后,被保险人未经保险人同意放弃对第三人请求赔偿的权利的,该放弃行为无效

C. 因被保险人故意致使保险人不能行使代位请求赔偿的权利的,保险人可以扣减或者要求返还相应的保险金

D. 即使被保险人的家庭成员故意损害保险标的而造成保险事故,保险人也不得对被保险人的家庭成员行使代位求偿权

4. 下列关于人身保险合同中保险人责任的表述正确的有( )。

A. 投保人故意造成被保险人死亡的,保险人不承担给付保险金的责任

B. 投保人故意犯罪导致死亡的,保险人不承担给付保险金的责任

C. 以被保险人死亡为给付保险金条件的合同,被保险人自杀的,保险人不承担给付保险金的责任

D. 以被保险人死亡为给付保险金条件的合同,被保险人为无民事行为能力人,被保险人在合同成立之日起2年内自杀的,保险人应承担给付保险金的责任

第四章

5. 根据票据法律制度的相关规定,下列有关票据权利的表述正确的有( )。

A. 因税收、继承、赠与可以依法无偿取得票据,不受给付对价的限制,但所享有的票据权利不得优于其前手

B. 以欺诈、偷盗或者胁迫等手段取得票据的,不得享有票据权利

C. 持票人因重大过失取得不符合法律规定的票据的,不得享有票据权利

D. 票据债务人无论如何不得以自己与出票人或者与持票人的前手之间的抗辩事由对抗持票人

6. 根据《票据法》的规定,下列各项中,可以导致汇票无效的情形有( )。

A. 汇票上未记载付款日期

B. 汇票上未记载出票日期

C. 汇票上未记载收款人名称

D. 汇票金额的中文大写和数码记载不一致

7. 根据《票据法》的规定,下列关于汇票提示承兑的表述中,正确的有( )。

A. 见票后定期付款汇票的持票人应当自出票日起3个月内向付款人提示承兑

B. 汇票上没有记载付款日期的,无需提示承兑汇票

C. 付款人自收到提示承兑的汇票之日起3日内不作出承兑与否表示的,视为承兑

D. 承兑附有条件的,视为拒绝承兑

8. 根据《票据法》的规定,被追索人在向持票人支付有关金额及费用后,可以向其他汇票债务人行使再追索权。下列各项中,属于被追索人可请求其他汇票债务人清偿的款项有( )。

A. 被追索人已清偿的全部金额及利息

B. 被追索人发出追索通知书的费用

C. 自清偿日起至再追索清偿日止,按照中国人民银行规定的流动资金贷款利率计算的利息

D. 持票人因票据金额被拒绝支付而导致的利润损失

9. 根据证券法律制度的规定,下列关于上市公司配股条件的表述中,正确的是( )。

A. 控股股东不履行认配股份的承诺,或者代销期限届满,原股东认购股票的数量未达到拟配售数量70%的,发行人应当按照发行价并加算银行同期存款利息返还已经认购的股东

B. 控股股东应当在股东大会召开前公开承诺认配股份的数量

C. 拟配售股份数量不超过本次配售股份前股本总额的50%

D. 采用包销方式发行

10. 以下选项中属于证券市场的主体的是( )。

A. 证券发行人　　　B. 证券中介机构

C. 证券交易所　　　D. 证券监管机构

11. 证券发行是发行人、上市公司筹集资金的基本途径,依据发行的证券品种不同,证券发行可以分为( )。

A. 股票发行　　　　B. 公司债券发行

C. 存托凭证发行　　D. 投资基金份额发售

12. 根据证券法律制度的规定,收购人具有一定情形时,不得收购上市公司,下列各项中,属于该情形的有( )。

A. 收购人负有数额较大债务,到期未清偿,且处于持续状态

B. 收购人最近3年有重大违法行为或者涉嫌有重大违法行为

C. 收购人最近3年有严重的证券市场失信行为

D. 收购人为自然人的,存在不得担任公司董事、监事、高级管理人员的情形

三、判断题

1. 经营财产保险业务的保险公司经国务院保险监督管理机构批准,可以经营短期健康保险业务和人寿保险业务。　　　　　　（　　）

2. 在人身保险合同中,受益人故意造成被保险人死亡、伤残、疾病的,或者故意杀害被保险人未遂的,保险人不承担给付保险金的责任。

（　　）

3. 公开发行公司债券,可以申请一次核准,分期发行。　　　　　　　　　　　　（　　）

4. 认股权证与期货、期权属于金融衍生产品,其中认股权证是证券型衍生产品,期权、期货属于契约型衍生产品,它们具有保值和投机双重功能。　　　　　　　　　　　　　（　　）

5. 《证券法》规定,股票发行采取溢价发行的,其发行价格由发行人与承销的证券公司协商确定。

（　　）

6. 证券的代销、包销期限最长不得超过6个月。

证券公司在代销、包销期内,对所代销、包销的证券应当保证先行出售给认购人,证券公司不得为本公司预留所代销的证券和预先购入并留存所包销的证券。 （ ）

7. 股票发行采用代销方式的,代销期限届满,向投资者出售的股票数量未达到拟公开发行股票数量50％的,为发行失败。发行人应当按照发行价并加算银行同期存款利息返还股票认购人。 （ ）

8. 对投保人因重大过失未履行如实告知义务的,对保险事故的发生有严重影响,保险人对于合同解除前发生的保险事故,不承担赔偿或给付保险金的责任,并不退还保费。 （ ）

9. 投保人申报的被保险人年龄不真实,并且其真实年龄不符合合同约定的年龄限制的,保险人可以解除合同,并按照合同约定退还保险单的现金价值;保险人在合同订立时已经知道投保人未如实告知的情况的,保险人不得解除合同;自保险人知道有解除事由之日起超过15日,或者自合同成立之日起超过1年的,保险人不得解除合同。 （ ）

10. 以被保险人死亡为给付保险金条件的合同,如果保险合同届满1年后,被保险人自杀的,保险人应按合同约定给付保险金。 （ ）

四、简答题

1. 2020年2月10日,甲公司向乙公司签发一张金额为50万元的商业汇票,以支付所欠货款。汇票到期日为2020年8月10日。A银行作为承兑人在汇票票面上签章。

3月10日,乙公司将该汇票背书转让给丙公司,用于支付装修工程款,并在汇票上注明"票据转让于工程验收合格后生效"之后丙公司施工的装修工程因存在严重质量问题未能通过验收。

4月10日,丙公司将该汇票背书转让给丁公司,用于支付房屋租金。丁公司随即将汇票背书转让给戊公司,用于购买办公设备,并在汇票背书人栏内记载"不得转让"字样。

5月10日,戊公司将该汇票背书转让给庚公司,用于支付咨询服务费用,但未在汇票被背书人栏内记载庚公司名称。

8月15日,庚公司持该汇票向A银行提示付款。A银行以庚公司名称未记载于汇票被背书人栏内为由拒付。庚公司在汇票被背书人

栏内补记本公司名称后,再次向A银行提示付款。A银行以自行补记不具效力为由再次拒付。庚公司向乙、丙、丁、戊公司追索,均遭拒绝。其中,丙公司的拒绝理由是,丁公司在汇票背书人栏内记载有"不得转让"字样;乙公司的拒绝理由是,丙公司的装修工程未通过验收,不符合乙公司在汇票上注明的转让生效条件。

要求:根据上述内容,分别回答下列问题。

（1）A银行第一次拒付的理由是否成立? 并说明理由。

（2）A银行第二次拒付的理由是否成立? 并说明理由。

（3）丙公司拒绝庚公司追索的理由是否成立? 并说明理由。

（4）乙公司拒绝庚公司追索的理由是否成立? 并说明理由。

2. 甲公司根据合同约定向乙公司销售价值270万元建筑材料,乙公司向甲交付一张经丙公司承兑的商业汇票,该汇票距到期日尚有3个月。甲公司持有票据一个月后,因资金紧张,将其贴现给丁银行。丁银行在汇票到期日向丙公司提示付款时,遭拒付。丙公司拒付的理由是:乙公司来函告知,甲公司的建筑材料存在严重质量问题,对该汇票应拒付,请协助退回汇票。丁银行认为,丙公司已承兑汇票,不得拒绝付款。丙公司坚持拒付。丁银行遂请求丙公司出具拒绝证明,以便向甲公司行使追索权。

要求:根据资料,不考虑其他因素,回答下列问题。

（1）乙公司能否以建筑材料存在严重质量问题为由通知丙公司拒付该汇票? 简要说明理由。

（2）丁银行认为丙公司不得拒绝付款的理由是否成立? 简要说明理由。

（3）丁银行可否向甲公司行使追索权? 简要说明理由。

3. 2020年5月20日,甲公司为支付货款,向乙公司签发一张6个月后付款且经丙公司承兑的商业汇票。

（1）6月20日,乙公司为支付技术服务费将该汇票背书转让给丁公司,乙公司背书时在汇票上记载了"不得转让"字样。

(2) 7月20日,丁公司为支付货款又将该汇票背书转让给戊公司。戊公司要求提供担保,己公司作为保证人在汇票的正面记载"保证"字样并签章,但未记载被保证人的名称。

(3) 11月25日,戊公司向丙公司提示付款,丙公司以其与甲公司发生经济纠纷为由拒绝付款,并出具了拒绝证明。考虑到乙公司实力最为雄厚,戊公司首先向乙公司发出追索通知,乙公司拒绝。

(4) 11月27日,戊公司又向己公司发出追索通知,己公司仅同意支付汇票金额,拒绝支付利息和发出通知书的费用。

要求:根据上述资料和票据法律制度的规定,不考虑其他因素,回答下列问题。

(1) 乙公司拒绝戊公司追索是否合法?简要说明理由。

(2) 该汇票的被保证人是谁?简要说明理由。

(3) 乙公司拒绝支付利息和发出通知书的费用是否合法?简要说明理由。

4. 2020年3月8日,某食品厂向某面粉厂购买面粉20吨,货款共计12万元。同日,食品厂向面粉厂出具了以自己为出票人、其开户行A银行为付款人、面粉厂为收款人、票面金额为12万元的见票即付的商业汇票一张,并在该汇票上签章。

3月20日,面粉厂向某机械厂购买一台磨面机,价款为12万元,因此欲将其所持汇票背书转让给机械厂。机械厂要求对该汇票提供票据保证,鉴于养鸡场欠面粉厂12万元货款,于是面粉厂请求养鸡场提供担保。后养鸡场在汇票上记载"保证"字样并签章,但未记载被保

证人名称和保证日期。

3月27日,面粉厂将该汇票背书转让给机械厂。4月2日,机械厂持票向A银行提示付款。A银行以食品厂经营状况不景气、即将解散为由拒绝付款,并作成退票理由书交给机械厂。机械厂欲行使追索权。

要求:根据《票据法》的规定,回答下列问题。

(1) 本案例中,谁是被保证人?简要说明理由。

(2) 本案例中,保证日期为哪一天?简要说明理由。

(3) 机械厂可向哪些人行使追索权?

5. 甲公司与乙公司签订一份买卖合同,为支付货款甲公司签发了一张见票后定期付款的银行承兑汇票给乙公司,承兑人为A银行,A银行承兑后记载的汇票到期日为2019年5月1日。

乙公司随后将该汇票背书转让给丙公司,并在背书时记载了"不得转让"字样。丙公司收到汇票后将汇票背书转让给M工程队用于支付工程款,并在背书时记载了"如果该汇票得不到付款,不得向本公司追索"的字样。M工程队于2019年5月8日向A银行提示付款,A银行以当日甲公司的存款账户余额不足为由拒绝付款。

要求:根据以上情况,回答下列问题。

(1) M工程队是否可以向乙公司行使追索权?并说明理由。

(2) M工程队是否可以向丙公司行使追索权?并说明理由。

(3) A银行的抗辩理由是否成立?并说明理由。

参考答案及解析

一、单项选择题

1.【答案】 A

【解析】 选项B,属于虚假陈述;选项C,属于操纵证券市场;选项D,属于内幕交易。

2.【答案】 D

【解析】 达到5%,但未超过20%,非上市公司第一大股东或实际控制人编制简式权益变

动报告书;达到20%,但未超过30%,非上市公司第一大股东或实际控制人应当编制详式权益变动报告书。

3.【答案】 D

【解析】 收购人拟通过协议方式收购上市公司30%股份的,无须经国务院证券监督管理机构核准。

4.【答案】 A

【解析】 对保险人的免责条款,保险人在订立合同时应以书面或口头形式向投保人说明,未作提示或未明确说明的,该条款不产生效力。

5.【答案】 C

【解析】 被保险人或者投保人可以指定一人或者数人为受益人。投保人指定受益人未经被保险人同意的,法院应认定指定行为无效。

6.【答案】 B

【解析】 根据我国《保险法》的规定,人寿保险的被保险人或者受益人向保险人请求给付保险金的诉讼时效期间为5年,自其知道或者应当知道保险事故发生之日起计算。人寿保险以外的其他保险的被保险人或者受益人,向保险人请求赔偿或者给付保险金的诉讼时效期间为2年,自其知道或者应当知道保险事故发生之日起计算。

7.【答案】 D

【解析】 《票据法》规定,质押时应当以背书记载"质押"字样。因此选项D正确。

8.【答案】 D

【解析】 本票的出票人就是付款人,选项A错误;本票上未记载付款地的,出票人的营业场所为付款地,选项B错误;我国的本票仅包括银行本票,选项C错误。

9.【答案】 B

【解析】 票据关系一经形成,就与基础关系相分离,基础关系是否存在,是否有效,对票据关系都不起作用。这就是说,如果票据当事人违反《票据法》的上述规定而签发、取得和转让了没有真实交易关系和债权债务关系的票据,该票据只要符合法定的形式要件,票据关系就是有效的,该票据关系的债务人就必须依票据上的记载事项对票据债权人承担票据责任,而不得以该票据没有真实的交易和债权债务关系为由进行抗辩。除非依《票据法》规定,持票人是不履行约定义务的与自己存直接债权债务关系的人,票据债务人才可进行抗辩。此外,票据关系因一定原因而失效,也不影响基础关系的效力。本题中票据基础关系的瑕疵并不影响票据行为的效力,所以甲不能要求丙或乙返还票据。

10.【答案】 D

【解析】 持票人对远期汇票的出票人、承兑人的票据权利自票据到期日起2年。本题中票据到期日为2017年6月5日,所以票据权利到期日为2019年6月5日。

11.【答案】 A

【解析】 由于伪造人甲没有以自己的名义签章,因此不承担票据责任,选项A正确;持票人即使是善意取得,对被伪造人乙也不能行使票据权利,选项B不正确;票据上有伪造签章的,不影响票据上其他真实签章的效力,票据债权人在依法提示承兑、提示付款或者行使追索权时,在票据上真正签章人不能以票据伪造为由进行抗辩,丙、丁应当承担票据责任,选项CD不正确。

12.【答案】 C

【解析】 如果当事人的签章在变造之前,应当按照原记载的内容负责;如果当事人的签章在变造之后,则应当按照变造后的记载内容负责;如果无法辨别签章发生在变造之前还是之后,视同在变造之前签章。

13.【答案】 C

【解析】 背书不得附条件,背书时附有条件的,所附条件不具有汇票上的效力。

二、多项选择题

1.【答案】 BCD

【解析】 投保单与保险单或者其他保险凭证不一致的,以投保单为准,选项A错误;非格式条款与格式条款不一致的,以非格式条款为准,选项B正确;保险凭证记载的时间不同的,以形成时间在后的为准,选项C正确;保险凭证存在手写和打印两种方式的,以双方签字、盖章的手写部分的内容为准,选项D正确。

2.【答案】 AC

【解析】 货物运输保险合同标的物所有权转移,无需通知保险人,因此选项B不符合题意;变更保险合同的内容需要取得保险人的同意,而不是通知,因此选项D不符合题意。

3.【答案】 ABC

【解析】 除被保险人的家庭成员或者其组成人员故意造成保险事故外,保险人不得对被保险人的家庭成员或者其组成人员行使代位请求赔偿的权利,因此选项D不符合规定。

4.【答案】 ABD

【解析】 以被保险人死亡为给付保险金条件的合同,自合同成立或合同复效之日起2年内,被保险人自杀的,保险人不承担给付保险金的责

第四章

任。选项 C 没有强调 2 年的限制,因此错误。

5.【答案】 ABC

【解析】 《票据法》规定,票据债务人不得以自己与出票人或者与持票人的前手之间的抗辩事由,对抗持票人。但是,持票人明知存在抗辩事由而取得票据的除外。

6.【答案】 BCD

【解析】 出票日期和收款人名称属于汇票的绝对应记载事项,缺一则票据无效。票据金额以中文和数码同时记载,两者必须一致,不一致时,票据无效。付款日期属于相对应记载事项,未记载付款日期的,视为见票即付。

7.【答案】 BD

【解析】 根据规定,见票后定期付款的汇票,持票人应当自出票日起 1 个月内向付款人提示承兑,因此选项 A 错误;汇票上未记载付款日期的,视为见票即付,无需提示承兑,因此选项 B 正确;如果付款人在 3 日内不作承兑与否表示的,应视为拒绝承兑,因此选项 C 错误;付款人承兑汇票,不得附有条件;承兑附有条件的,视为拒绝承兑,因此选项 D 正确。

8.【答案】 ABC

【解析】 根据规定,被追索人行使再追索权,可以请求其他汇票债务人支付下列金额和费用:已清偿的全部金额及其自清偿日起至再追索清偿日止,按照中国人民银行规定的流动资金贷款利率计算的利息;发出通知书的费用。因此,选项 D 中所说的利润损失是不包括在内的。

9.【答案】 AB

【解析】 拟配售股份数量不超过本次配售股份前股本总额的 30%,选项 C 不正确;上市公司配股应当采用证券法规定的代销方式发行,选项 D 不正确。

10.【答案】 ABCD

【解析】 证券市场的主体是指参与证券市场的各类法律主体,包括证券发行人、投资者、中介机构、交易场所以及自律性组织和监管机构等。

11.【答案】 ABCD

【解析】 依据发行的证券品种不同,证券发行可以分为股票发行、公司债券发行、存托凭证发行与投资基金份额发售。

12.【答案】 ABCD

【解析】 收购人有下列情形之一的,不得收购上市公司:收购人负有数额较大债务,到期未清偿,且处于持续状态;收购人最近 3 年有重大违法行为或者涉嫌有重大违法行为;收购人最近 3 年有严重的证券市场失信行为;收购人为自然人的,存在不得担任公司董事、监事、高级管理人员的情形;法律、行政法规规定以及中国证监会认定的不得收购上市公司的其他情形。

三、判断题

1.【答案】 ×

【解析】 经营财产保险业务的保险公司经国务院保险监督管理机构批准,可以经营短期健康保险业务和意外伤害保险业务(无人寿保险)。

2.【答案】 ×

【解析】 根据我国《保险法》的有关规定,受益人故意造成被保险人死亡、伤残、疾病的,或者故意杀害被保险人未遂的,只是受益人丧失受益权,并不能免除保险人承担给付保险金的责任。

3.【答案】 √

4.【答案】 √

5.【答案】 √

6.【答案】 ×

【解析】 证券的代销、包销期限最长不得超过 90 日。证券公司在代销、包销期内,对所代销、包销的证券应当保证先行出售给认购人,证券公司不得为本公司预留所代销的证券和预先购入并留存所包销的证券。

7.【答案】 ×

【解析】 股票发行采用代销方式的,代销期限届满,向投资者出售的股票数量未达到拟公开发行股票数量 70% 的,为发行失败。发行人应当按照发行价并加算银行同期存款利息返还股票认购人。

8.【答案】 ×

【解析】 对投保人因重大过失未履行如实告知义务的,对保险事故的发生有严重影响,保险人对于合同解除前发生的保险事故,不承担赔偿或给付保险金的责任,但应当退还保险费。

9.【答案】 ×

【解析】 投保人申报的被保险人年龄不真实,并且其真实年龄不符合合同约定的年龄限制的,保险人可以解除合同,并按照合同约定退还保险单的现金价值;保险人在合同订立时已经知道投保人未如实告知的情况的,保险人不得解除合同;自保险人知道有解除事由之日起超过30日,或者自合同成立之日起超过2年的,保险人不得解除合同。

10.【答案】×

【解析】 以被保险人死亡为给付保险金条件的合同,自合同成立或者合同效力恢复之日起2年内,被保险人自杀的,保险人不承担给付保险金的责任,但被保险人自杀时为无民事行为能力的除外。如果保险合同届满2年后,被保险人自杀的,保险人应按合同约定给付保险金。

四、简答题

1.【答案】(1) 第一次拒付理由成立。根据规定,汇票以背书转让或者以背书将一定的汇票权利授予他人行使时,必须记载被背书人名称。因此未记载被背书人名称的,付款人可以拒绝付款。

(2) 第二次拒付理由不成立。根据规定,背书人未记载被背书人名称即将票据交付他人的,持票人在票据被背书人栏内记载自己的名称与背书人记载具有同等法律效力。

(3) 丙的理由不成立。根据规定,背书人在汇票上记载"不得转让"字样,其后手再背书转让的,原背书人对后手的被背书人不承担保证责任。本题中,记载"不得转让"字样的是丁,丁可以对庚拒绝付款;而丙是不能以此为由拒绝付款的。

(4) 乙的理由不成立。根据规定,背书不得附有条件。背书时附有条件的,所附条件不具有汇票上的效力。据此可知,乙公司在背书时所附的条件不发生票据法上的效力,故乙公司无权以此为由拒绝付款。

2.【答案】(1) 乙公司不能以建筑材料存在严重质量问题为由通知丙公司拒付该汇票。根据票据法律制度规定,票据债务人不得以自己与持票人的前手之间的抗辩事由对抗持票人。

(2) 丁银行认为丙公司不得拒绝付款的理由成立。根据票据法律制度规定,付款人承兑汇票后,作为汇票承兑人,成为汇票的主债务人;承兑人应于汇票到期日必须向持票人无条件地支付汇票上的金额。

(3) 丁银行可以向甲公司行使追索权。根据票据法律制度规定,出票人、背书人、承兑人和保证人均为被追索人。

3.【答案】(1) 乙公司拒绝戊公司追索合法。根据票据法律制度规定,背书人在汇票上记载"不得转让"字样,其后手再背书转让的,原背书人对后手的被背书人不承担保证责任。

(2) 该汇票的被保证人是丙公司。根据规定,保证人在汇票或者粘单上未记载被保证人的名称的,已承兑的汇票,承兑人(丙公司)为被保证人。

(3) 己公司拒绝支付利息和发出通知书的费用不合法。根据票据法律制度规定,持票人行使追索权,可以请求被追索人支付的金额和费用包括:被拒绝付款的汇票金额;汇票金额自到期日或者提示付款日起至清偿日止,按照中国人民银行规定的利率计算的利息;取得有关拒绝证明和发出通知书的费用。

4.【答案】(1) 出票人食品厂为被保证人。根据规定,未记载被保证人的,已承兑的汇票,承兑人为被保证人,未承兑的汇票,出票人为被保证人。本题中,见票即付的汇票,无需承兑,出票人食品厂为被保证人。

(2) 2020年3月8日为保证日期。根据规定,未记载保证日期的,出票日期为保证日期。

(3) 机械厂可向食品厂、面粉厂、养鸡厂行使追索权。

5.【答案】(1) M工程队不能向乙公司行使追索权。根据规定,背书人在汇票上记载"不得转让"字样,其后手再背书转让的,原背书人对后手的被背书人不承担保证责任。

(2) M工程队可以向丙公司行使追索权。根据规定,被追索人包括出票人、背书人、承兑人和保证人。持票人可以不按照汇票债务人的先后顺序,对其中任何一人、数人或者全体行使追索权。背书时附有条件的,所附条件不具有汇票上的效力。本题中,丙公司背书是所附条件无效,不影响M工程队对其行使追索权。

(3) A银行的抗辩理由不成立。根据规定,承兑人不得以其与出票人之间资金关系来对抗持票人,拒绝支付汇票金额。本题中该汇票已经过A银行合法承兑,因此A银行不得以甲公司银行存款账户余额不足为由拒绝付款。

第四章

2021年度全国会计专业技术资格考试

中级经济法
应试指导 下册

财华仁和学院　编著

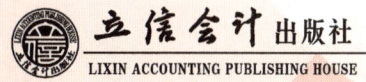

立信会计出版社
LIXIN ACCOUNTING PUBLISHING HOUSE

目　录

下　册

第五章
合同法律制度

考情回顾

　　本章主要学习《民法典》合同编通则，7个主要合同，以及部分《民法典》物权编。这些历来是中级职称考试的考查重点，最近3年的平均分值近17分，多年来简答题或综合题必有一道来自本章。本章内容既能单独命题，也可结合民事诉讼法、公司法、证券法等章节综合命题，重在理解，复习难度较大。

考试变化

　　2021年本章根据《民法典》进行了重大调整，超过50％的考点均有改动，如调整"保证方式"，新增"价款债权抵押权"，新增"第三人代替履行"的合同等。本章预计在2021年考试中的分值较往年略有提高，需要考生充分重视。

本章结构

第一节　合同法律制度概述
第二节　合同的订立
第三节　合同的效力
第四节　合同的履行
第五节　合同的担保
第六节　合同的转让和权利义务终止
第七节　违约责任
第八节　主要合同

第五章

第一节 合同法律制度概述

 本节框架

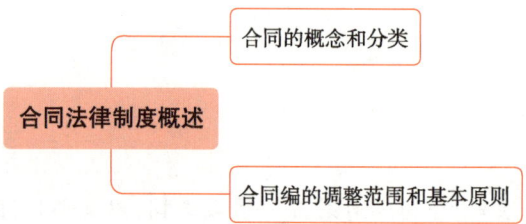

合同法律制度概述 ┬─ 合同的概念和分类

└─ 合同编的调整范围和基本原则

一、合同的概念和分类

(一) 概念

根据《民法典》第 464 条规定,合同是民事主体之间设立、变更、终止民事法律关系的协议。

(二) 分类

1. 按法律、法规是否对其名称作出明确规定的标准分类

(1) 有名合同:法律设有规范,赋予名称(《民法典》在合同编分则中规定了 19 类具体合同,适用具体规定)。

(2) 无名合同:法律未特别规定,也未赋予名称,适用《民法典》合同编通则的规定。

2. 按是否尚需交付标的物才能成立的标准分类

(1) 诺成合同:意思表示一致即成立,如买卖合同、保险合同、租赁合同等。

(2) 实践合同:需交付标的物才能成立,如保管合同、定金合同、自然人之间的借贷合同。

3. 按法律、法规是否要求具备特定形式和手续的标准分类

(1) 要式合同:必须具备一定形式。包括融资租赁合同、建设工程合同、技术开发合同、技术转让合同、银行借款合同等。

(2) 不要式合同:即法律或当事人不要求必须具备一定形式的合同。

4. 按双方是否互负给付义务的标准分类

(1) 单务合同:即只有一方当事人负给付义务的合同,如赠与合同、自然人之间的借款合同。

(2) 双务合同:即双方当事人互负给付义务的合同,如买卖、租赁、承揽合同等。

5. 按合同相互间的主从关系的标准分类

(1) 主合同:能独立存在,如买卖、租赁合同等。

(2) 从合同:依附其他合同,不能独立存在,如保证合同、质押合同、定金合同等。

二、合同编的调整范围和基本原则 ★

（一）调整范围

《民法典》合同编是调整平等主体之间的商品交换关系的法律规范的总称。

（1）《民法典》合同编主要调整作为平等主体的自然人、法人、其他组织之间的经济合同关系，如买卖、租赁、借贷、赠予、融资租赁等合同关系。

提示 ▶ 政府机关作为平等的主体与对方签订合同时，适用《民法典》合同编的规定。

（2）不属于《民法典》合同编调整的范围：

① 涉及婚姻、收养、监护等有关身份关系的协议。

② 劳动合同。

【例题5-1 单选题】（2019年真题） 下列各项中，属于《民法典》合同编调整范围的是（　　）。

A. 甲公司与李某签订的劳动合同　　B. 陈某与张某签订的收养协议

C. 赵某与乙公司签订的租赁合同　　D. 王某与钱某签订的子女监护权协议

【答案】 C

【名师点睛】 选项A，适用《劳动合同法》；选项BD，婚姻、收养、监护等有关身份关系的决议，不属于《民法典》合同调整的范围。

考试方向 ✎
考查《民法典》合同编调整范围。

（二）基本原则

我国《民法典》合同编规定了以下基本原则：平等原则；自愿原则；公平原则；诚实信用原则；不违反法律或公序良俗原则。

第二节 合同的订立

本节框架 ▶

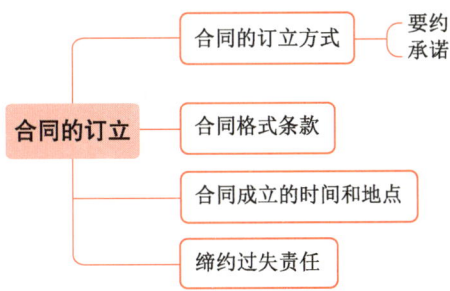

```
                              ┌─── 合同的订立方式 ─── 要约
                              │                     承诺
                              │
              合同的订立 ──────┼─── 合同格式条款
                              │
                              ├─── 合同成立的时间和地点
                              │
                              └─── 缔约过失责任
```

一、合同的订立方式 ★★

根据《民法典》合同编规定，当事人采取要约、承诺方式订立合同。

要约邀请、要约、新要约、承诺的对比如表5-1所示。

表 5-1 要约邀请、要约、新要约、承诺的对比

	要约邀请	要约	新要约	承诺
概念	是指希望他人向自己发出要约的意思表示	是指一方以缔结合同为目的,向对方提出合同条件,希望对方接受的意思表示	是指受要约人对要约的主要内容作出实质性变更	是指受要约人同意要约的意思表示
特征	内容不明确(不产生法律效力)	内容具体明确(产生法律效力)	对合同标的、数量、质量、价款或者报酬、履行期限、履行地点和方式、违约责任和解决争议方法等作出变更	—
判定标准	即使承诺,合同也不成立,对方不负法律责任	—	—	—

(一) 要约

1. 要约应具备的条件

(1) 内容具体确定。

提示 ▶具体确定是指必须具有足以使合同成立的条款,如标的、数量、质量、价款或者报酬、履行期限、地点和方式等,一经受要约人承诺,合同即可成立。

(2) 必须是特定人所为的意思表示(要约人是特定人)。

(3) 要约必须向相对人发出。

提示 ▶相对人可以是特定的人也可以是不特定的人。

(4) 要约须表明经受要约人承诺,要约人即受该意思表示约束。

2. 区别要约邀请

要约邀请是希望他人向自己发出要约的意思表示,具体内容不明确,没有法律约束力。

提示 ▶拍卖公告、招标公告、招股说明书、债券募集办法、基金拓募说明书、商业广告和宣传、寄送的价目表等为要约邀请。

商业广告和宣传的内容符合要约条件的,构成要约。

> **案例 5-1**
>
> 甲向乙发出一封电报称:现有 100 吨白酒,每吨售价 20000 元,如有意购买,请于 6 月 1 日前到我厂提货。该电报是否属于要约?
>
> **【分析】** 甲向乙发出的电报,内容具体确定,是一份向特定人发出的要约,其相对人乙是特定的。

案例 5-2

某化妆品广告称:海洋迷离是引进欧洲全新技术专业的美白护肤品。咨询订购热线 6668888,免费送货。该广告属于要约还是要约邀请?

【分析】 这是一个要约邀请,目的是希望他人向自己发出订合同的要约。

案例 5-3

某电器城广告:6 月 6 日至 11 日店庆,××品牌××型号 50 寸彩电,1999 元特价促销,每天限量 500 台,先到先得。该广告属于要约还是要约邀请?

【分析】 这是一个要约邀请,目的是希望他人向自己发出订合同的要约,此型号彩电由于数量每天只有 500 台,何时卖完时间不确定,消费者即使承诺合同也不一定成立,电器城不负法律责任。

案例 5-4

某电器城广告:6 月 6 日至 11 日店庆,××品牌××型号 50 寸彩电,1999 元特价促销,数量不限。该广告属于要约还是要约邀请?

【分析】 这种情况下该广告属于要约,内容具体明确,消费者一经承诺合同成立。

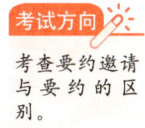

【例题 5-2 单选题】(经典好题) 要约邀请是希望他人向自己发出要约的意思表示。根据《民法典》合同编的规定,下列情形中,不属于发出要约邀请的是( )。

A. 甲公司向数家贸易公司寄送价目表

B. 乙公司通过报刊发布招标公告

C. 丙公司在其运营中的咖啡自动售货机上载明"每杯一元"

D. 丁公司向社会公众发布招股说明书

【答案】 C

【名师点睛】 拍卖公告、招标公告、招股说明书、债券募集办法、基金招募说明书、商业广告和宣传、寄送的价目表等为要约邀请。选项 ABD 属于邀约邀请,选项 C 属于邀约。

3. 要约生效时间

以对话方式作出的要约,自相对人知道其内容时生效。

以非对话方式作出的要约,自到达受要约人时生效。

(1)以非对话方式作出的采用数据电文形式订立合同如表 5-2 所示。

表 5-2 采用数据电文形式订立合同生效时间

指定特定系统接收	该数据电文进入该特定系统的时间
未指定特定系统接收	相对人知道或者应当知道该数据电文进入系统的时间

(2)到达≠看到。

要约到达受要约人,并不是指要约一定实际到达受要约人或者其代理人手中,要约只要送达到受要约人通常的地址、住所或者其他能够控制的现实或虚拟空间(如信箱或邮箱等)即为送达。

（3）**到达≠知道**。

即使在要约送达受要约人之前受要约人已经知道其内容,要约也不生效。

案例 5-5

8月1日老潘打电话给甲公司销售员小陈,欲购买手机一批。双方谈妥价格及型号后,小陈要求老潘把自己的具体需求写成文字并快递到公司,好安排发货。老潘于8月2日发出快递,8月3日,快递员将该材料送至甲公司前台,当日小陈外出谈业务并未在公司。8月4日,前台将材料转交给小陈,小陈随即电话告知老潘,快递已收到。请问要约生效时间是什么时候?

【分析】 以非对话方式作出的要约,自到达受要约人时生效。本题中,8月3日,快递将该材料送至甲公司前台,说明已经到达了,则8月3日要约生效。

---

4. 要约的撤回、撤销与失效

（1）撤回:要约在**发出后、生效前**,要约人可以撤回要约。

提示 ▶ 原则上,只有以**非对话**方式作出的要约可能被撤回。以非对话方式作出的要约,自到达受要约人时生效,因此**撤回**要约的通知应当在要约达到受要约人**之前**或者与要约**同时**到达受要约人。

（2）撤销:在要约**生效后**、受要约人**承诺前**,要约人可以撤销要约。

不得撤销要约的情形:

① 要约人**确定了承诺期限**。

② **明示**要约不可撤销。

③ 受要约人**有理由**认为要约是不可撤销的,**并已经为履行合同做了准备工作**。

（3）失效:

① **拒绝**要约的通知到达要约人。

② 要约人依法**撤销**要约。

③ 承诺**期限届满**,受要约人未作出承诺。

④ 受要约人对要约的内容作出**实质性变更**(新要约,原要约失效)。

【例题 5-3 单选题】(经典好题) 甲公司于4月1日向乙公司发出订购一批实木沙发的要约,要求乙公司于4月8日前答复。4月2日乙公司收到该要约。4月3日,甲公司欲改向丙公司订购实木沙发,遂向乙公司发出撤销要约的信件,该信件于4月4日到达乙公司。4月5日,甲公司收到乙公司的回复,乙公司表示暂无实木沙发,问甲公司是否愿意选购布艺沙发。根据《民法典》合同编的规定,甲公司要约失效的时间是(　　)。

A. 4月3日　　　　B. 4月4日　　　　C. 4月5日　　　　D. 4月8日

【答案】 C

【名师点睛】 由于甲公司的要约中确定了承诺期限,因此不能撤销,而乙公司4月5日的回复对要约进行了实质性变更,是新的要约,导致原要约失效。

(二) 承诺

1. 期限

（1）要约以信件或者电报作出的,承诺期限自信件**载明的日期**或者电报**交发之日**开始计算；信件未载明日期的，自投寄该信件的邮戳日期(寄出地邮戳日期)开始计算。

(2)要约以电话、传真、电子邮件等快速通讯方式作出的，承诺期限自要约到达受要约人时开始计算。

2.迟延与迟到

(1)迟延是受要约人主观故意。

受要约人超过承诺期限发出承诺的，或者在承诺期限内发出承诺，按照通常情形不能及时到达要约人的，除要约人及时通知受要约人该承诺有效的以外，为新要约。

(2)迟到是客观原因导致。

受要约人在承诺期限内发出承诺，按照通常情形能够及时到达要约人，但因其他原因承诺到达要约人时超过承诺期限的，除要约人及时通知受要约人因承诺超过期限不接受该承诺的以外，该承诺有效。

3.生效

承诺通知到达要约人时生效。

4.撤回

撤回承诺的通知应当在承诺通知到达要约人之前或者与承诺通知同时到达要约人。

提示 因承诺到达合同即生效，因此承诺只能撤回不能撤销。

5.承诺的内容

(1)受要约人对要约的内容作出实质性变更的，为新要约。

提示 有关合同标的、数量、质量、价款或者报酬、履行期限、履行地点和方式、违约责任和解决争议方法等内容的变更，是对要约内容的实质性变更。

(2)受要约人对要约的内容作出非实质性变更的，除要约人及时表示反对(事后)或者要约表明承诺不得对要约的内容作出任何变更(事前)外，该承诺有效，合同的内容以承诺的内容为准。

【例题5-4 单选题】(经典好题) 陈某以信件发出要约，信件未载明承诺开始日期，仅规定承诺期限为10天。5月8日，陈某将信件投入信箱；邮局将信件加盖5月9日邮戳发出，5月11日，信件送达受要约人李某的办公室；李某因外出，直至5月15日才知悉信件内容。根据《民法典》合同编的规定，该承诺期限的起算日为(　　)。

A.5月8日　　 B.5月9日　　 C.5月11日　　 D.5月15日

【答案】 B

【名师点睛】 根据规定，要约以信件或者电报作出的，承诺期限自信件载明的日期或者电报交发之日开始计算。信件未载明日期的，自投寄该信件的邮戳日期开始计算。本题中，由于信件的落款中未载明日期，那么应该按照邮戳日期作为承诺的开始时间。

二、合同格式条款

对格式条款适用的限制如下：

(1)提供格式条款的一方未履行提示或者说明义务，致使对方没有注意或者理解与其有重大利害关系的条款的，对方可以主张该条款不成为合同的内容。

（2）格式条款无效的情形：

① 提供格式条款的一方不合理免除或者减轻其责任，加重对方责任，限制对方主要权利。

② 提供格式条款一方排除对方主要权利。

③ 具有《民法典》总则编第六章规定的无效情形。

④ 具有《民法典》第506条规定的无效情形。

三、合同成立的时间和地点

（一）时间

1. 一般情况——诺成合同

一般情况下，承诺作出生效后合同即告成立，当事人与合同成立时开始享有合同权利、承担合同义务（承诺生效，合同即成立）。

2. 具体情况

（1）当事人均签名、盖章或者按指印时合同成立。但是，在签名、盖章或者按指印之前，当事人一方已经履行主要义务，对方接受时，该合同成立。

（2）当事人约定采用书面形式订立合同，当事人未采用书面形式但一方已经履行主要义务，对方接受时，该合同成立。

（3）当事人采用信件、数据电文等形式订立合同的，可以在合同成立之前要求签订确认书，签订确认书时合同成立。

提示 ▶ 若双方当事人签字盖章的时间有先后之分，则以最后一方签字盖章的时间为合同成立时间。

（4）当事人以直接对话方式订立的合同，承诺人的承诺生效时合同成立。

（5）当事人签订要式合同的，以法律、法规规定的特殊形式要求完成的时间为合同成立时间。

（6）当事人一方通过互联网等信息网络发布的商品或者服务信息符合要约条件的，对方选择该商品或者服务并且提交订单成功时合同成立。

（二）地点

（1）一般情况：承诺生效的地点为合同的成立地点。

（2）特殊情况：有约定的按约定，没有约定的按法定。

① 采用数据电文形式订立合同的合同成立地点。

a. 收件人的主营业地。

b. 没有主营业地，以收件人住所地为准。

② 采用合同书、确认书形式订立合同的合同成立地点：最后签名、盖章或者按指印的地点。

③ 合同需要完成特殊的约定或法定形式才能成立的，以完成合同的约定形式或法定形式的地点为合同的成立地点。

提示 ▶ 若双方签名、盖章或者按指印不在同一地点，则以最后一方签名、盖章或者按指印的地点为合同成立的地点。

【例题5-5单选题】(经典好题) 郑某和张某拟订一份书面合同。双方在甲地谈妥合同的主要条款,郑某于乙地在合同上签字,其后,张某于丙地在合同上盖章,合同的履行地为丁地。根据《民法典》合同编的规定,该合同成立的地点是( )。

A. 甲地　　　　B. 乙地　　　　C. 丙地　　　　D. 丁地

【答案】 C

【名师点睛】 当事人采用合同书形式订立合同的,最后签名、盖章或者按指印的地点为合同成立的地点。如果双方当事人未同时在合同书上签名、盖章或者按指印,则以最后一方签名、盖章或者按指印的地点为合同成立的地点。

四、缔约过失责任

1. 概念

当事人在订立合同过程中,因故意或过失致使合同未成立、未生效、被撤销或无效,给他人造成损失应承担的损害赔偿责任。

2. 具体情形

(1) 假借订立合同,恶意进行磋商。

(2) 故意隐瞒与订立合同有关的重要事实或者提供虚假情况。

(3) 当事人泄露或不正当地使用在订立合同过程中知悉的商业秘密或其他应当保密的信息。

(4) 有其他违背诚实信用原则的行为。

3. 缔约过失责任与违约责任的区别(见表5-3)

表5-3 缔约过失责任对比违约责任

项目	缔约过失责任	违约责任
产生	合同成立之前	合同生效之后
适用	合同未成立、未生效、无效等	生效合同
赔偿	信赖利益的损失	可期待利益的损失
	可期待利益的损失＞信赖利益的损失	

第三节　合同的效力

本节框架

一、合同的生效★

(1) 依法成立的合同,原则上自成立时生效。

① 诺成合同:自承诺时合同成立并生效。

② 实践合同:自给付时合同生效。

(2) 法律、行政法规规定应当办理批准、登记等手续生效的,在依照其规定办理批准、登记等手续时生效。

二、效力待定合同★★

(一) 限制民事行为能力人订立的合同

1. 直接有效

纯获利益的合同或者与其年龄、智力、精神健康状况相适应而订立的合同,不必经法定代理人追认,合同当然有效。

2. 效力待定

(1) 限制民事行为能力人订立的合同,效力待定,经法定代理人追认后,该合同有效。

(2) 相对人可以催告法定代理人在 30 日,予以追认,法定代理人未作表示的,视为拒绝追认(催告权)。

(3) 合同被追认之前,善意相对人有撤销的权利(撤销权)。

> **提示** ▶ 无论相对人是否善意均可行使催告权,但只有善意相对人才有撤销权,且要在追认前行使。

考试方向

考查效力待定合同的情形。

【例题 5-6 单选题】(经典好题) 16 岁的小林参加中学生科技创意大赛,其作品"厨房定时器"获得组委会奖励。张某对此非常感兴趣,现场支付给小林 5 万元,买下该作品的制作方法。下列关于该合同效力的表述中,符合《民法典》合同编规定的是( )。

A. 该合同可撤销,因小林是限制民事行为能力人

B. 该合同无效,因小林是限制民事行为能力人

C. 该合同有效,因该合同对小林而言是纯获利益的

D. 该合同效力待定,因需由小林的法定代理人决定是否追认

【答案】 D

【名师点睛】 限制民事行为能力人订立的合同,经法定代理人追认后,该合同有效。但纯获利益的合同或者是与其年龄、智力、精神健康状况相适应而订立的合同,不必经法定代理人追认,合同当然有效。小林是限制民事行为能力人且订立的并不是纯获利益的合同,所以合同效力待定。

(二) 无权代理订立的合同

1. 被代理人的追认权

行为人没有代理权、超越代理权或者代理权终止后以被代理人名义订立的合同,为效力待定合同,未经被代理人追认,对被代理人不发生效力,由行为人承担责任。

> **知识链接** ▶ 票据的无权代理由代理人承担票据责任;票据的越权代理,越权部分由代理人承担责任。

2. 相对人的催告权和撤销权

（1）催告权：相对人可以催告被代理人在 30 日内予以追认。被代理人未作表示的，视为拒绝追认。

（2）撤销权：合同被追认之前，善意相对人有撤销的权利。

第四节　合同的履行

 **本节框架**

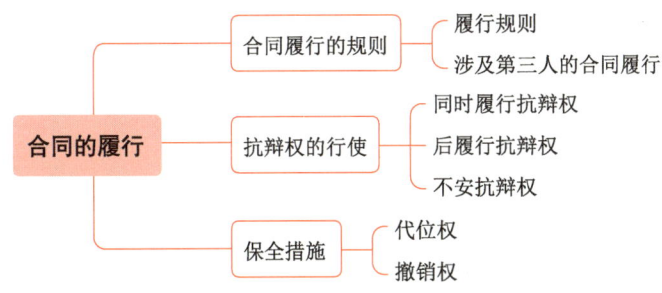

一、合同履行的规则★★

合同生效后，当事人就质量、价款或者报酬、履行地点等内容没有约定或者约定不明确的，可以协议补充；不能达成补充协议的，按照合同有关条款或者交易习惯确定。

（一）履行规则

（1）有约定按约定。

（2）约定不明，先补充协议。

（3）按条款或交易习惯确定。

（4）按《民法典》合同编规定（约定不明的具体事项）。

① 质量要求：国家标准、行业标准、按通常标准或者符合合同目的的特定标准。

② 价款或者报酬：订立合同时履行地的市场价格。

③ 履行地点：

a. 交付不动产：不动产所在地。

b. 给付货币：接受货币一方所在地。

c. 其他标的：履行义务一方所在地。

④ 履行期限：

a. 债务人：可随时履行。

b. 债权人：可随时要求履行，但应给对方必要的准备时间。

⑤ 履行方式：有利于实现合同目的的方式。

⑥ 履行费用：履行义务一方负担。因债权人原因增加的履行费用，由债权人负担。

 考试方向

考查合同的履行规则。

【例题 5-7 多选题】（经典好题）　X 市甲厂因购买 Y 市乙公司的一批木材与乙公司签订了一份买卖合同，但合同中未约定交货地与付款地，双方就此未达成补充协议，按照合同有关条款或者交易习惯也不能确定。根据《民法典》合同编的规定，下列关于交货地

及付款地的表述中,正确的有( )。

A. X市为交货地　B. Y市为交货地　C. X市为付款地　D. Y市为付款地

【答案】 BD

【名师点睛】 合同履行地点不明确,给付货币的,在接受货币一方所在地履行(Y市为付款地);交付不动产的,在不动产所在地履行;其他标的在履行义务一方所在地履行(Y市为交货地)。

(二) 涉及第三人的合同履行

1. 向第三人履行(见表5-4)

表5-4　向第三人履行的内容

请求权	第三人可以向债务人请求履行
违约责任	债务人未向第三人履行债务或者履行债务不符合约定的,第三人可以请求债务人承担违约责任
抗辩权	债务人对于合同债权人可行使的一切抗辩权,对该第三人均可行使
费用	因向第三人履行债务增加的费用,除双方当事人另有约定外,由债权人承担

2. 由第三人履行(第三人是履行义务的一方)(见表5-5)

表5-5　由第三人履行的内容

违约责任	第三人不履行债务或履行债务不符合约定的,债务人应当向债权人承担违约责任
费用	第三人向债权人履行债务所增加的费用,除另有约定外,一般由债务人承担

提示▶合同具有相对性,不论是向第三人履行,还是由第三人履行,违约责任只约束债务人和债权人。

考试方向

考查涉及第三人的合同履行。

【例题5-8 单选题】(2019年真题)　王某向张某购买一台电脑,与张某约定一个月后由李某支付电脑价款。一个月后,李某未支付电脑价款。下列关于张某请求承担违约责任的表述中,正确的是( )。

A. 请求王某或李某承担　　　　　B. 请求李某承担

C. 请求王某承担　　　　　　　　D. 请求王某和李某共同承担

【答案】 C

【名师点睛】 在由第三人履行的合同中,第三人不履行债务或履行债务不符合约定的,债务人应当向债权人承担违约责任。

3. 第三人代替履行的合同

债务人不履行债务,第三人对履行该债务具有合法利益的,第三人有权向债权人代位履行,根据债务性质、按照约定或依照法律规定只能由债务人履行的除外。

债权人接受第三人履行后,其对债务人的债权转让给第三人,另有约定除外。

二、 抗辩权的行使★★

抗辩权是指在双务合同中,一方当事人在对方不履行或履行不符合约定时,依法对抗对方请求或否认对方权利主张的权利。《民法典》合同编规定了同时履行抗辩权、后履行抗辩权和不安抗辩权三种：

（1）同时履行抗辩权。

一方不履行或履行债务不符合约定时，另一方有权拒绝履行（一手交钱，一手交货）。

（2）后履行抗辩权。

先履行一方不履行或履行债务不符合约定时，后履行一方有权拒绝其履行要求。

（3）不安抗辩权（先履行抗辩权）。

先履行义务的一方有确切的证据证明后履行义务的一方丧失履行债务能力，不能履行合同或有不履行合同的可能性，先履行义务的一方可以：

① 中止合同并通知对方，要求对方证明有履行能力或提供相应的担保。

② 在合理期限内，对方未恢复履行能力或提供相应担保，可以解除合同。

提示 ▶ 后履行一方不能履行合同的情形：①经营状况严重恶化；②有转移财产、抽逃资金，以逃避债务的情形；③丧失商业信誉；④丧失或可能丧失履行债务能力的其他情形。先履行的当事人应当有证据证明对方不能或者有不能履行合同的可能性，没有确切证据而行使不安抗辩权造成对方损失的，应当承担违约责任。

【例题5-9 单选题】（2019年真题） 甲公司与乙公司签订买卖合同，约定甲公司先交货。交货前夕，甲公司有确切证据证明乙公司负债严重，不能按时支付货款。甲公司遂决定中止交货，并及时通知乙公司。甲公司的行为是（   ）。

A. 违约行为　　　　　　　　　B. 行使先诉抗辩权的行为

C. 行使同时履行抗辩权的行为　　D. 行使不安抗辩权的行为

【答案】 D

【名师点睛】 应当先履行债务的当事人，有确切证据证明对方有下列情况之一的，可以行使不安抗辩权，中止合同履行：①经营状况严重恶化；②转移财产、抽逃资金，以逃避债务；③丧失商业信誉；④有丧失或者可能丧失履行债务能力的其他情形。

【例题5-10 单选题】（2020年真题） 根据《民法典》合同编的规定，应当先履行债务的合同当事人，有确切证据证明对方当事人具有的下列情形中，可以行使不安抗辩权的有（   ）。

A. 转移财产、抽逃资金，以逃避债务

B. 丧失商业信誉

C. 经营状况严重恶化

D. 变更经营方式

【答案】 ABC

【名师点睛】 《民法典》527条规定，应当先履行债务的当事人，有确切证据证明对方有下列情形之一的，可以中止履行：①经营状况严重恶化；②转移财产、抽逃资金，以逃避债务；③丧失商业信誉；④有丧失或可能丧失履行债务能力的其他情形。

三、保全措施★★★

（一）代位权

1. 概念

考试方向 考查抗辩权的行使。

代位权是指债务人怠于行使其对第三人(次债务人)享有的到期债权,危及债权人债权的实现时,债权人为了保障自己的债权,可以自己的名义代位行使债务人对次债务人的债权的权利。因债务人怠于行使其到期债权,对债权人造成损害的,债权人可以向人民法院请求以自己的名义代位行使债务人的债权,但该债权专属于债务人自身的除外。

2. 构成要件(行使条件)

(1)债务人对次债务人享有合法债权或者与该债权相关的从权利,并且是非专属于债务人自身的权利。

提示▶专属于债务人自身的债权包括:①因扶养、抚养、赡养、继承关系产生的给付请求权;②劳动报酬、退休金、养老金、抚恤金、安置费;③人寿保险;④人身伤害赔偿请求权。

(2)债务人怠于行使其到期债权。

提示▶不以诉讼方式或者仲裁方式主张权利即为怠于行使。

(3)因债务人怠于行使权利已经害及债权人的债权。

提示▶怠于行使的权利必须具有金钱给付内容。

(4)债务人(对次债务人)的债权已经到期。

3. 代位权诉讼(见表5-6)

表5-6 代位权诉讼

身份	原告:债权人 被告:债务人的债务人(次债务人) 第三人:债务人
代位范围	以债权人的债权为限,对超出部分人民法院不予支持
费用承担	诉讼费用:次债务人负担 行使代位权的必要费用:由债务人负担

考试方向
本题考查代位权的行使。

【例题5-11 多选题】(经典好题) 甲对乙享有50000元债权,已到清偿期限,但乙一直宣称无能力清偿欠款。甲调查发现,乙对丁享有3个月后到期的7000元债权,戊因赌博欠乙8000元。另外,乙在半年前发生交通事故,因事故中的人身伤害对丙享有10000元债权,因事故中的财产损失对丙享有5000元债权。乙无其他可供执行的财产,乙对其享有的债权都怠于行使。根据《民法典》合同编的规定,下列各项中,甲不可以代位行使的债权有( )。

A. 乙对丁的7000元债权　　　　B. 乙对戊的8000元债权

C. 乙对丙的10000元债权　　　　D. 乙对丙的5000元债权

【答案】 ABC

【名师点睛】 根据规定,代位权行使条件中,债务人的债权不是专属于债务人自身的债权。专属于债务人自身的债权包括人身伤害赔偿请求权等权利,因此乙对丙的10000元债权甲不能行使代位权;代位权行使的债权必须是已经到期的债权,这里丁欠乙的债权未到期,不能行使代位权;债务人对第三人享有合法债权才可以代位行使,因此戊欠乙的赌博债务甲是不能行使代位权。

【例题 5-12 单选题】(2020 年真题) 根据《民法典》合同编的规定,债务人享用的下列权利中,可以被代位行使的是(   )。

A. 劳动报酬请求权　　　　　　B. 养老金请求权

C. 房屋租金请求权　　　　　　D. 抚恤金请求权

【答案】 C

【名师点睛】《民法典》535 条规定,因债务人怠于行使其到期债权,对债权人造成损害的,债权人可以向人民法院请求以自己的名义代位行使债务人的债权,但该债权专属于债务人自身的除外。

(二)撤销权

1. 概念

撤销权是指债务人实施了减少财产的行为并危及债权人债权实现时,债权人为了保证自己的债权,请求人民法院撤销债务人行为的权利。

2. 构成要件

(1)债权人对债务人享有有效的债权。

(2)债务人实施了处分其财产的行为。这些行为包括:

① 放弃到期债权,对债权人造成损害。

② 无偿转让财产,对债权人造成损害。

③ 以明显不合理的低价转让财产且受让人知道该情形(恶意),对债权人造成损害的,债权人可以请求人民法院撤销债务人的行为。

(3)债务人的行为有害于债权人债权的实现。

(4)对于债务人有偿转让财产的行为,债权人行使撤销权须以第三人的恶意为要件;若第三人无恶意,则不能撤销其取得财产的行为。

3. 可撤销行为

(1)放弃行为:放弃债权(放弃到期、未到期债权;放弃债权担保;恶意延长到期债权履行期)。

(2)无偿行为:无偿转让财产。

(3)不合理的有偿行为:

① 以明显不合理的低价转让财产(不合理的低价是指低于市场价 70%)。

② 以明显不合理的高价收购他人财产(不合理的高价是指高于市场价 30%)。

4. 撤销权诉讼(见表 5-7)

表 5-7　撤销权诉讼

身份	原告:债权人 被告:债务人 第三人:受益人或受让人
撤销范围	以债权人的债权为限
费用承担	行使撤销权的必要费用由债务人负担

第五章

5. 撤销权的行使期限

自债权人知道或者应当知道撤销事由之日起1年内行使。自债务人的行为发生之日起5年内没有行使撤销权的,该撤销权消灭。

【例题5-13 单选题】(2019年真题) 甲公司欠乙公司30万元货款,一直无力偿付。现与甲公司有关联关系的丙公司欠甲公司20万元且已到期,但甲公司明示放弃对丙公司的债权。对于甲公司放弃债权的行为,乙公司拟行使撤销权的下列表述中,正确的是( )。

A. 乙公司可以请求人民法院判令丙公司偿还乙公司20万元

B. 乙公司可以请求人民法院撤销甲公司放弃债权的行为

C. 乙公司行使撤销权的必要费用应由丙公司承担

D. 乙公司应在知道或应当知道甲公司放弃债权的2年内行使撤销权

【答案】 B

【名师点睛】 选项AB,因债务人放弃债权(到期、未到期均可),对债权人造成损害的,债权人可以请求人民法院撤销债务人的行为;选项C,债权人行使撤销权的必要费用,由债务人承担;选项D,撤销权自债权人知道或者应当知道撤销事由之日起1年内行使,自债务人的行为发生之日起5年内没有行使撤销权的,该撤销权消灭。

第五节　合同的担保

 本节框架

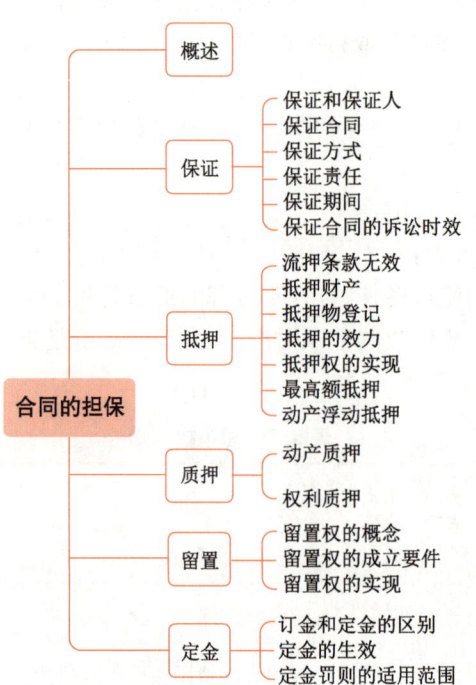

一、概述

(一) 担保的概念及方式

1. 概念

担保是指依照法律规定,或由当事人双方经过协商一致而约定的,为保障合同债权实现的法律措施。

2. 担保方式(见图 5-1)

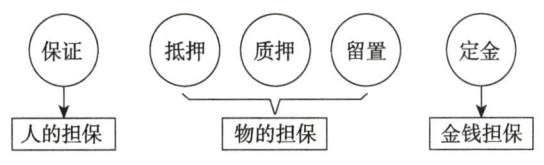

▲ 图 5-1　担保方式

(二) 担保合同的无效

1. 担保合同无效的后果(见表 5-8)

表 5-8　担保合同无效的后果

主合同	担保合同	债权人	担保人	责任承担
有效	无效	无过错	—	担保人与债务人连带赔偿责任
		有过错	有过错	担保人承担不超过债务人不能清偿部分的1/2
无效	无效	—	有过错	担保人承担不超过债务人不能清偿部分的1/3
		—	无过错	担保人不承担责任

2. 主合同解除,担保合同仍然有效

主合同解除后,担保人对债务人应当承担的民事责任仍应承担担保责任,但是担保合同另有约定除外。

> **案例 5-6**
> 甲公司向乙公司借款 100 万由丙公司提供担保,后甲公司破产,完成清算后偿还乙公司 70 万元,借款合同解除,剩余 30 万丙公司仍应承担担保责任。

3. 越权代表,担保合同有效

法人或者其他组织的法定代表人、负责人超越权限订立的担保合同,除相对人知道或者应当知道其超越权限的以外,该代表行为有效。

二、保证 ★★★

(一) 保证和保证人

1. 概念

保证是指第三人为债务人的债务履行作担保,由第三人和债权人约定,当债务人不履行债务时,第三人按照约定履行债务或者承担责任的行为。该第三人被称作保证人。保证是保证人和债权人之间的合同关系。

2. 保证人

保证人资格的限制,如表5-9所示。

表5-9 保证人资格的限制

身份	是否可以成为保证人	
国家机关	一般情况下:×	
	国务院批准为使用外国政府或者国际经济组织贷款进行转贷的情况下:√	
非营利法人、非法人组织	以公益为目的的(学校、医院、幼儿园等):×	
企业法人	一般情况下:√	
	企业法人的职能部门:×	
	企业法人的分支机构	有授权:√
		无授权或超越授权:×

提示 ▶ 不具有完全代偿能力的法人、其他组织或者自然人,以保证人身份订立保证合同后,又以自己没有代偿能力要求免除保证责任的,人民法院不予支持。

(二) 保证合同

保证合同应当以书面形式订立(要式合同)。下列情况中,保证合同也成立:

(1) 第三人单方以书面形式向债权人出具担保书,债权人接受且未提出异议。

(2) 主合同中虽然没有保证条款,但是,保证人在主合同上以保证人的身份签字或者盖章的。

(三) 保证方式

1. 一般保证

(1) 当事人在保证合同中约定,在债务人不能履行债务时,由保证人承担保证责任的,为一般保证。

(2) 当事人在保证合同中对保证方式没有约定或者约定不明确的,按照一般保证承担保证责任。

提示 ▶ 注意"不履行债务"和"不能履行债务"的区分。一般保证责任有先后之分,只有债务人不能履行的情况下才能找保证人履行,保证人只承担补充责任。

(3) 一般情况下保证人拥有先诉抗辩权。

在主合同纠纷未经审判或者仲裁,并就债务人财产依法强制执行仍不能履行债务前,一般保证人对债权人可以拒绝承担保证责任。

(4) 下列特殊情况不得行使先诉抗辩权:

① 债务人住所变更,致使债权人要求其履行债务发生重大困难的。

② 人民法院已经受理债务人破产案件,中止执行程序的。

③ 债权人有证据证明债务人的财产不足以履行全部债务或者丧失履行债务的能力。

④ 保证人以书面形式放弃先诉抗辩权的。

2. 连带责任保证

(1) 债务人在主合同约定的履行期限届满没有履行债务时,债权人可以要求债务人履行债务,也可以要求保证人在其保证范围内承担保证责任。

(2) 当事人在保证合同中对保证方式没有约定或者约定不明确的,按照连带责任保证承担保证责任。

【例题5-14 多选题】(经典好题) 陈某向李某借款10万元,并签订了借款合同。张某向李某单方面提交了签名的保证书,其中仅载明"若陈某不清偿到期借款本息,张某将代为履行"。借款到期后,陈某未清偿借款本息。经查,张某并不具有代偿能力。根据《民法典》合同编的规定,下列关于保证合同效力及张某承担保证责任的表述中,不正确的有( )。

A. 张某可以以自己不具有代偿能力为由主张保证合同无效

B. 张某可以以自己未与李某签订保证合同为由主张保证合同不成立

C. 张某须向李某承担一般保证责任

D. 张某须向李某承担连带保证责任

【答案】 ABD

【名师点睛】 不具有完全代偿能力的法人、其他组织或者自然人,以保证人身份订立保证合同后,又以自己没有代偿能力要求免除保证责任的,人民法院不予支持,选项A错误;第三人单方以书面形式向债权人出具担保书,债权人接受且未提出异议的,保证合同成立,选项B错误;当事人在保证合同中对保证方式没有约定或者约定不明确的,按照一般保证承担保证责任,选项D错误。

3. 共同保证(人保)

(1) 按份共同保证——与债权人约定保证份额的,对债权人具有约束力。

同一债务有两个以上保证人的,保证人应当按照保证合同约定的保证份额,承担保证责任。

(2) 连带共同保证——保证人内部约定对债权人无效,对外连带,对内按份。

各保证人与债权人之间没有约定保证份额,应当认定为连带共同保证。

> **提示** 无论连带共同保证的保证人承担保证的方式是一般保证或连带责任保证,在债权人有权利要求保证人承担保证责任时,债权人可以要求任何一个保证人承担全部保证责任,保证人负有担保全部债权实现的义务。连带共同保证的保证人以其相互之间约定各自承担的份额对抗债权人的,人民法院不予支持。

4. 共同担保

共同保证=人保+人保

共同担保=物保+人保

(1) 债务人自己提供物的担保——先物后人。

债权人应当先就该物的担保实现债权。

(2) 第三人提供物的担保——无先后顺序之分。

债权人可以就物的担保实现债权,也可以要求保证人承担保证责任。提供担保的第三人承担担保责任后,有权向债务人追偿。

提示▶这种情况下只能向债务人追偿，不能向其他人追偿。

（四）保证责任

1. 保证责任的范围

保证责任的范围包括主债权、利息、违约金、损害赔偿金和实现债权的费用。

提示▶当事人对保证担保的范围没有约定或者约定不明确的，保证人应当对全部债务承担责任。

2. 主合同变更与保证责任承担

主合同的变更，详见图 5-2 所示。

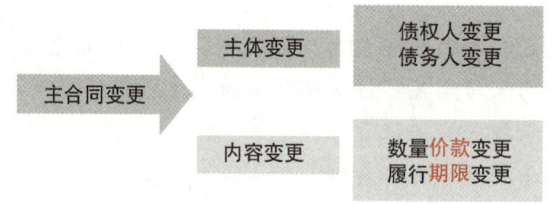

▲ 图 5-2 主合同的变更

（1）主体变更。

① 债权转让。

保证期间，债权人依法将主债权转让给第三人并通知保证人的，保证债权同时转让，保证人在原保证担保的范围内对受让人承担保证责任；未通知保证人的，该转让对保证人不发生效力。

特殊情况：保证人与债权人事先约定仅对特定的债权人承担保证责任或者禁止债权转让的，债权人未经保证人书面同意转让债权的，保证人不再承担保证责任（意思自治原则）。

② 债务转让。

保证期间，债权人许可债务人转让债务的，应当取得保证人书面同意，保证人对未经同意转让的债务部分，不再承担保证责任。

（2）内容变更如表 5-10 所示。

表 5-10　合同内容的变更

变更内容	是否经保证人同意	法律后果
数量、价款等	√	按变更后承担保证责任
	×	减轻债务的：按变更后 加重债务的：按变更前（避重就轻原则）
履行期限	√	按变更后承担保证责任
	×	原期限
借新贷偿还旧贷（主合同双方协商）	除保证人知道或应当知道外，保证人不承担民事责任，但是新贷与旧贷系同一保证人的除外	

3. 其他情形下的保证责任

一般保证的保证人在主债权履行期间届满后,向债权人提供了债务人可供执行财产的真实情况的,债权人放弃或者怠于行使权利致使该财产不能被执行,保证人可以请求人民法院在其提供可供执行财产的实际价值范围内免除保证责任。

4. 债务人破产

(1) 在保证期间,人民法院受理债务人破产案件的,债权人既可向人民法院申报债权,也可向保证人主张权利(先诉抗辩权的排除事项)。

(2) 债权人申报债权后在破产程序中未受清偿的部分,保证人仍应当承担保证责任;债权人要求保证人承担保证责任的,应当在破产程序终结后6个月内提出。

(3) 债权人知道或应当知道债务人破产,既未申报债权也未通知保证人,致使保证人不能预先行使追偿权的,保证人在该债权在破产程序中可能受偿的范围内免除保证责任。

5. 第三人加入债务的,保证人的保证责任不受影响

(五) 保证期间

1. 保证期间长度

(1) 保证人与债权人约定保证期间的,按照约定执行。

(2) 没有约定或约定不明确的,保证期间为主债务履行期限届满之日起6个月。

提示▶ 未约定:保证合同约定的保证期间早于或等于主债务履行期限的,视为没有约定。

约定不明:保证合同约定保证人承担保证责任直至主债务本息还清时为止等类似内容。

2. 起算点

(1) 一般情况下自主债务履行期限届满之日起。

(2) 对主债务履行期限没有约定或约定不明,自债权人要求债务人履行义务的宽限期届满之日起。

记忆技巧 保证当中没有约定或约定不明:

① 保证方式:一般。

② 保证责任范围:全部债务(主债权及利息、违约金、损害赔偿金和实现债权的费用)。

③ 期间长度:没有约定或者约定不明确的,保证期间为主债务履行期限届满之日起6个月。

【例题5-15 单选题】(经典好题) 甲企业向乙银行申请贷款,还款日期为2019年12月30日。丙企业为该债务提供了保证担保,但未约定保证方式和保证期间。后甲企业申请展期,与乙银行就还款期限作了变更,还款期限延至2020年12月30日,但未征得丙企业的书面同意。展期到期,甲企业无力还款,乙银行遂要求丙企业承担保证责任。根据《民法典》合同编的规定,下列关于丙企业是否承担保证责任的表述中,正确的是(   )。

A. 不承担,因为保证期间已过

B. 应承担,因为保证合同有效

C. 应承担,因为丙企业为连带责任保证人

D. 不承担,因为丙企业的保证责任因还款期限的变更而消灭

考试方向 考查保证责任与保证期间。

【答案】 A

【名师点睛】 根据规定,债权人与债务人对主合同履行期限做了变动,未经保证人书面同意的,保证期间为原合同约定的或者法律规定的期间。另外,没有约定或者约定不明确的,保证期间为主债务履行期限届满之日起6个月。

(六) 保证合同的诉讼时效

保证合同的诉讼时效的起算点如表5-11所示。

表5-11 保证合同诉讼时效的起算点

项目	债权人对保证人	保证人对债务人
一般保证	从保证人拒绝承担保证责任的权利(先诉抗辩权)之日起算	自保证人向债权人承担保证责任之日起算
连带保证	从债权人要求保证人承担保证责任之日起算	

三、抵押 ★★★

抵押是指为担保债务的履行,债务人或者第三人不转移财产的占有,将该财产作为债权的担保,债务人不履行到期债务或者发生当事人约定的实现抵押权的情形,债权人有权就该财产优先受偿。

(一) 流押条款无效

抵押权人在债务履行期届满前,不得与抵押人约定债务人不履行到期债务时抵押财产归债权人所有。如果当事人在抵押合同中有这样的条款,该条款无效,且该条款的无效不影响抵押合同其他部分内容的效力。

记忆技巧 流押条款无效,流质条款也无效,均属于流氓条款。

(二) 抵押财产

1. 不得设立抵押权的财产

根据《物权法》的规定,下列财产不得抵押:

(1) 土地所有权。

(2) 耕地、宅基地、自留地、自留山等集体所有的土地使用权,但法律规定可以抵押的除外。

(3) 学校、幼儿园、医院等为公益目的成立的非营利法人的教育设施、医疗卫生设施和其他社会公益设施。

(4) 所有权、使用权不明或者有争议的财产。

(5) 依法被查封、扣押、监管的财产。

(6) 法律、行政法规规定不得抵押的其他财产。

提示▶ 除土地使用权外,如股权、应收账款等权利只能质押,不能抵押。

2. 关于抵押财产的其他规定

建设用地使用权抵押后,该土地上新增的建筑物不属于抵押财产。对该建设用地使用权实现抵押权时,应当将该土地上新增的建筑物与建设用地使用权一并处分,但新增建筑物所得的价款,抵押权人无权优先受偿。

乡镇、村企业的建设用地使用权<u>不得单独</u>抵押。以乡镇、村企业的厂房等建筑物抵押的,其占用范围内的建设用地使用权<u>一并</u>抵押。实现抵押权后,未经法定程序,<u>不得改变</u>土地所有权的性质和土地用途。

以集体所有土地的使用权依法抵押的,实现抵押权后,未经法定程序<u>不得改变</u>土地所有权的性质和土地用途。

知识链接 ▶ 宅基地、自留地、自留山等<u>集体所有的土地使用权</u>属于不得抵押的财产,法律规定可以抵押的除外。

提示 ▶属于法律规定可以抵押的有如下情形:

① 以乡镇、村企业的厂房等建筑物抵押,其占用范围内的建设用地使用权一并抵押。

② 农村承包土地的土地经营权。

③ 以农民住房财产权设立抵押,需将<u>宅基地使用权</u>一并抵押。

【例题 5-16 多选题】(经典好题) 根据《民法典》物权编的规定,债务人有权处分的下列权利中,可以抵押的有( )。

A. 应收账款
B. 以招标方式取得的荒地的土地承包经营权
C. 依法可以转让的股权
D. 建设用地使用权

【答案】 BD

【名师点睛】 应收账款与依法可以转让的股权,都只能设立权利质权,不能抵押。

考试方向 考查可以抵押的财产类型。

(三) 抵押物登记

抵押物登记的具体情形如图 5-3 所示。

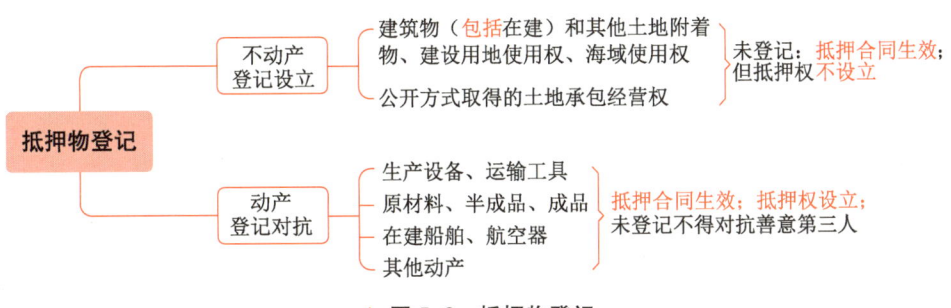

▲ 图 5-3 抵押物登记

提示 ▶抵押物登记记载的内容与抵押合同约定的内容不一致的,以<u>登记记载</u>的内容为准。

【例题 5-17 多选题】(经典好题) 甲向乙借款 4 万元办加工厂,乙要求甲以其新购置的一辆吉普车作为抵押,甲同意,双方遂签订了借款合同,约定:如果甲到期无法偿还,乙可将其吉普车变卖后受偿。合同签订后,双方并未到车管所办理抵押物登记。后甲因加工厂倒闭,无力偿还乙的借款,又恐乙廉价变卖吉普车使其遭受更大损失,遂将其吉普

考试方向 考查抵押物登记的情形。

车卖给了丙。乙得知后,向法院起诉,要求法院从丙处追回吉普车变卖受偿。则下列说法正确的有(   )。

A. 甲乙双方签订的抵押合同已生效   B. 乙的抵押权已设立

C. 乙的请求法院应予支持   D. 乙的请求法院不予支持

【答案】 ABD

【名师点睛】 根据《民法典》物权编规定,以车辆抵押的,抵押权自抵押合同生效时设立;未经登记,不得对抗善意第三人。甲乙双方虽订立了抵押合同,但由于没有办理车辆抵押登记,从而导致抵押权虽然设立,但不能对抗善意第三人。因此,乙不能就甲的吉普车优先受偿,也无权要求法院从丙处追回吉普车。

(四)抵押的效力

1. 抵押担保的范围

抵押担保的范围包括主债权及其利息、违约金、损害赔偿金和实现抵押权的费用。抵押合同另有约定的,按照约定。

2. 抵押物的孳息

债务人不履行到期债务或者发生当事人约定的实现抵押权的情形,致使抵押财产被人民法院依法扣押的,自扣押之日起抵押权人有权收取该抵押财产的天然孳息或者法定孳息,但抵押权人未通知应当清偿法定孳息的义务人的除外。

> **提示** 抵押权人仅收取孳息,并不当然取得孳息的所有权,孳息并入抵押财产共同担保主债权的实现,清偿后如有剩余应返还给抵押人。
>
> 孳息的清偿顺序:收取孳息的费用→主债权的利息→主债权。

3. 抵押物的出租

(1)先出租后抵押的,租赁关系不受抵押权影响。

(2)先抵押后出租的,该租赁关系不得对抗已登记的抵押权。

记忆技巧 抵押与租赁谁在先谁优先。

> **提示** 抵押人将已抵押的财产出租时,如果抵押人未书面告知承租人该财产已抵押的,抵押人对出租抵押物造成承租人的损失承担赔偿责任;如果抵押人已书面告知承租人该财产已抵押的,抵押权实现造成承租人的损失,由承租人自己承担。

4. 抵押期间抵押物的转让

(1)抵押期间,抵押人可以转让抵押财产。当事人另有约定的,按照其约定。抵押财产转让的,抵押权不受影响。

(2)抵押人转让抵押财产的,应当及时通知抵押权人。抵押权人能够证明抵押财产转让可能损害抵押权的,可以请求抵押人将转让所得的价款向抵押权人提前清偿债务或者提存。转让的价款超过债权数额的部分归抵押人所有,不足部分由债务人清偿。

> **提示** 事实上,动产抵押权未经登记,不得对抗善意第三人,所以,抵押人若将未办理抵押登记的动产抵押物转让给善意受让人,抵押权仍受影响。此外,动产抵押还将受制于"正常买受人"规则。所以,"抵押财产转让的,抵押权不受影响",并非可

一概而论。

5. 抵押权转移及消灭的从属性

(1) 主债权转让的,担保该债权的抵押权一并转让,但法律另有规定或者当事人另有约定的除外(意思自治)。

(2) 主债权未受全部清偿的,抵押权人可以就抵押物的全部行使其抵押权。

(3) 主债权被分割或者部分转让的,各债权人可以就其享有的债权份额行使抵押权。

(4) 主债务被分割或者部分转让的,抵押人仍以其抵押物担保数个债务人履行债务。

(5) 第三人提供抵押的,债权人许可债务人转让债务未经抵押人书面同意的,抵押人对未经其同意转让的债务,不再承担担保责任。

6. 抵押财产价值减少或毁损的处理

(1) 抵押人的行为足以使抵押财产价值减少的,抵押权人有权要求抵押人停止其行为。抵押财产价值减少的,抵押权人有权要求恢复抵押财产的价值,或者提供与减少的价值相应的担保。抵押人不恢复抵押财产的价值也不提供担保的,抵押权人有权要求债务人提前清偿债务。

(2) 在抵押物灭失、毁损或者被征用的情况下,抵押权人可以就该抵押物的保险金、赔偿金或者补偿金优先受偿(物上代位性)。

【例题 5-18 多选题】(经典好题) 陈某用自己的轿车作抵押向银行借款 40 万元,并办理了抵押登记手续。陈某驾驶该车出行时,不慎发生交通事故。经鉴定,该车的价值损失了 30%,保险公司赔偿了该车损失,根据《民法典》合同编的规定,下列关于该抵押担保的表述中,正确的有(   )。

A. 该轿车不再担保银行债权　　　B. 该轿车应担保银行债权

C. 保险赔偿不应担保银行债权　　D. 保险赔款应担保银行债权

【答案】 BD

【名师点睛】 根据规定,在所担保的债权未受全部清偿前,担保权人可就担保物的全部行使权利,担保物部分灭失,残存部分仍担保债权全部,因此选项 B 正确,选项 A 错误;在抵押物灭失、毁损或者被征用的情况下,抵押权人可以就该抵押物的保险金、赔偿金或者补偿金优先受偿,因此选项 C 错误,选项 D 正确。

7. 其他情况下的抵押权效力

(1) 抵押物因附合、混合或者加工使抵押物的所有权为第三人所有的,抵押权的效力及于补偿金。

(2) 抵押物所有人为附合物、混合物或者加工物的所有人的,抵押权的效力及于附合物、混合物或者加工物。

(3) 第三人与抵押物所有人为附合物、混合物或者加工物的共有人的,抵押权的效力及于抵押人对共有物享有的份额。

(4) 抵押权设定前为抵押物的从物的,抵押权的效力及于抵押物的从物。但是,抵押物与其从物为两个以上的人分别所有时,抵押权的效力不及于抵押物的从物。

(5) 以动产抵押的,不得对抗正常经营活动中已经支付合理价款并取得抵押财产的买受人。此被称为"正常买受人"规则,即无论动产抵押权是否登记,均不得对抗此类买受人。

(6) 动产抵押担保的主债权是抵押物的价款,标的交付后 10 日内办理抵押登记的,

考试方向

考查抵押担保的内容。

该抵押权人优先于抵押物买受人的其他担保物权人受偿,但是留置权人除外。此种抵押被称为"价款债权抵押权",是对如下两种价款债权提供特别担保的抵押权:①融资机构提供贷款专用于购置标的物形成的债权;②出卖人允许买受人赊购标的物形成的债权。

(7) 同一财产既设立抵押权又设立质权的,拍卖、变卖该财产所得的价款按照登记、交付的时间先后确定清偿顺序。

(五) 抵押权的实现

1. 实现的条件、方式和程序

(1) 债务人不履行到期债务,抵押权人可以与抵押人协议以抵押财产折价或者以拍卖、变卖该抵押财产所得的价款优先受偿。

(2) 抵押物拍卖价款的清偿顺序:实现抵押权的费用→主债权的利息→主债权。

2. 抵押权的顺位及确定抵押权次序的规则(重复抵押)

(1) 顺序排位。

同一财产向两个以上债权人抵押的:

① 已登记的先于未登记。

② 均登记的,按登记的先后顺序。

③ 均未登记,按照债权比例。

(2) 顺序变更。

① 抵押权人可以放弃抵押权或者抵押权的顺位。抵押权人与抵押人可以协议变更抵押权顺位以及被担保的债权数额等内容,但抵押权的变更,未经其他抵押权人书面同意,不得对其他抵押权人产生不利影响。

② 债务人以自己的财产设定抵押,抵押权人放弃该抵押权、抵押权顺位或者变更抵押权的,其他担保人在抵押权人丧失优先受偿权益的范围内免除担保责任,但其他担保人承诺仍然提供担保的除外。

知识链接 ▶ 共同担保:债务人自己提供物的担保,债权人应当先就该物的担保实现债权。

(3) 抵押权先后到期。

① 顺序在先的抵押权所担保债权先到期:抵押权实现后的剩余价款应予提存,留待清偿顺序在后的抵押担保债权。

② 顺序在后的抵押权所担保债权先到期:抵押权人只能就抵押物价值超出顺序在先的抵押担保债权的部分受偿。

考试方向 考查抵押权的实现顺位。

【例题 5-19 单选题】(经典好题) 同一财产向两人以上债权人抵押的,拍卖、变卖抵押财产所得价款应当依照有关《民法典》物权编的规定清偿。下列各项中,不符合规定的是( )。

A. 抵押权已登记的,按照登记的先后顺序清偿

B. 抵押权已登记且登记顺序相同的,按照债权比例清偿

C. 抵押权已登记的先于未登记的受偿

D. 抵押权未登记的,按抵押合同生效时间的先后顺序清偿

【答案】 D

【名师点睛】 抵押权未登记的,按照债权比例清偿。

（六）最高额抵押

最高额抵押，是指为担保债务的履行，债务人或者第三人对一定期间内将要连续发生的债权提供担保财产的，债务人不履行到期债务或者发生当事人约定的实现抵押权的情形，抵押权人有权在最高债权额限度内就该担保财产优先受偿。

提示▶最高额抵押只需首次登记即可设立，无须每个新生债权都办理抵押登记。

1. 最高额抵押权所担保的债权确定

有下列情形之一的，抵押权人的债权确定：

（1）约定的债权确定期间届满。

（2）没有约定债权确定期间或者约定不明确，抵押权人或者抵押人自最高额抵押权设立之日起满 2 年后请求确定债权。

（3）新的债权不可能发生。

（4）抵押权人知道或者应当知道抵押财产被查封、扣押。

（5）债务人、抵押人被宣告破产或者被解散。

2. 最高额抵押权的转让

最高额抵押担保的债权确定前，部分债权转让的，最高额抵押权不得转让，但当事人另有约定的除外。

提示▶转让的债权部分不在优先受偿范围之内，但当事人另有约定的除外。

一般情况下，主债权转让的，担保该债权的抵押权一并转让，但法律另有规定或者当事人另有约定的除外。

（七）动产浮动抵押

企业、个体工商户、农业生产经营者可以将现有的以及将有的生产设备、原材料、半成品、产品抵押，债务人不履行到期债务，债权人有权就抵押财产确定时的动产优先受偿。

（1）主体：企业、个体工商户、农业生产经营者。

（2）形式：书面协议。

（3）登记：抵押人住所地的工商行政管理部门。

（4）财产：动产（现有的以及将有的）。

抵押财产自下列情形之一发生时确定：①债务履行期届满，债权未实现；②抵押人被宣告破产或者解散；③当事人约定的实现抵押权的情形；④严重影响债权实现的其他情形。

提示▶动产浮动抵押的设立以合同生效为条件，未经登记，不得对抗善意第三人。未经登记，不得对抗善意第三人是指确定抵押财产之后，行使抵押权之前，即非正常生产经营活动中的转让行为。即使浮动抵押办理了登记，该抵押权也不得对抗正常经营活动中已支付合理价款并取得抵押财产的买受人。

【例题 5-20 单选题】（经典好题） 甲企业向乙银行贷款时，将其现有的以及将有的生产设备、原材料、半成品、产品一并抵押给乙银行，双方签订了书面抵押合同，但未办理抵押登记，抵押期间，甲企业未经乙银行同意，以合理价格将一台生产设备出售给知道该

考试方向
考查浮动抵押的内容。

设备已抵押的丙公司,并已交付。后甲企业到期无力偿还贷款,根据《民法典》物权编的规定,下列关于乙银行能否对已出卖的生产设备主张抵押权的表述中,正确的是(　　)。

A. 不能主张,乙银行的抵押权不能对抗正常经营活动中已支付合理价款并取得抵押财产的买受人

B. 不能主张,乙银行的抵押权因未办理抵押登记而未设立

C. 可以主张,因甲企业未经乙银行同意处分抵押物,属于无效行为

D. 可以主张,乙银行的抵押权虽未经登记,但已设立,只是不得对抗善意第三人

【答案】　A

【名师点睛】　动产浮动抵押无论是否办理抵押登记,均不得对抗正常经营活动中已支付合理价款并取得抵押财产的买受人。抵押期间甲企业将生产设备转让给丙公司,它是在浮动抵押的抵押财产未确定之前发生的转让行为,可以认定为是正常经营活动的转让,即便丙公司知情,但其已经支付了合理的价款并取得了甲企业交付的生产设备。所以丙公司属于正常经营活动中已支付合理价款并取得抵押财产的买受人,此时乙银行不能以抵押权对抗丙公司。

四、质押★★

质押分为动产质押和权利质押。

(一)动产质押

1. 动产质押的概念

动产质押是以动产作为标的物的质押,是指为担保债务的履行,债务人或者第三人将其动产出质给债权人占有,债务人不履行到期债务或者发生当事人约定的实现质权的情形,债权人有权就该动产优先受偿。

2. 动产质押的效力

(1)质押合同自成立时生效(诺成合同),质权自出质人交付质押财产时设立。

抵押与质押的区别如表 5-12 所示。

表 5-12　抵押与质押的区别

项目	抵押	质押
对象	动产或不动产	动产或权利
是否转移	不需要转移占有	必须移转占有
权利生效	不动产登记生效;动产合同成立时生效,登记对抗	动产交付时生效,权利一般是登记时生效

(2)出质人代质权人占有质物的,质权不生效(未交付)。

(3)质权人将质物返还于出质人后,以其质权对抗第三人的,人民法院不予支持(未占有)。

(4)出质人以间接占有的财产出质的,自书面通知送达占有人时视为移交。

(5)在质押合同中对质押的财产约定不明,或者约定的出质财产与实际交付的财产不一致的,以实际交付占有的财产为准。

抵押物登记记载的内容与抵押合同约定的内容不一致的,以登记记载的内容为准。

(6)质权人在债务履行期届满前,不得与出质人约定债务人不履行到期债务时质押财产归债权人所有(流质条款无效、其他部分仍然有效,也不影响质权设立)。

3. 质权人对质物的权利和责任

(1)质权人对质物的权利。

① 质权人有权收取质押财产的孳息,但合同另有约定的除外。上述孳息应当先充抵收取孳息的费用。

提示▶质权人仅仅有权收取,并不当然取得孳息所有权,而是就孳息取得质权。

② 质物有隐蔽瑕疵造成质权人其他财产损害的,应由出质人承担赔偿责任。但是质权人在质物移交时明知质物有瑕疵而予以接受的除外。

③ 因不能归责于质权人的事由可能使质押财产毁损或者价值明显减少,足以危害质权人权利的,质权人有权要求出质人提供相应的担保;出质人不提供的,质权人可以拍卖、变卖质押财产,并与出质人通过协议将拍卖、变卖所得的价款提前清偿债务或者提存。

(2)质权人对质物的责任。

① 质权人在质权存续期间,未经出质人同意,擅自使用、处分质押财产,给出质人造成损害的,应当承担赔偿责任。

② 质权人在质权存续期间,未经出质人同意转质,造成质押财产毁损、灭失的,应当向出质人承担赔偿责任。

③ 质权人负有妥善保管质押财产的义务;因保管不善致使质押财产毁损、灭失的,应当承担赔偿责任。

提示▶质权人的行为可能使质押财产毁损、灭失的,出质人可以要求质权人将质押财产提存,或者要求提前清偿债务并返还质押财产,但质物提存费用由质权人负担;出质人提前清偿债权的,应当扣除未到期部分的利息。

【例题5-21 单选题】(经典好题) 甲从乙银行贷款200万元,双方于8月1日签订贷款合同,丙以保证人身份在贷款合同上签字,因担心丙的资信状况,乙银行又要求甲提供担保,为此双方于8月3日签订书面质押合同,质物为甲的一辆轿车,但甲未将轿车交付给乙银行。甲到期无力偿还贷款。根据《民法典》物权编的规定,下列关于乙银行主张担保权利的表述中,正确的是(   )。

考试方向♥ 考查动产质押的内容。

A. 乙银行只能主张保证债权,因为甲未将该轿车交付给乙银行,质权未设立

B. 乙银行只能主张质权,因为丙与乙银行未签订保证合同,保证债权不成立

C. 乙银行应先主张保证债权,因为保证债权先于质权成立

D. 乙银行应先主张质权,因为质押担保是债务人甲自己提供的

【答案】 A

【名师点睛】 主合同中虽然没有保证条款,但是,保证人在主合同上以保证人的身

份签字或者盖章的,保证合同也成立。因此选项 B 的说法错误(本选项所涉及的表述来源于《最高人民法院关于适用〈中华人民共和国担保法〉若干问题的解释》第 22 条第二款,该解释有效时期为 2020 年 12 月 31 日止,在 2021 年新教材中已经被删除,但第一款"第三人单方以书面形式向债权人出具担保书,债权人接受且未提出异议的,保证合同成立"仍然保留)。根据规定,质押合同自成立时生效,质权自出质人交付质押财产时设立。本题中轿车没有交付,因此质权没有设立。因此选项 CD 的说法错误,选项 A 的说法正确。

(二) 权利质押

1. 权利质押的概念

权利质押是指债务人或者第三人以其财产权利作为债权的担保,当债务人不履行债务时,债权人有权依照法律规定,以该财产权利折价或者拍卖、变卖该财产权利的价款优先受偿。

2. 以不同种类权利出质的法律规定

(1) 以汇票、支票、本票、债券、存款单,仓单、提单出质的。

① 有权利凭证:交付设立。

② 没有权利凭证:登记设立。

(2) 以基金份额出质的。

登记设立。

(3) 以股权出质的。

登记设立。

(4) 以注册商标专用权、专利权、著作权(知识产权中的财产权)出质的。

登记设立。

(5) 以应收账款出质的。

登记设立。

考试方向
考查权利质押的情形。

【例题 5-22 多选题】(2019 年真题)　根据《民法典》物权编的规定,债务人有权处分的下列权利中,可用于设立权利质押的有(　　)。

A. 建设用地使用权　　　　　　　B. 仓单

C. 动产所有权　　　　　　　　　D. 应收账款

【答案】　BD

【名师点睛】　选项 A,只能用于抵押不能用于质押;选项 C,可以用于动产质押,不属于权利质押。

五、留置

(一) 留置权的概念

留置权是指债务人不履行到期债务,债权人可以留置已经合法占有的债务人的动产,并有权就该动产优先受偿。

提示▶ 留置仅限于动产,房屋建筑物绝对不能留置。

　　▶留置物必须是合法占有的,非法侵占的财产无留置权。

（二）留置权的成立要件

（1）债权人留置的动产,应当与债权属于同一法律关系,但企业之间留置的除外。留置权的适用范围包括因保管合同、运输合同、承揽合同以及法律规定不禁止留置的其他合同发生的债权。

（2）债权已届清偿期且债务人未按规定的期限履行义务。

（三）留置权的实现

留置权人有权收取留置财产的孳息,所收取的孳息应当首先充抵收取孳息的费用。

记忆技巧 留置权的孳息与质权和抵押物被扣押后的情形相同。

留置权人与债务人应当约定留置财产后的债务履行期间;没有约定或者约定不明确的,留置权人应当给债务人60日以上履行债务的期间,但鲜活易腐等不易保管的动产除外。

留置权人在债权未受全部清偿前,留置物为不可分物的,留置权人可以就其留置物的全部行使留置权。留置物为可分物的,留置财产的价值应当相当于债务的金额。

同一动产上已设立抵押权或者质权,该动产又被留置的,留置权人优先受偿。

提示 受偿顺序:留置权→登记的抵押权→质权→未登记的抵押权

【例题5-23 多选题】(经典好题) 陈某租住王某的房屋,租期至2020年8月。王某欠陈某10万元货款,应于2020年7月偿付。至2020年8月,王某尚未清偿货款,但要求收回房屋并请求陈某支付1万元租金。根据《民法典》合同编、物权编的规定,下列关于陈某的权利的表述中,不正确的有（   ）。

A. 陈某可以留置该房屋作为担保

B. 陈某可以出售该房屋并优先受偿

C. 陈某可以以应付租金抵销1万元货款

D. 陈某可以行使同时履行抗辩权而不交还房屋

【答案】 ABD

【名师点睛】 不动产不能留置,选项A表述错误;陈某作为承租人,对房屋没有优先受偿权,选项B表述错误;同时履行抗辩权存在于同一双务合同,而题目中是两个合同,选项D表述错误。

考试方向 考查合同抵销与留置权的内容。

六、定金

（一）订金与定金的区别

（1）定金,即合同一方向另一方通过给付一定数额的货币作为债权的担保。

给付定金的一方不履行约定债务或履行债务不符合约定的,无权要求返还定金;收受定金的一方不履行债务或履行债务不符合约定的,应当双倍返还定金。

（2）订金,即预付款,无担保作用,合同未履行时(不论哪一方责任),接受订金的一方都只须原数退还订金。

（二）定金的生效

定金合同是实践性合同,从实际交付定金之日时设立。

当事人约定的定金数额不得超过主合同标的额的20%,超过部分人民法院不予支持。

提示 ▶ 超过20%的部分,不属于定金,而属于订金。

实际交付的定金数额多于或者少于约定数额,视为变更定金合同;收受定金一方提出异议并拒绝接受定金的,定金合同不生效。

提示 ▶ 实际履行原则:当事人约定以交付定金作为主合同成立或者生效要件的,给付定金的一方未支付定金,但主合同已经履行或者已经履行主要部分的,不影响主合同的成立或者生效。

(三) 定金罚则的适用范围

(1) 因当事人一方迟延履行或者其他违约行为,致使合同目的不能实现。

(2) 因合同关系以外第三人的过错,致使主合同不能履行的,适用定金罚则。受定金处罚的一方当事人,可以依法向第三人追偿。

(3) 因不可抗力致使主合同不能履行的不适用定金罚则。

考查订金与定金的区别。

【例题5-24 单选题】(经典好题) 甲公司与乙公司签订一买卖合同,合同约定,甲公司须在1个月内向乙公司提供200台电视机,总价款100万元。合同签订后,乙公司按约定向甲公司交付了定金20万元。甲公司依约分两批发运电视机,不料,第一批100台电视机在运输过程中遭遇泥石流,致使电视机全部毁损;第二批100台电视机在运输过程中被甲公司的债权人丙强行扣押、变卖,最终,乙公司未能收到电视机,欲向甲公司主张定金责任。根据《民法典》合同编的规定,下列关于甲公司定金责任承担的表述中,正确的是( )。

A. 甲公司无须承担定金责任,因为没有交付电视机是不可抗力和第三人原因导致的,甲公司没有过错

B. 甲公司须承担全部定金责任,因为甲公司违反合同约定,未将电视机交付给乙公司

C. 甲公司只须承担一半定金责任,因为不可抗力导致的第一批100台电视机未能交付,不适用定金罚则

D. 甲公司只须承担一半定金责任,因为第三人原因造成的第二批100台电视机未能交付,不适用定金罚则

【答案】 C

【名师点睛】 因不可抗力、意外事件致使主合同不能履行的,不适用定金罚则。因合同关系以外第三人的过错,致使主合同不能履行的,适用定金罚则。受定金处罚的一方当事人,可以依法向第三人追偿。本题中,甲公司提供的第一批电视机是由于不可抗力导致未能交付,不适用定金罚则。甲公司提供的第二批电视机是由于第三人的原因导致未能交付,适用定金罚则。

第六节 合同的转让和权利义务终止

 本节框架 ▶

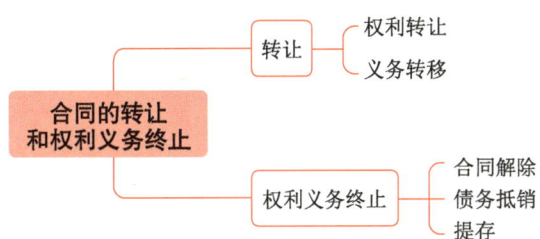

一、合同的转让 ★★★

合同的转让是指合同当事人一方将其合同的权利和义务全部或部分转让给第三人的行为。合同的转让仅指合同主体的变更,不改变合同约定的权利义务。

(一) 合同权利转让

1. 合同权利转让的概念

合同权利转让,是指债权人将合同的权利全部或部分转让给第三人。其中,转让权利的债权人称为让与人,接受权利的第三人称为受让人。

2. 合同权利转让的条件

债权人转让权利无须经债务人同意,但应当通知债务人。未经通知,该转让人对债务人不发生效力。债务人接到债权转让通知后,债权让与行为对债务人就生效,债务人应对受让人履行义务。

但下列情形的合同权利,债权人不得转让:

(1) 根据合同性质不得转让。

① 根据当事人之间信任关系而发生的债权:如委托合同、演出合同。

② 因债权目的的达成须对特定债权人为给付之债权:如扶养请求权、慰抚金请求权。

③ 合同内容中包括了针对特定当事人的不作为义务:如竞业禁止。

(2) 根据当事人约定不得转让。

(3) 根据法律规定不得转让,如:最高额抵押的主合同债权不得转让。

3. 债权转让后的抵销与抗辩

(1) 抵销权:有下列情形之一的,债务人可以向受让人主张抵销:①债务人接到债权转让通知时,债务人对让与人享有债权,且债务人的债权先于转让的债权到期或者同时到期;②债务人的债权与转让的债权是基于同一合同产生。

(2) 抗辩权:债务人接到债权转让通知后,债务人对让与人的抗辩可以向受让人主张,如提出权利无效、权利已过诉讼时效等抗辩。

(二) 合同义务转移

债务人将合同的义务全部或者部分转移给第三人,应当经债权人同意;否则债务人转移合同义务的行为对债权人不发生效力,债权人有权拒绝第三人向其履行,同时有权要求债务人履行义务并承担不履行或者延迟履行合同的法律责任。

提示 ▶ 合同义务转移与第三人履行合同义务的区别：①债务转让中债务人退出合同关系,原债务人无须承担责任。②由第三人履行中债务人并未退出合同关系,无须履行,但仍要承担责任。

二、 合同的权利义务终止 ★★★

合同权利义务终止的具体情形包括:债务已经按照约定履行;合同解除;债务相互抵销;提存;债权人免除债务;混同(债权债务同归于一人)。

1. 合同解除

(1) 约定解除。

当事人约定解除合同包括两种情况:①协商解除;②约定解除权。

(2) 法定解除。

《合同法》规定,有下列情形之一的,当事人可以解除合同:

① 因不可抗力致使不能实现合同目的。

② 因预期违约解除合同。在履行期限届满之前,当事人一方明确表示或以自己的行为表明不履行主要债务。

③ 当事人一方迟延履行主要债务,经催告后在合理期限内仍未履行。

④ 当事人一方迟延履行债务或有其他违约行为致使不能实现合同目的。

⑤ 法律规定的其他情形。

提示 ▶ ③④的区别在于一方延迟履行债务在致使不能实现合同目的的情况下无需催告其在合理期限内履行即可解除合同。

知识链接 ▶

① 当事人行使不安抗辩权,在中止履行合同后,在合理期限内,对方未恢复履行能力或提供相应担保,可以解除合同。

② 承揽合同:定作人可以随时解除承揽合同,造成承揽人损失的,应当赔偿损失。

③ 租赁合同:租赁物危及承租人的安全或者健康的,即使承租人订立合同时明知该租赁物质量不合格,承租人仍然可以随时解除合同;对于不定期租赁,双方当事人均可随时解除合同。

(3) 解除权的行使及其效力。

① 解除权的行使。

a. 法律规定或约定期限,届满不行使,解除权消灭。

b. 无法律规定或约定期限,自解除权人知道或应当知道解除事由起1年内不行使,或经对方催告后在合理期限内不行使的,解除权消灭。

当事人一方依法主张解除合同,应通知对方,合同自通知到达对方时解除。

当事人一方未通知对方,直接提起诉讼或申请仲裁解除合同,合同自起诉状副本或仲裁申请书副本送达对方时解除。

② 解除权行使的效力。

a. 合同解除后尚未履行,终止履行。

b. 已经履行的,当事人可要求恢复原状、采取其他补救措施,赔偿损失。

c. 合同权利义务终止,不影响合同中结算和清理条款的效力。

d. 合同因违约解除,解除权人请求违约方承担违约责任。

e. 主合同解除后,担保人对债务人应当承担的民事责任仍承担担保责任,但是担保合同另有约定的除外。

2. 债务抵销

(1) 法定抵销。

当事人互负到期债务,债务标的物种类、品质相同的,任何一方可以将自己的债务与对方的到期债务抵销。

按照有关法律规定,下列债务不能抵销:

① 按合同性质不能抵销,如咨询、培训、医疗合同、抚恤金、退休金、人身损害赔偿等。

② 按照约定应当向第三人给付的债务。

③ 因故意实施侵权行为产生的债务。

④ 被人民法院查封、扣押、冻结的财产,不能用来抵销债务。

⑤ 当事人约定不得抵销的债务。

(2) 约定抵销。

当事人互负债务,标的物种类、品质不相同的,经双方协商一致,也可以抵销。

3. 提存

(1) 提存的原因。

有下列情形之一,难以履行债务的,债务人可以将标的物提存:

① 债权人没有正当理由拒绝受领。

② 债权人下落不明。

③ 债权人死亡未确定继承人、遗产管理人,或者丧失民事行为能力未确定监护人。

(2) 债务人应履行通知义务。

除债权人下落不明的以外,债务人应当及时通知债权人或者债权人的继承人、监护人。

(3) 提存的法律效力。

① 毁损、灭失的风险由债权人承担。

② 标的物的孳息归债权人所有。

③ 提存费用由债权人负担。

④ 提存期限。

债权人领取提存物的权利,自提存之日起5年(不变期间)内不行使而消灭,提存物扣除提存费用后归国家所有。但是,债权人未履行对债务人的到期债务,或者债权人向提存部门书面表示放弃领取提存物权利的,债务人负担提存费用后有权取回提存物。

【例题 5-25 单选题】(2019 年真题) 因债权人胡某下落不明,债务人陈某难以履行债务,遂依法将标的物提存,后该标的物意外灭失,该标的物意外灭失风险的承担人是( )。

A. 胡某　　　　B. 胡某与陈某　　C. 陈某　　　　D. 提存机关

【答案】 A

【名师点睛】 标的物提存后,毁损、灭失的风险由债权人承担。

考试方向 考查标的物的提存的法律效力。

第七节 违约责任

 本节框架 ►

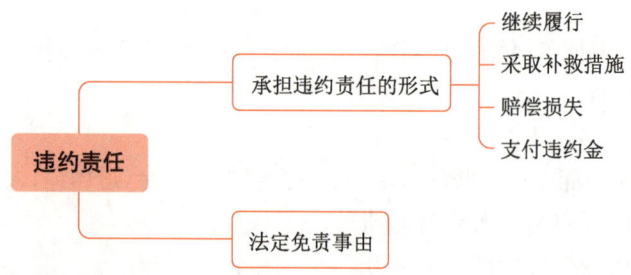

一、承担违约责任的形式 ★★

《民法典》合同编规定,当事人一方不履行合同义务或者履行合同义务不符合规定的,应当继续履行、采取补救措施、赔偿损失或支付违约金等违约责任。

(一)继续履行

订立合同的目的是为了实现合同的约定,继续履行合同既是为了实现合同目的,又是一种违约责任。

(二)采取补救措施

当事人一方履行合同义务不符合约定的,应当按照当事人的约定承担违约责任。受损害方可以根据受损害的性质以及损失的大小,合理选择要求对方适当履行,如采取修理、更换、重作、退货、减少价款或者报酬等措施,也可以选择解除合同、中止履行合同、通过提存履行债务、行使担保债权等补救措施。

(三)赔偿损失

1. 在可预见利益范围内赔偿

损失赔偿额应当相当于因违约造成的损失,包括合同履行后可以获得的利益,但不得超过违反合同一方订立合同时预见到或者应当预见到的因违反合同可能造成的损失。

2. 止损原则

当事人一方违约后,对方应当采取适当措施防止损失的扩大;没有采取适当措施致使损失扩大的,不得就扩大的损失要求赔偿。当事人因防止损失扩大而支出的合理费用由违约方承担。

(四)支付违约金

(1)调整违约金。

① 约定的违约金低于损失的,当事人可以请求法院或者仲裁机构予以增加。

提示 ► 当事人依法请求人民法院增加违约金的,增加后的违约金数额以不超过实际损失额为限。增加违约金以后,当事人又请求对方赔偿损失的,人民法院不予支持。

② 约定的违约金过分高于损失的,当事人可以请求法院或者仲裁机构予以适当减少。

提示 ▶ 当事人约定的违约金超过造成损失的30%的,一般可以认定为过分高于造成的损失。

(2) 当事人就迟延履行约定违约金的,违约方支付违约金后,还应当履行债务。

(3) 当事人就延迟履行约定违约金,违约方支付违约金后,还应当履行债务。

① 在同一合同中,当事人既约定违约金,又约定定金的,一方违约时,对方可以选择适用违约金或者定金条款。

② 买卖合同约定的定金不足以弥补一方违约造成的损失,对方请求赔偿超过定金部分的损失的,人民法院可以并处,但定金和损失赔偿的数额总和不应高于因违约造成的损失。

提示 ▶ 定金和违约金不得同时适用。

▶ 定金和赔偿金可同时适用:二者之和不得超过损失金额。

▶ 增加违约金后不得要求赔偿金。

考查承担违约责任的形式。

【例题5-26 多选题】(经典好题) 根据《民法典》合同编的规定,下列关于不同种类违约责任相互关系的表述中,正确的有( )。

A. 当事人就迟延履行约定违约金的,违约方支付违约金后,还应当履行债务

B. 当事人依法请求人民法院增加违约金后,又请求对方赔偿损失的,人民法院不予支持

C. 当事人既约定违约金,又约定定金的,一方违约时,对方可以同时适用违约金和定金条款

D. 当事人执行定金条款后不足以弥补所受损害的,仍可以请求赔偿损失

【答案】 ABD

【名师点睛】 根据规定,当事人既约定违约金,又约定定金的,一方违约时,对方可以选择适用违约金或者定金条款,不能同时要求适用两条款。因此选项C错误。

二、法定免责事由

(1) 因不可抗力不能履行合同的,根据不可抗力的影响,部分或者全部免除责任,但法律另有规定的除外。

(2) 当事人延迟履行后发生不可抗力的,不能免除责任。

(3) 当事人一方因不可抗力不能履行合同的当及时通知对方,以减轻可能给对方造成的损失,并应当在合理期限内提供证明。

第八节　主要合同

 **本节框架**

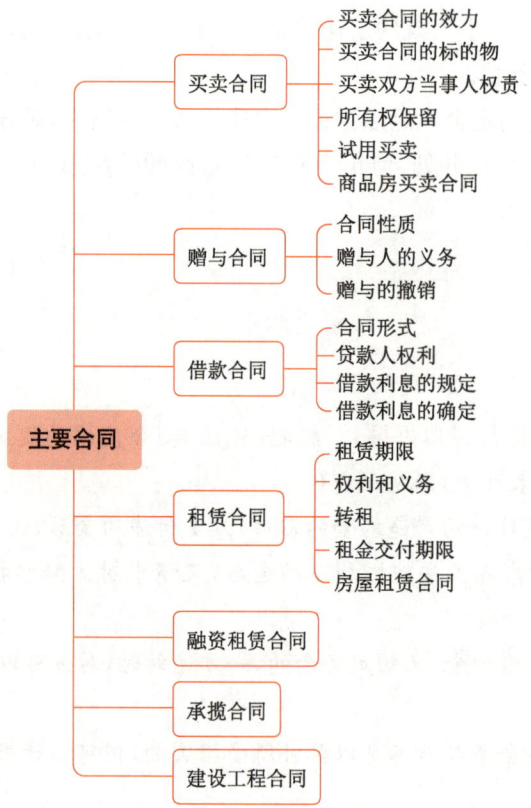

主要合同
- 买卖合同
  - 买卖合同的效力
  - 买卖合同的标的物
  - 买卖双方当事人权责
  - 所有权保留
  - 试用买卖
  - 商品房买卖合同
- 赠与合同
  - 合同性质
  - 赠与人的义务
  - 赠与的撤销
- 借款合同
  - 合同形式
  - 贷款人权利
  - 借款利息的规定
  - 借款利息的确定
- 租赁合同
  - 租赁期限
  - 权利和义务
  - 转租
  - 租金交付期限
  - 房屋租赁合同
- 融资租赁合同
- 承揽合同
- 建设工程合同

一、买卖合同 ★★★

买卖合同是出卖人转移标的物的所有权于买受人,买受人支付价款的合同。转移买卖标的物的一方为出卖人,即卖方;受领买卖标的物、支付价款的一方是买受人,即买方。买卖合同是诺成、双务、有偿合同,可以是要式的,也可以是不要式的。

(一)买卖合同的效力

无权处分(合同有效,物权待定):

(1)当事人一方以出卖人在缔约时对标的物没有所有权或者处分权为由主张合同无效的,人民法院不予支持。

(2)出卖人因未取得所有权或者处分权致使标的物所有权不能转移,买受人要求出卖人承担违约责任或者要求解除合同并主张损害赔偿的,人民法院应予支持。

 **知识链接** ▶ ① 除买卖合同外,其他合同在无权处分的情况下,合同效力待定。

② 无处分权的人处分他人财产,经权利人追认或者无处分权的人订立合同后取得处分权的,该合同有效。

（二）买卖合同的标的物

1. 所有权转移的一般规定

（1）标的物为动产的,所有权自标的物交付时起转移。

（2）标的物为不动产的,所有权自标的物登记时起转移。

（3）出卖具有知识产权的计算机软件等标的物的,但法律另有规定或者当事人另有约定的以外,该标的物的知识产权不属于买受人。

（4）出卖人就交付的标的物,负有保证第三人不得向买受人主张任何权利的义务;但买受人订立合同时知道或者应当知道第三人对买卖的标的物享有权利的,出卖人不承担该义务。

2. 解除合同

（1）主从物。

① 因标的物的主物不符合约定而解除合同的,解除合同的效力及于从物。

② 因标的物的从物不符合约定被解除的,解除的效力不及于主物。

（2）数物。

① 标的物为数物,其中一物不符合约定的,买受人可以就该物解除合同。

② 该物与他物分离使标的物的价值显受损害的,当事人可以就数物解除合同。

（3）分批交付标的物。

① 单独解除合同:一批标的物不交付或不符合约定,致使不能实现合同目的,就该批解除。

② 以后解除合同:不交付其中一批或交付不符合约定,致使今后其他各批交付不能实现合同目的,可以就该批以及今后各批标的物解除。

③ 全部解除合同:该批标的物与其他各批标的物相互依存,可就已交付和未交付的各批解除。

【例题 5-27 单选题】(2016 年真题) 甲、乙签订一买卖合同,甲向乙购买机器 5 台及附带的维修工具,机器编号分别为 E、F、G、X、Y,拟分别用于不同厂区。乙向甲如期交付 5 台机器及附带的维修工具。经验收,E 机器存在重大质量瑕疵而无法使用,F 机器附带的维修工具亦属不合格品,其他机器及维修工具不存在质量问题。根据《民法典》合同编的规定,下列关于甲如何解除合同的表述中,正确的是（　　　）。

A. 甲可以解除 5 台机器及维修工具的买卖合同

B. 甲只能就买卖合同中 E 机器的部分解除

C. 甲可以就买卖合同中 E 机器与 F 机器的部分解除

D. 甲可以就买卖合同中 F 机器的维修工具与 E 机器的部分解除

【答案】 D

【名师点睛】 根据规定,标的物为数物,其中一物不符合约定的,买受人可以就该物解除合同。本题中,标的物是数物,而且其中几种物不符合约定,甲可以就不符合约定的 E 和 F 附带的维修工具解除合同。

> **考试方向**
> 考查所有权转移的一般规定和解除合同的法律效力。

3. 标的物的交付

（1）标的物为无需以有形载体交付的电子信息产品。

当事人对交付方式约定不明确,且依照法律规定仍不能确定的,买受人收到约定的电子信息产品或者权利凭证即为交付。

（2）多交付标的物。

① 买受人拒绝接收多交部分标的物的，可以代为保管多交部分标的物。买受人主张出卖人负担代为保管期间的合理费用的，人民法院应予支持。

② 买受人主张出卖人承担代为保管期间非因买受人故意或者重大过失造成的损失的，人民法院应予支持。

（3）发票交付及发票付款。

① 出卖人仅以增值税专用发票及税款抵扣资料证明其已履行交付标的物义务，买受人不认可的，出卖人应当提供其他证据证明交付标的物的事实。

② 合同约定或者当事人之间习惯以普通发票作为付款凭证，买受人以普通发票证明已经履行付款义务的，人民法院应予支持，但有相反证据足以推翻的除外。

4. 一物二卖标的物所有权的取得

（1）普通动产。

出卖人就同一普通动产订立多重买卖合同，买卖合同均有效的情况下，买受人均要求实际履行合同的，按以下情形分别处理：

① 先行受领交付的买受人可以请求确认所有权已经转移。

② 均未受领交付，先行支付价款的买受人可以请求出卖人交付标的物。

③ 均未受领交付，也未支付价款，依法成立在先合同的买受人可以请求出卖人交付标的物。

【例题 5-28 单选题】（2020 年真题） 张某有一件画作拟出售，于 2019 年 5 月 10 日与王某签订买卖合同，约定四日后交货付款；5 月 11 日，丁某愿以更高的价格购买该画作，张某遂与丁某签订合同，约定三日后交货付款；5 月 12 日，张某又与林某签订合同，将该画作卖给林某，林某当即支付了价款，约定两日后交货。后因张某未交付画作，王某、丁某、林某均要求张某履行合同，诉至人民法院，下列关于该画作交付和所有权归属的表述中，正确的是（　　）。

A. 应支持林某对张某交付该画作的请求

B. 应支持王某对张某交付该画作的请求

C. 应支持丁某对张某交付该画作的请求

D. 应认定王某、丁某、林某共同取得该画作的所有权

【答案】 A

【名师点睛】 出卖人就同一普通动产订立多重买卖合同，在买卖合同均有效的情况下，买受人均要求实际履行合同的，应当按照以下情形分别处理：先行受领交付的买受人请求确认所有权已经转移的，人民法院应予支持；均未受领交付，先行支付价款的买受人请求出卖人履行交付标的物等合同义务的，人民法院应予支持；均未受领交付，也未支付价款，依法成立在先合同的买受人请求出卖人履行交付标的物等合同义务的，人民法院应予支持。

提示▶ 标的物为动产的，所有权自交付时起转移。

（2）特殊动产。

出卖人就同一船舶、航空器、机动车等特殊动产订立多重买卖合同，在买卖合同均有效时，买受人均要求实际履行合同的，按照以下情形分别处理：

① 先行受领交付的买受人可以请求出卖人办理所有权转移登记手续。

② 均未受领交付，先行办理所有权转移登记手续的买受人可以请求出卖人交付标的物。

③ 均未受领交付，也未办理所有权转移登记手续，依法成立在先合同的买受人可以请求出卖人交付标的物和办理所有权转移登记手续。

④ 出卖人将标的物交付给买受人之一，又为其他买受人办理所有权转移登记，已受领交付的买受人请求将标的物所有权登记在自己名下，人民法院应予支持。

5. 标的物毁损、灭失风险的承担

（1）一般情况。

① 交付前：出卖人承担。

② 交付后：买受人承担。

③ 因买受人原因致使标的物不能按照约定期限交付的：买受人自违反约定之日起承担。

（2）需要运输的情况。

① 出卖人根据合同约定将标的物运送至买受人指定地点并交付给承运人后，标的物毁损、灭失的风险由买受人负担，但当事人另有约定的除外。

② 在标的物由出卖人负责办理托运，承运人系独立于买卖合同当事人之外的运输业者的情况下，如买卖双方当事人没有约定交付地点或者约定不明确，出卖人将标的物交付给第一承运人后，标的物毁损、灭失的风险由买受人承担。当事人另有约定的除外。

③ 出卖人出卖交由承运人运输的在途标的物，在合同成立时知道或者应当知道标的物已经毁损、灭失却未告知买受人，买受人主张出卖人负担标的物毁损、灭失的风险的，人民法院应予支持。

（3）因标的物质量不符合要求，致使不能实现合同目的的，买受人可以拒绝接受标的物或者解除合同。买受人拒绝接受标的物或者解除合同的，标的物毁损、灭失的风险由出卖人承担。

（4）出卖人按照约定未交付有关标的物的单证和资料的，不影响标的物毁损、灭失风险的转移。

（5）标的物毁损、灭失的风险由买受人承担的，不影响因出卖人履行债务不符合约定，买受人要求其承担违约责任的权利。

（6）当事人对风险负担没有约定，标的物为种类物，出卖人未以装运单据、加盖标记、通知买受人等可识别的方式清楚地将标的物特定于买卖合同，买受人主张不负担标的物毁损、灭失的风险的，人民法院应予支持。

（7）因买受人原因致使合同标的物无法交付，出卖人将标的物提存后，毁损、灭失的风险由买受人承担。

【例题 5-29 多选题】（经典好题）根据《民法典》合同编的规定，下列情形中，买受人应承担标的物毁损、灭失风险的有（　　）。

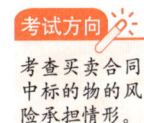

考试方向

考查买卖合同中标的物的风险承担情形。

A. 标的物已运抵交付地点,买受人因标的物质量不合格而拒绝接受

B. 买受人已受领标的物,但出卖人未按约定交付标的物的单证

C. 出卖人按照约定将标的物置于交付地点,约定时间已过,买受人未前往提货

D. 因买受人下落不明,出卖人无法向其交付标的物而将标的物提存

【答案】 BCD

【名师点睛】 因标的物质量不符合质量要求,致使不能实现合同目的的,买受人可以拒绝接受标的物或者解除合同。买受人拒绝接受标的物或者解除合同的,标的物毁损、灭失的风险由出卖人承担,因此选项 A 中是出卖人承担风险。出卖人按照约定未交付有关标的物的单证和资料的,不影响标的物毁损、灭失风险的转移,因此选项 B 中是已经受领标的物的买受人承担风险。出卖人按照约定将标的物置于交付地点,买受人违反约定没有收取的,标的物毁损、灭失的风险自违反约定之日起由买受人承担,因此选项 C 中是买受人承担风险。标的物提存后,风险是债权人承担,因此选项 D 中是买受人(债权人)承担风险。

6. 标的物的检验

(1)当事人约定检验期。

买受人应当在检验期间内将标的物的数量或者质量不符合约定的情形通知出卖人。买受人**怠于通知**的,视为标的物的数量或者质量符合约定。

(2)当事人未约定检验期。

① 当事人没有约定检验期间的,买受人应当在发现或者应当发现标的物的数量或者质量不符合约定的合理期间内通知出卖人;买受人在合理期限内未通知或者自标的物**收到之日起 2 年内**未通知出卖人的,视为标的物的数量或者质量符合约定。

提示 ▶标的物有质量保证期的,适用质量保证期,不适用质量检验 2 年的规定。

② 当事人对标的物的检验期间未作约定,买受人**签收**的送货单、确认单等**载明**标的物数量、型号、规格的,推定买受人已对**数量和外观瑕疵**进行了检验,但有相反证据足以推翻的除外。

提示 ▶在上述"检验期间""合理期间""2 年期间"经过后,买受人主张标的物的数量或者质量不符合约定的,人民法院不予支持。出卖人自愿承担违约责任后,又以上述期间经过为由反悔的,人民法院不予支持。

(3)检验标准。

出卖人依照买受人的指示向第三人交付标的物,出卖人和买受人之间约定的检验标准与买受人和第三人之间约定的检验标准不一致的,人民法院应当**以出卖人和买受人之间约定的检验标准为准**。

(三)买卖双方当事人的权责

1. 出卖人权责:交付标的物、按期交付、按地交付、符合质量要求、包装合格

(1)质保金。

买受人依约保留部分价款作为质量保证金,出卖人在质量保证期间未及时解决质量问题而影响标的物的价值或者使用效果,出卖人主张支付该部分价款的,人民法院不予支持。

（2）修理费。

买受人在检验期间、质量保证期间、合理期间内提出质量异议，出卖人未按要求予以修理或者因情况紧急，买受人自行或者通过第三人修理标的物后，主张出卖人负担因此发生的合理费用的，人民法院应予支持。

（3）从给付义务。

出卖人没有履行或者不当履行从给付义务，致使买受人不能实现合同目的，买受人主张解除合同的，法院应予以支持。

（4）瑕疵担保责任。

① 合同约定减轻或免除出卖人对标的物的瑕疵担保责任，但出卖人故意或因重大过失不告知买受人标的物的瑕疵，出卖人主张减轻或免除瑕疵担保责任，法院不予支持。

② 买受人在缔约时知道或应当知道标的物质量存在瑕疵，主张出卖人承担瑕疵担保责任，法院不予支持；但买受人在缔约时不知道该瑕疵会导致标的物的基本效用显著降低的除外。

2. 买受人责任：按约定数额付款、按约定地点付款、按约定时间付款

（1）孳息归属。

产生于标的物在交付之前：归出卖人；产生于标的物在交付之后：归买受人。

（2）分期付款。

① 分期付款的买受人未支付到期价款的金额达到全部价款的五分之一的，出卖人可以要求买受人支付全部价款或者解除合同。

② 出卖人解除合同的，可以向买受人要求支付该标的物的使用费。

（3）对质量不合格标的物的处理。

① 未付款的情况下：标的物质量不符合约定，买受人要求减少价款，法院应予支持；当事人主张以符合约定的标的物和实际交付的标的物按交付时的市场价值计算差价，法院应予支持。

② 价款已经支付情况下：买受人主张返还减价后多出部分价款的，人民法院应予支持。

（四）所有权保留

1. 所有权保留的适用情况

当事人可以在买卖合同中约定，买受人未履行支付价款或者其他义务的，标的物的所有权属于出卖人。

所有权保留的规定只适用于动产，买卖合同当事人主张将标的物所有权保留的规定适用于不动产的，人民法院不予支持。

2. 所有权保留下的出卖人取回权

（1）出现下列情形，出卖人主张取回标的物的，人民法院应予支持：①未按约定支付价款的，经催告后在合理期限内仍未支付；②未按约定完成特定条件的；③将标的物出卖、出质或者作出其他不当处分的。

（2）取回权行使的排除事项：第三人已经善意取得标的物所有权或者其他物权，出卖人主张取回标的物的，人民法院不予支持。

3. 买受人的回赎权

出卖人取回标的物后，买受人在双方约定的或者出卖人指定的回赎期间内，消除出

卖人取回标的物的事由,主张回赎标的物的,人民法院应予支持;买受人在回赎期间内没有回赎标的物的,出卖人可以以合理价格将标的物出卖给第三人,出卖所得价款扣除买受人未支付的价款以及必要费用后仍有剩余的,应当返还买受人;不足部分由买受人清偿。

(五) 试用买卖

1. 视为购买的情形

(1) 买受人在试用期内已经支付部分价款。

(2) 在试用期内,买受人对标的物实施了出卖、出租、设定担保物权等非试用行为。

(3) 试用期间届满,买受人对是否购买标的物未作表示。

2. 不属于试用买卖的情形

(1) 约定标的物经过试用或者检验符合一定要求时,买受人应当购买标的物。

(2) 约定第三人经试验对标的物认可时,买受人应当购买标的物。

(3) 约定买受人在一定期间内可以调换标的物。

(4) 约定买受人在一定期间内可以退还标的物。

试用买卖的当事人没有约定使用费或者约定不明确,出卖人主张买受人支付使用费的,人民法院不予支持。

考试方向

考查试用买卖的相关情形。

【例题 5-30 单选题】(2017 年真题)　某商场为促销健身器材,贴出告示,跑步机试用一个月,满意再付款。王某遂选定一款跑步机试用,试用期满退回时,该商场要求王某支付使用费 200 元。下列关于王某应否支付使用费的表述中,符合《民法典》合同编规定的是(　　)。

A. 王某应当支付部分使用费,因为跑步机的磨损应当由王某和商场共同负担

B. 王某应当支付使用费,因其行为构成不当得利

C. 王某应当支付使用费,因其使用跑步机造成磨损

D. 王某不应当支付使用费,因为双方对此未作约定

【答案】　D

【名师点睛】　试用买卖的当事人没有约定使用费或者约定不明确,出卖人主张买受人支付使用费的,人民法院不予支持。

(六) 商品房买卖合同

1. 商品房销售广告的性质

(1) 要约邀请:商品房的销售广告和宣传资料为要约邀请。

(2) 要约:出卖人就商品房开发规划范围内的房屋及相关设施所作的说明和许诺具体确定,并对商品房买卖合同的订立以及房屋价格的确定有重大影响的,视为要约。

提示▶符合条件的说明和许诺即使未载入合同也视为合同内容,当事人违反的应当承担违约责任。

2. 商品房预售合同的效力

(1) 出卖人未取得商品房预售许可证明,与买受人订立的商品房预售合同,应当认定无效,但是在起诉前取得商品房预售许可证明的,可以认定有效。

（2）登记备案。

登记备案情况与预售合同效力之间的关系如表 5-13 所示。

表 5-13　房屋预售合同的登记备案

房屋预售合同未办理登记备案手续时		预售合同效力
一般情况		有效
约定以登记备案为合同生效条件	一般情况	未生效
	实际履行	生效

3. 被拆迁人的优先权

拆迁人将该补偿安置房屋另行出卖给第三人,被拆迁人请求优先取得补偿安置房屋的,应予支持。

4. 法定解除条件

（1）因房屋主体结构质量不合格不能交付使用,或者房屋交付使用后,房屋主体结构质量经核验确属不合格,买受人请求解除合同和赔偿损失的,人民法院应予支持。

（2）因房屋质量问题严重影响正常居住使用,买受人请求解除合同和赔偿损失的,人民法院应予支持。

（3）出卖人交付使用的房屋套内建筑面积或者建筑面积与商品房买卖合同约定面积不符,合同有约定的,按照约定处理;合同没有约定或者约定不明确的,按照以下原则处理:

① 面积误差比绝对值在 3% 以内（含 3%）,按照合同约定的价格据实结算,买受人请求解除合同的,人民法院不予支持。

② 面积误差比绝对值超出 3%,买受人请求解除合同、返还已付购房款及利息的,人民法院应予支持。

买受人同意继续履行合同,房屋实际面积大于合同约定面积的,面积误差比在 3% 以内（含 3%）部分的房价款由买受人按照约定的价格补足,面积误差比超出 3% 部分的房价款由出卖人承担,所有权归买受人。

买受人同意继续履行合同,房屋实际面积小于合同约定面积的,面积误差比在 3% 以内（含 3%）部分的房价款及利息由出卖人返还买受人,面积误差比超过 3% 部分的房价款由出卖人双倍返还买受人。

（4）出卖人迟延交付房屋或者买受人迟延支付购房款,经催告后在 3 个月的合理期限内仍未履行,当事人一方请求解除合同的,人民法院应予支持,但当事人另有约定的除外。解除权的行使期限如表 5-14 所示。

表 5-14　解除权的行使期限

解除权的行使期限	对方当事人催告	催告后 3 个月内行使
	对方当事人未催告	解除权发生日起 1 年内行使

5. 可以适用惩罚性赔偿金的情形

（1）具有下列情形之一,导致商品房买卖合同目的不能实现的,无法取得房屋的买受人可以请求解除合同、返还已付购房款及利息、赔偿损失,并可以请求出卖人承担不超过

已付购房款 1 倍的赔偿责任:

① 商品房买卖合同订立后,出卖人未告知买受人又将该房屋抵押给第三人。

② 商品房买卖合同订立后,出卖人又将该房屋出卖给第三人。

(2)出卖人订立商品房买卖合同时,具有下列情形之一,导致合同无效或者被撤销、解除的,买受人可以请求返还已付购房款及利息、赔偿损失,并可以请求出卖人承担不超过已付购房款 1 倍的赔偿责任:

① 故意隐瞒没有取得商品房预售许可证明的事实或者提供虚假商品房预售许可证明。

② 故意隐瞒所售房屋已经抵押的事实。

③ 故意隐瞒所售房屋已经出卖给第三人或者为拆迁补偿安置房屋的事实。

6. 商品房买卖中贷款合同的效力(见表 5-15)

表 5-15　商品房买卖中贷款合同的效力

未能订立贷款合同导致购房合同无法履行	一方原因	解除合同、赔偿损失
	双方均无过错	解除合同、返还购房款本金及利息或定金
购房合同被确认无效、被撤销、解除导致贷款合同目的无法实现	解除贷款合同、购房贷款和购房款的本金及利息返还担保权人和买受人	

【例题 5-31 多选题】(2018 年真题)　根据《民法典》合同编的规定,出卖人在与买受人订立商品房买卖合同时存在特定情形,导致合同无效或者被撤销,买受人可以请求出卖人返还已购买房款及利息、赔偿损失,并可以请求出卖人承担不超过已购房款一倍的惩罚性赔偿金,下列属于该特定情形的有(　　　)。

A. 出卖人故意隐瞒所售房屋已抵押的事实

B. 出卖人故意隐瞒所售房屋存在质量问题的事实

C. 出卖人故意隐瞒所售房屋没有取得商品房预售许可证明的事实

D. 出卖人故意隐瞒所售房屋已经出卖给第三人的事实

【答案】　ACD

【名师点睛】　买受人因出卖人订立商品房买卖合同时具有下列情形、导致合同无效或被撤销、解除的,可请求返还已付购房款及利息、赔偿损失,并可请求出卖人承担不超过已付购房款 1 倍的赔偿责任:①故意隐瞒没有取得商品房预售许可证明的事实或者提供虚假商品房预售许可证明;②故意隐瞒所售房屋已经抵押的事实;③故意隐瞒所售房屋已经出卖给第三人或为拆迁补偿安置房屋的事实。

二、赠与合同★★

赠与合同是赠与人将自己的财产无偿给予受赠人,受赠人表示接受赠与的合同。

(一)合同性质

赠与合同是一种单方履行义务、无偿合同。在附义务的赠与中,赠与人负有将其财产给付受赠人的义务,受赠人按照合同约定负担某种义务,但受赠人所负担的义务并非赠与人所负义务的对价,双方的义务并不是对应的,赠与人不能以受赠人不履行义务为抗辩。

（二）赠与人的义务

1. 过错责任

因赠与人**故意或者重大过失**，致使赠与的财产毁损、灭失的，赠与人应承担损害赔偿责任。

2. 瑕疵担保责任

（1）一般情况下赠与的财产有瑕疵的，赠与人不承担责任。

（2）附义务的赠与，赠与的财产有瑕疵的，赠与人在附义务的限度内承担与出卖人相同的责任。

（3）赠与人**故意**不告知瑕疵或者**保证**无瑕疵，造成受赠人损失的，应当承担损害赔偿责任。

（三）赠与的撤销

1. 任意撤销

赠与人在赠与财产的权利**转移之前**可以撤销赠与。但具有**救灾、扶贫、助残等社会公益、道德义务性质**的赠与合同或者经过**公证**的赠与合同，不得撤销。

2. 法定撤销

（1）受赠人有下列情形之一的，赠与人可以撤销赠与。

① 严重侵害赠与人或其近亲属的合法权益。

② 对赠与人有**扶养**义务而不履行。

> **提示** 扶养≠抚养

③ 不履行赠与合同约定的义务。

赠与在先，履行义务在后，因此在赠与之前赠与人不能以受赠人不履行义务为抗辩。但在**赠与后**如受赠人不履行约定的义务，赠与人可以撤销赠与。

> **提示** **赠与人**的撤销权，自知道或者应当知道撤销原因之日起**1年内**行使。

（2）**赠与人的继承人、法定代理人**的撤销权。

因受赠人的违法行为致使赠与人死亡或者丧失民事行为能力的，赠与人的继承人或者法定代理人可以撤销赠与。

> **提示** **赠与人的继承人或者法定代理人**的撤销权，应当自知道或者应当知道撤销原因之日起**6个月内**行使。

满足法定撤销条件，无论赠与财产的权利是否已经转移，无论赠与合同是否经过公证，均可以行使撤销权，赠与财产的权利已转移的，赠与人可以向受赠者要求返还赠与的财产。

【例题5-32 多选题】（经典好题） 根据《民法典》合同编的规定，下列情形中，赠与人不得主张撤销赠与的有（　　　）。

A. 张某将1辆小轿车赠与李某，且已交付

B. 甲公司与某地震灾区小学签订赠与合同，将赠与50万元用于修复教学楼

C. 乙公司表示将赠与某大学3辆校车，双方签订了赠与合同，且对该赠与合同进行了公证

考试方向 考查赠与合同撤销的情形。

D. 陈某将 1 块名表赠与王某,且已交付,但王某不履行赠与合同约定的义务

【答案】 ABC

【名师点睛】 选项 A 中赠与物已经交付,选项 BC 属于具有救灾、扶贫、助残等社会公益、道德义务性质的赠与合同或者经过公证的赠与合同,因此选项 ABC 不能任意撤销赠与。受赠人不履行赠与合同约定的义务,赠与人可以撤销赠与,因此选项 D 不符合题意。

三、借款合同★★

借款合同是借款人向贷款人借款,到期返还借款并支付利息的合同。

(一)合同形式

借款合同采用书面形式,但自然人之间借款另有约定的除外。

(二)贷款人权利

借款人未按照约定的借款用途使用借款的,贷款人可以:停止发放借款;提前收回借款;解除合同。

(三)借款利息的规定

1. 借款利息不得预先扣除

借款的利息不得预先在本金中扣除。利息预先在本金中扣除的,应当按照实际借款数额返还借款并计算利息。

2. 利息支付期限

(1)对支付利息的期限没有约定或者约定不明确的,当事人可以协议补充;不能达成补充协议时(法定):①借款期限不满 1 年的,应当在返还借款时一并支付;②借款期限 1 年以上的,应当在每届满 1 年时支付,剩余期间不满 1 年的,应当在返还借款时一并支付。

提示▶ 此处的"届满 1 年"并不是指一个自然年,而是一个顺延年。

(2)未按约定收取借款与提前偿还贷款时:①借款人未按照约定的日期、数额收取借款的,应当按照约定的日期、数额支付利息;②借款人提前偿还借款的,除当事人另有约定的以外,应当按照实际借款的期间计算利息。

(四)借款利息的确定

1. 对利息没有约定或约定不明情况的处理

(1)自然人之间借贷:对利息没有约定、约定不明,视为不支付利息。

(2)非自然人之间借贷:对利息没有约定,视为不支付利息;对利息约定不明,由人民法院确定利息。

2. 利率确定原则

出借人请求借款人按照合同约定利率支付利息,法院应予支持,但约定利率超过合同成立时 1 年期贷款市场报价利率 4 倍的除外。"1 年期贷款市场报价利率",是指中国人民银行授权全国银行同业拆借中心自 2019 年 8 月 20 日起每月发布的 1 年期贷款市场报价利率。

3. 复利计息("利滚利")

(1)前提。

借贷双方对前期借款本息结算后将利息计入后期借款本金并重新出具债权凭证。

（2）利息能否计入本金。

前期利率≤合同成立时1年期贷款市场报价利率4倍：有效。

前期利率＞合同成立时1年期贷款市场报价利率4倍：超过部分无效，超过部分的利息不能计入后期借款本金。

（3）支付利息上限。

最初借款本金×合同成立时1年期贷款市场报价利率4倍×N（N为借款年限）；出借人请求借款人支付超过部分的，人民法院不予支持。

4. 逾期利率

（1）双方有约定，从其约定，但以不超过合同成立1年期贷款市场报价利率4倍为限。

（2）对逾期利率未约定或约定不明的，人民法院可分情况处理：

① 借期利率、逾期利率均未约定：出借人主张借款人自逾期还款之日起承担逾期还款违约责任的，人民法院应予以支持。

② 约定借期利率，未约定逾期利率：法院支持与借期利率相同的逾期利率（前提是借期利率在法律允许的范围内）。

提示▶自然人之间的借款合同对支付利息没有约定或者约定不明确的，视为不支付利息；但自然人之间的借款到期后借款人不偿还，出借人可以要求借款人偿付逾期利息。

（3）约定逾期利率，又约定违约金或者其他费用：

出借人可以选择主张逾期利息、违约金或者其他费用，也可以一并主张，但总计应≤合同成立时1年期贷款市场报价利率4倍，超过部分，人民法院不予支持。

提示▶根据《全国法院民商事审判工作会议纪要》，自2019年8月20日起，中国人民银行已经授权全国银行间同业拆借中心于每月20日（遇节假日顺延）9时30分公布贷款市场报价利率（LPR），中国人民银行贷款基准利率这一标准已经取消。自此之后人民法院裁判贷款利息的基本标准应改为全国银行间同业拆借中心公布的贷款市场报价利率。

5. 提前还款

除当事人另有约定外，借款人可以提前偿还借款；借款人提前偿还借款并主张按照实际借款期间计算利息的，人民法院应予支持。

四、 租赁合同 ★★★

租赁合同是出租人将租赁物交付承租人使用、收益，承租人支付租金的合同。

（一）租赁期限

1. 最长期限

租赁期限不得超过20年，超过20年的，超过部分无效。

提示▶续租合同，自续订之日起也不得超过20年。

2. 不定期租赁

（1）租赁期限 6 个月以上的，合同应当采用书面形式；当事人未采用书面形式的，视为不定期租赁。

（2）当事人对租赁期限没有约定或者约定不明确的，可以协议补充；不能达成补充协议的，按照合同有关条款或者交易习惯确定；仍不能确定的，视为不定期租赁，当事人可以随时解除合同，但是应当在合理期限之前通知对方。

（3）租赁期限届满，承租人继续使用租赁物，出租人未提出异议的，原租赁合同继续有效，但租赁期限为不定期。

考试方向
考查不定期租赁合同的内容。

【例题 5-33 单选题】（经典好题） 李某与赵某口头约定，李某将其房屋出租给赵某，租期为 1 年，租金为每月 1000 元，每月的第一天交付该月租金。根据《民法典》合同编的规定，下列关于该租赁合同效力的表述中，正确的是（　　）。

A. 该租赁合同无效　　　　　　　B. 该租赁合同为可撤销合同

C. 该租赁合同有效，租期为 1 年　　D. 该租赁合同有效，但视为不定期租赁合同

【答案】 D

【名师点睛】 租赁期限 6 个月以上的，合同应当采用书面形式。当事人未采用书面形式的，视为不定期租赁。

（二）权利和义务

1. 出租人的维修义务

出租人未履行维修义务的，承租人可以自行维修，维修费用由出租人负担；因维修租赁物影响承租人使用的，应当相应减少租金或者延长租期。

2. 承租人解除合同权

（1）租赁物危及承租人的安全或者健康的，即使承租人订立合同时明知该租赁物质量不合格，承租人仍然可以随时解除合同。

提示▶人身权＞财产权

（2）因不可归责于承租人的事由，致使租赁物部分或者全部毁损、灭失的，承租人可以要求减少租金或者不支付租金；因租赁物部分或者全部毁损、灭失，致使不能实现合同目的的，承租人可以解除合同。

（三）转租

（1）承租人未经出租人同意转租的，出租人可以解除合同。

（2）承租人经出租人同意，可以将租赁物转租给第三人，承租人与出租人的租赁合同继续有效，第三人对租赁物造成损失的，承租人应当赔偿损失。

（四）租金支付期限（同借款利息支付期限）

应当按照约定的期限支付租金。对支付期限没有约定或者约定不明确的，当事人可以协议补充；不能达成补充协议时（法定）：

（1）租赁期间不满 1 年的，应当在租赁期间届满时支付。

（2）租赁期间 1 年以上的，应当在每届满 1 年时支付，剩余期间不满 1 年的，应当在租赁期间届满时支付。

（五）房屋租赁合同

1. 房屋租赁合同的效力（见表5-16）

表5-16　房屋租赁合同的效力

情形		房屋租赁合同效力
房屋租赁合同未按规定办理登记备案手续	当事人未约定以登记为合同生效条件	有效
	约定	未生效
	约定但实际履行	有效
未取到建设工程规划许可证或未按照建设工程规划许可证的规定建设的房屋（违法） 未经批准或者未按照批准内容建设的临时建筑	一般情况	无效
	一审法庭辩论终结前取得或批准	有效
租赁期超过临时建筑使用期限	一般情况	超过部分无效
	一审法庭辩论终结前主管部门批准延长使用期	有效

提示 ▶ 房屋租赁合同无效，当事人请求参照合同约定的租金标准支付房屋占有使用费的，人民法院一般应予支持。

2. 一房数租

出租人就同一房屋订立数份租赁合同，在合同均有效的情况下，承租人均主张履行合同的，人民法院按照下列顺序确定履行合同的承租人：

（1）已经合法占有租赁房屋的。

（2）已经办理登记备案手续的。

（3）合同成立在先的。

不能取得租赁房屋的承租人请求解除合同、赔偿损失的，依照《民法典》合同编的有关规定处理。

提示 ▶ 一房二租：占有＞登记备案＞合同成立时间。

▶ 一物二卖：①普通动产：交付＞付款＞合同成立时间；

②船舶、航空器和机动车：交付＞登记＞合同成立时间。

3. 房屋租赁合同的解除

发生下列情形之一，导致租赁房屋无法使用，承租人请求解除合同的，人民法院应予支持：

（1）租赁房屋被司法机关或者行政机关依法查封的。

（2）租赁房屋权属有争议的。

（3）租赁房屋具有违反法律、行政法规关于房屋使用条件强制性规定情况的。

4. 买卖不破租赁

（1）租赁物在租赁期间发生所有权变动的，不影响租赁合同的效力。

（2）出租人出卖租赁房屋的，应当在出卖之前的合理期限内通知承租人，承租人享有在<u>同等条件下</u>优先购买的权利。

提示▶ 买卖不破所有租赁，而优先购买权只适用房屋租赁。

出租人出卖租赁房屋未在合理期限内通知承租人或存在其他侵害承租人优先购买权的情形，承租人请求出租人承担<u>赔偿责任</u>的，人民法院应予支持。

<u>承租人优先权的排除事项：</u>
① 房屋按份共有人行使优先购买权。
② 出租人将房屋出卖给近亲属。
③ 出租人履行通知义务后，承租人在 <u>15 日</u>内未明确表示购买。
④ 出租人委托拍卖人拍卖租赁房屋的，应当在拍卖 5 日前通知承租人。承租人未参加拍卖的，视为放弃优先购买权。

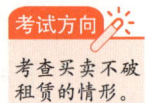

考试方向

考查买卖不破租赁的情形。

【例题 5-34 单选题】(2020 年真题) 甲把房屋出租给乙，约定租期 5 年。半年后，甲未通知乙，将该房屋以 150 万元的价格出卖知情的养子丙，并办理过户登记，乙得知后提出异议。对此，下列表述正确的是(   )。

A. 乙有权主张甲、丙的买卖合同无效
B. 乙有权自知道之日起 15 天内主张优先购买权
C. 乙有权主张甲、乙间租赁合同对丙继续有效
D. 丙有权请求乙搬离该房屋

【答案】 C

【名师点睛】 租赁房屋在租赁期间发生所有权变动，承租人请求房屋受让人继续履行原租赁合同的，人民法院应予支持。但租赁房屋具有下列情形或者当事人另有约定的除外：房屋在出租前已设立抵押权，因抵押权人实现抵押权发生所有权变动的；房屋在出租前已被人民法院依法查封的。同时，在租赁期间内，出租人将房屋出售给近亲属，承租人优先权不得优于近亲属。(《民法典》第 1111 条规定，自收养关系成立之日起，养父母与养子女间的权利义务关系，适用本法关于父母子女关系的规定；养子女与养父母的近亲属间的权利义务关系，适用本法关于子女与父母的近亲属关系的规定。故本题中，<u>养子丙</u>适用于子女与父母的<u>近亲属关系</u>的规定)

五、融资租赁合同★

(一)概述

融资租赁合同是出租人根据承租人对出卖人、租赁物的选择，向出卖人购买租赁物，提供给承租人使用，承租人支付租金的合同。

融资租赁合同的租金，除当事人另有约定的以外，应当根据购买租赁物的大部分或者全部成本以及出租人的合理利润确定。

融资租赁合同应当采用书面形式。

(二)当事人的权利义务

(1) 出租人应当保证承租人对租赁物的占有和使用，租赁物不符合约定或者不符合使用目的的，<u>出租人不承担责任</u>，但承租人依赖出租人的技能确定租赁物或者出租人干预选择租赁物的除外。

（2）租赁期间租赁物期间的维修义务由承租人承担。

提示▶租赁合同，维修义务由出租人承担。

（3）承租人占有租赁物期间，租赁物造成第三人的人身伤害或者财产损害的，出租人不承担责任。

提示▶在融资租赁合同中，标的物的质量瑕疵、维修、风险承担等，一般情况下与出租人无关。

（4）出租人、出卖人、承租人可以约定，出卖人不履行买卖合同义务的，由承租人行使索赔权；承租人行使索赔权利的，出租人应当予以协助。

（5）租赁物归属。

① 在租赁期间，承租人破产的，租赁物不属于承租人的破产财产。

② 租赁期间届满，租赁双方对租赁物的归属没有约定或者约定不明确的，可以协议补充，不能达成补充协议的，按照合同有关条款或者交易习惯确定，仍不能确定的，租赁物的所有权归出租人。

六、承揽合同

承揽合同是承揽人按照定作人的要求完成工作，交付工作成果，定作人给付报酬的合同。承揽包括加工、定作、修理、复制、测试、检验等工作。

1. 承揽人将承揽工作交由第三人完成的情形（见表5-17）

表5-17　承揽人将承揽工作交由第三人完成的情形

	要求	责任
主要工作交由第三人	经定作人同意 未经同意，经定作人可以解除合同	承揽人就该第三人完成的工作成果向定作人负责
辅助工作交由第三人	不需要定作人同意	

提示▶承揽人可以将承揽的主要工作交由第三人完成，只要征得定作人同意即可。但建设施工合同中的承包人绝对不能将主体结构的施工分包。

▶建设施工合同中的承包人经发包人同意，可以将自己承包的部分工作交由第三人完成，第三人就其完成的工作成果与总承包人向发包人承担连带责任。

2. 承揽人拥有留置权

定作人未向承揽人支付报酬或材料费，承揽人对完成的工作成果享有留置权。

3. 定作人拥有随时解除权

定作人可以随时解除承揽合同，造成承揽人损失的，应当赔偿损失。

七、建设工程合同

建设工程合同是承包人进行工程建设，发包人支付价款的合同。建设工程合同包括工程勘察、设计、施工合同。

建设工程合同应当采用书面形式。

1. 分包

(1) 经发包人同意,总承包人或者勘察、设计、施工承包人可以将自己承包的部分工作交由第三人完成;第三人就其完成的工作成果与总承包人或者勘察、设计、施工承包人向发包人承担连带责任。

(2) 禁止承包人将工程分包给不具备相应资质条件的单位。

(3) 禁止分包单位将其承包的工程再分包。

(4) 建设工程主体结构的施工必须由承包人自行完成。

2. 转包(绝对禁止)

(1) 承包人不得将其承包的全部建设工程转包给第三人。

(2) 承包人不得将其承包的全部建设工程肢解以后以分包的名义分别转包给第三人。

3. 优先受偿

发包人未按照约定支付工程价款的,承包人可以催告发包人在合理期限内支付价款。发包人逾期不支付的,承包人可以与发包人协议将工程折价,也可以申请人民法院将该工程依法拍卖,建筑工程价款就该工程折价或者拍卖的价款优先受偿。

提示 ▶ 随时解除合同的情形对比如表 5-18 所示。

表 5-18 随时解除合同的情形对比表

合同类型		甲方能否随时解除	乙方能否随时解除
承揽合同		定作人(√)	承揽人(×)
租赁合同	定期租赁	出租人(×)	承租人危及安全健康时(√)
	不定期租赁	出租人(√)	承租人(√)

考试方向

考查建设工程合同的内容。

【例题 5-35 单选题】(2018 年真题) 甲公司与乙建筑公司(下称乙公司)签订一份建筑工程施工合同,经甲公司同意,总承包人乙公司将自己承包的部分建设工程分包给丙公司。因丙公司完成的工程质量出现问题,给甲公司造成 50 万元的经济损失。根据《民法典》合同编的规定,下列关于甲公司损失的责任承担表述正确的是(   )。

A. 由乙公司承担赔偿责任

B. 由丙公司承担赔偿责任

C. 先由丙公司承担赔偿责任,不足部分由乙公司承担

D. 由乙公司和丙公司承担连带赔偿责任

【答案】 D

【名师点睛】 建设工程合同中,总承包人或者勘察、设计、施工承包人经发包人同意,可以将自己承包的部分工作交由第三人完成。第三人就其完成的工作成果与总承包人或勘察、设计、施工承包人向发包人承担连带责任。

同步练习

一、单项选择题

1. 甲公司以招标方式采购一套设备,向包括乙公司在内的十余家厂商发出招标书,招标书中包含设备性能、规格、品质、交货日期等内容。乙公司向甲公司发出了投标书。甲公司在接到乙公司及其他公司的投标书后,通过决标,最后决定乙公司中标,并向乙公司发出了中标通知书,根据《民法典》合同编的规定,下列各项中,属于发出要约的行为是(　　)。

A. 甲公司发出招标书

B. 乙公司向甲公司发出投标书

C. 甲公司对所有标书进行决标

D. 甲公司向乙公司发出中标通知书

2. 2020年10月8日,甲工厂向乙工厂发函称其可提供X型号设备,请乙工厂报价。10月10日,乙工厂复函表示愿以5万元购买一台,甲工厂10月12日复函称每台价格6万元,10月30日前回复有效。乙工厂于10月19日复函称愿以5.5万元购买一台,甲工厂收到后未作回复。后乙工厂反悔,于10月26日发函称同意甲工厂当初6万元的报价。下列关于双方往来函件法律性质的表述中,不符合《民法典》合同编规定的是(　　)。

A. 甲工厂10月8日的发函为要约邀请

B. 乙工厂10月10日的复函为要约

C. 甲工厂10月12日的复函为反要约

D. 乙工厂10月26日的发函为承诺

3. 甲公司与乙公司就一批货物的买卖进行磋商,甲公司在传真中表示,如达成协议则以最终签订售货确认书为准。乙公司在接到甲公司的最后一份传真时认为,双方已就该笔买卖的价格、期限等主要问题达成一致,遂向甲公司开出信用证,但甲公司以信用证上注明的价格条件不能接受为由拒绝发货。下列有关该案的表述中,符合法律规定的是(　　)。

A. 合同不成立,甲公司有权拒绝发货

B. 合同不成立,甲公司有权拒绝发货,但应补偿乙公司相应的损失

C. 买卖合同已成立,甲公司应履行合同

D. 买卖合同已成立,但因未发生实际损失,甲公司不承担法律责任

4. 根据《民法典》合同编的规定,下列关于缔约过失责任的表述中,正确的是(　　)。

A. 一方当事人假借订立合同恶意进行磋商,给他人造成损失的,可成立缔约过失责任

B. 缔约过失责任仅在合同成立时适用

C. 缔约过失责任赔偿的是可期待利益损失

D. 缔约过失责任的赔偿额通常大于违约责任

5. 王某向赵某借款10万元,以其卡车抵押并办理了抵押登记。后因发生交通事故,王某将该卡车送至甲修理厂修理。修理完毕,王某因无法支付1万元维修费,该卡车被甲修理厂留置。后王某欠赵某的借款到期,赵某要求对该卡车行使抵押权,甲修理厂以王某欠修理费为由拒绝,双方发生争议。根据《民法典》合同编的规定,下列关于如何处理该争议的表述中,正确的是(　　)。

A. 甲修理厂应同意赵某对该卡车行使抵押权,所欠修理费只能向王某要求清偿

B. 赵某应向甲修理厂支付修理费,之后甲修理厂向赵某交付该卡车

C. 如果经甲修理厂催告,王某3个月后仍不支付修理费,甲修理厂有权行使留置权,所得价款偿付修理费后,剩余部分赵某有优先受偿权

D. 甲修理厂应将该卡车交给赵某行使抵押权,所得价款偿付借款后,剩余部分甲修理厂有优先受偿权

6. 甲小学为了"六一"儿童节学生表演节目的需要,向乙服装厂订购了100套童装。5月28日,甲小学向乙服装厂催要童装,却被告知,因布匹供应问题6月3日才能交付童装,甲小学因此欲解除合同。根据《民法典》合同编的规定,下列关于该合同解除的表述中,正确的是(　　)。

A. 甲小学应先催告乙服装厂履行,乙服装厂在合理期限内未履行的,甲小学才可以解除合同

B. 甲小学可以解除合同,无须催告

C. 甲小学无权解除合同,只能要求乙服装厂承担违约责任

D. 甲小学无权自行解除合同,但可以请求法院解除合同

7. 甲、乙双方于 2019 年 1 月 7 日订立买卖 1000 台彩电的合同,价款 200 万元,双方约定:甲支付全部价款后,彩电的所有权才转移给甲。乙于 2 月 4 日交付了 1000 台彩电,甲于 3 月 5 日支付了 100 万元,5 月 6 日支付了剩余的 100 万元。下列关于彩电所有权转移的表述中,符合《民法典》合同编规定的是(   )。

A. 2 月 4 日 1000 台彩电所有权转移

B. 3 月 5 日 1000 台彩电所有权转移

C. 3 月 5 日 500 台彩电所有权转移

D. 5 月 6 日 1000 台彩电所有权转移

8. 3 月 1 日,甲公司经理赵某在产品洽谈会上遇见钱某,钱某告知赵某其所在公司欲出售一批钢材,赵某要求钱某给甲公司发一份要约。3 月 2 日,钱某用快递给甲公司发出要约,收件人为赵某。3 月 3 日,快递送达甲公司传达室。3 月 5 日,赵某出差归来,传达室将快递交给赵某。3 月 6 日,赵某拆阅快递。该要约生效的时间是(   )。

A. 3 月 6 日   B. 3 月 2 日

C. 3 月 5 日   D. 3 月 3 日

9. 甲公司因生产需要,准备购入一套大型生产设备。4 月 1 日,甲公司向乙设备厂发出了一份详细的书面要约,并在要约中注明:请贵公司于 4 月 20 日前答复,否则该要约将失效。该要约到达乙设备厂后,甲公司拟撤销该要约。根据《民法典》合同编的规定,下列关于该要约能否撤销的表述中,正确的是(   )。

A. 该要约可以撤销,只要乙设备厂尚未发出承诺

B. 该要约可以撤销,只要乙设备厂的承诺尚未到达甲公司

C. 该要约可以撤销,只要乙设备厂尚未为履行合同作准备工作

D. 该要约不得撤销,因为要约人在要约中确定了承诺期限

10. 广州的甲公司与深圳的乙公司在北京协商订立一份书面合同,双方约定合同成立地点在上海,但实际情况是,甲公司在广州签字盖章

后将合同邮寄到深圳给乙公司签字盖章。根据《民法典》合同编的规定,该合同的成立地点是(   )。

A. 北京   B. 广州

C. 深圳   D. 上海

11. 2017 年 1 月 1 日,甲公司向乙银行借款 20 万元,借款期限为 2 年。借款期满后,甲公司无力偿还借款本息,此时甲公司对丙公司享有到期债权 10 万元,却不积极主张,乙银行拟行使代位权。下列关于乙银行行使代位权的表述中,符合《民法典》合同编规定的是(   )。

A. 乙银行可以直接以甲公司的名义行使对丙公司的债权

B. 乙银行行使代位权应取得甲公司的同意

C. 乙银行应自行承担行使代位权所支出的必要费用

D. 乙银行必须通过诉讼方式行使代位权

12. 下列关于债权人撤销权行使的表述中,符合《民法典》合同编规定的是(   )。

A. 撤销权自债权人知道或者应当知道撤销事由之日起 2 年内行使

B. 债权人行使撤销权须以债务人的名义向人民法院提起诉讼

C. 债权人行使撤销权只需通知第三人即可

D. 撤销权行使范围以债权人的债权为限

13. 根据《民法典》物权编的规定,以专利权设定质押时,该质权设立的时间是(   )。

A. 质押合同签订之日

B. 在有关主管部门办理出质登记之日

C. 交付专利权权属证明之日

D. 在市场监督管理部门办理出质登记之日

14. 根据《民法典》物权编的规定,下列情形中,甲享有留置权的是(   )。

A. 甲为乙修理汽车,乙拒付修理费,待乙前来提车时,甲将该汽车扣留

B. 甲为了迫使丙偿还欠款,强行将丙的一辆汽车拉走

C. 甲为丁有偿保管某物,保管期满,丁取走保管物却未付保管费。于是,甲谎称丁取走的保管物有误,要求丁送回调换。待丁送回该物,甲即予以扣留,要求丁支付保管费

D. 甲为了确保对戊的一项未到期债权能够

顺利实现,扣留戊交其保管的某物不还

15. 甲公司向乙公司购买一台车床,价款 50 万元,甲公司与丙公司约定,由丙公司承担甲公司对乙公司的 50 万元价款债务,甲公司不再承担付款责任,乙公司表示同意。后丙公司始终未清偿 50 万元价款。下列关于乙公司债权主张的表述中,正确的是(　　)。

- A. 乙公司可以要求甲公司和丙公司共同偿还 50 万元价款
- B. 乙公司可以选择向甲公司或者丙公司主张清偿 50 万元价款
- C. 乙公司应当向丙公司主张清偿 50 万元价款
- D. 乙公司应当向甲公司主张清偿 50 万元价款

16. 甲乙签订一份买卖合同,约定违约方应向对方支付 18 万元违约金。后甲违约,给乙造成损失 15 万元。根据《民法典》合同编的规定,下列说法正确的是(　　)。

- A. 甲应向乙支付违约金 18 万元,不再支付其他费用或者赔偿损失
- B. 甲应向乙赔偿损失 15 万元,不再支付其他费用或者赔偿损失
- C. 甲应向乙赔偿损失 15 万元并支付违约金 18 万元,共计 33 万元
- D. 甲应向乙赔偿损失 15 万元及其利息

17. 根据《民法典》合同编的有关规定,下列格式条款中有效的有(　　)。

- A. 某工程公司提供给李某的《施工合同》中约定"施工人员必须严格按照安全规范施工,否则发生安全事故后果自负"
- B. 运输公司提供给孙某的《运输合同》中约定"因下雨、下雪等恶劣天气,运输途中发生任何意外,运输公司概不负责"
- C. 甲房地产中介公司提供给赵某的《房地产买卖居间协议》中约定"如委托方要求解除合同,本公司有权收取固定的中介费用和相对于中介报酬的违约金"
- D. 某房地产公司提供给王某的《商品房买卖合同》中约定"买房子送家具"

二、多项选择题

1. 甲对乙享有 5 万元债权,已到清偿期限,但乙一直宣称无能力清偿欠款。甲调查发现,乙对丁享有 3 个月后到期的 7000 元债权,乙明确表示放弃;乙对戊享有已到期的 8000 元债权,乙明确表示放弃;另外在半年前乙将市场价格 10 万元的汽车,以 7.5 万元的价格转让给了丙,丙觉得挺合适于是购买了该汽车;同时乙用 6 万元从庚手中购入了价值只有 5 万元的商品,乙与庚均知道该商品的市场价值。根据《民法典》合同编的规定,下列各项中,甲不可以请求人民法院撤销的行为有(　　)。

- A. 乙对丁的 7000 元债权
- B. 乙对戊的 8000 元债权
- C. 乙与丙之间的交易行为
- D. 乙与庚之间的交易行为

2. 根据《民法典》物权编的规定,以下列权利出质的,质权自交付权利凭证时设立的有(　　)。

- A. 基金份额
- B. 注册商标专用权
- C. 仓单
- D. 存款单

3. 甲公司向乙公司购买一台大型设备,由于疏忽未在合同中约定检验期。该设备运回后,甲公司即组织人员进行检验,未发现质量问题,于是投入使用。至第 3 年,该设备出现故障,经反复查找,发出该设备关键部位存在隐蔽瑕疵。该设备说明书标明质量保证期为 4 年。根据《民法典》合同编的规定,下列关于乙公司是否承担责任的表述中,不正确的有(　　)。

- A. 乙公司在合理期限内未收到甲公司有关设备质量不合格的通知,故该设备质量应视为合格,乙公司不承担责任
- B. 乙公司在 2 年内未收到甲公司有关设备存在瑕疵的通知,故该设备质量应视为合格,乙公司不承担责任
- C. 该设备说明书标明质量保证期为 4 年,故乙公司应承担责任
- D. 甲公司与乙公司双方未约定质量检验期限,都有过错,应分担责任

4. 商品房的销售广告和宣传资料为要约邀请,但其同时满足下列条件的应当视为要约(　　)。

- A. 该广告和宣传资料是就商品房开发规划范围内的房屋及相关设施所作的说明和许诺
- B. 该说明和许诺具体确定
- C. 对商品房买卖合同的订立以及房屋价格的确定有重大影响
- D. 已载入商品房买卖合同

5. 甲房地产开发公司在预售某住宅小区的广告中,宣称其"容积率不高于 1.2""绿地面积超过

50％"，引起购房者的热烈关注，所预售的商品房一售而空，价格也比周边小区高出20％。但是，该小区商品房的预售合同中未对容积率和公共绿地面积问题作约定。甲公司交房时，购房者乙却发现小区的容积率超过2.0，绿地面积只有20％，并且在调查后得知，甲公司报经批准的规划就是如此。根据《民法典》合同编的规定，下列关于甲公司和乙之间的房屋预售合同的表述中，正确的有（　　）。

A. 合同无效

B. 乙有权请求人民法院或仲裁机构撤销合同并请求甲公司赔偿损失

C. 乙有权请求甲公司承担违约责任

D. 乙有权请求甲公司支付不超过已付房款1倍的惩罚性赔偿金

6. 小张向小李借款1万元，约定2年后归还，逾期不还的应当支付500元的违约金。2年期限届满后，小李多次催告小张还款，小张一直拖延不还。小李可以要求小张偿还（　　）。

A. 1万元的借款本金　　B. 500元的违约金

C. 逾期利息　　　　　　D. 借款期间的利息

7. 下列情形中，房屋租赁合同无效的有（　　）。

A. 出租人就未取得建设工程规划许可证的房屋与承租人订立的租赁合同

B. 出租人就未经批准建设的临时建筑，与承租人订立的租赁合同，承租人请求法院认定租赁合同无效，一审法庭辩论终结前该临时建筑经主管部门批准建设

C. 租赁期超过临时建筑使用期限的租赁合同

D. 出租人就未按照建设工程规划许可证的规定建设的房屋与承租人订立的租赁合同

8. 根据《民法典》合同编的规定，下列主体作为保证人将导致保证合同无效的有（　　）。

A. 企业法人的职能部门

B. 无民事行为能力人

C. 不具有完全代偿能力的法人

D. 公立大学

9. 根据《民法典》合同编的规定，下列属于无效保证合同的有（　　）。

A. 甲公立大学与乙银行签订保证合同，为丙企业的贷款提供保证

B. 陈某与债权人李某签订的未约定保证担保范围的保证合同

C. 甲行政机关与乙银行签订保证合同，为丙公司的贷款提供保证

D. 甲公司的部门经理以该部门的名义与债权人签订的保证合同

10. 根据《民法典》物权编的规定，债务人有权处分的下列权利中，可以设定权利质押的有（　　）。

A. 建设用地使用权

B. 可以转让的基金份额

C. 房屋所有权

D. 应收账款

11. 根据《民法典》合同编的规定，提供格式条款一方拟订的下列格式条款中，属无效的有（　　）。

A. 内容理解发生争议的格式条款

B. 排除对方主要权利的格式条款

C. 违背公序良俗的格式条款

D. 造成对方人身伤害得以免责的格式条款

三、判断题

1. 甲向乙借款，将自己的房屋抵押给乙，甲、乙在抵押合同中约定：若甲到期不返还借款本息，该房屋所有权归乙，该约定条款无效。（　　）

2. 甲企业向乙企业购买了一批总价款100万元的建筑材料。甲企业支付了60万元，约定其余的40万元在3个月内付清。后甲企业将一台价值30万元的施工设备交由乙企业代为保管。3个月后，几经催告，甲企业仍未支付乙企业40万元货款。则甲企业要求提取该设备时，乙企业可以将设备留置以担保货款债权的实现。（　　）

3. 抵押权设立后抵押财产出租的，该租赁关系不得对抗已登记的抵押权。（　　）

4. 甲公司与乙公司签订买卖合同时，经丙公司同意，约定由丙公司向买受人甲公司交付货物。后丙公司交付的货物质量不符合约定，甲公司可以请求丙公司承担违约责任。（　　）

5. 张某向杨某借款3万元到期未还，后双方因债务清偿问题发生纠纷，张某被杨某打伤，住院治疗共支出医疗费4.5万元。杨某有权主张在3万元内抵销，只向张某支付1.5万元医疗费。（　　）

6. 赠与人故意不告知赠与财产的瑕疵，造成受赠人损失的，应当承担损害赔偿责任。（　　）

7. 融资租赁期间，承租人享有租赁物的所有权。（　　）

8. 当事人采用合同书形式订立合同的,如双方人未在同一地点签名、盖章或者按指印,则以当事人第一次签名、盖章或者按指印的地点为合同成立的地点。 （ ）

四、简答题

1. 2019年1月15日,甲公司向乙公司借款1000万元。双方签订借款合同约定:借款期限1年,年利率为20%,借款期满还本付息。甲公司将厂房抵押给乙公司,办理了抵押权登记。

2019年2月1日,甲公司将该厂房出租给丙公司,但未将厂房抵押情况告知丙公司。

借款到期后,甲公司无力还款,所剩主要资产为该出租的厂房。2020年2月25日,由于甲公司法定代表人陈某与乙公司存在利益关联关系,甲、乙公司订立如下折价协议:将市场价值1500万元的该厂房折价为1200万元;该厂房由乙公司取得所有权;折价所得款项全部偿还所欠乙公司的借款本息。此时,丙公司对厂房的租期还有1年才到期。

2020年3月,乙公司接收厂房的过程中,先后发生如下事项:

（1）乙公司要求丙公司在一周内腾退厂房,丙公司要求乙公司继续履行原租赁合同。

（2）一周后,乙公司实际控制了厂房,丙公司不得不搬离,丙公司遂要求甲公司赔偿因租约未到期搬离导致的各项损失。

（3）甲公司债权人丁公司因甲公司不能清偿其于2020年1月31日到期的200万元债权,向人民法院起诉请求撤销甲、乙公司的厂房折价协议。

要求:根据上述资料和《民法典》合同编、物权编的相关规定,不考虑其他因素,回答下列问题。

（1）丙公司能否要求乙公司继续履行原租赁合同?简要说明理由。

（2）丁公司是否可以起诉要求撤销甲、乙公司的厂房折价协议?简要说明理由。

2. 甲公司需要使用乙公司生产的一套精密仪器,但无力购买,遂请求丙公司购买并租给自己。甲、丙公司签订融资租赁合同,约定如下:丙公司购买乙公司精密仪器,价款500万元;甲公司租赁该仪器10年,年租金80万元。

丙公司为支付货款向丁公司借款100万元,双方约定:借款期限6个月,利息10万元,在本金中预扣。丁公司实际支付丙公司90万元。为担保该借款债权,丙公司以其一台价值40万元的车辆抵押,与丁公司签订了抵押合同。丙公司和丁公司约定的借款期限届满后,丙公司未能清偿借款。丁公司拟行使抵押权,发现丙公司因拖欠辛公司10万元仓储费用,抵押车辆在前往辛公司提取仓储物时,被辛公司留置。

丁公司主张就被留置车辆行使抵押权,理由如下:辛公司扣留车辆,与其享有的仓储费债权不属于同一法律关系,故辛公司无权留置车辆。

要求:根据上述资料和《民法典》合同编、物权编的相关规定,不考虑其他因素,回答下列问题。

（1）融资租赁期间,该精密仪器归谁所有?说明理由。

（2）丙公司向丁公司借款的本金是多少?说明理由。

（3）丁公司主张行使抵押权的理由是否符合法律规定?说明理由。

3. 甲公司将一幢自有二层楼房租赁给乙公司作为经营用房,双方签订租赁合同,合同约定:租赁期限自2016年1月1日至2019年12月31日,租金为每月5000元,在每月初的前3天支付上月的租金。合同未约定房屋维修责任的承担以及是否可以转租等问题。

2017年3月,甲公司有意出售该租赁楼房,因乙公司无意购买,甲公司遂将租赁楼房出售给丙企业,丙企业取得租赁楼房所有权后,以自己不是租赁合同当事人为由向乙公司表示要解除租赁合同,乙公司不同意解除合同,但愿意每月增加租金1000元,丙企业表示同意。

2017年8月,租赁楼房的部分门窗自然损坏,乙公司要求丙企业修理,丙企业一直未予理睬,乙公司自行找某装修企业维修,为此支付维修费用4000元。

2017年10月,乙公司另购买了一办公大楼。遂将其所租赁楼房转租给丁企业。丙企业于2018年1月3日得知转租事实后,以不得转租为由向乙公司主张解除租赁合同并要求乙公司支付上月未交付租金6000元,乙公司表示,维修费用可以抵销4000元租金,只愿意再支付2000元,但不同意解除租赁合同。

要求:根据《民法典》合同编的有关规定,回答下列问题。

(1) 丙企业取得租赁楼房所有权后,可否以自己不是租赁合同当事人为由解除租赁合同?简要说明理由。

(2) 丙企业可否以不得转租为由向乙公司主张解除租赁合同?简要说明理由。

(3) 乙公司可否以维修费用抵销4000元租金?简要说明理由。

4. 2018年6月,甲公司与乙公司签订买卖合同,购入一台生产设备,双方约定分三期付款,付款日分别为2018年6月、12月和2019年6月,付款比例为4∶4∶2,并约定在甲公司付清全部款项前,该设备的所有权属于乙公司。同时为了保证甲公司能够履行付款义务,双方签订了书面抵押合同,双方约定甲公司将其所有的一栋厂房抵押给乙公司作为买卖合同的担保。合同签订后,公司将该厂房的所有权证书交乙公司收存,但未办理抵押登记。

2019年6月由于产品销售不佳,资金周转困难,甲公司未按期向乙公司支付最后一期的款项。

要求:根据上述内容和《民法典》合同编、物权编的相关规定分析回答下列问题。

(1) 双方是否可以约定在甲公司付清全部款项前,该设备的所有权属于乙公司?说明理由。

(2) 甲公司未按期支付最后一期款项,乙公司是否可以主张取回设备?说明理由。

(3) 甲公司未按期支付最后一期款项,乙公司是否可以主张实现抵押权?说明理由。

五、综合题

1. 2018年4月1日,甲公司向乙公司借款3000万元,双方签订借款合同约定:借款期限1年;借款年利率10%;逾期年利率15%;借款方违约,须以借款本金为基数承担日0.2‰的违约金(按365天计,折算成年违约金为7.3%)。

为担保借款,甲公司将其一闲置厂房抵押给乙公司,办理了抵押登记。甲公司另以其生产设备、原材料、半成品、产品为乙公司设定浮动抵押,办理了抵押登记。此外,甲公司的董事长陈某为该借款提供保证担保,与乙公司签订保

证合同,保证合同未约定保证方式。甲公司、陈某与乙公司未约定担保权行使的顺序。

2018年6月1日,甲公司将抵押厂房出租给丙公司,租期3年。出租前,甲公司书面告知丙公司该厂房已为他人设定抵押。

借款期满,甲公司无力清偿到期债务。乙公司调查发现,甲公司用以设定浮动抵押的两台生产设备,抵押之后,一台被丁修理厂依法留置,另一台被戊公司支付合理价款购买取得。

2019年8月1日,因债权实现纠纷,乙公司以甲公司、陈某、丁修理厂、戊公司为被告向人民法院起诉,主张如下:甲公司承担返还借款本息及违约金责任;就甲公司设定抵押的厂房、生产设备等抵押物行使抵押权,包括被丁修理厂留置及被戊公司购买的生产设备;陈某承担连带保证责任。

甲公司抗辩:乙公司不得同时主张逾期利息与违约金。

陈某抗辩如下:

(1) 乙公司应先行使抵押权。

(2) 自己只承担一般保证责任,享有先诉抗辩权,乙公司在就债务人甲公司财产依法强制执行仍不能实现债权之前,不能要求保证人承担保证责任。

丁修理厂主张:其留置权行使应优先于乙公司抵押权的行使。

戊公司主张:乙公司无权在其购买的生产设备上行使抵押权。

2020年4月,乙公司依法拍卖了抵押厂房,丙公司被迫搬离,丙公司遂要求甲公司赔偿因此产生的损失。

要求:根据上述资料和《民法典》合同编、物权编的相关规定,不考虑其他因素,回答下列问题。

(1) 乙公司能否同时主张逾期利息和违约金?说明理由。

(2) 陈某是否享有先诉抗辩权?说明理由。

(3) 丁修理厂的主张是否成立?说明理由。

(4) 乙公司能否在戊公司购买的生产设备上行使抵押权?说明理由。

(5) 丙公司能否要求甲公司赔偿损失?说明理由。

参考答案及解析

一、单项选择题

1.【答案】 B

【解析】 要约应具备的条件有:内容具体确定;必须是特定人所为的意思表示;要约必须向相对人发出;表明经受要约人承诺,要约人即受该意思表示约束。寄送的价目表、拍卖公告、招标公告、招股说明书等都属于要约邀请,因此只有选项B符合题目要求。

2.【答案】 D

【解析】 受要约人对要约的内容作出实质性变更。发生这种情况即为反要约,反要约是一个新的要约,提出反要约就是对原要约的拒绝,使原要约失去效力,原要约人不再受该要约的约束。

3.【答案】 A

【解析】 《民法典》第491条规定:当事人采用信件、数据电文等形式订立合同要求签订确认书的,签订确认书时合同成立。

4.【答案】 A

【解析】 选项B,缔约过失责任是指合同当事人在订立合同过程中,因故意或过失致使合同未成立、未生效、被撤销或无效,给他人造成损失而应承担的损害赔偿责任;选项CD,缔约过失赔偿的是信赖利益的损失,而违约责任赔偿的是可期待利益的损失。可期待利益的损失要大于或者等于信赖利益的损失。

5.【答案】 C

【解析】 根据规定,债务人可以请求留置权人在债务履行期届满后行使留置权;留置权人不行使的,债务人可以请求人民法院拍卖、变卖留置财产。同一动产上已设立抵押权或者质权,该动产又被留置的,留置权人优先受偿。留置权人与债务人应当约定留置财产后的债务履行期限;没有约定或者约定不明确的,留置权人应当给债务人60日以上履行债务的期限,但是鲜活易腐等不易保管的动产除外。

6.【答案】 B

【解析】 根据规定,因预期违约解除合同。即在履行期限届满之前,当事人一方明确表示或者以自己的行为表明不履行主要债务的,致使不能实现合同目的,对方当事人可以

解除合同。本题中,6月1日是合同履行的时间,但是在5月28日时却得知乙服装厂会有违约的情况,此时甲小学可以直接解除合同,无需催告。

7.【答案】 D

【解析】 当事人可以在买卖合同中约定,买受人未履行支付价款或者其他义务时,标的物的所有权属于出卖人。本题约定了甲支付全部价款后,彩电的所有权才转移给甲。5月6日支付了剩余的100万元,全部价款交付完成,所以,5月6日1000台彩电所有权转移。

8.【答案】 D

【解析】 要约到达时生效。

9.【答案】 D

【解析】 因甲公司在要约中注明了"请贵公司于4月20日前答复",则4月20日前即为承诺期限;要约中有承诺期限的,该要约不得撤销。

10.【答案】 D

【解析】 合同成立地点为双方签订的地点。有约定的按约定。

11.【答案】 D

【解析】 选项A,债权人应当以自己的名义行使代位权;选项B,不需要债务人同意,关键看是否符合代位权的行使条件;选项C,债权人胜诉的,诉讼费用由次债务人负担,其他必要费用,由债务人负担。

12.【答案】 D

【解析】 选项A,撤销权自债权人知道或者应当知道撤销事由之日起1年内行使;选项BC,债权人行使撤销权应以自己的名义,向被告住所地人民法院提起诉讼。

13.【答案】 B

【解析】 注册商标专用权、专利权、著作权(知识产权中的财产权)设定质押时,该质权设定的时间是登记设立(有关部门)。

14.【答案】 A

【解析】 选项BC,债权人非法占有(强行拉走、骗回)债务人的动产,不适用留置;选项D,债权尚未到期,尚不能留置。

15.【答案】 C

【解析】 债权人乙公司已经同意甲公司和丙公司的债务承担约定,甲公司已经退出相关债权债务关系,债权债务关系已经转移,此时的债权债务关系是丙和乙之间的关系,只能要求丙公司承担债务。

16.【答案】 A

【解析】 约定的违约金过分高于造成的损失的,当事人可以请求人民法院或者仲裁机构予以适当减少;当事人约定的违约金超过造成损失的30%的,一般可以认定为过分高于造成的损失。在本题中,甲乙约定的违约金18万元不属于过分高于造成的损失金额,甲无权要求降低,应当按照约定支付18万元的违约金。

17.【答案】 D

【解析】 格式条款无效的情形:①提供格式条款的一方不合理免除或者减轻其责任,加重对方责任,限制对方主要权利;②提供格式条款一方排除对方主要权利;③具有《民法典》总则编第六章规定的无效情形;④具有《民法典》第506条规定的无效情形。

二、多项选择题

1.【答案】 CD

【解析】 因债务人放弃其到期债权、无偿转让财产或者以明显不合理的低价转让财产且受让人知道该情形的,对债权人造成损害的,债权人可以请求人民法院撤销债务人的行为。

2.【答案】 CD

【解析】 以汇票、支票、本票、债券、存款单(选项D)、仓单(选项C)、提单出质的,当事人应当订立书面合同。以上质权自权利凭证交付质权人时设立,没有权利凭证的,质权自有关部门办理出质登记时设立。

3.【答案】 ABD

【解析】 根据规定,出卖人交付标的物后,买受人应当对收到的标的物及时进行检验,买受人在合理期间内未通知或者自标的物收到之日起2年内未通知出卖人的,视为标的物的数量或者质量符合约定;但对标的物有质量保证期的,适用质量保证期,不适用该两年的规定。本题中,该设备说明书标明质量保证期为4年,乙公司应当承担责任。

4.【答案】 ABC

【解析】 出卖人就商品房开发规划范围内的房屋及相关设施所作的说明和允诺具体确定,并对商品房买卖合同的订立以及房屋价格的确定有重大影响的,应当视为要约。该说明和允诺即使未载入商品房买卖合同,也应当视为合同内容,当事人违反的,应当承担违约责任。

5.【答案】 BC

【解析】 选项AB,开发商的行为构成欺诈,但不损害国家利益,该合同属于可撤销的合同;选项C,出卖人就商品房开发规划范围内的房屋及相关设施所作的说明和允诺具体确定,并对商品房买卖合同的订立以及房屋价格的确定有重大影响的,应当视为要约,该说明和允诺即使未载入商品房买卖合同,亦应当视为合同内容,当事人违反的,应当承担违约责任;选项D,甲公司的行为不属于买受人可以要求出卖人承担不超过已付购房款1倍的惩罚性赔偿金的5类法定情形。

6.【答案】 ABC

【解析】 选项A,借款人应当按照约定的期限返还借款;选项B,当事人一方不履行合同义务或者履行合同义务不符合约定的,应当承担继续履行、采取补救措施或者赔偿损失等违约责任;选项C,借款人未按照约定的期限返还借款的,应当按照约定或者国家有关规定支付逾期利息;选项D,自然人之间的借款合同对支付利息没有约定或者约定不明确的,视为不支付利息。

7.【答案】 AD

【解析】 出租人就未取得建设工程规划许可证或者未按照建设工程规划许可证的规定建设的房屋,与承租人订立的租赁合同无效。但在一审法庭辩论终结前取得建设工程规划许可证或者经主管部门批准建设的,人民法院应当认定有效。

8.【答案】 ABD

【解析】 选项A,企业法人的职能部门提供保证的,保证合同无效;选项B,无民事行为能力人独立实施的法律行为无效;选项C,不具有完全代偿能力的法人、其他组织或者自然人,以保证人身份订立保证合同后,又以自己没有代偿能力要求免除保证责任的,人民法院不予支持;选项D,国家机关以及学校、幼儿园、医院等以公益为目的的非营利法人、非法人组织,不得作为保证人。

9.【答案】 ACD

【解析】 选项 AC,国家机关以及学校、幼儿园、医院等以公益为目的的非营利法人、非法人组织,违反法律规定提供担保的,担保合同无效;选项 B,当事人对保证担保的范围没有约定或者约定不明确的,保证人应当对全部债务承担责任,陈某与债权人李某签订的未约定保证担保范围的保证合同属于有效合同;选项 D,企业法人的职能部门提供保证的,保证合同无效。

10.【答案】 BD

【解析】 根据《民法典》物权编的规定,债务人或者第三人有权处分的下列权利可以出质:汇票、支票、本票、债券、存款单、仓单、提单、基金份额(选项 B)、股权、注册商标专用权、专利权、著作权(知识产权中的财产权)和应收账款(选项 D)等,选项 BD 是可以设定权利质押的情形。

11.【答案】 BCD

【解析】 格式条款无效的情形:①提供格式条款的一方不合理免除或者减轻其责任,加重对方责任,限制对方主要权利;②提供格式条款一方排除对方主要权利;③具有《民法典》总则编第六章规定的无效情形;④具有《民法典》第 506 条规定的无效情形。

三、判断题

1.【答案】 √

【解析】 抵押权人在债务履行期届满前,不得与抵押人约定债务人不履行到期债务时抵押财产归债权人所有。(流押条款无效)

2.【答案】 √

【解析】 留置权是指债务人不履行到期债务,债权人可以留置已经合法占有的债务人的动产,并有权就该动产优先受偿。企业之间的留置,不受同一法律关系的限制。本题涉及两个合同,建筑材料买卖合同和施工设备保管合同,甲企业欠付的 40 万元是建筑材料买卖合同的价款,施工设备是施工设备保管合同的标的物,二者显然不属于同一法律关系,但是由于发生在甲企业和乙企业两个企业之间,因此不必拘泥于同一法律关系,允许留置。

3.【答案】 √

4.【答案】 ×

【解析】 应当由债务人(乙公司)向债权人(甲公司)承担违约责任。

5.【答案】 ×

【解析】 因故意实施侵权行为产生的债务,不得抵销。

6.【答案】 √

7.【答案】 ×

【解析】 融资租赁期间,出租人享有租赁物的所有权。

8.【答案】 ×

【解析】 双方当事人签名、盖章或者按指印不在同一地点的,人民法院应当认定最后签名、盖章或者按指印的地点为合同成立地点。

四、简答题

1.【答案】 (1)丙公司不能要求乙公司继续履行原租赁合同。根据《民法典》物权编规定,抵押权设立后抵押财产出租的,该租赁关系不得对抗已登记的抵押权,抵押权实现后,租赁合同对受让人不具有约束力。

(2)丁公司可以起诉要求撤销甲、乙公司的厂房折价协议。根据《民法典》物权编规定,债务人不履行到期债务或者发生当事人约定的实现抵押权的情形,抵押权人可以与抵押人协议以抵押财产折价或者以拍卖、变卖该抵押财产所得的价款优先受偿。协议损害其他债权人利益的,其他债权人可以在知道或者应当知道撤销事由之日起 1 年内请求人民法院撤销该协议。

2.【答案】 (1)融资租赁期间,该精密仪器归丙公司所有。根据《民法典》合同编规定,在融资租赁期间,出租人享有租赁物的所有权。

(2)丙公司向丁公司的借款本金为 90 万元。根据《民法典》合同编规定,借款的利息不得预先在本金中扣除。利息预先在本金中扣除的,应当按照实际借款数额返还借款并计算利息。

(3)丁公司主张行使抵押权的理由不符合法律规定。根据《民法典》物权编规定,债权人留置的动产,应当与债权属于同一法律关系,但企业之间留置的除外。本题中是辛公司留置丙公司的财产,属于企业之间的留置,故可以不受同一法律关系的限制。

3.【答案】 (1)丙企业不得以此为由解除租赁合同。根据《民法典》合同编规定,租赁物在租赁期间发生所有权变动的,不影响租赁合同的效力。根据买卖不破租赁的原则,甲公司将租赁楼房出售给丙企业,丙企业取得租赁楼房所有权后,不能以自己不是租赁合同当事人为由解除租赁合同,原租赁合同继续有效。

(2)丙企业可以主张解除租赁合同。根据《民法典》合同编规定,承租人未经出租人同意转租的,出租人可以解除合同。本题中,乙公司未经出租人丙企业同意,将其所租赁楼房转租给丁企业,因此丙企业可以解除合同。

(3)乙公司可以维修费用抵销 4000 元租金。根据《民法典》合同编规定,承租人在租赁物需要维修时可以要求出租人在合理期限内维修。出租人未履行维修义务的,承租人可以自行维修,维修费用由出租人负担。当事人互负到期债务,该债务的标的物种类、品质相同的,任何一方可以将自己的债务与对方的债务抵销,但依照法律规定或者按照合同性质不得抵销的除外。本题中,租赁楼房的部分门窗自然损坏,丙公司一直未履行维修义务,乙公司自行找某装修企业维修的费用 4000 元应当由出租人丙企业负担,应由丙企业负担的维修费用和乙企业欠付的租金均为金钱债务,且均已到期,因此乙公司可以以维修费用抵销 4000 元租金。

4.【答案】 (1)双方可以约定在甲公司付清全部款项前,该生产线的所有权属于乙公司。根据《民法典》合同编规定,当事人可以在买卖合同中约定,买受人未履行支付价款或者其他义务的,标的物的所有权属于出卖人。

(2)甲公司未按期支付最后一期款项,乙公司不得主张取回设备。根据规定,买受人已经支付标的物总价款的 75% 以上,出卖人主张取回标的物的,人民法院不予支持。本题中,双方约定的付款比例为 4:4:2,最后一期未支付,付款比例达到总价款的 80%。

(3)甲公司未按期支付最后一期款项,乙公司

不能主张实现抵押权。根据规定,当事人以建筑物设定抵押时,应当办理抵押物登记,抵押权自登记之日起设立。本题中,甲公司以厂房向乙公司设定抵押时,未办理抵押物登记,因此,乙公司的抵押权无效。

五、综合题

1.【答案】 (1)乙公司可以同时主张逾期利息和违约金。根据规定,出借人与借款人既约定了逾期利率,又约定了违约金或者其他费用,出借人可以选择主张逾期利息、违约金或者其他费用,也可以一并主张,但总计超过合同成立时一年期贷款市场报价利率四倍的部分,人民法院不予支持。

(2)陈某享有先诉抗辩权。根据规定,当事人对保证方式没有约定或者约定不明确的,按照一般保证承担保证责任。一般保证的保证人享有先诉抗辩权,连带责任保证的保证人则不享有先诉抗辩权。

(3)丁修理厂的主张成立。根据规定,同一动产上已设立抵押权或者质权,该动产又被留置的,留置权人优先受偿。

(4)乙公司不能在戊公司购买的生产设备上行使抵押权。根据规定,以动产抵押的,不得对抗正常经营活动中已经支付合理价款并取得抵押财产的买受人。(《民法典》第 404 条)

(5)丙公司不能要求甲公司赔偿损失。根据规定,抵押人将已抵押的财产出租时,抵押人未书面告知承租人该财产已抵押的,抵押人对出租抵押物造成承租人的损失承担赔偿责任;抵押人已书面告知承租人该财产已抵押的,抵押权实现造成承租人的损失,由承租人自己承担。本题中,甲公司书面告知丙公司该厂房已为他人设定抵押,所以造成承租人丙公司损失,自行承担。

第六章
增值税法律制度

考情回顾

本章在最近 3 年的考试中,平均分值在 17 分左右,和第七章一起组成了整本书主要的税法内容,两章税法章节每年的分值占总体 30% 左右,但由于考查重点变化、税法改革等情况,复习难度为两颗星,考试重要程度为三颗星。考试覆盖全部题型和章节内容。

考试变化

2021 年本章在内容上有重大调整。除税率部分调整对考试影响较大以外,生产、生活服务业进项税额加计抵扣政策的加入会让考生在学习过程中有一定难度,考生在学习和做题中务必重视。

(1) 对于纳税人的规定:调整了小规模纳税人自开票的相关规定,以及调整了相关税率。

(2) 对于进项税额:调整了农产品扣除率的内容,新增了购入国内旅客运输服务进项税额抵扣政策、生产、生活性服务业进项税额加计抵扣政策、增值税期末留抵退税的内容,删除了购入旅客运输服务进项税额不得抵扣的相关规定,对考试的影响较大。

(3) 对于税收优惠改革:新增了关于贷款、债券投资、土地流转、电网维护、农业生产、冬奥会赞助等多项税收优惠政策;调整了小规模纳税人起征点。对于考试影响不大,适当理解即可。笔者认为增值税的改革依然会成为 2021 年掌握的重点。

(4) 本章整体变动对考试无重大影响。本章新增了"销售二手车适用的征收率"知识点并要求掌握;在适用征收率中,新增了房地产开发企业(一般纳税人)购入未完工的房地产老项目继续开发后重新立项销售的规定;新增了"留抵退税款与申请享受增值税即征即退、先征后返(退)政策的适用";删除了"增值税扣税凭证认证抵扣期限"。

本章结构

第一节　增值税法律制度概述

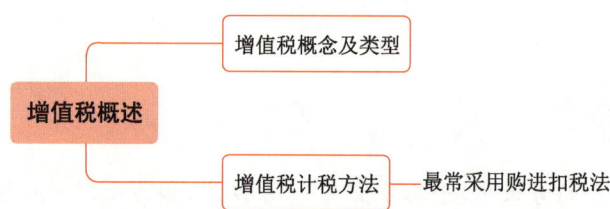

　　增值税属于货物和劳务税的一种,主要以货物或者应税劳务作为征税的对象。从 2012 年 1 月 1 日起,我国实施营业税改征增值税的试点改革。自 2016 年 5 月 1 日起, 在全国范围内全面开展营改增试点。建筑业、房地产业、金融业、生活服务业、等营业 税纳税人均纳入试点范围,由缴纳营业税改为缴纳增值税,增值税发挥着越来越重要 的作用。

一、增值税概念及类型

　　增值税是以商品在流转过程中产生的增值额为计税依据而征收的一种货物和劳务 税。增值税的类型包括:生产型增值税、收入型增值税、消费型增值税。

二、增值税计税方法

　　增值税的计税方法,即增值税应纳税额的计算方法。我国最常采用的计税方法是购 进扣税法。购进扣税法,简称扣税法,其基本步骤是先用销售额乘以税率,得出销项税 额,然后再减去同期各项外购项目的已纳税额,从而得出应纳税额。

　　应纳税额＝增值税×税率＝(产出－投入)×税率

　　　　　　＝销售额×税率－同期外购项目已纳税额

　　　　　　＝当期销项税额－当期进项税额

第二节 增值税的纳税人、征税范围和税率

本节框架

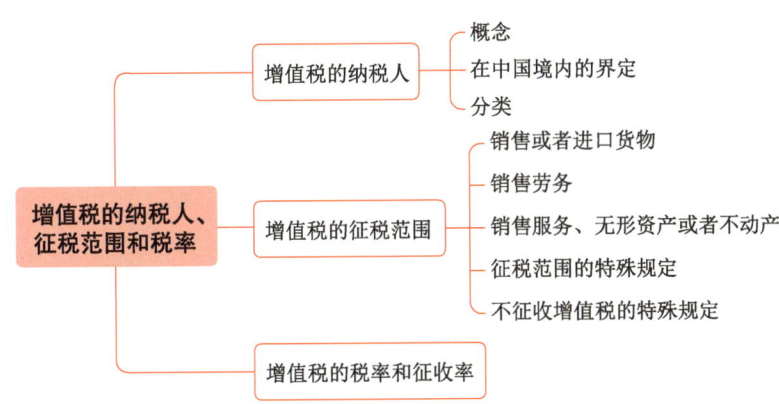

一、增值税的纳税人

(一) 概念

增值税的纳税人是指在中国境内销售货物或者提供加工、修理修配劳务,销售服务、无形资产、不动产以及进口货物的单位和个人。

提示 单位以承包、承租、挂靠方式经营的,承包人、承租人、挂靠人(以下统称承包人)以发包人、出租人、被挂靠人(以下统称发包人)名义对外经营并由发包人承担相关法律责任的,以该发包人为纳税人。否则,以承包人为纳税人。

(二) 在中国境内的界定

(1) 销售货物的起运地或者所在地在境内。

(2) 销售劳务的应税劳务发生地在境内。

(3) 服务(租赁不动产除外)或者无形资产(自然资源使用权除外)的销售方或者购买方在境内。

(4) 所销售或者租赁的不动产在境内。

(5) 所销售自然资源使用权的自然资源在境内。

(三) 分类

(1) 分类标准。

一般纳税人和小规模纳税人的区分标准包括经营规模和会计核算的健全程度。

(2) 具体分类详见表6-1。

表6-1 小规模纳税人与一般纳税人的分类

项目	小规模纳税人	一般纳税人
标准	年应征增值税销售额500万元以下	超过小规模纳税人标准
特殊情况	① 其他个人（非个体户） ② 非企业性单位 ③ 不经常发生应税行为的企业 **提示** ▶属于上述①情形的**必须**按小规模纳税人纳税 属于上述②情形的**可选择**按小规模纳税人纳税	小规模纳税人会计核算健全,可以申请登记为一般纳税人
计税规定	简易征税;使用增值税普通发票 **提示** ▶小规模纳税人（其他个人除外）发生增值税应税行为需要开具增值税专用发票的,可自行开具增值税专用发票,也可以到税务机关代开	执行税款抵扣制

（3）纳税人登记的不可逆性,除国家税务总局另有规定外,纳税人一经登记为一般纳税人后,不得转为小规模纳税人。

提示 ▶年应税销售额:指纳税人在连续不超过12个月或四个季度的经营期内累计应征增值税销售额,包括纳税申报销售额、稽查查补销售额、纳税评估调整销售额。

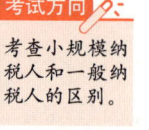

考试方向

考查小规模纳税人和一般纳税人的区别。

【例题6-1 多选题】（经典好题） 下列各项中,可选择按小规模纳税人纳税的有（　　）。

A. 年应税销售额600万元的个体工商户

B. 不经常发生应税行为的企业

C. 年应税销售额550万元的汽车修理厂

D. 非企业性单位

【答案】 BD

【名师点睛】 非企业性单位、不经常发生应税行为的企业,可选择按小规模纳税人纳税,故选项BD属于可选择按小规模纳税人纳税的情形。选项AC属于应当按照一般纳税人标准纳税的情形。

二、增值税的征税范围 ★★★

征税范围一般规定:在我国境内销售或者进口货物,提供加工、修理修配劳务及销售应税服务、无形资产或者不动产属于增值税税范围。

（一）销售或者进口货物（税率:13%）

提示 ▶货物:指有形动产,包括电力、热力、气体。

（1）有偿:是指从购买方取得货币、货物或者其他经济利益。

（2）进口:是指申报进入中国海关境内的货物。

（二）销售劳务（税率:13%）

销售加工、修理修配劳务,是指有偿销售加工、修理修配劳务。

提示 ▶ 单位或者个体工商户聘用的员工为本单位或者雇主提供加工、修理修配劳务不包括在内。

(三) 销售服务、无形资产或者不动产

1. 交通运输服务(税率:9%)

交通运输服务包括陆路运输服务、水路运输服务、航空运输服务和管道运输服务。

2. 邮政服务(税率:9%)

(1) 邮政普遍服务:函件、包裹等邮件寄递,以及邮票发行、报刊发行和邮政汇兑等业务活动。

(2) 邮政特殊服务:义务兵平常信函、机要通信、盲人读物和革命烈士遗物的寄递等业务活动。

(3) 其他邮政服务:邮册等邮品销售、邮政代理等业务活动。

提示 ▶ 邮政储蓄业务按金融服务征收增值税。

3. 电信服务

(1) 基础电信服务(税率:9%):包括提供语音通话服务的业务活动,以及出租或者出售宽带、波长等网络元素的业务活动。

(2) 增值电信服务(税率:6%):包括提供短信和彩信服务、电子数据和信息的传输及应用服务、互联网接入服务等业务活动。

4. 建筑服务(税率:9%)

建筑服务包括工程服务、安装服务、修缮服务、装饰服务、其他建筑服务。

(1) 工程服务:新建、改建各种建筑物、构筑物的工程作业。

(2) 安装服务:生产设备、动力设备、起重设备、运输设备、传动设备、医疗实验设备以及其他各种设备、设施的装配、安置工程作业。

(3) 修缮服务:对建筑物、构筑物进行修补、加固、养护、改善,使之恢复原来的使用价值或者延长其使用期限的工程作业。

(4) 装饰服务:对建筑物、构筑物进行修饰装修,使之美观或者具有特定用途的工程作业。

(5) 其他建筑服务:钻井(打井)、拆除建筑物或者构筑物、平整土地、园林绿化、疏浚、建筑物平移、搭脚手架、爆破、矿山穿孔、表面附着物(包括岩层、土层、沙层等)剥离和清理等。

提示 ▶ "固定电话、有线电视、宽带、水、电、燃气、暖气"等经营者向用户收取的"安装费、初装费、开户费、扩容费"以及类似收费,按照"建筑服务——安装服务"缴纳增值税。

▶ 修缮服务区别有形动产的"加工、修理修配劳务"。

▶ 疏浚属于建筑服务——其他建筑服务,但航道疏浚属于现代服务——物流辅助服务。

5. 金融服务(税率:6%)

金融服务,是指经营金融保险的业务活动,包括贷款服务、直接收费金融服务、保险

服务和金融商品转让。

（1）贷款服务：各种占用、拆借资金取得的收入，包括金融商品持有期间利息收入、信用卡透支利息收入、买入返售金融商品利息收入、融资融券收取的利息收入，以及融资性售后回租、押汇、罚息、票据贴现、转贷等业务取得的利息及利息性质的收入。

> **提示** 融资性售后回租属于"金融服务——贷款服务"；融资租赁属于"现代服务——租赁服务"。以货币资金投资收取的固定利润或者保底利润，按照贷款服务缴纳增值税。

（2）直接收费金融服务：包括提供货币兑换、账户管理、电子银行、信用卡、信用证、财务担保、资产管理、信托管理、基金管理、金融交易场所（平台）管理、资金结算、资金清算和金融支付等服务。

（3）保险服务：包括人身保险服务和财产保险服务。

（4）金融商品转让：指转让外汇、有价证券、非货物期货和其他金融商品所有权的业务活动。

6.现代服务（税率：6%）

（1）研发和技术服务：包括研发服务、合同能源管理服务、工程勘察勘探服务、专业技术服务。

> **提示** 工程勘察勘探服务属于研发和技术服务，不属于建筑服务。

（2）信息技术服务：软件服务、电路设计及测试服务、信息系统服务、业务流程管理服务和信息系统增值服务。

（3）文化创意服务：包括设计服务、知识产权服务、广告服务和会议展览服务。

> **提示** 商标和著作权转让服务按照销售无形资产征收增值税。

（4）物流辅助服务：包括航空服务、港口码头服务、货运客运场站服务、打捞救助服务、装卸搬运服务、仓储服务和收派服务。

> **提示** 货物运输代理服务、代理报关服务按"现代服务——商务辅助服务——经纪代理服务"征收增值税。

（5）租赁服务。

① 融资租赁服务：是指具有融资性质和所有权转移特点的租赁活动，按照标的物的不同，可分为有形动产融资租赁、不动产融资租赁。

② 经营租赁服务：是指在约定时间内将有形动产或者不动产转让他人使用且租赁物所有权不变更的业务活动。按照标的物的不同，经营租赁服务可分为有形动产经营租赁服务和不动产经营租赁服务。

> **提示** 融资性售后回租按照"金融服务——贷款服务"缴纳增值税；车辆停放服务、道路通行服务（过路过桥过闸费）属于不动产经营租赁服务。

（6）鉴证咨询服务：包括认证服务、鉴证服务和咨询服务。

> **提示** 翻译服务、市场调查服务按照咨询服务缴纳增值税。

（7）广播影视服务：包括广播影视节目的制作服务、发行服务和播映（含放映）服务。

提示 ▶广告的制作、发行属于"现代服务——文化创意服务——广告服务"。

（8）商务辅助服务：包括企业管理服务、经纪代理服务、人力资源服务、安全保护服务。

提示 ▶经纪代理服务包括金融代理、知识产权代理、货物运输代理、代理报关、法律代理、房地产中介、职业中介、婚姻中介、代理记账、拍卖等。

（9）其他现代服务：除上述八项以外的现代服务。

7. 生活服务（税率：6%）

包括文化体育服务、教育医疗服务、旅游娱乐服务、餐饮住宿服务、居民日常服务、其他生活服务。

8. 销售无形资产（税率：6%）

无形资产是指不具实物形态，但能带来经济利益的资产，包括技术、商标、著作权、商誉、自然资源使用权和其他权益性无形资产。销售无形资产，是指转让无形资产所有权或者使用权的业务活动。

提示 ▶转让土地使用权适用的增值税税率为9%，销售除土地使用权之外的无形资产适用的增值税税率为6%。

9. 销售不动产（税率：9%）

不动产，是指不能移动或者移动后会引起性质、形状改变的财产，包括建筑物、构建物等。销售不动产，是指转让不动产所有权的业务活动。

【例题6-2 单选题】（2018年真题） 根据增值税法律制度的规定，融资性售后回租，按照（ ）纳税。

A. 销售无形资产　　　　　　　　B. 金融服务——贷款服务

C. 现代服务——租赁服务　　　　D. 金融服务——保险服务

【答案】 B

【名师点睛】 根据规定融资性售后回租按照"金融服务——贷款服务"征收增值税。

【例题6-3 单选题】（经典好题） 下列各项中，应按照"销售服务——建筑服务"税目计缴增值税的是（ ）。

A. 转让土地使用权　　　　　　　B. 出售住宅

C. 出租办公楼　　　　　　　　　D. 平整土地

【答案】 D

【名师点睛】 选项A，按照"销售无形资产"计缴增值税；选项B，按照"销售不动产"计缴增值税；选项C，按照"销售服务——租赁服务"计缴增值税。

10. 二手车经销，减按0.5%征收增值税

自2020年5月1日至2023年12月31日，从事二手车经销的纳税人销售其收购的二手车，由原按照简易办法依3%征收率减按2%征收增值税，改为减按0.5%征收增值税。二手车是指从办理完注册登记手续至达到国家强制报废标准之前进行交易，并转移所有权的车辆，具体范围按照国务院商务主管部门出台的二手车流通管理办法执行。

考试方向 考查增值税的征税范围以及税率。

（四）征税范围的特殊规定 ★★★

1. 视同销售货物（不同时具备销售的两个条件）

（1）将货物交付其他单位或者个人代销。

（2）销售代销货物。

> **案例 6-1**
>
> 甲公司将价值1000万元的货物委托乙商场代销，乙商场将该批货物以1500万元的价格对外售出（假设不考虑手续费）。代销完成后，乙按照合同约定开具代销清单，以1500万元价格与甲公司结算。代销和委托代销都视同销售货物，有增值额都应缴增值税。

（3）设有两个以上机构并实行统一核算的纳税人，将货物从一个机构移送其他机构用于销售，但相关机构在同一县（市）的除外。例如，A店将货物转移到本市的B店，不视同销售。

（4）将自产、委托加工的货物用于集体福利或者个人消费。

（5）将自产、委托加工或者购进的货物作为投资，提供给其他单位或者个体工商户。

（6）将自产、委托加工或者购进的货物分配给股东或者投资者。

（7）将自产、委托加工或者购进的货物无偿赠送给其他单位或者个人。

提示▶ 不作视同销售处理的情况：如果将外购的货物用于集体福利、个人消费时进项税不得抵扣。

如果将外购的货物用于投资、分配、赠送则视同销售。视同销售与进项税额不得抵扣情况的对比如表6-2所示。

表6-2 视同销售与进项税额不得抵扣的对比表

项目	用途	是否视同销售	进项税额是否准予抵扣
自产、委托加工	对外	√	√
	对内	√	√
购进	对外	√	√
	对内	×	×

2. 视同销售服务、无形资产或者不动产

（1）单位或者个体工商户向其他单位或者个人无偿提供服务。

（2）单位或者个人向其他单位或者个人无偿转让无形资产或者不动产。

提示▶ 用于公益事业或者以社会公众为对象的除外。

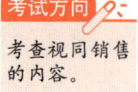
考试方向
考查视同销售的内容。

【例题6-4 多选题】（2019年真题） 根据增值税法律制度的规定，甲企业的下列行为中，属于视同销售货物的有（　　）。

A. 将委托加工的X型高档化妆品用于职工福利

B. 将外购的Z产品用于公司管理人员消费

C. 将新研制的W产品交付张某代销

D. 将自产的Y产品投资于乙企业

【答案】 ACD

【名师点睛】 选项AD,根据增值税法规定,将自产和委托加工收回的货物用于非生产性支出,无论对内(职工福利)还是对外(投资)均视同销售;选项B,外购货物对内(个人消费)进项税额不得抵扣,不视同销售;选项C,委托代销业务委托方和受托方均视同销售。

(五) 不征收增值税的特殊规定★

1. 非营业活动

(1) 行政单位收取的满足条件的政府性基金或者行政事业性收费。

① 有级别:由国务院或者财政部批准设立的政府性基金,由国务院或者省级人民政府及其财政、价格主管部门批准设立的行政事业性收费。

② 有证据:收取时开具省级以上财政部门印制的财政票据。

③ 全额上缴:所收款项全额上缴财政。

(2) 单位或者个体工商户聘用的员工为本单位或者雇主提供取得工资的服务。

(3) 单位个体工商户为聘用的员工提供服务。

2. 不属于在中华人民共和国境内销售服务或无形资产的情形

(1) 境外单位或者个人向境内单位或者个人销售完全在境外发生的服务。

(2) 境外单位或者个人向境内单位或者个人销售完全在境外使用的无形资产。

(3) 境外单位或者个人向境内单位或者个人出租完全在境外使用的有形动产。

提示▶ 必须同时满足提供方在境外并完全在境外发生或使用两个条件。

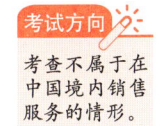
考试方向
考查不属于在中国境内销售服务的情形。

【例题6-5 多选题】(2019年真题) 根据增值税法律制度的规定,下列情形中,不属于在中国境内销售服务的有( )。

A. 日本己公司为在该国留学的中国学生朱某提供住宿服务

B. 美国戊公司将小汽车出租给在该国自驾旅游的中国居民马某

C. 法国丙公司将其拥有的位于中国境内的不动产出租给韩国丁公司

D. 中国境内甲会计师事务所为境内乙公司在境外上市提供审计服务

【答案】 AB

【名师点睛】 不属于在中国境内销售服务或者无形资产的情形,必须同时满足"提供方在境外"并"完全在境外发生或使用"两个条件。选项A,提供方在日本,服务完全在日本发生,不属于在中国境内销售服务;选项B,提供方在美国,租赁汽车完全在美国使用,不属于在中国境内销售服务;选项C,提供方在法国,但提供的不动产租赁服务在中国境内,属于在中国境内销售服务;选项D,提供方在中国境内,属于在中国境内销售服务。

【例题6-6 判断题】(2019年真题) 张某是甲企业聘用的司机,其为该企业提供取得工资的服务,属于非经营活动,不需缴纳增值税。( )

【答案】 √

【名师点睛】 单位或者个体工商户聘用的员工为本单位或者雇主提供取得工资的服务属于非经营活动,不征收增值税。

三、增值税的税率和征收率 ★★★

(一)税率

1. 基本税率(13%)

(1)销售或进口商品货物,除税法另有规定外。

(2)全部的加工、修理修配劳务。

(3)有形动产租赁服务。

2. 低税率(9%)

(1)粮食等农产品、食用植物油、食用盐。

(2)自来水、暖气、冷气、热水、煤气、石油液化气、天然气、二甲醚、沼气、居民用煤炭制品。

(3)图书、报纸、杂志、音像制品、电子出版物。

(4)饲料、化肥、农药、农机、农膜。

记忆技巧 低税率四大类:基本温饱、精神文明、农业生产、生活用能源。

提示 低税率中的农产品是指一般纳税人销售或进口农产品。

▶ 执行低税率粮食及农产品为初级农产品(包括面粉),不包括再加工的产品,如淀粉、方便面、速冻水饺。

▶ 区分"农机"与"农机配件":农机适用9%的税率,农机配件适用13%的税率。

(5)销售交通运输、邮政、基础电信、建筑、不动产租赁服务,销售不动产,转让土地使用权。

3. 服务行业、销售无形资产(6%)

包括增值电信、金融、现代服务(租赁除外)、生活服务、销售无形资产(转让土地使用权除外)。

4. 零税率(0)

(1)纳税人出口货物,税率为零,但是国务院另有规定的除外。

(2)境内单位和个人跨境销售国务院规定范围内的服务、无形资产,税率为零。

(3)财政部和国家税务总局规定的其他服务如表6-3所示。

表6-3 财政部和国家税务总局规定的其他服务

分类	具体内容
国际运输服务	① 在境内载运旅客或货物出境 ② 在境外载运旅客或货物入境 ③ 在境外载运旅客或货物
航天运输服务	—

(续表)

分类	具体内容
向境外单位提供的完全在境外消费部分服务	① 研发服务 ② 合同能源管理服务 ③ 设计服务 ④ 广播影视节目(作品)的制作和发行服务 ⑤ 软件服务 ⑥ 电路设计及测试服务 ⑦ 信息系统服务 ⑧ 业务流程管理服务 ⑨ 离岸服务外包业务 ⑩ 转让技术

考试方向 考查向境外单位提供完全在境外消费的部分服务适用零税率的情形。

【例题6-7 多选题】(2018年真题) 根据增值税法律制度的规定,向境外单位提供的完全在境外消费的下列服务中,适用增值税零税率的有( )。

A. 软件服务
B. 研发服务
C. 知识产权服务
D. 合同能源管理服务

【答案】 ABD

【名师点睛】 根据增值税法律规定,向境外单位提供的完全在境外消费的研发服务、合同能源管理服务、设计服务、广播影视节目(作品)的制作和发行服务、软件服务、电路设计及测试服务、信息系统服务、业务流程管理服务、离岸服务外包业务、转让技术服务适用零税率,所以选项ABD适用零税率,选项C免征增值税。

(二) 征收率

(1) 小规模纳税人:征收率为3%。

(2) 减按2%的情况如表6-4所示。

表6-4 增值税税率减按2%的情况

应税项目		计算方法
销售旧货	① 二次流通具有部分使用价值的货物 ② 不包括自己使用过的物品	
销售自己使用过的购入时不得抵扣且未抵扣过进项税的固定资产	① 小规模纳税人(不包括非固定资产) ② 一般纳税人2009年1月1日以前购入的固定资产 ③ 2013年8月1日以前购入的小汽车、摩托车和游艇(2车1艇) ④ 购入固定资产时取得普通发票	含税售价÷(1+3%)×2%

提示 ▶旧货,是指进入二次流通的具有部分使用价值的货物,但不包括自己使用过的物品。

(3) 一般纳税人按照简易办法征收增值税的情况如表6-5所示。

表 6-5　一般纳税人按照简易办法征收增值税的情况

适用情形	具体内容	
只能适用 3% 征收率	寄售商店代销寄售物品、典当业销售死当物品	
可选择按照 3% 征收率纳税的货物	① 自来水 ② 县级及以下小型水力发电单位生产的电力 ③ 用微生物、血液或组织等制成的生物制品 ④ 建筑用和生产建筑材料所用的砂、土、石料 ⑤ 以自己采掘的砂、土、石料或其他矿物连续生产的砖、瓦、石灰 ⑥ 商品混凝土 记忆技巧　水、电、生物制品、建材料可选择按照 3% 的征收率	选择简易办法后，36个月内不得变更
可选择按照 3% 征收率纳税的服务	① 公共交通运输服务 ② 动漫产品的设计、制作服务，以及在境内转让动漫版权 ③ 电影放映服务、仓储服务、装卸搬运服务、收派服务 ④ 文化体育服务 ⑤ 以营改增试点前取得的有形动产，提供的有形动产经营租赁服务 ⑥ 营改增试点前签订的，尚未执行完毕的有形动产租赁合同 ⑦ 为建筑工程老项目提供的建筑工程服务	选择简易办法后，36个月内不得变更

　　一般纳税人销售自己使用过的抵扣过进项税的固定资产，按照 13% 的税率征收增值税；小规模纳税人销售自己使用过的非固定资产，按照 3% 的征收率征收增值税。

　　（4）征收率的其他情况（征收率 5%）如表 6-6 所示。

表 6-6　征收率为 5% 的情况

身份		项目		
小规模纳税人	非房地产开发企业	转让、出租其取得的不动产（不含个人出租住房）		
	房地产开发企业	销售自行开发的房地产项目		
一般纳税人	非房地产开发企业	转让、出租其 2016 年 4 月 30 日前取得的不动产且选择简易方法计税的		
	房地产开发企业	销售自行开发的房地产老项目且选择简易方法计税的		
个人出售住房		购买年限<2		全额
		购买年限≥2	北京、上海、广州、深圳非普通住房	差额
			其他	免征
纳税人提供劳务派遣服务的		选择差额纳税的，按照 5% 的征收率征收		

　　房地产开发企业中的一般纳税人购入未完工的房地产老项目继续开发后，以自己的名义立项销售的不动产属于房地产老项目，可以选择适用简易计税方法。按照 5% 的征

收率计算缴纳增值税。

【例题6-8 单选题】(2019年真题) 甲公司为增值税小规模纳税人,2019年第二季度销售自己使用过的货车1辆,开具增值税普通发票,取得含增值税销售额309000元;销售自己使用过的包装物一批,取得含增值税销售额20600元。甲公司上述业务应纳的增值税税额为( )元。

A. 600 B. 9600 C. 6000 D. 6600

【答案】 D

【名师点睛】 小规模纳税人销售自己使用过的固定资产,减按2%征收率征收增值税。小规模纳税人销售自己使用过的除固定资产以外的物品,应按3%的征收率征收增值税。应交增值税=309000÷(1+3%)×2%+20600÷(1+3%)×3%=6600(元)。

考试方向
考查按照征收率征收增值的不同情形。

第三节 增值税应纳税额的计算

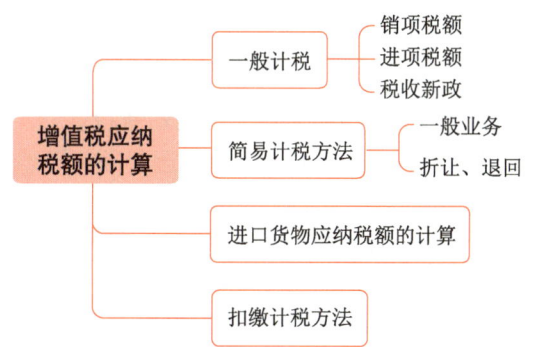

案例6-2

假设下列公司(见图6-1)均为一般纳税人,厂家是生产保温杯的,公司在交易价格中不含增值税,有形动产的销售税率是13%(单位:元)。

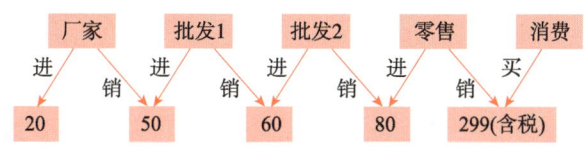

▲ 图6-1 增值税的纳税链条图解

应纳税额 = 当期销项税额 - 当期进项税额

拿批发1公司举例:

保温杯进价是50元,进项税=50×13%=6.5(元),销项税=60×13%=7.8(元)。

则:应纳税额=当期销项税额-当期进项税额=7.8-6.5=(60-50)×13%=1.3(元)。

消费者花了 299 元买了保温杯，但是这个价格是含税的，也就是说 299 元一部分是杯子的真实价格，一部分是税额，需要价税分离。设不含税杯子的销售额是未知数 y，则 $y + y \times 13\% = 299$（元），解出 $y = 264.60$（元），则零售商需要交的增值税 $= 264.60 \times 13\% = 34.40$（元）。

提示 ▶增值税是链条税，逐环节纳税逐环节抵扣，谁受益谁交税。保温杯最后让消费者买了，自己使用了就停止了流转，最后所有的增值税转嫁到消费者身上。

一、一般计税

（一）销项税额★★★

销项税额＝不含税销售额×税率

1. 销售额

（1）销售额＝全部价款＋价外费用

（2）价外费用。

价外费用包括价外向购买方收取的手续费、补贴、基金、集资费、返还利润、奖励费、违约金、滞纳金、延期付款利息、赔偿金、代收款项、代垫款项、包装费、包装物租金、储备费、优质费、运输装卸费以及其他各种性质的价外收费。但下列项目不包括在内：

① 向购买方收取的销项税额。

② 受托加工应征消费税的消费品所代收代缴的消费税。

③ 同时符合以下条件的代垫运费：a.承运者的运费发票开给购货方；b.纳税人将该项发票转交给购货方。

④ 符合条件的代为收取的政府性基金或者行政事业性收费。

⑤ 销售货物的同时代办保险等而向购买方收取的保险费，以及向购买方收取的代购买方缴纳的车辆购置税、车辆牌照费。

提示 ▶交易中合理的代收款项，不是企业收入，不作为价外费用。

▶价外费用为价税合计金额，需进行价税分离。

2. 含税销售额的换算

不含税销售额＝含税销售额÷（1＋适用税率）

提示 ▶题目出现以下说法则给出的金额为含税销售额：①明确告知含税销售额；②零售价格；③价外费用；④普通发票上注明的金额。

考试方向 考查增值税的计算，确定销项和进项是计算增值税的重要环节。

【例题 6-9 单选题】（经典好题） 甲公司为增值税一般纳税人，主要提供电信服务。2019 年 7 月，甲公司提供基础电信服务取得不含税销售额 100 万元，提供增值电信服务取得不含税销售额 80 万元。甲公司对不同种类服务的销售额分别核算，甲公司当月的销项税额为（ ）万元。

A. 16.2   B. 13.2   C. 10.8   D. 13.8

【答案】 D

【名师点睛】 基础电信服务的增值税税率为 9%，增值电信服务的增值税税率为 6%，

当月的销项税额为 $100×9\%+80×6\%=13.8$(万元)。

【例题 6-10 单选题】(2019 年真题) 2019 年 5 月,甲企业接受乙企业的委托,将乙企业交付的一批烟叶加工成烟丝。甲企业在计算上述业务应纳增值税额时,下列款项不属于价外费用的是( )。

A. 运输装卸费   B. 奖励费

C. 代收代缴烟丝的消费税   D. 包装费

【答案】 C

【名师点睛】 受托加工应征消费税的消费品所代收代缴的消费税不属于价外费用。

3. 视同销售或无正当理由的核定销售额

纳税人销售价格明显偏低且无正当理由,或视同销售货物而无销售额的,按下列顺序确定销售额:

(1) 按纳税人最近时期同类货物的平均销售价格确定。

(2) 按其他纳税人最近时期同类货物的平均销售价格确定。

(3) 按组成计税价格确定。

应纳税额=组成计税价格×增值税税率

① 非应税消费品的组价公式:

组成计税价格=成本×(1+成本利润率)

其中,成本利润率=利润÷成本

② 从价计征应税消费品的组价公式:

组成计税价格=成本×(1+成本利润率)÷(1-消费税税率)

提示 ▶在考试中,必须按上述顺序判定销售额,不能直接组价。

▶增值税的成本利润率由国家税务总局确定,暂统一规定为 10%。

【例题 6-11 单选题】(经典好题) 甲服装厂为增值税一般纳税人。2019 年 6 月,销售服装 1000 套,不含税市场价格为 200 元/套,300 套用于职工福利,成本为 140 元/套,成本利润率为 10%,根据增值税法律制度的规定,甲服装厂当月增值税销项税额为( )元。

> **考试方向**
> 考查增值税的组成计税价格的公式。

A. 26000   B. 26026   C. 33800   D. 32006

【答案】 C

【名师点睛】 自产的服装用于职工福利,视同销售,需要确认销项税额。纳税人发生应税销售行为的情形,价格明显偏低并无正当理由的,或者发生应税销售行为而无销售额的,由主管税务机关按照下列顺序核定销售(顺序在前的优先选择):按照纳税人最近时期发生同类应税销售行为的平均价格确定;按照其他纳税人最近时期发生同类应税销售行为的平均价格确定;按照组成计税价格确定。因此,甲服装厂当月增值税销项税额=(1000+300)×200×13%=33800(元)。

4. 特殊销售方式下销售额的确定

(1) 包装物押金。

单独记账核算、时间在 1 年以内、又未过期,不并入销售额,逾期时指按照合同约定逾期或者1年以上;此外还包括购买方明确表示不再退回包装物税法另有规定除外。

提示▶ 与包装物租金进行区分,租金属于价外费用,押金不一定属于价外费用。

(2) 折扣销售。

销售额和折扣额在同一张发票上分别注明,均记录在金额栏,按折扣后的销售额征收增值税;销售额记录在"金额"栏,折扣额记录在备注栏,不得从销售额中减除折扣额;销售额和折扣额分别开具发票,不得从销售额中减除折扣额。

如果将折扣额另开发票,不论其在财务上如何处理,均不得从销售额中减除折扣额。

考试方向
考查特殊销售额的计税依据,掌握押金的处理。

【例题 6-12 单选题】(经典好题) 甲企业是增值税一般纳税人,向乙商场销售服装1000件,每件不含税价格为80元。由于乙商场购买量大,甲企业按原价七折优惠销售,乙商场付款后,甲企业向乙商场开具的发票的金额栏上分别注明了销售额和折扣额,则甲企业此项业务的增值税销项税额是(   )元。

A. 7724.14   B. 7280   C. 11034.48   D. 12800

【答案】 B

【名师点睛】 纳税人采取折扣方式销售货物,如果销售额和折扣额在同一张发票上分别注明的,可按折扣后的销售额征收增值税,本题销项税额=1000×80×70%×13%=7280(元)。

(3) 以旧换新。

① 非金银首饰。

按新货物的同期销售价格确定销售额,不得扣减旧货物的收购价格。

新货物的销售价格 = 实际收取的不含增值税的价款
　　　　　　　　　＋旧货物的不含增值税的收购价格

② 金银首饰。

按销售方实际收取的不含增值税的全部价款确定销售额。

实际收取的价款 = 新货物的不含增值税的销售价格
　　　　　　　　 － 旧货物的不含增值税的收购价格

考试方向
考查特殊销售方式下确定增值税的销售额。

【例题 6-13 单选题】(2019 年真题) 甲公司为增值税一般纳税人,2019 年 6 月销售新型彩电 1000 台,每台含增值税售价 5650 元,另外采取以旧换新方式销售同型号彩电200 台,收回的旧彩电每台折价 260 元,实际每台收款 5390 元。甲公司当月上述业务增值税销项税额为(   )元。

A. 780000   B. 874640   C. 881400   D. 774017.7

【答案】 A

【名师点睛】 纳税人采取以旧换新方式销售货物的,应按新货物的同期销售价格确定销售额。销项税额=5650×(1000+200)÷(1+13%)×13%=780000(元)。

【例题 6-14 单选题】(2018 年真题) 甲珠宝企业(简称"甲企业")为增值税一般纳税人。2019 年 5 月,甲企业采用"以旧换新"方式销售金项链 100 条,已知该金项链正常市场售价为每条 11300 元(含增值税,适用税率为 13%),收回的旧项链每条折价 2260 元

（含增值税）。甲企业上述业务的增值税销项税额为（　　）元。

    A. 130000　　　　B. 117520　　　　C. 104000　　　　D. 146900

【答案】　C

【名师点睛】　金银首饰采取以旧换新方式销售的，按销售方实际收取的不含增值税的全部价款确定销售额。甲企业上述业务的增值税销项税额＝（11300－2260）×100÷（1＋13%）×13%＝104000（元）。

（4）以物易物。

以物易物双方都应作购销处理，以各自发出的货物核算销售额并计算销项税额，以各自收到的货物按规定核算购货额并计算进项税额。

（5）营改增行业销售额的规定（余额为销售额）。

① 贷款服务，以提供贷款服务取得的全部利息及利息性质的收入为销售额。

② 直接收费金融服务，以提供直接收费金融服务收取的手续费、佣金、酬金、管理费、服务费、经手费、开户费、过户费、结算费、转托管费等各类费用为销售额。

③ 金融商品转让，按照卖出价扣除买入价的余额为销售额。

④ 经纪代理服务，以取得的全部价款和价外费用，扣除向委托方收取并代为支付的政府性基金或者行政事业性收费后的余额为销售额。

⑤ 航空运输企业的销售额，不包括代收的机场建设费和代售其他航空运输企业客票而代收转付的价款。

⑥ 试点纳税人中的一般纳税人提供客运场站服务，以其取得的全部价款和价外费用扣除支付给承运方运费后的余额为销售额。

⑦ 试点纳税人提供旅游服务，可以选择以取得的全部价款和价外费用，扣除向旅游服务购买方收取并支付给其他单位或者个人的住宿费、餐饮费、交通费、签证费、门票费和支付给其他接团旅游企业的旅游费用后的余额为销售额。

⑧ 试点纳税人提供建筑服务适用简易计税方法的，以取得的全部价款和价外费用扣除支付的分包款后的余额为销售额。

⑨ 房地产开发企业中的一般纳税人销售其开发的房地产项目（选择简易计税方法的房地产老项目除外），以取得的全部价款和价外费用，扣除受让土地时向政府部门支付的土地价款后的余额为销售额。

（6）外币销售额的折算。

① 人民币以外的货币结算销售额的，应当折合成人民币计算。

② 纳税人应当事先确定采用何种折合率，确定后12个月内不得变更。

（二）进项税额

当期进项税额是指纳税人当期购进货物或者应税劳务已缴纳的增值税税额，它主要体现在从销售方取得的增值税专用发票上或海关进口增值税专用缴款书上。

1. 准予从销项税中抵扣的进项税额

（1）凭票抵扣。

① 从销售方取得的增值税专用发票(含税控机动车销售统一发票)上注明的增值税额。

② 从海关取得的海关进口增值税专用缴款书上注明的增值税额。

③ 自境外单位或者个人购进劳务、服务、无形资产或者境内的不动产,从税务机关或者扣缴义务人处取得的代扣代缴税款的完税凭证上注明的增值税额。

(2) 农产品的抵扣政策。

① 生产销售或委托加工 9% 税率货物(如将农产品清洗、封装的简单加工业务)以及用于 6% 税率服务(如餐饮服务)的农产品。

a. 取得增值税专用发票或海关进口增值税专用缴款书的,凭票抵扣进项税额。

b. 从执行 3% 征收率的小规模纳税人取得增值税专用发票的,以增值税专用发票上注明的金额和 9% 的扣除率计算进项税额。

c. 购进免税农产品,按照农产品收购发票或农产品销售发票上注明的买价和 9% 的扣除率,计算抵扣进项税额。

进项税额计算公式为:进项税额＝买价(金额)×9%

② 生产销售或委托加工 13% 税率货物的农产品按照 10% 的扣除率计算进项税额。

进项税额计算公式为:进项税额＝买价(金额)×10%。

③ 购进国内旅客运输服务未取得增值税专用发票的抵扣政策如表 6-7 所示。

表 6-7　未取得增值税专用发票的抵扣政策(新政策)

取得的抵扣凭证	抵扣政策
增值税电子普通发票	进项税额为发票上注明的税额(凭票抵扣)
注明旅客身份信息的航空运输电子客票行程单	航空旅客运输进项税额＝(票价＋燃油附加费)÷(1＋9%)×9%
注明旅客身份信息的铁路车票	铁路旅客运输进项税额＝票面金额÷(1＋9%)×9%
注明旅客身份信息的公路、水路等其他客票	公路、水路等其他旅客运输进项税额＝票面金额÷(1＋3%)×3%

提示 ▶ 可以用于抵扣的凭证包括:增值税专用发票、机动车销售统一发票、海关进口增值税专用缴款书、农产品收购发票、农产品销售发票、完税凭证、符合规定的国内旅客运输发票(注明旅客身份信息的航空运输电子客票行程单,铁路车票、公路水路等其他客票、国内旅客运输服务的增值税电子普通发票)。

④ 生产、生活性服务业纳税人加计抵减增值税进项税额情况。

自 2019 年 4 月 1 日至 2021 年 12 月 31 日,允许生产、生活性服务业纳税人按照当期可抵扣进项税额加计 10%,抵减应纳税额。

加计抵减增值税进项税额是指提供邮政服务、电信服务、现代服务、生活服务取得的销售额占全部销售额的比重超过 50% 的纳税人。具体内容详见表 6-8。

记忆技巧 "邮电先生":邮政服务、电信服务、现代服务、生活服务。

表 6-8　加计抵减政策

具体情形		计算方式
纳税人应按照当期可抵扣进项税额的 10% 计提当期加计抵减额	① 不得抵扣的进项税额,不得计提加计抵减额 ② 已计提加计抵减额,又转出的进项税额,应在转出当期,相应调减加计抵减额	当期计提加计抵减额＝当期可抵扣进项税额×10% 当期可抵减加计抵减额＝上期末加计抵减额余额＋当期计提加计抵减额－当期调减加计抵减额
	抵减前的应纳税额＝0	当期可抵减加计抵减额全部结转下期抵减
	抵减前的应纳税额＞0＞当期可抵减加计抵减额	当期可抵减加计抵减额全额从抵减前的应纳税额中抵减
	0＜抵减前的应纳税额≤当期可抵减加计抵减额	以当期可抵减加计抵减额抵减应纳税额至零。未抵减完的当期可抵减加计抵减额,结转下期继续抵减
纳税人出口货物劳务、发生跨境应税行为不适用加计抵减政策,其对应的进项税额不得计提加计抵减额	兼营出口货物劳务、发生跨境应税行为且无法划分不得计提加计抵减额	不得计提加计抵减额的进项税额＝当期无法划分的全部进项税额×当期出口货物劳务和发生跨境应税行为的销售额÷当期全部销售额
生活性服务业纳税人自 2019 年 4 月 1 日至 2019 年 9 月 30 日,按照当期可抵扣进项税额加计 10%;2019 年 10 月 1 日至 2021 年 12 月 31 日,适用加计抵减 15% 政策		—

【例题 6-15 单选题】(经典好题)　新鲜水果超市为增值税一般纳税人,某日从农民老李手中收购一批苹果,新鲜水果超市开具的农产品收购发票上注明的收购价款为 5000 元,该超市对苹果做了清洗包装后,出售给了甲零售公司,开具增值税专用发票上注明的价款为 8000 元。则关于该项业务该超市应缴纳的增值税是(　　)元。

A. 660.53　　　　B. 260.83　　　　C. 270　　　　D. 840

【答案】　C

【名师点睛】　该超市应缴纳的增值税＝8000×9%－5000×9%＝270(元)

【例题 6-16 判断题】(2019 年真题)　一般纳税人从按照简易计税方法依照 3% 征收率计算增值税的小规模纳税人购入农产品,取得增值税专用发票的,以增值税专用发票上注明的增值税额抵扣进项税额。(　　)

【答案】　×

【名师点睛】　一般纳税人购进农产品,从按照简易计税方法依照 3% 征收率计算缴纳增值税的小规模纳税人取得增值税专用发票的,以增值税专用发票上注明的金额和 9% 的扣除率计算进项税额。

2. 不得抵扣的进项税额

(1) 纳税链条终止,即用于简易计税方法的计税项目、免征增值税项目、集体福利或者个人消费的购进货物、加工修理修配劳务、服务、无形资产和不动产。

① 固定资产、无形资产、不动产。

不得抵扣的固定资产、无形资产、不动产,仅指专用于上述项目的固定资产、无形资产(不包括其他权益性无形资产)、不动产。

> **提示** ▶ 自 2018 年 1 月 1 日起,无论购入或租入固定资产、不动产,既用于一般计税方法计税项目,又用于简易计税方法计税项目、免征增值税项目、集体福利或者个人消费的,其进项税额准予全额抵扣。

② 货物。

一般纳税人兼营简易计税方法计税项目、免税项目而无法划分不得抵扣的进项税额的,按当月免税项目销售额占总销售额的比例确定不得抵扣的进项税额。

③ 不得计提加计抵减额的进项税额。

纳税人出口货物劳务、发生跨境应税行为不适用加计抵减政策,其对应的进项税额不得计提加计抵减额。

纳税人兼营出口货物劳务、发生跨境应税行为且无法划分不得计提加计抵减额的进项税额,按照以下公式计算:

$$\text{不得计提加计抵减额的进项税额} = \text{当期无法划分的全部进项税额} \times \text{当期出口货物劳务和发生跨境应税行为的销售额} \div \text{当期全部销售额}$$

【例题 6-17 单选题】(2017 年真题) 根据增值税法律制度的规定,增值税一般纳税人将购进的货物用于下列项目所涉及的进项税额,准予从销项税额中抵扣的是( )。

A. 分配给投资者
B. 增值税免税项目
C. 简易计税方法计税项目
D. 个人消费

【答案】 A

【名师点睛】 用于简易方法计税的项目、免征增值税项目、集体福利或者个人消费的购进货物、加工修理修配劳务、服务、无形资产和不动产不得抵扣进项税额,故选项 A 符合题意。

(2) 非正常损失项目。

① 非正常损失的购进货物,以及相关的加工修理修配劳务和交通运输服务。

② 非正常损失的在产品、产成品所耗用的购进货物(不包括固定资产)、加工修理修配劳务和交通运输服务。

③ 非正常损失的不动产,以及该不动产所耗用的购进货物、设计服务和建筑服务。

④ 非正常损失的不动产在建工程(纳税人新建、改建、扩建、修缮、装饰不动产)所耗用的购进货物、设计服务和建筑服务。

> **提示** ▶ 非正常损失,是指因管理不善造成被盗、丢失、霉烂变质的损失,或被执法部门依法没收、销毁、拆除的货物或不动产。

因地震等自然灾害造成的非正常损失,进项税额准予抵扣;生产经营过程中的合理损耗进项税额准予抵扣。

(3)"营改增"特殊项目。

购进的贷款服务、餐饮服务、居民日常服务和娱乐服务。

(4)其他不得抵扣进项税额的情形。

① 一般纳税人按简易办法征收增值税的,不得抵扣进项税额。

② 一般纳税人会计核算不健全,不能够准确提供税务资料,或应当办理一般纳税人资格登记而未办理,按照适用税率征收增值税,不得抵扣进项税额,不得使用增值税专用发票。

3. 进项税额转出计算

(1) 直接转出——知道税额的情况下进项税额转出=已抵扣税款。

> **案例 6-3**
>
> 甲公司为增值税一般纳税人,8月购进原材料进项税额300万元,已认证抵扣。本月因管理不善发生非正常损失10%,则转出的进项税额=300×10%=30(万元)。

(2) 计算转出——不知道税额,则先算出税额,再直接转出。

① 存货。

进项税额转出=不含税价款×税率

> **案例 6-4**
>
> 甲公司为增值税一般纳税人,8月外购一批钢筋,取得增值税专用发票注明价款100万元,已认证抵扣。本月将该批钢筋用于建设职工食堂,则转出的进项税额=100×13%=13(万元)。

② 服务。

进项税额转出=支付的不含增值税的服务费×适用税率

> **案例 6-5**
>
> 甲公司为增值税一般纳税人,因管理不善导致库存一批商品毁损,商品总成本310万元,其中含运费成本10万元,则转出的进项税额=(310-10)×13%+10×9%=39.9(万元)。

③ 购入免税农产品。

a. 用于生产或委托加工9%税率的货物或6%税率的服务,计算公式如下:

进项税额转出=成本÷(1-9%)×9%

b. 用于生产或委托加工13%税率的货物,计算公式如下:

进项税额转出=成本÷(1-10%)×10%

④ 已抵扣进项税额的无形资产或者不动产,发生按照规定不得从销项税额中抵扣的情形。

不得抵扣的进项税额=(固定资产)无形资产、不动产净值×适用税率

提示 ▶(固定资产)无形资产、不动产净值是指纳税人根据财务会计制度计提折旧或摊销后的余额。

⑤ 纳税人适用一般计税方法的,因销售折让、中止或者退回而退还给购买方的增值税额,应当从当期的销项税额中扣减;因销售折让、中止或者退回而收回的增值税额,应

当从当期的进项税额中抵减。

4. 有下列情形之一者,应当按照销售额和增值税税率计算应纳税额不得抵扣进项税额,也不得使用增值税专用发票

(1) 一般纳税人会计核算不健全,或者不能够提供准确税务资料的。

(2) 应当办理一般纳税人资格登记而未办理的。

5. 认证及抵扣期限

纳税人取得符合规定的发票,应自开具之日起360天内认证,并在规定的纳税申报期内抵扣(自2020年3月1日取消增值税认证期限)。

(三) 税收新政 ★★★

自2019年4月1日起,试行增值税期末留抵税额退税制度。

> **提示** ▶ 增量留抵税额,是指与2019年3月底相比新增加的期末留抵税额。

适用行业:生产并销售非金属矿物制品、通讯设备、专用设备及计算机、通信和其他电子设备,销售额占全部销售额的比重超过50%的纳税人。

(1) 同时符合以下条件的纳税人,可以向主管税务机关申请退还增量留抵税额:

① 自2019年4月税款所属期起,连续6个月(按季纳税的,连续两个季度)增量留抵税额均大于零,且第6个月增量留抵税额不低于50万元。

② 纳税信用等级为A级或者B级。

③ 申请退税前36个月未发生骗取留抵退税、出口退税或虚开增值税专用发票情形的。

④ 申请退税前36个月未因偷税被税务机关处罚两次及以上的。

⑤ 自2019年4月1日起未享受即征即退、先征后返(退)政策的。

(2) 纳税人当期允许退还的增量留抵税额,按照以下公式计算:

允许退还的增量留抵税额=增量留抵税额×进项构成比例×60%

进项构成比例=当期专用票类注明的(进项)税额

÷当期抵扣的全部(进项)税额×100%

> **提示** ▶ 进项构成比例,为2019年4月至申请退税前一税款所属期内已抵扣的增值税专用发票(含税控机动车销售统一发票)、海关进口增值税专用缴款书、解缴税款完税凭证注明的增值税额占同期全部已抵扣进项税额的比重。

(3) 部分先进制造业增值税期末留抵退税。

自2019年6月1日起,同时符合以下条件的部分先进制造业纳税人,可以自2019年7月及以后纳税申报期向主管税务机关申请退还增量留抵税额:增量留抵税额大于零;纳税信用等级为A级或者B级,申请退税前36个月未发生骗取留抵退税、出口退税或虚开增值税专用发票情形。申请退税前36个月未因偷税被税务机关处罚两次及以上,自2019年4月1日起未享受即征即退,先征后返(退)政策。

二、 简易计税方法

(一) 一般业务

1. 征收率

小规模纳税人执行简易征收办法,一般情况下征收率为 3%。

2. 计算公式

应纳税额＝不含税销售额×征收率

不含税销售额＝含税销售额÷(1＋征收率)

(二) 折让、退回

纳税人适用简易计税方法计税的,因销售折让、中止或者退回而退还给购买方的销售额,应当从当期销售额中扣减。扣减当期销售额后仍有余额造成多缴的税款,可以从以后的应纳税额中扣减。

一般纳税人发生财政部和国家税务总局规定的特定应税行为,可以选择适用简易计税方法计税,但一经选择,36 个月内不得更改。

提示▶ 小规模纳税人发生销售折让、中止或者退回,同样应当开具红字增值税发票。

"营改增"一般纳税人发生下列应税行为可以选择适用简易计税方法计税:

(1) 公共交通运输服务,包括轮客渡、公交客运、地铁、城市轻轨、出租车、长途客运、班车。

(2) 经认定的动漫企业为开发动漫产品提供的动漫脚本编撰、形象设计、背景设计、动画设计、分镜、动画制作、摄制、描线、上色、画面合成、配音、配乐、音效合成、剪辑、字幕制作、压缩转码(面向网络动漫、手机动漫格式适配)服务,以及在境内转让动漫版权(包括动漫品牌、形象或者内容的授权及再授权)。

(3) 电影放映服务、仓储服务、装卸搬运服务、收派服务和文化体育服务。

(4) 以纳入"营改增"试点之日前取得的有形动产为标的物提供的经营租赁服务。

(5) 在纳入"营改增"试点之日前签订的尚未执行完毕的有形动产租赁合同。

三、 进口货物应纳税额的计算 ★★★

一般纳税人和小规模纳税人均适用。采用组成计税价格,无任何抵扣。

(1) 一般货物组成计税价格:

组成计税价格＝关税完税价格＋关税

(2) 应税消费品组成计税价格:

组成计税价格＝关税完税价格＋关税＋消费税

$$＝(关税完税价格＋关税)÷(1-消费税税率)$$

考试方向
考查含有消费税和关税的组成计税价格。

【例题 6-18 单选题】(2019 年真题) 甲贸易公司为增值税一般纳税人,2019 年 7 月进口一批原材料,关税完税价格为 170 万元。已知该批原材料关税税额为 17 万元,甲贸易公司进口该批材料应纳的增值税税额为( )万元。

A. 24.31　　　　B. 22.1　　　　C. 19.56　　　　D. 18.7

【答案】 A

【名师点睛】 进口环节增值税税额＝(170＋17)×13%＝24.31(万元)

四、扣缴计税方法

境外单位或者个人在境内发生应税销售行为,在境内未设有经营机构的,扣缴义务人按照下列公式计算应扣缴税额:

应扣缴税额＝购买方支付的价款÷(1＋税率)×税率

第四节　增值税的税收优惠

本节框架 ▶

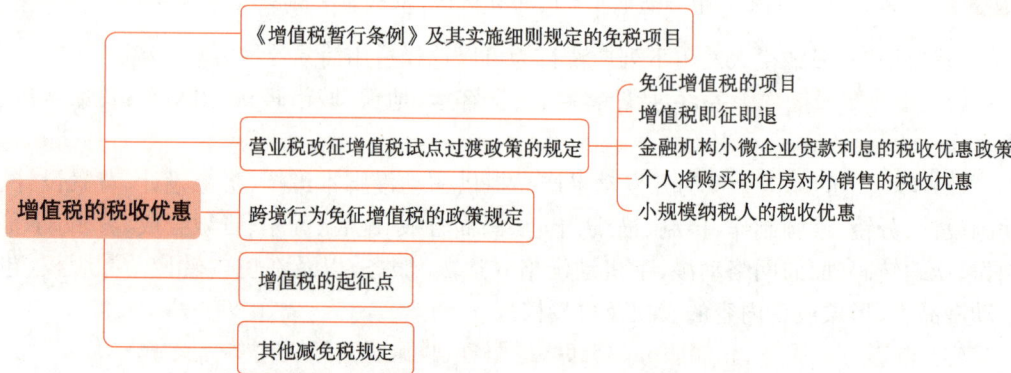

一、《增值税暂行条例》及其实施细则规定的免税项目

(1) 农业生产者销售的自产农产品。

(2) 避孕药品和用具。

(3) 古旧图书,是指向社会收购的古书和旧书。

(4) 直接用于科学研究、科学试验和教学的进口仪器、设备。

(5) 外国政府、国际组织(不包括外国企业)无偿援助的进口物资和设备。

(6) 由残疾人的组织直接进口供残疾人专用的物品。

(7) 其他个人销售的自己使用过的物品。

纳税人兼营免税、减税项目的,应当分别核算免税、减税项目的销售额,未分别核算销售额的,不得免税、减税。纳税人适用免税规定的,可以放弃免税,依照《增值税暂行条例》的规定缴纳增值税。放弃免税后,36个月内不得再申请免税。

考试方向

考查法定免税的项目。

【例题 6-19 多选题】(2019 年真题)　根据增值税法律制度的规定,下列各项中,属于增值税免税项目的有(　　)。

A. 直接用于科学研究的进口仪器和设备

B. 残疾人组织直接进口供残疾人专用的物品

C. 外国企业无偿援助的进口物资和设备

D. 农业生产企业销售的自产农产品

【答案】　ABD

【名师点睛】 选项C,外国政府、国际组织(不包括外国企业)无偿援助的进口物资和设备免征增值税。

二、营业税改征增值税试点过渡政策的规定

(一) 免征增值税的项目

(1) 托儿所、幼儿园提供的保育和教育服务。

(2) 养老机构提供的养老服务。

(3) 殡葬服务。

(4) 婚姻介绍服务。

(5) 家政服务企业由员工制家政服务员提供家政服务取得的收入。

(6) 从事学历教育的学校提供的教育服务。

(7) 学生勤工俭学提供的服务。

(8) 纪念馆、博物馆、文化馆、文物保护单位管理机构、美术馆、展览馆、书画院、图书馆在自己的场所提供文化体育服务取得的第一道门票收入。

(9) 医疗机构提供的医疗服务。

(10) "四技"合同(技术转让、技术开发、技术咨询、技术服务)。

(11) 个人转让著作权。

(12) 个人销售自建自用住房。

(13) 个人从事金融商品转让业务。

(14) 福利彩票、体育彩票的发行收入。

(15) 残疾人员本人为社会提供的服务。

(16) 残疾人福利机构提供的育养服务。

(17) 农业机耕、排灌、病虫害防治、植物保护、农牧保险以及相关技术培训业务,家禽、牲畜、水生动物的配种和疾病防治。

(18) 住房公积金在指定的委托银行发放的个人住房贷款。

提示▶ 上述18项在考试中经常出现。

(19) 农村电网维护费;农村饮水安全工程。

(20) 生产销售有机肥、农膜。

(21) 批发零售种子、种苗、农药、农机。

(22) 企业集团内单位(含企业集团)之间的资金无偿借贷行为。

(二) 增值税即征即退

一般纳税人提供管道运输服务、有形动产融资租赁服务与有形动产融资性售后回租服务,实际税负超过3%的部分实行增值税即征即退政策。

【例题6-20 计算题】(经典好题) 甲融资租赁公司主要从事有形动产租赁服务,属于增值税一般纳税人。2019年12月该公司向客户提供有形动产租赁共取得不含税收入6000万元,当月发生可抵扣的增值税进项税额为400万元。请问该公司12月可申请办理即征即退的增值税是多少?

【名师点睛】 计算应纳税额:

销项税额＝6000×13％＝780（万元）

进项税额＝400（万元）

该企业应纳税额＝780－400＝380（万元）

按3％税率计算应纳税额＝6000×3％＝180（万元）

计算即征即退税额＝380－180＝200（万元）

（三）金融机构小微企业贷款利息的税收优惠政策

自2018年9月1日至2020年12月31日，对金融机构向小型企业、微型企业和个体工商户发放小额贷款取得的利息收入，免征增值税。

1. 以人民银行同期贷款基准利率150％为起征点

单笔小额贷款利率水平≤人民银行同期贷款基准利率150％，免征增值税。

单笔小额贷款利率水平＞人民银行同期贷款基准利率150％，按照规定缴纳增值税。

2. 以人民银行同期贷款基准利率150％为免征额

单笔小额贷款利率水平≤人民银行同期贷款基准利率150％的部分免征增值税；超过部分按规定缴纳增值税。

> **提示▶** 金融机构可按会计年度在以上两种方法之间选定其一作为该年的免税适用方法，一经选定，该会计年度内不得变更。

（四）个人将购买的住房对外销售的税收优惠

（1）个人将购买不足2年的住房对外销售的，按照5％的征收率全额缴纳增值税；个人将购买2年以上（含2年）的住房对外销售的，免征增值税。上述政策适用于北京市、上海市、广州市和深圳市之外的地区。

（2）个人将购买不足2年的住房对外销售的，按照5％的征收率全额缴纳增值税（本政策仅适用于北京市、上海市、广州市和深圳市）：

① 个人将购买2年以上（含2年）的非普通住房对外销售的，以销售收入减去购买住房价款后的差额按照5％的征收率缴纳增值税。

② 个人将购买2年以上（含2年）的普通住房对外销售的，免征增值税。

（五）小规模纳税人的税收优惠

月销售额不超过10万元（按季纳税，季销售额不超过30万元）免征。

三、跨境行为免征增值税的政策规定

（1）境内的单位和个人销售的下列服务和无形资产免征增值税：

① 工程项目在境外的建筑、工程监理、工程勘察勘探服务。

② 会议展览地点在境外的会议展览服务。

③ 存储地点在境外的仓储服务。

④ 标的物在境外使用的有形动产租赁服务。

⑤ 在境外提供的广播影视节目（作品）的播映服务。

⑥ 在境外提供的文化体育服务、教育医疗服务、旅游服务。

（2）为出口货物提供的邮政服务、收派服务、保险服务。

为出口货物提供的保险服务,包括出口货物保险和出口信用保险。

(3)以无运输工具承运方式提供的国际运输服务。

(4)为境外单位之间的货币资金融通及其他金融业务提供的直接收费金融服务,且该服务与境内的货物、无形资产和不动产无关。

四、增值税的起征点

增值税起征点的适用范围限于个人,且不适用于登记为一般纳税人的个体工商户。纳税人销售额未达到国务院财政、税务主管部门规定的增值税起征点的,免征增值税。

提示▶达到起征点的,依照《增值税暂行条例》规定全额计算缴纳增值税。

五、其他减免税规定

(1)纳税人兼营免税、减税项目的,应当分别核算免税、减税项目的销售额;未分别核算销售额的,不得免税、减税。

(2)纳税人发生应税销售行为适用免税规定的,可以放弃免税,依照《增值税暂行条例》或者《营业税改征增值税试点实施办法》的规定缴纳增值税。放弃免税后,36个月不得再申请免税。

(3)纳税人发生应税销售行为同时适用免税和零税率规定的,纳税人可以选择适用免税或者零税率。

第五节　增值税的征收管理和发票管理

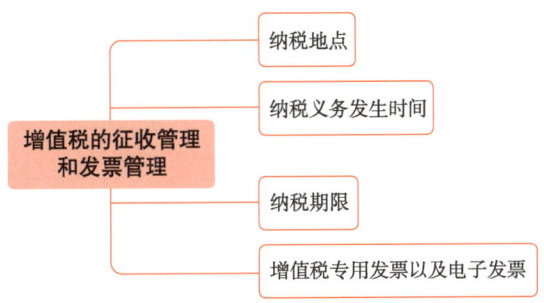

一、纳税地点

(1)固定业户:向其机构所在地主管税务机关申报纳税。

(2)固定业户外出经营:应该向其机构所在地主管税务机关报告外出经营事项,并向其机构所在地的主管税务机关申报纳税。

提示▶未报告的,应向销售地或者劳务发生地的主管税务机关申报纳税。

（3）非固定业户:向销售地或者劳务发生地的主管税务机关申报纳税。

（4）非固定业户外出经营:未向销售地或劳务发生地主管税务机关申报纳税的,由其机构所在地或居住地主管税务机关补征税款。

（5）进口货物:应当向报关地海关申报纳税。

（6）其他个人提供建筑服务,销售或租赁不动产,转让自然资源使用权:应向建筑服务发生地、不动产所在地、自然资源所在地税务机关申报纳税。

（7）扣缴义务人:应当向其机构所在地或者居住地的主管税务机关申报缴纳其扣缴的税款。

二、纳税义务发生时间

纳税义务发生时间具体明细如表6-9所示。

表6-9　纳税义务发生时间具体明细

销售方式		纳税义务发生时间
直接收款		收到销售款或取得索取销售款凭据
托收承付、委托收款		发出货物并办妥托收手续
赊销、分期收款		书面合同约定的收款日期 **提示**▶无合同或有合同无约定,为货物发出的日期
预收款	货物	货物发出 **提示**▶生产工期超过12个月的,为收到预收款或书面合同约定的收款日期
	租赁服务	收到预收款
委托代销		收到代销清单或全部、部分货款 **提示**▶未收到代销清单及货款,为发出货物满180天
金融商品转让		所有权转移
视同销售		货物移送、转让完成或权属变更
进口		报关进口
先开发票		开具发票
提示▶扣缴义务人的扣缴义务为纳税人发生纳税义务的当天		

三、纳税期限

1. 纳税期限

增值税的纳税期限分别为1日、3日、5日、10日、15日、1个月或1个季度。

2. 纳税申报

（1）以1个月或1个季度为纳税期,期满之日起15日内申报纳税。

（2）以1日、3日、5日、10日、15日为纳税期:期满之日起5日内预缴税款,于次月1日起15日内申报纳税并结清上月税款。

(3) 纳税人进口货物,自海关填发海关进口增值税专用缴款书之日起 15 日内缴纳税款。

提示 ▶不能按期纳税的,可以按次纳税。

▶适用以 1 个季度为纳税期限规定的纳税人:小规模纳税人、银行、财务公司、信托投资公司、信用社。

四、增值税专用发票以及电子发票★

(一) 增值税专用发票

1. 增值税专用发票的基本联次(3 联)及用途

(1) 记账联,作为销售方记账凭证。

(2) 抵扣联,作为购买方扣税凭证。

(3) 发票联:作为购买方记账凭证。

2. 增值税一般纳税人有下列情形之一的,不得领购开具专用发票

(1) 会计核算不健全,不能向税务机关准确提供增值税销项税额、进项税额、应纳税额数据及其他有关增值税税务资料的。

(2) 有《税收征管法》规定的税收违法行为,拒不接受税务机关处理的。

(3) 有下列行为之一,经税务机关责令限期改正而仍未改正的:

① 虚开增值税专用发票。

② 私自印制专用发票。

③ 向税务机关以外的单位和个人买取专用发票。

④ 借用他人专用发票。

⑤ 未按规定开具专用发票。

⑥ 未按规定保管专用发票和专用设备。

⑦ 未按规定申请办理防伪税控系统变更发行。

⑧ 未按规定接受税务机关检查。

3. 增值税专用发票的开票限额(见表 6-10)

表 6-10 增值税专用发票的开票限额明细

最高开票限额	审批机关
10 万元内	区县税务机关
100 万元内	地市级税务机关
1000 万元及以上	省级税务机关

提示 ▶一般纳税人申请专用发票,最高开票限额不超过 10 万元的,主管税务机关不需事前进行实地查验。

4. 不得开具增值税专用发票的情形

(1) 商业企业一般纳税人零售的烟、酒、食品、服装、鞋帽(不含劳保用品)、化妆品等消费品。

(2) 销售货物、劳务、服务、无形资产和不动产适用免税规定的(法律、法规及国家税

务总局另有规定的除外)。

(3)向消费者个人销售货物、劳务、服务、无形资产和不动产的。

(4)除另有规定外,小规模纳税人销售货物、劳务、服务、无形资产和不动产的,需要开具专用发票的,可向主管税务机关申请代开。

(二)电子发票

(1)增值税电子普通发票的开票方和受票方需要纸质发票的,可自行打印增值税电子普通发票的版式文件,其法律效力、基本用途、基本使用规定等与税务机关监制的增值税普通发票相同。

(2)增值税电子发票的发票代码为 12 位。编码规则:

① 第 1 位:0。

② 第 2～5 位:代表省、自治区、直辖市和计划单列市。

③ 第 6～7 位:代表年度。

④ 第 8～10 位:代表批次。

⑤ 第 11～12 位:代表票种(11 代表增值税电子普通发票)。

发票号码为 8 位,按年度、分批次编制。

第六节 增值税的出口退(免)税制度

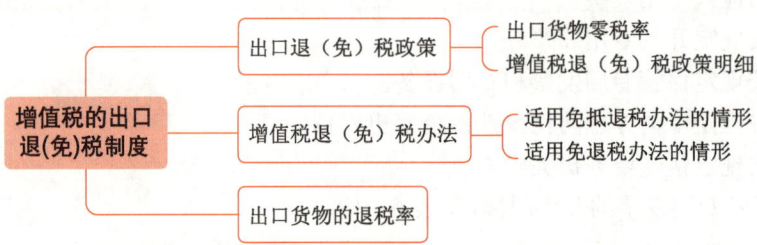

一、出口退(免)税政策

为鼓励出口,对出口货物实行零税率和免税,使本国产品以不含税(增值税、消费税等)的价格进入国际市场,提高本国产品的国际竞争力,是国际通行做法。

1. 出口货物零税率

出口货物零税率是指货物在出口时整体税负为零,不但出口环节不必纳税,而且还可以退还以前环节已纳税款。

提示▶出口企业可以是生产企业也可以是外贸企业。

出口方式包括自营出口和委托出口。

出口货物既可以是有形动产也可以是提供加工修理修配劳务。

2. 增值税退(免)税政策明细(见表6-11)

表6-11　增值税退(免)税政策明细

退免税政策	① 出口企业出口货物 a. 生产企业出口自产货物或视同自产货物 b. 外贸企业出口外购货物 ② 出口企业对外提供加工修理修配劳务 ③ 出口企业或其他单位视同出口货物(7项) 其中:a. 出口企业对外援助、对外承包、境外投资的出口货物 b. 出口企业经海关报关进入国家批准的出口加工区、保税物流园区、保税港区、综合保税区等并销售给境外单位、个人的货物
免税政策	① 出口企业或其他单位出口货物免征增值税(共15项),其中有9种货物需特别注意:a.小规模纳税人出口的货物;b.避孕药品和用具,古旧图书;c.软件产品;d.含黄金、铂金成分的货物,钻石及其饰品;e.国家计划内出口的卷烟;f.已使用过的设备;g.非出口企业委托出口的货物;h.农业生产者自产农产品;i.来料加工复出口的货物。 ② 出口企业或其他单位视同出口下列货物劳务免征增值税: a. 国家批准设立的免税店销售的免税货物 b. 特殊区域内的企业为境外的单位或个人提供加工修理修配劳务 c. 企业之间销售特殊区域内的货物 ③ 未按规定申报或未补齐增值税退(免)税凭证的免征增值税
不免不退政策	① 取消出口退(免)税的货物 ② 出口企业或其他单位销售给特殊区域内的生活消费用品和交通运输工具 ③ 出口企业或其他单位因骗取出口退税被停止办理增值税退(免)税期间出口的货物 ④ 出口企业或其他单位提供虚假备案单证的货物 ⑤ 出口企业或其他单位增值税退(免)税凭证有伪造或内容不实的货物 ⑥ 出口企业或其他单位未在国家税务总局规定期限内申报免税核销以及经主管税务机关审核不予免税核销的出口卷烟 ⑦ 其他

二、增值税退(免)税办法

1. 适用免抵退税办法的情形
(1) 生产企业出口自产货物和视同自产货物。
(2) 对外提供加工修理修配劳务。
(3) 列名生产企业(税法对具体范围有规定)出口非自产货物。
2. 适用免退税办法的情形
不具有生产能力的出口企业(外贸企业)或其他单位出口货物劳务。

三、出口货物的退税率

出口货物的退税率是出口货物的实际退税额与退税计税依据的比例。出口企业应将不同税率的货物分开核算和申报,未分开报关、核算或划分不清的,一律从低适用退税率计算退免税。

同步练习

一、单项选择题

1. 根据增值税法律制度的规定,增值税纳税人的下列行为中,应视同销售货物的是( )。
A. 将购进的货物用于个人消费
B. 将购进的货物分配给投资者
C. 将购进的货物用于生产经营
D. 将购进的货物用于集体福利

2. 根据增值税法律制度的规定,增值税一般纳税人的下列行为中,不应视同销售货物的是( )。
A. 将购进的货物作为投资提供给其他单位
B. 将购进的货物用于集体福利
C. 将自产的货物无偿赠送给其他单位
D. 将自产的货物分配给股东

3. 根据增值税法律制度的规定,增值税一般纳税人的下列行为中,不应视同销售的是( )。
A. 将购进的货物用于本单位职工集体福利
B. 将自产的货物捐赠给贫困地区的儿童
C. 将委托加工收回的货物用于个人消费
D. 将自产的货物分配给投资者

4. 2020年5月8日,甲公司与乙公司签订了买卖电脑的合同,双方约定总价款为80万元,分2期支付完毕。6月3日,甲公司就80万元货款全额开具了增值税专用发票。按照合同约定,6月10日,甲公司收到乙公司第一笔货款为45万元,6月25日,甲公司收到乙公司第二笔货款为35万元。根据增值税法律制度的规定,甲公司增值税纳税义务发生时间为( )。
A. 5月8日   B. 6月3日
C. 6月10日   D. 6月25日

5. A公司为增值税一般纳税人,2019年9月采取分期收款方式销售饮料,含税总价款339000元,合同约定分3个月收取货款,本月应收取含税价款135600元。根据增值税法律制度的规定,A公司当月销售饮料增值税销项税额为( )元。
A. 5876   B. 13000
C. 15600   D. 14690

6. 根据增值税法律制度的规定,下列关于增值税纳税义务发生时间的说法中,不正确的是( )。
A. 采取托收承付和委托银行收款方式销售货物,其纳税义务发生时间为发出货物并办妥托收手续的当天
B. 采取预收货款方式销售生产工期为2个月的货物,其纳税义务发生时间为发出货物的当天
C. 采取赊销方式销售货物,其纳税义务发生时间为收到全部货款的当天
D. 纳税人进口货物,其纳税义务发生时间为报关进口的当天

7. 甲公司为增值税一般纳税人,主营二手车交易,2020年2月,取得含税销售额412万元;该企业当月又将本企业于2007年6月购入自用的一辆货车和2016年10月购入自用的设备一台分别以含增值税10.3万元和36.9万元的价格出售,除上述收入外,当月无其他业务产生。则该企业2020年2月应纳增值税的税额是( )万元。
A. 12.45   B. 8.2
C. 11   D. 11.1

8. 根据增值税法律制度的规定,下列各项中,增值税税率为6%的是( )。
A. 金融服务
B. 管道运输服务
C. 不动产租赁服务
D. 转让土地使用权

9. 甲快递公司(以下简称"甲公司")为增值税一般纳税人。2019年10月,甲公司购进小货车,取得增值税专用发票,发票上注明价款为111万元、税额为14.43万元;开具普通发票收取含增值税派送收入为823.62万元,开具增值税专用发票收取含增值税陆路运输收入为115.54万元。甲公司当月上述业务应缴纳的增值税税额为( )万元。
A. 45.39   B. 41.73
C. 56.16   D. 63.12

10. 根据增值税法律制度的规定,下列关于增值税纳税义务发生时间的表述中,不正确的是( )。

A. 委托其他纳税人代销货物,为代销货物移送给受托方的当天

B. 销售应税劳务,为提供劳务同时收讫销售款或者取得索取销售款凭据的当天

C. 采取托收承付和委托银行收款方式销售货物,为发出货物并办妥托收手续的当天

D. 采取直接收款方式销售货物,为收到销售款或者取得索取销售款凭据的当天

11. 下列各项中,应当办理一般纳税人登记的是( )。

A. 年应税销售额 700 万元的其他个人

B. 不经常发生应税行为的企业

C. 年应税销售额 580 万元的交通运输企业

D. 非企业性单位

12. 乙生产公司有进出口货物经营权,该公司既向国内销售自产货物,又向国外出口适用不同退税率的货物,2017 年 1 月,该企业当月出口货物未分别核算和申报,不能划分清楚不同退税率的货物出口销售额,下列关于乙公司出口退税的说法中,正确的是( )。

A. 由税务机关核定不同出口货物的数量,分别确定各自的退税率

B. 从高适用退税率

C. 从低适用退税率

D. 乙公司当月所有货物均不得办理退税

13. 某金店是增值税一般纳税人。2020 年 8 月,该金店采取以旧换新方式销售一批金项链,该批金项链含增值税售价为 186000 元,换回的旧项链作价 140800 元,该金店实际收取差价款 45200 元。该金店当月该笔业务的增值税销项税额是( )元。

A. 5200   B. 6400

C. 5872.13   D. 3695.51

14. 某公司为增值税一般纳税人,2020 年 9 月,该公司采取折扣方式销售货物一批,该批货物不含税销售额为 258000 元,因购买数量大,给予购买方 10% 的价格优惠,销售额和折扣额在同一张发票金额栏内分别注明。该公司当月该笔业务的增值税销项税额为( )元。

A. 28457   B. 30186

C. 31165.28   D. 31619.05

15. B 公司为增值税一般纳税人,2020 年 4 月将一批新研制的产品赠送给老顾客使用,B 公司并无同类产品销售价格,其他公司也无同类货物,已知该批产品的生产成本为 100000 元,B 公司的成本利润率为 10%,则 B 公司当月该笔业务增值税销项税额为( )元。

A. 14545.45   B. 16000

C. 14300   D. 15172.41

16. 某电信公司为一般纳税人,2020 年 8 月,向境内提供语音通话服务,共取得含税收入为 436 万元;向境内提供短信和彩信服务,共取得含税收入为 424 万元;向境外提供语音通话服务,取得收入为 330 万元。本月增值税销项税额为( )万元。

A. 60   B. 94

C. 82   D. 63

17. 甲公司为增值税一般纳税人,2020 年 10 月,甲公司将两台自产的 A 型洗衣机奖励给职工,已知 A 型洗衣机的生产成本为 1800 元/台,成本利润率为 10%,市场最高不含税售价为 3800 元/台,平均不含税售价为 3300 元/台,则甲公司当月该笔业务增值税销项税额为( )元。

A. 572   B. 858

C. 748   D. 528

18. 某家电销售企业为增值税一般纳税人。2019 年 6 月,该企业销售 80 台 H 型空调,每台含税价款 2825 元;采取以旧换新方式销售 20 台同型号空调,每台旧空调作价 565 元,实际每台收取款项 2260 元。根据增值税法律制度的规定,该企业当月上述业务增值税销项税额为( )元。

A. 31200   B. 32500

C. 35256   D. 36725

19. 根据增值税法律制度的规定,下列关于租金、押金的增值税销售额的表述中,正确的是( )。

A. 纳税人销售货物收取的包装物租金,不应并入销售额征税

B. 纳税人销售货物收取的包装物租金,一律视同包装物押金征税

C. 并入销售额征税的包装物押金,需要先将该押金换算为不含税价,再并入销售额

征税

　　D. 纳税人为销售货物而出借包装物收取的押金,单独记账核算的,且时间在 1 年以内,又未过期的,一律不并入销售额征税

20. P 公司为增值税一般纳税人,2020 年 7 月采用分期收款方式销售配件,合同约定不含税销售额 400 万元,当月应收取 60% 的货款。由于购货方资金周转困难,本月实际收到货款 50 万元,P 公司按照实际收款额开具了增值税专用发票。当月装修职工食堂,购进涂料,取得增值税专用发票,注明价款 10 万元。当月 P 公司应纳增值税税额为( )万元。
　　A. 31.2　　　　　　　B. 3.9
　　C. 11.78　　　　　　 D. 52

21. 一般纳税人发生的下列业务中,允许开具增值税专用发票的是( )。
　　A. 百货商店向小规模纳税人零售服装
　　B. 房地产开发企业向消费者个人销售房屋
　　C. 某公司批发计生用品
　　D. 住宿业小规模纳税人向一般纳税人提供住宿服务

22. 2020 年 9 月 15 日,老袁将 2018 年 11 月 12 日购买,位于上海的一套 80 平方米的房屋出售,该房屋购入价格为 600 万元,出售价格为 900 万元,则老袁出售该房屋应缴纳的增值税税额为( )万元。
　　A. 15　　　　　　　　B. 10
　　C. 38.1　　　　　　　D. 42.86

23. 根据我国《增值税暂行条例》的规定,下列项目中,其进项税额不得从销项税额中抵扣的是( )。
　　A. 正常报废产品耗用的原材料
　　B. 生产免税产品接受的劳务
　　C. 生产应税产品领用的原材料
　　D. 企业因自然灾害损失的原材料

24. 某公司为增值税一般纳税人,本月采用以换新的方式零售冰箱 50 台,冰箱每台零售价 2000 元,同时收到旧冰箱 50 台,每台折价 200 元,实际收到销售款 90000 元,则某公司本月销售冰箱的增值税销项税额为( )元。
　　A. 13078　　　　　　B. 11504.42
　　C. 15200　　　　　　D. 17000

25. 根据营改增的有关规定,下列各项中,属于增值税的征税范围的是( )。

　　A. 单位员工为本单位提供交通运输业服务
　　B. 个体工商户为员工提供交通运输业服务
　　C. 向其他单位无偿提供产品设计服务
　　D. 向社会公众提供咨询服务

26. 根据增值税法律制度的规定,自 2020 年 5 月 1 日至 2023 年 12 月 31 日,从事二手车经销的纳税人销售其收购的二手车,由原按照简易办法依 3% 征收率减按 2% 征收增值税,改为减按征收增值税的征收率是( )。
　　A. 1.5%　B. 1%　　　C. 0.5%　 D. 0.2%

二、多项选择题

1. 下列各项中,属于增值税征收范围的有( )。
　　A. 房屋的经营性租赁
　　B. 设备的融资租赁服务
　　C. 人力资源服务
　　D. 教育医疗服务

2. 根据增值税法律制度的规定,企业发生的下列行为,属于视同销售货物,依法应当缴纳增值税的有( )。
　　A. 将货物交付其他单位代销
　　B. 外购月饼用于职工中秋节福利
　　C. 销售代销货物
　　D. 将自产的货物用于个人消费

3. 根据增值税的相关规定,下列各项关于征税范围的说法中,错误的有( )。
　　A. 融资性售后回租按照"现代服务——租赁服务"税目缴纳增值税
　　B. 广告的发布按照"现代服务——广播影视服务"税目缴纳增值税
　　C. 代理记账服务按照"现代服务——商务辅助服务"税目缴纳增值税
　　D. 邮政代理按照"现代服务——商务辅助服务"税目缴纳增值税

4. 根据增值税法律制度的规定,下列属于金融服务的有( )。
　　A. 贷款服务
　　B. 直接收费金融服务
　　C. 保险服务
　　D. 融资租赁服务

5. 根据增值税法律制度的规定,下列各项中说法错误的有( )。
　　A. 语音通话服务和出租带宽业务属于基础电信服务

B. 纳税人通过楼宇、隧道等室内通信分布系统,为电信企业提供的语音通话属于基础电信服务

C. 纳税人通过楼宇、隧道等室内通信分布系统,为电信企业提供的移动互联网等无线信号室分系统传输服务属于基础电信服务

D. 纳税人通过蜂窝数字移动通信用塔(杆)及配套设施,为电信企业提供的塔类站址管理业务属于增值电信服务

6. 根据出口退(免)税制度的相关规定,下列关于出口退(免)税的表述中,正确的有( )。

A. 避孕药品和用具出口只免税但不退税

B. 出口企业对外援助、对外承包、境外投资的出口货物免税并退税

C. 生产企业向海上石油天然气开采企业销售的自产的海洋工程结构物

D. 农业生产者出口的自产农产品给予免税但不退税

7. 根据增值税法律制度的规定,一般纳税人发生的下列行为中,可以选择适用简易计税方法的有( )。

A. 咨询服务

B. 动漫企业在境内转让动漫版权

C. 文化体育服务

D. 装卸搬运服务

8. 下列各项中,应计入增值税的应税销售额的有( )。

A. 向购买者收取的包装物租金

B. 向购买者收取的销项税额

C. 因销售货物向购买者收取的手续费

D. 受托加工应征消费税的消费品所代收代缴的消费税

9. 根据增值税法律制度的规定,下列业务中,免征增值税的有( )。

A. 境内的单位为出口货物提供的收派服务

B. 境内的单位和个人以无运输工具承运方式提供的国际运输服务

C. 境内的单位提供的标的物在境外使用的有形动产租赁服务

D. 纳税人提供的间接国际货物运输代理服务

10. 根据增值税法律制度的规定,一般纳税人购进的下列货物、服务中,其进项税额不得从销项税额中抵扣的有( )。

A. 购进生产免税货物耗用材料所支付的进项税额

B. 购进餐饮服务所支付的进项税额

C. 购进试制新产品耗用材料所支付的进项税额

D. 购进贷款服务所支付的进项税额

11. 下列项目中,免征增值税的有( )。

A. 农业生产者销售的自产农产品

B. 古旧图书

C. 残疾人个人提供的加工劳务

D. 外国政府无偿援助的进口物资和设备

12. 出口企业或其他单位出口以下货物增值税免税但不予退税的有( )。

A. 非出口企业委托出口的货物

B. 非列名生产企业出口的非视同自产货物

C. 国家计划内出口的卷烟

D. 以旅游购物贸易方式报关出口的货物

13. 企业外购的下列经营性货物中,不得抵扣进项税额的有( )。

A. 用于对外投资

B. 用于简易计税项目

C. 用于生产免税项目

D. 用于生产应税产品

14. 纳税人销售货物或者提供应税劳务的价格明显偏低且无正当理由的或者有视同销售货物行为而无销售额,税务机关确定销售额的依据有( )。

A. 按纳税人最近时期同类货物的平均销售价格确定

B. 按其他纳税人最近时期同类货物的平均销售价格确定

C. 组成计税价格

D. 按纳税人最近时期同类货物的最高销售价格确定

15. 根据增值税法律制度的规定,下列关于纳税人的表述中正确的有( )。

A. 个体工商户必须按照小规模纳税人纳税

B. 非企业性单位可以选择按照小规模纳税人纳税

C. 不经常发生应税行为的企业可以选择按照小规模纳税人纳税

D. 年应税销售额超过小规模纳税人标准的个人按照一般纳税人纳税

16. 根据增值税法律制度的规定,纳税人取得的下列收入中,应缴纳增值税的有( )。

A. 生产企业销售自产货物的销售收入

B. 广告公司提供广告设计服务的收入

C. 从事学历教育的学校收取的学费收入

D. 商业银行对个人贷款的利息收入

17. 根据增值税法律制度的规定，下列关于出口退（免）税政策的表述中，正确的有（　　）。

A. 生产企业出口自产货物适用免抵退税办法

B. 适用增值税免税政策的出口货物，其进项税额不得抵扣和退税

C. 出口企业应将不同退税率的货物分开核算和申报，未分开报关、核算或划分不清的，不予退免税

D. 免抵退税办法中，在征、退税率不一致的情况下，需要计算免抵退税不得免征和抵扣税额，并将其从当期进项税额中转出

18. 根据增值税法律制度的规定，下列各项中属于非经营活动的有（　　）。

A. 行政单位收取的全部上缴财政的行政事业性收费

B. 单位聘用的员工为本单位提供取得工资的服务

C. 个体工商户聘用的员工为雇主提供取得工资的服务

D. 单位或者个体工商户为聘用的员工提供服务

19. 根据增值税法律制度的规定，下列服务中，适用零税率的有（　　）。

A. 向境外单位提供的完全在境外消费的物流辅助服务

B. 向境外单位提供的完全在境外消费的软件服务

C. 在境内载运旅客出境的国际运输服务

D. 向境外单位提供的完全在境外消费知识产权服务

三、判断题

1. 某增值税一般纳税人销售从农业生产者处购进的自产谷物，其缴纳增值税时适用零税率。（　　）

2. 纳税人销售应税货物的增值税纳税义务的发生时间为收讫销售款项或者取得索取销售款项凭据的当天。（　　）

3. 甲公司向乙公司以预收货款的方式销售一批电脑，甲公司增值税纳税义务的发生时间为发出该批电脑的当天。（　　）

4. 对属于一般纳税人的自来水公司销售自来水按简易办法依照3％征收率征收增值税，准予抵扣其购进自来水取得增值税扣税凭证上注明的增值税税款。（　　）

5. 固定电话、有线电视、宽带等经营者向用户收取的安装费、初装费等收费，按照电信服务缴纳增值税。（　　）

6. 纳税人按照人民币以外的货币结算销售额的，应当折合成人民币计算，折合率可以选择销售额发生的当天或者当月1日的人民币汇率中间价。纳税人应当事先确定采用何种折合率，确定后36个月内不得变更。（　　）

7. 无论购入或租入固定资产、不动产，既用于一般计税方法计税项目，又用于简易计税方法计税项目、免征增值税项目、集体福利或者个人消费的，其进项税额准予全额抵扣。（　　）

8. 其他个人提供建筑服务、销售或者租赁不动产、转让自然资源使用权，应当向其居住地主管税务机关申报缴纳增值税。（　　）

9. 进口环节在海关已纳增值税，在国内销售环节计算缴纳增值税税额时，不得抵扣进口环节增值税。（　　）

10. 典当业的死当物品销售业务和寄售业代委托人销售寄售物品的业务，不征收增值税。（　　）

11. 对在进口环节与国内环节，以及国内地区间个别货物（如初级农产品、矿产品等）增值税适用税率执行不一致的，纳税人应按其取得的增值税专用发票和海关进口增值税专用缴款书上注明的增值税额抵扣进项税额。（　　）

12. 增值税纳税人进口货物，应当自海关填发海关进口增值税专用缴款书之日起15日内缴纳税款。（　　）

13. 增值税零税率，是指货物在出口时整体税负为零，不但出口环节不必纳税，而且还可以退还以前环节已纳税款。（　　）

14. 进口货物的纳税人在进口环节不得抵扣进项税额，在国内销售环节可以抵扣进口环节的所纳的增值税。（　　）

15. 境外合格投资者（QFII）委托境内公司在我国从事证券买卖业务免征增值税。（　　）

16. 根据增值税法律制度的规定，提供有形动产

融资租赁服务不需要缴纳增值税。（　　）

17. 将自产、委托加工或者外购的货物用于集体福利或个人消费的,均视同销售,征收增值税。

（　　）

四、简答题

1. 甲公司为增值税一般纳税人,从事建筑用砂、土、石料的开采与销售,注册地在 M 市,2019年10月发生事项如下:

(1) 销售自产的建筑用的砂、土、石料,取得货款 3429.9 万元(含增值税),取得装卸搬运费 114.33 万元(含增值税)。购进工程设备 1000万元用于开采砂、土、石料,取得增值税专用发票,注明增值税税额 130 万元。

(2) 购进一批办公用品,进项税额为 3 万元,购入时取得增值税专用发票。

(3) 从国外进口一台设备,经 M 市海关核定的关税完税价格为人民币 500 万元,关税税率为 10%。

已知,甲公司全部销售业务依法选择简易计税办法,适用增值税征收率 3%。

要求:根据上述资料和增值税法律制度的规定,不考虑其他因素,回答下列问题(答案中金额单位用"万元"表示)。

(1) 计算事项(1)中甲公司的增值税应纳税额。

(2) 事项(2)中,甲公司购进办公用品的进项税额是否允许抵扣? 简要说明理由。

(3) 计算事项(3)中甲公司进口设备应缴纳的进口环节增值税。

2. 甲银行为增值税一般纳税人,主要提供存款、贷款、货币兑换、基金管理、资金结算、金融商品转让等相关金融服务,2019 年第二季度有关经营事项如下:

(1) 取得贷款利息收入 5300 万元(含增值税),支付存款利息 2120 万元,取得转贷利息收入 1060 万元(含增值税),支付转贷利息 424万元。

(2) 销售一批公司债券,卖出价 848 万元(含增值税),已知该批债券买入价 742 万元(含增值税),除此之外无其他金融商品买卖业务,上一纳税期金融商品买卖销售额为正差且已纳税。

(3) 购进自动存取款机 5 台,每台单价 5.65 万(含增值税),取得增值税专用发票;另外支付

购买上述机器的运输费 1.09 万元(含增值税),取得增值税专用发票。

已知:取得的增值税专用发票均可在当期抵扣。

要求:根据上述资料和增值税法律制度的规定,不考虑其他因素,回答下列问题(答案中的金额单位用"万元"表示)。

(1) 计算事项(1)中甲银行贷款及转贷业务的增值税销项税额。

(2) 计算事项(2)中甲银行金融商品买卖业务的增值税销项税额。

(3) 计算事项(3)甲银行购进存取款机及支付运费准予抵扣的增值税进项税额。

3. P 公司是一家食品生产公司(以下简称 P 公司)为增值税一般纳税人,2019 年 12 月,P 公司发生下列经营业务:

(1) 购进原材料一批,取得的增值税专用发票上注明价款 40000 元,税额 5200 元,委托某一般纳税人运输企业将其运回企业,支付不含税运费 1600 元,取得增值税专用发票。

(2) 销售低值易耗品,取得不含税收入 60000元,销售自己使用过的小汽车 1 辆,取得含税收入 56500 元,小汽车购进时已抵扣过进项税额。

(3) 销售方便面和模具给 H 公司,其中销售方便面开具增值税专用发票,收取不含税价款 200000 元,另外收取包装物押金 5650 元,当期逾期押金为 10170 元;销售模具开具普通发票,收取价税合计金额 169500 元,另外收取包装物押金 6780 元。合同约定,长江公司于 2020 年 3 月将模具包装物全部退还给 P 公司时,可取回全部押金。

(其他相关资料:上述增值税专用发票均已通过认证)

要求:根据上述资料和增值税法律制度的规定,分别计算、回答下列问题。

(1) 计算该企业业务(1)准予抵扣的进项税额。

(2) 计算该企业业务(2)应确认的增值税销项税额。

(3) 计算该企业业务(3)应确认的增值税销项税额。

五、综合题

1. 甲企业为增值税一般纳税人,主要从事洗衣机的生产与销售,2019 年 7 月发生如下业务:

（1）从乙公司（一般纳税人）购进生产用零部件一批，取得增值税专用发票，价款为 10 万元（不含增值税）；同时，委托丙运输企业（一般纳税人）运输该批零部件，取得增值税专用发票，价款为 2 万元（不含增值税）。

（2）从境外丁公司进口货物一批，关税完税价格为 120 万元，关税为 12 万元，取得海关开具的进口增值税专用缴款书，适用增值税税率 13%。

（3）接受戊公司（一般纳税人）的洗衣机广告服务，取得增值税专用发票，价款为 15 万元（不含增值税）。

（4）采用折扣方式销售 X 型洗衣机一批，该批洗衣机销售额为 20 万元（不含增值税），销售额和折扣额在同一张发票的"金额"栏内分别注明，折扣额为 2 万元（不含增值税）。

（5）采用预收款方式销售 Y 型洗衣机一批，2019 年 7 月 2 日收取全部预收款 5.65 万元（含增值税），该批产品于 2019 年 7 月 15 日发出。

（6）将一批新试制的 Z 型洗衣机赠送客户，该型号洗衣机尚无同类市场销售价格，该批洗衣机的生产成本为 30 万元，成本利润率为 10%。

已知：甲企业取得的增值税专用发票和进口增值税专用缴款书均可在当月抵扣。

要求：根据上述资料和增值税法律制度的规定，不考虑其他因素，回答下列问题（答案中金额单位用"万元"表示）。

（1）计算甲企业业务（1）中准予抵扣的增值税进项税额。

（2）计算甲企业业务（2）中应向海关缴纳的增值税额。

（3）计算甲企业业务（3）中准予抵扣的增值税进项税额。

（4）计算甲企业业务（4）中应确认的增值税销项税额。

（5）甲企业业务（5）的增值税纳税义务发生时间为何时？说明理由。

（6）甲企业业务（6）是否需要确认增值税销项税额？如果需要，计算销项税额；如果不需要，说明理由。

2. 甲家具厂为增值税一般纳税人，2019 年 6 月发生下列经营业务：

（1）外购一批橡木作为原材料，取得的增值税专用发票上注明金额 100 万元、增值税额 9 万元；支付给运输该批橡木的乙运输公司运费 8 万元，取得普通发票。

（2）外购一批松木作为原材料，取得的增值税专用发票上注明金额 200 万元、增值税额 18 万元。因管理不善，购进的松木当月发生霉变，霉变部分占购进部分的 10%；其他部分均已于当月生产领用（注意：购进松木作为原材料生产家具，所以抵扣率为 10%）。

（3）向农民收购一批榆木作为原材料且已于当月生产领用，农产品收购发票上注明买价 40 万元，委托丙运输公司（一般纳税人）运输，取得的丙运输公司开具的增值税专用发票上注明金额 3 万元。

（4）外购生产设备，取得的增值税专用发票上注明金额 250 万元。

（5）向某商贸企业销售办公家具一批，取得含税销售额 565 万元。

（6）转让一项技术，取得收入 10 万元。

已知：取得的增值税专用发票均在本月申报抵扣。

要求：根据上述资料，回答下列问题（涉及计算的，列出算式，结果保留到小数点后两位，单位：万元）。

（1）甲家具厂外购橡木负担的进项税额及支付运费负担的进项税额是否可以抵扣？分别说明理由。

（2）计算甲家具厂外购松木可以抵扣的进项税额。

（3）计算甲家具厂收购榆木及支付运费可以抵扣的进项税额。

（4）计算甲家具厂外购生产设备可以抵扣的进项税额。

（5）计算甲家具厂销售办公家具的销项税额。

（6）甲家具厂转让技术的收入是否应当缴纳增值税？如果缴纳，计算销项税额；如果不缴纳，说明理由。

参考答案及解析

一、单项选择题

1.【答案】 B

【解析】 选项ABCD均与购进的货物有关,但购进的货物只有用于投资、分配、赠送,才视同销售货物。

2.【答案】 B

【解析】 选项AB,购进的货物用于集体福利、个人消费的,不视同销售货物;用于投资、分配、无偿赠送的,视同销售货物。选项CD,自产的货物不论用于集体福利、个人消费,还是用于投资、分配、赠送,均视同销售货物。

3.【答案】 A

【解析】 选项A,购进货物用于集体福利、个人消费,不视同销售货物;用于投资、分配、无偿赠送的,视同销售货物。选项BCD,自产或委托加工的货物,不论用于集体福利、个人消费,还是用于投资、分配、无偿赠送,均视同销售货物。

4.【答案】 B

【解析】 由于甲公司先开具了发票,开具发票当天(6月3日)纳税义务发生;如果不先开发票,甲公司第一笔45万元货款的纳税义务发生时间为6月10日,第二笔35万元货款的纳税义务发生时间为6月25日。

5.【答案】 C

【解析】 本月发生纳税义务的是合同约定本月应收款项135600元,题目明确交代"135600元"为含税价款,应当作价税分离处理。故A公司当月销售饮料增值税销项税额＝135600÷(1+13％)×13％＝15600(元)。

6.【答案】 C

【解析】 采取赊销方式销售货物,增值税纳税义务发生时间为书面合同约定的收款日期的当天;无书面合同的或者书面合同没有约定收款日期的,为货物发出的当天。

7.【答案】 A

【解析】 一般纳税人销售旧货依照3％征收率减按2％征收增值税。主营二手车交易的应纳增值税金额＝412÷(1+3％)×2％＝8(万元);一般纳税人销售自己使用过的2009年1月1日以前购入的固定资产,依照3％征收率

减按2％征收增值税,销售2007年6月购入自用的一辆货车的应纳增值税金额＝10.3÷(1+3％)×2％＝0.2(万元);一般纳税人销售自己使用过的2009年1月1日以后购入的固定资产,按适用税率计算增值税销项税额,销售2016年10月购入自用的设备按照13％计算的增值税销项税额＝36.9÷(1+13％)×13％＝4.25(万元),故应纳税额＝8+0.2+4.25-0＝12.45(万元)。

8.【答案】 A

【解析】 选项BCD,适用税率为9％。

9.【答案】 B

【解析】 题目明确说明"823.62万元""115.54万元"为含增值税金额,应当价税分离。甲公司应缴纳增值税税额＝823.62÷(1+6％)×6％+115.54÷(1+9％)×9％-14.43＝41.73(万元)。

10.【答案】 A

【解析】 委托其他纳税人代销货物,增值税纳税义务发生时间为收到代销单位的代销清单或者收到全部价款或者部分货款的当天。未收到代销清单及货款的,为发出代销货物满180天的当天。

11.【答案】 C

【解析】 选项A,年应税销售额超过小规模纳税人标准的其他个人按小规模纳税人纳税。选项BD,非企业性单位、不经常发生应税行为的企业,可选择按小规模纳税人纳税。

12.【答案】 C

【解析】 根据规定,出口企业应将不同税率的货物分开核算和申报,未分开报关、核算或划分不清的,一律从低适用退税率计算退免税。

13.【答案】 A

【解析】 纳税人采取以旧换新方式销售金银首饰,按销售方实际收取的不含增值税的全部价款确定销售额。该笔业务应缴纳的增值税销项税额＝45200÷(1+13％)×13％＝5200(元)。

14.【答案】 B

【解析】 纳税人采取折扣方式销售货物,如果销售额和折扣额在同一张发票上分别注明,可以按折扣后的销售额征收增值税。该笔业务应缴纳的增值税销项税额＝258000×(1－10%)×13%＝30186(元)。

15.【答案】 C

【解析】 将自产货物无偿赠送给其他单位或个人视同销售,纳税人视同销售货物,应按如下顺序确定销售额:按纳税人最近时期同类货物平均销售价格;按其他纳税人最近时期同类货物的平均销售价格;按组成计税价格。本题中,无纳税人最近时期同类货物的平均销售价格,也无其他纳税人最近时期同类货物的平均销售价格,只能按组成计税价格计算。增值税销项税额＝成本×(1+成本利润率)×13%＝100000×(1＋10%)×13%＝14300(元)。

16.【答案】 A

【解析】 境内单位和个人向中华人民共和国境外单位提供电信服务,免征增值税。销项税额＝436÷(1＋9%)×9%＋424÷(1＋6%)×6%＝60(万元)。

17.【答案】 B

【解析】 将自产货物用于集体福利或个人消费应视同销售,纳税人视同销售货物,应按如下顺序确定销售额:按纳税人最近时期同类货物平均销售价格;按其他纳税人最近时期同类货物的平均销售价格;按组成计税价格。本题中,已给出最近时期同类货物的平均售价为3300元/台,因此甲企业该笔业务应缴纳的增值税销项税额＝3300×2×13%＝858(元)。

18.【答案】 B

【解析】 直接销售80台H型空调,由于"2825元"是含税单价,应作价税分离处理,销项税额＝2825×80÷(1＋13%)×13%＝26000(元)。采取以旧换新方式销售20台H型空调,由于空调属于一般货物,应以不含税的新货价为计税销售额。销项税额＝2825×20÷(1＋13%)×13%＝6500(元)。该企业当月上述业务增值税销项税额＝26000＋6500＝32500(元)。

19.【答案】 C

【解析】 选项AB,销售货物的同时收取包装物租金,应作为增值税价外费用处理,并入销售额征税。选项D,"时间在1年以内,又未过期",关键看所包装货物的种类,如果是非酒类产品、啤酒、黄酒,需逾期未退时再作销售处理;而如果是啤酒、黄酒以外的其他酒,则在押金收取时已作销售处理,逾期未退时不必再重复处理。

20.【答案】 A

【解析】 采取分期收款方式销售货物,纳税义务发生时间为合同约定收款日期的当天。外购货物用于集体福利,其进项税不得抵扣。当月P公司应纳增值税税额＝400×60%×13%＝31.2(万元)。

21.【答案】 D

【解析】 选项A,商业企业一般纳税人零售烟、酒、食品、服装、鞋帽(不包括劳保专用部分)、化妆品等消费品的,不得开具增值税专用发票;选项B,向消费者个人销售货物、劳务、服务、无形资产和不动产不得开具增值税专用发票;选项C,计生用品属于免征增值税的商品,不得开具增值税专用发票;选项D,增值税小规模纳税人(其他个人除外)发生增值税应税行为,可以根据需要,自愿使用增值税发票管理系统自行开具增值税专用发票。

22.【答案】 D

【解析】 个人出售购入不满2年的住房,按5%的征收率全额征收增值税。个人出售住房,房屋销售价格未做特别说明,视为含税价格,因此应缴纳的增值税税额＝900÷(1＋5%)×5%＝42.86(万元)。

23.【答案】 B

【解析】 用于免税项目的购进的货物和应税劳务的进项税额是不得抵扣的,对于正常报废产品所耗用的原材料,不属于非正常损失,因此其进项税额可以从销项税额中抵扣。

24.【答案】 B

【解析】 一般货物:按新货物的同期销售价格确定销售额,不扣减旧货物的收购价格。金银首饰:按销售方实际收取的不含增值税的全部价款征收增值税。电冰箱是属于一般货物,则销项税额＝2000×50÷(1＋13%)×13%＝115042.42(元)。

25.【答案】 C

【解析】 选项C,视同提供销售服务,应缴纳增值税。

26.【答案】 C

【解析】 自2020年5月1日至2023年12月31日,从事二手车经销的纳税人销售其收购的二手车,由原按照简易办法依3%征收率减按2%征收增值税,改为减按0.5%征收增值税。

二、多项选择题

1.【答案】 ABCD

【解析】 选项AB属于现代服务——租赁服务;选项C属于商务辅助服务;选项D属于生活服务。

2.【答案】 ACD

【解析】 选项B,只有将自产、委托加工的货物用于集体福利才属于视同销售,将外购的货物用于集体福利不属于视同销售。

3.【答案】 ABD

【解析】 选项A,融资性售后回租属于金融服务——贷款服务;选项B,广告的发布属于文化创意服务;选项D,邮政代理属于邮政服务。

4.【答案】 ABC

【解析】 增值税征收范围的金融服务,是指经营金融保险的业务活动。包括贷款服务、直接收费金融服务、保险服务和金融商品转让。融资租赁服务属于现代服务——租赁服务。

5.【答案】 CD

【解析】 增值税征收范围销售服务纳税人通过楼宇、隧道等室内通信分布系统,为电信企业提供的移动互联网等无线信号室分系统传输服务属于增值电信服务,因此选项C错误;纳税人通过蜂窝数字移动通信用塔(杆)及配套设施,为电信企业提供的塔类站址管理业务属于信息技术服务,因此选项D错误。

6.【答案】 ABCD

7.【答案】 BCD

【解析】 一般纳税人发生下列应税行为可以选择适用简易计税方法计税:公共交通运输服务;电影放映服务、仓储服务、装卸搬运服务(选项D)、收派服务和文化体育服务(选项C);经认定的动漫企业为开发动漫产品提供的动漫脚本编撰、设计、制作等服务,以及在境内转让动漫版权(选项B);以营改增试点前取得的有形动产为标的,提供的经营租赁服务;营改增试点前签订的,尚未执行完毕的有形动产租

赁合同。

8.【答案】 AC

【解析】 销售额是指纳税人销售货物或者提供应税劳务向购买方收取的全部价款和价外费用,但是不包括收取的销项税额。价外费用包括包装物租金、手续费,但不包括受托加工应征消费税的消费品所代收代缴的消费税。

9.【答案】 ABCD

【解析】 选项A,境内单位和个人为出口货物提供的邮政服务、收派服务、保险服务免税;选项B,境内单位和个人以无运输工具承运方式提供的国际运输服务免税;选项C,境内的单位和个人提供标的物在境外使用的有形动产租赁服务免税;选项D,纳税人提供的直接或者间接国际货物运输代理服务免税。

10.【答案】 ABD

【解析】 选项A,用于免征增值税项目的购进货物,进项税额不得抵扣;选项BD,购进的贷款服务、餐饮服务、居民日常服务和娱乐服务,进项税额不得抵扣。

11.【答案】 ABCD

12.【答案】 ABCD

13.【答案】 BC

【解析】 外购货物用于简易计税项目、生产免税项目等进项税额均不得抵扣。

14.【答案】 ABC

【解析】 纳税人销售货物或者提供应税劳务的价格明显偏低且无正当理由的,或者视同销售行为无销售额的,税务机关依下列顺序确定销售额:按纳税人最近时期同类货物的平均销售价格确定;按其他纳税人最近时期同类货物的平均销售价格确定;按组成计税价格确定,组成计税价格=成本×(1+成本利润率)。

15.【答案】 BC

【解析】 选项AD,其他个人,即使年应征增值税销售额超过500万元,也只能作为小规模纳税人;个体工商户超过小规模纳税人标准后通常应当登记为一般纳税人。

16.【答案】 ABD

【解析】 选项C,从事学历教育的学校提供的教育服务,免征增值税。

17.【答案】 ABD

【解析】 选项C,出口企业应将不同退税率的货物分开核算和申报,未分开报关、核算或划分不清的,一律从低适用退税率计算退免税。

18.【答案】 ABCD

19.【答案】 BC

【解析】 纳税人向境外单位提供的完全在境外消费的软件服务,税率为零,选项B正确。境内单位和个人跨境销售国际运输服务,税率为零,选项C正确。选项AD为免征增值税情形。

三、判断题

1.【答案】 ×

【解析】 增值税一般纳税人销售谷物(初级农产品),适用9%的低税率;农业生产者销售自产谷物,免征增值税。

2.【答案】 √

3.【答案】 √

【解析】 采取预收货款方式销售货物,纳税义务发生时间为货物发出的当天。

4.【答案】 ×

【解析】 对属于一般纳税人的自来水公司销售自来水,按简易办法依照3%征收率征收增值税,不得抵扣其购进自来水取得增值税扣税凭证上注明的增值税税款。

5.【答案】 ×

【解析】 固定电话、有线电视、宽带、水、电、燃气、暖气等经营者向用户收取的安装费、初装费、开户费、扩容费以及类似收费,按照"建筑服务——安装服务"缴纳增值税。

6.【答案】 ×

【解析】 纳税人按照人民币以外的货币结算销售额的,应当折合成人民币计算,折合率可以选择销售额发生的当天或者当月1日的人民币汇率中间价。纳税人应当事先确定采用何种折合率,确定后12个月内不得变更。

7.【答案】 √

8.【答案】 ×

【解析】 其他个人提供建筑服务、销售或者租赁不动产、转让自然资源使用权,应当向建筑服务发生地,不动产所在地,自然资源所在地税务机关申报缴纳增值税。

9.【答案】 ×

【解析】 进口环节在海关已纳增值税,在国内销售环节计算缴纳增值税税额时,可以抵扣进口环节增值税。

10.【答案】 ×

【解析】 典当业的死当物品销售业务和寄售业代委托人销售寄售物品的业务,按照简易计税方法依照3%征收率征收增值税。

11.【答案】 √

12.【答案】 √

13.【答案】 √

14.【答案】 √

15.【答案】 √

16.【答案】 ×

【解析】 除融资性售后回租外,不论有形动产融资租赁,还是不动产融资租赁,均按"销售现代服务——租赁服务"征收增值税。

17.【答案】 ×

【解析】 将自产、委托加工的货物用于集体福利或个人消费的,视同销售,征收增值税;将外购的货物用于集体福利或个人消费的,不视同销售,属于不得抵扣情形。

四、简答题

1.【答案】 (1)事项(1)应缴纳的增值税=$(3429.9+114.33)÷(1+3\%)×3\%=103.23$(万元)(一般纳税人购入专用于简易计税方法计税项目的固定资产,不得抵扣进项税额)

(2)购进办公用品的进项税额不可以抵扣。根据规定,购进货物用于简易计税办法计税的项目,其进项税额不得抵扣。

(3)事项(3)甲公司进口设备应缴纳的进口环节增值税=$[500+(500×10\%)]×13\%=71.5$(万元)

2.【答案】 (1)贷款及转贷业务的销项税额=$(5300+1060)÷(1+6\%)×6\%=360$(万元)

(2)金融商品买卖业务的销项税额=$(848-742)÷(1+6\%)×6\%=6$(万元)

(3)准予抵扣的进项税额=$5.65×5÷(1+13\%)×13\%+1.09÷(1+9\%)×9\%=3.34$(万元)

3.【答案】 (1)业务(1)准予抵扣的进项税额=$5200+1600×9\%=5344$(元)

(2)业务(2)应确认的增值税销项税额=$60000×13\%+56500÷(1+13\%)×13\%=14300$(元)

(3)销售一般货物收取的包装物押金,收取时不必计算增值税销项税额,在逾期没收时计算增值税销项税额。

销售面包的增值税销项税额＝[200000＋10170÷(1＋13%)]×13%＝27170(元)

销售模具的增值税销项税额＝169500÷(1＋13%)×13%＝19500(元)

业务(3)应确认的增值税销项税额合计金额＝27170＋19500＝46670(元)

五、综合题

1.【答案】 (1)业务(1)中准予抵扣的增值税进项税额＝10×13%＋2×9%＝1.48(万元)

(2)业务(2)应向海关缴纳的增值税额＝(120＋12)×13%＝17.16(万元)

(3)业务(3)中准予抵扣的增值税进项税额＝15×6%＝0.9(万元)

(4)业务(4)中应确认的增值税销项税额＝(20－2)×13%＝2.34(万元)

(5)业务(5)的增值税纳税义务发生时间为2019年7月15日。根据规定,采取预收货款方式销售货物,增值税纳税义务发生时间为货物发出的当天,但生产销售生产工期超过12个月的大型机械设备、船舶、飞机等货物,为收到预收款或者书面合同约定的收款日期的当天。

(6)业务(6)需要确认增值税销项税额。应确认的增值税销项税额＝30×(1＋10%)×13%＝4.29(万元)。

2.【答案】 (1)①甲家具厂外购橡木负担的增值税进项税额可以抵扣。因为购买的橡木作为原材料,用于生产应税项目,并且取得了增值税专用发票,可以抵扣进项税额。②支付的运费负担的进项税额不得抵扣。因为甲家具厂从乙运输公司取得的是普通发票,不得抵扣进项税额。

(2)甲家具厂外购松木可以抵扣的进项税额＝200×10%×(1－10%)＝18(万元)

(3)甲家具厂收购榆木可以抵扣的进项税额＝40×10%＋3×9%＝4.27(万元)(甲家具厂收购松木、榆木用于生产家具,适用的增值税税率为13%,因此,扣除率应为10%。上述2笔业务均为计算抵扣进项税额的情形,与相关抵扣凭证是增值税专用发票还是农产品收购发票无关。)

(4)甲家具厂外购生产设备可以抵扣的进项税额＝250×13%＝32.5(万元)

(5)甲家具厂销售办公家具的销项税额＝565÷(1＋13%)×13%＝65(万元)

(6)甲家具厂转让技术的收入免征增值税。根据规定,纳税人提供技术转让、技术开发和与之相关的技术咨询、技术服务免征增值税。

第六章

第七章
企业所得税法律制度

本章学习企业所得税的相关内容,近3年考试中平均分值为14分左右,所有题型均会涉及。本章难度较大,且中级职称教材涉及内容非常详细,考生应将备考重心放在基础知识上,应纳税所得额的计算及调整项目与税收优惠是历年来考查的重点。

考 试 变 化

本章除个别变动外对考试整体无重大影响。本章调整了保险企业手续费及佣金的税前扣除规定;新增了海南自由贸易港税收优惠政策;新增了制造企业2019年以后购入固定资产的加速折旧政策。

本 章 结 构

第一节　企业所得税概述

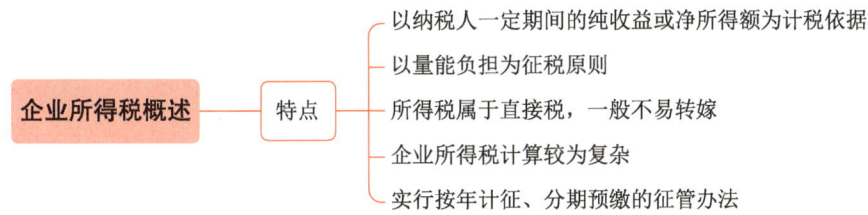

所得税是以所得为征税对象,并由所得获取主体缴纳的税收总称。

企业所得税是以企业的生产经营所得和其他所得为计税依据而征收的一种税。它是现代市场经济国家普遍开征的一个重要税种。与其他税种相比,企业所得税具有以下特点:

(1) 企业所得税以纳税人一定期间的纯收益额或净所得额为计税依据。

(2) 以量能负担为征税原则。

(3) 所得税属于直接税,一般不易转嫁。

(4) 企业所得税计算较为复杂。

(5) 实行按年计征,分期预缴的征管办法。

第二节　企业所得税的纳税人、征税范围及税率

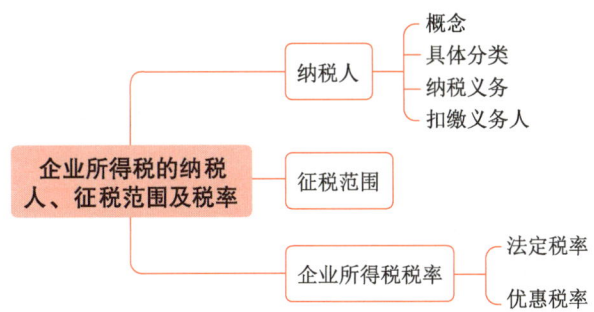

一、纳税人 ★★

(一) 概念

企业所得税纳税人是指在中国境内的企业和其他取得收入的组织(以下统称为企

业),包括各类企事业单位、社会团体、民办非企和从事经营活动的其他组织等,都属于企业所得税的纳税人。

提示▶个人独资企业、合伙企业不是企业所得税的纳税人。

(二) 具体分类

根据相关原则,税法上把企业分为居民企业和非居民企业。居民企业与非居民企业的判定标准如表7-1所示。

表7-1 居民企业与非居民企业的判定标准

类型	判定标准
居民企业	在中国境内成立
	依照外国(地区)法律成立但实际管理机构在中国境内
非居民企业	依照外国(地区)法律成立且实际管理机构不在中国境内,但在中国境内设立机构、场所
	在中国境内未设立机构、场所,但有来源于中国境内的所得

提示▶注册地、实际管理机构所在地二选一。

(三) 纳税义务

居民企业与非居民企业的纳税义务如表7-2所示。

表7-2 居民企业与非居民企业纳税义务

企业类型		纳税义务
居民企业		来源于中国境内、境外的所得
非居民企业	设立机构、场所	① 所设机构、场所取得的来源于中国境内的所得 ② 发生在中国境外但与其所设机构、场所有实际联系的所得
	设立机构、场所,但取得的所得与所设机构、场所没有实际联系	来源于中国境内的所得
	未设立机构、场所	

(四) 扣缴义务人——针对非居民企业

(1)非居民企业在中国境内未设立机构、场所的,或者虽然设立机构、场所但取得的所得与其所设机构、场所没有实际联系的,就其来源于中国境内的所得缴纳企业所得税,实行源泉扣缴,以支付人为扣缴义务人。

(2)对非居民企业在中国境内取得工程作业和劳务所得应缴纳的所得税,税务机关可以指定工程价款或者劳务费的支付人为扣缴义务人。

【例题7-1多选题】(2017年真题) 根据企业所得税法律制度的规定,下列取得收入

的主体中,应当缴纳企业所得税的有(   )。

A. 合伙企业

B. 国有独资公司

C. 股份有限公司

D. 高等院校

【答案】 BCD

【名师点睛】 企业所得税的纳税人包括各类企业、事业单位、社会团体、民办非企业单位和从事经营活动的其他组织等,但不包括个人独资企业和合伙企业。

【例题 7-2 多选题】(2016 年真题) 根据企业所得税法律制度的规定,在我国境内设立机构、场所的非居民企业取得的下列所得中,应当向我国缴纳企业所得税的有(   )。

A. 来源于中国境内,但与其我国境内所设机构、场所没有实际联系的所得

B. 来源于中国境外,但与其在我国境内所设机构、场所有实际联系的所得

C. 来源于中国境内,且与其在我国境内所设机构、场所有实际联系的所得

D. 来源于中国境外,且与其在我国境内所设机构、场所没有实际联系的所得

【答案】 ABC

【名师点睛】 非居民企业在中国境内设立机构、场所的,应当就其所设机构、场所取得的来源于中国境内的所得,以及发生在中国境外但与其所设机构、场所有实际联系的所得,缴纳企业所得税。

二、 征税范围★★

税法明确规定了企业所得税的征税范围,并规定了中国境内境外所得的来源地确定原则,详见表 7-3。

表 7-3 所得来源地的确定原则

所得		所得来源地
销售货物所得		交易活动发生地
提供劳务所得		劳务发生地
转让财产所得	不动产转让所得	不动产所在地
	动产转让所得	转让动产的企业或机构、场所所在地
	权益性投资资产转让所得	被投资企业所在地
股息、红利等权益性投资所得		分配所得的企业所在地
利息所得、租金所得、特许权使用费所得		负担、支付所得的企业或者机构、场所所在地,或负担、支付所得的个人的住所地

【例题 7-3 判断题】(2017 年真题) 甲公司于 2016 年向意大利的乙公司出售一处位于中国境内的房产,乙公司在意大利将房款支付给了甲公司在意大利的分支机构。就该笔转让所得,甲公司有义务向中国主管税务机关申报缴纳企业所得税。(   )

【答案】 √

【例题 7-4 单选题】(经典好题) 下列各项中,按照分配所得的企业所在地确定所得来源地的是(   )。

A. 销售货物所得

B. 提供劳务所得

C. 动产转让所得

D. 股息、红利等权益性投资所得

【答案】 D

【名师点睛】 根据规定,销售货物所得,按照交易活动发生地确定;提供劳务所得,按照劳务发生地确定;动产转让所得,按照转让动产的企业或者机构、场所所在地确定;股息、红利等权益性投资所得,按照分配所得的企业所在地确定。

三、企业所得税税率★★★

企业所得税税率如表7-4所示。

表7-4 企业所得税税率

税率		适用对象
法定税率	25%	居民企业
		在中国境内设立机构、场所且取得的所得与其所设机构、场所有实际联系的非居民企业
	20%	在中国境内未设立机构、场所的非居民企业
		虽设立机构、场所,但取得的所得与其所设机构、场所没有实际联系的非居民企业
优惠税率	10%	执行20%税率的非居民企业
	15%	高新技术企业、技术先进型服务企业
	20%	小型微利企业(税收新政) 提示▶年应纳税所得额不超过100万元的部分,减按25%计入应纳税所得额;超过100万元但不超过300万元的部分,减按50%计入应纳税所得额

【例题7-5 多选题】(2018年真题) 根据企业所得税法律制度的规定,注册地所在国与中国无税收协定的非居民企业的下列所得中,适用10%税率的有( )。

A. 在中国未设立机构、场所,取得的来自中国境内的股息收入

B. 在中国未设立机构、场所,取得的来自中国境内的利息收入

C. 在中国未设立机构、场所,取得的来自中国境外的利息收入

D. 在中国设立机构、场所,取得的来自中国境外的股息收入,该笔所得与其机构、场所无实际联系

【答案】 AB

【名师点睛】 选项AB,在中国境内未设立机构、场所,或者虽设立机构、场所但取得的所得与其所设机构、场所没有实际联系的,就其来源于中国境内的所得,减按10%税率。选项CD,不需在我国缴纳企业所得税。

【例题7-6 多选题】(经典好题) 甲企业为符合条件的小型微利企业。2020年甲企业的应纳税所得额为280万元。甲企业当年应缴纳的企业所得税税额为( )万元。

A. 23　　　　　 B. 25　　　　　 C. 20　　　　　 D. 56

【答案】 A

【名师点睛】 小型微利企业年应纳税所得额不超过100万元的部分,减按25%计入应纳税所得额,实际税率为5%;超过100万元但不超过300万元的部分,减按50%计入应纳税所得额,实际税率为10%,按20%的税率缴纳企业所得税。则甲企业应缴纳企业所得税=[100×25%+(280-100)×50%]×20%=23(万元)。

第三节 企业所得税的应纳税所得额

本节框架

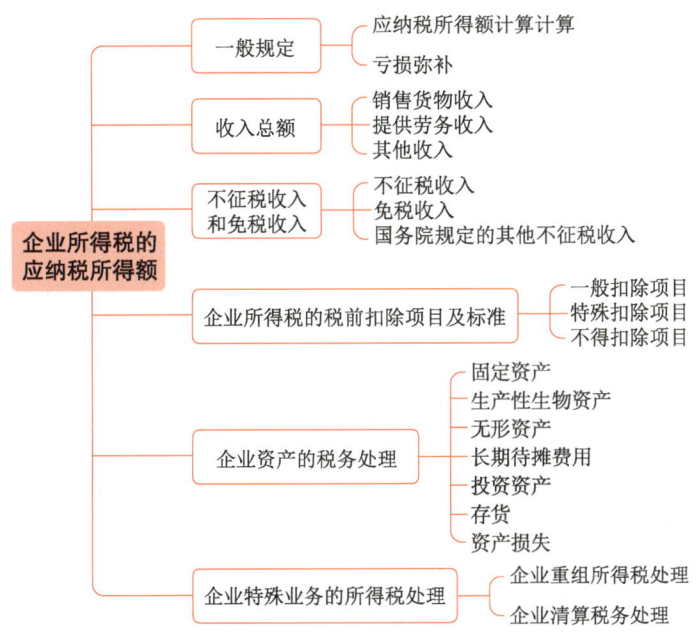

一、一般规定

(一)应纳税所得额计算

1. 直接计算法

$$应纳税所得额 = 收入总额 - 不征税收入 - 免税收入 - 各项扣除项目 - 允许弥补的以前年度亏损$$

2. 间接计算法

$$应纳税所得额 = 利润总额 \pm 纳税调整项目金额$$

提示 ▶在计算应纳税所得额时,财务会计处理办法同税法不一致的,以税法规定计算纳税。

(二)亏损弥补

企业纳税年度发生的亏损,准予向以后年度结转,用以后年度的所得弥补,但结转年限最长不得超过五年。自2018年1月1日起,当年具备高新技术企业或科技型中小企业资格的企业,其具备资格年度之前5个年度发生的尚未弥补完的亏损,准予结转以后年度弥补,最长结转年限由5年**延长至10年**。

亏损弥补期限是自亏损年度报告的下一个年度起连续5年不间断地计算。

提示 补亏的规定主要有三点:

① 按照税法调整后的亏损额。

② 以亏损年度的下一年算起,连续计算五年,中间不得中断。

③ 先亏先补,后亏后补。

考试方向

考查企业所得税亏损弥补的计算。

【例题7-7 单选题】(经典好题) 经税务机关审定的甲公司2019年应纳税所得额情况如表7-5所示,假设该企业一直执行5年亏损弥补规定,企业所得税税率为25%,则该企业8年间累计缴纳企业所得税为( )万元。

表7-5 年度应纳税所得额明细表

年度	2012	2013	2014	2015	2016	2017	2018	2019
应纳税所得(万元)	−150	20	−60	30	40	30	−20	120

A. 15　　　　B. 10　　　　C. 8.5　　　　D. 9

【答案】 B

【名师点睛】 2012至2017年所得弥补2012年亏损,未弥补完但已到5年抵亏期满;2018年依然亏损,不纳税;2019年所得弥补2014年和2018年亏损后,还有余额40万元,要计算纳税,应纳税额＝40×25%＝10(万元)。

二、收入总额★★★

企业以货币形式和非货币形式从各种来源取得的收入为收入总额。

(1) **货币形式**的收入:现金、存款、应收账款、应收票据、准备持有至到期的债券投资、**债务的豁免**等。

(2) **非货币形式**的收入:固定资产、生物资产、无形资产、股权投资、存货、不准备持有至到期的债券投资、劳务以及有关权益等。

提示 企业以非货币形式取得的收入,应当按照**公允价值**确定收入额,即按照市场价格确定的价值。

考试方向

考查企业所得税收入的形式,属于高频考点。

【例题7-8 多选题】(经典好题) 企业按照公允价值确定收入的收入形式包括( )。

A. 股权投资　　　　　　　　B. 债务的豁免

C. 劳务　　　　　　　　　　D. 不准备持有到期的债券投资

【答案】 ACD

【名师点睛】 企业以非货币形式取得的收入,应当按照公允价值确定收入额。企业取得非货币形式的收入包括:固定资产、生物资产、无形资产、股权投资、存货、不准备持有至到期的债券投资、劳务以及有关权益等。

(一) 销售货物收入

(1) 采用特殊销售方式的销售货物收入，其收入实现时间的确认如表7-6所示。

表7-6 特殊销售方式的收入时间的确认

托收承付	办妥托收手续时确认收入
预收款	发出商品时确认收入
安装检验	① 购买方接受商品及安装检验完毕时确认收入 ② 如果安装程序比较简单，可在发出商品时确认收入
采用支付手续费方式代销	收到代销清单时确认收入
分期付款	合同约定的收款日期确认收入

(2) 销售收入金额的确认如表7-7所示。

表7-7 销售收入金额的确认

售后回购方式		销售的商品按售价确认收入，回购的商品作为购进商品处理
		有证据表明不符合销售收入确认条件的，如以销售商品方式进行融资，收到的款项应确认为负债，回购价格大于原售价，差额应在回购期间确认为利息费用
以旧换新		销售商品按销售商品收入确认条件确认收入，回收的商品作为购进商品处理
折扣	商业折扣	按扣除商业折扣后的金额确定销售商品收入
	现金折扣	按扣除现金折扣前的金额确定销售商品收入金额，现金折扣在实际发生时作为财务费用
折让退回		销售折让和销售退回在发生当期冲减当期销售商品收入
买一赠一		总的销售金额按各项商品的公允价值的比例来分摊确认各项的收入

提示 ▶ 有证据表明不符合销售收入确认条件的，如以销售商品方式进行融资，收到的款项应确认为负债，回购价格大于原售价的，差额应在回购期间确认为利息费用。

案例 7-1

居民企业 M 公司 2019 年推出了"买一赠一"的促销活动，凡购买一件售价 80 元 (不含税) 牙膏的，附赠一套原价 20 元 (不含税) 的牙刷。

M 公司每件牙膏和牙刷的确认销售收入为多少元？

每件牙膏的确认收入 $= 80 \times [80 \div (80+20)] = 64$ (元)

每件牙刷的确认收入 $= 80 \times [20 \div (80+20)] = 16$ (元)

【例题 7-9 单选题】(经典好题) 根据企业所得税法律制度的规定，下列关于不同方式下销售商品收入金额确定的表述中，正确的是（　　）。

A. 采用商业折扣方式销售商品的，按照商业折扣前的金额确定销售商品收入金额

B. 采用现金折扣方式销售商品的，按照现金折扣前的金额确定销售商品收入金额

考试方向

考查企业所得税确认销售收入的时间和销售额。

C. 采用售后回购方式销售商品的,按照扣除回购商品公允价值后的余额确定销售商品收入金额

D. 采用以旧换新方式销售商品的,按照扣除回收商品公允价值后的余额确定销售商品收入金额

【答案】 B

【名师点睛】 商品销售涉及商业折扣的,应当按照扣除商业折扣后的金额确定销售商品收入金额,选项 A 错误;售后回购方式销售商品的,一般情况下,销售的商品按售价确认收入,回购的商品作为购进商品处理,选项 C 错误;销售商品以旧换新的,换出去的商品应当按照销售商品收入确认条件确认收入,回收的商品作为购进商品处理,选项 D 错误。

(二) 提供劳务收入

以下类别的收入满足收入确认条件的,应按规定确认收入。详见表 7-8。

表 7-8 提供劳务收入时间的确认

收入类别	确认时间
安装费	① 应根据安装完工进度确认收入 ② 安装服务属于商品销售附带条件的,安装费在商品销售实现时确认收入
宣传媒介的收费	① 在相关的广告或商业行为出现于公众面前时确认收入 ② 广告的制作费,根据制作广告的完工进度确认收入
软件费	为特定客户开发软件的,根据开发的完工进度确认收入
服务费	包含在商品售价内可区分的服务费,在提供服务的期间分期确认收入
艺术表演、招待宴会的收费	在相关活动发生时确认收入
会员费	① 只有会籍而不享受连续服务的,取得该会员费时确认收入 ② 申请入会或加入会员后,不再付费就能够享受连续服务的在整个受益期内分期确认收入
特许权费	① 属于提供设备和其他有形资产的特许权费,在交付资产或转移资产所有权时确认收入 ② 属于提供初始及后续服务的特许权费,在提供服务时确认收入
劳务费	长期为客户提供重复的劳务收取的劳务费,在相关劳务活动发生时确认收入

考试方向

考查提供劳务收入各类别的收入确认时间。

【例题 7-10 多选题】(2017 年真题) 根据企业所得税法律制度的规定,下列关于企业提供劳务确认收入的表述中,正确的有( )。

A. 为特定客户开发软件的收费,应根据开发的完工进度确认收入

B. 长期为客户提供重复的劳务收取的劳务费,在相关劳务活动发生时确认收入

C. 商品销售附带安装的安装费,应根据安装完工进度确认收入

D. 广告的制作费,应根据制作广告的完工进度确认收入

【答案】 ABD

【名师点睛】 选项 C,对商品销售附带安装的,安装费应在商品销售实现时确认收入。

（三）其他收入

1. 转让股权收入

（1）时间的确认：企业转让股权收入，应于**转让协议生效且完成股权变更手续时**，确认收入。

（2）金额的确认：转让股权收入**扣除**为取得该股权所发生的成本后，为股权转让所得。

> **提示** ▶ 计算股权转让所得时，**不得扣除**被投资企业未分配利润等股东留存收益中按该项股权所可能分配的金额；股权转让时被投资企业的未分配利润等中属于股东的部分，为股东持有该公司股份期间的投资收益，属于股权转让所得中的一部分。

案例 7-2

2019 年，A 公司投资 B 公司 1000 万元，取得 B 公司 30% 的股权，2020 年，又以 1500 万元的价格将该股权转让给 C 公司。股权转让时，B 公司在 A 公司投资期间形成的未分配利润为 120 万元。

A 公司取得股权的成本为 1000 万元，股权转让收入为 1500 万元。

A 企业股权转让所得＝1500－1000＝500（万元）

股权转让收入确认时间：股权转让协议生效，且完成股权变更手续。

2. 股息、红利等权益性投资收益

股息、红利等权益性投资收益按照被投资方作出利润分配决定的日期确认收入。

被投资企业将**股权（票）溢价所形成的资本公积**就是所有者投入的**超出股票票面价值的部分**，转为股本后，不作为投资方企业的股息、红利收入，投资方企业也**不得增加**该项长期投资的计税基础。

3. 利息收入

利息收入按照**合同约定**的债务人应付利息的日期确认收入。

4. 租金收入

租金收入按照**合同约定**的承租人应付租金的日期确认收入。

> **提示** ▶ 如果交易合同或协议中规定租赁期限**跨年度**，且租金**提前一次性支付**的，出租人可对上述已确认的收入，在租赁期内，**分期**均匀计入相关年度收入。

5. 特许权使用费收入

特许权使用费收入按照**合同约定**的特许权使用人应付特许权使用费的日期确认收入的实现。

6. 接受捐赠收入

接受捐赠收入按照**实际收到**捐赠资产的日期确认收入的实现。

7. 债务重组

债务重组应在债务重组合同或**协议生效**时确认收入的实现。

8. 非货币性资产投资

企业对外投资的非货币性资产应进行评估，并按评估后的**公允价值**扣除计税基础后的余额计算确认非货币性资产转让所得。

9. 其他收入

其他收入包括企业资产溢余收入、逾期未退包装物押金收入、确实无法偿付的应付款项、已作坏账损失处理后又收回的应收款项、补贴收入、违约金收入、汇兑收益等。

提示▶ ① 全额计税:利息、股息、红利、租金、特许权使用费。
② 差额计税:财产转让所得。

【例题7-11 单选题】(2018年真题) 根据企业所得税法律制度的规定,下列关于企业确认收入的表述中,正确的是( )。

A. 利息收入,按照合同约定的债务人应付利息的日期确认收入的实现

B. 股权转让收入,应于转让协议生效时确认收入的实现

C. 特许权使用费收入,应于许可方收到特许权使用费的日期确认收入的实现

D. 接受捐赠收入,按照捐赠方作出捐赠决定的日期确认收入的实现

【答案】 A

【名师点睛】 选项B,企业转让股权收入,应于转让协议生效,且完成股权变更手续时,确认收入的实现。选项C,特许权使用费收入,按照合同约定的特许权使用人应付特许权使用费的日期确认收入的实现。选项D,接受捐赠收入,按照实际收到捐赠资产的日期确认收入的实现。

【例题7-12 多选题】(2017年真题) 甲公司为居民企业。2016年发生下列业务取得的收入中,应当计入甲公司当年企业所得税应纳税所得额的有( )。

A. 接受乙企业给予的捐赠　　　B. 收取的丙企业支付的违约金

C. 举办业务技能培训收取的培训费　D. 收取的未到期的包装物押金

【答案】 ABC

【名师点睛】 选项A属于接受捐赠收入,选项B属于其他收入,选项C属于提供劳务收入,均应纳入应纳税所得额计征企业所得税。

三、不征税收入和免税收入 ★★

不征税收入,从性质上讲不属于企业营利性活动带来的经济利益。

(一)不征税收入

1. 财政拨款

企业取得的各类财政性资金,除属于国家投资和资金使用后要求归还本金的以外,均应计入企业当年收入总额。必须是国务院财政、税务主管部门规定专项用途并经国务院批准的财政性资金,才允许作为不征税收入予以扣除。

提示▶ 财政性资金,不包括企业按照规定取得的出口退税款。

2. 依法收取并纳入财政管理的行政事业性收费、政府性基金

不征税收入用于支出所形成的费用,不得在计算应纳税所得额时扣除;企业的不征税收入用于支出所形成的资产,其计算的折旧、摊销不得在计算应纳税所得额时扣除(配比原则)。

(二)国务院规定的其他不征税收入

一般是指企业取得的,由国务院财政、税务主管部门规定专项用途并经国务院批准

的财政性资金。

（三）免税收入

免税收入是纳税人应税收入的组成部分，是国家给予的特定税收优惠。

（1）国债利息收入。

（2）符合条件的居民企业之间的股息、红利等权益性投资收益。

（3）在中国境内设立机构、场所的非居民企业从居民企业取得与该机构、场所实际联系的股息、红利等权益性投资收益。

（4）符合条件的非营利组织的收入。

提示▶ 国债转让所得不免税。上述（2）（3）所指的权益性投资收益，投资方须连续持有12个月以上。

考试方向
考查企业的不征税收入和免税收入。

【例题7-13 单选题】（2019年真题） 根据企业所得税法律制度的规定，居民企业取得的下列收入中，属于不征税收入的是（   ）。

A. 财政拨款　　　　　　B. 国债利息

C. 接受捐赠收入　　　　D. 存款利息

【答案】 A

【名师点睛】 选项B属于免税收入；选项CD属于应税收入。

四、企业所得税的税前扣除项目及标准 ★★★

（一）一般扣除项目

一般扣除项目是指与取得收入有关的、合理的、实际发生的支出，包括成本、费用、税金、损失和其他支出，准予在计算应纳税所得额时扣除。

1. 成本与费用

（1）工资薪金支出的税前扣除如表7-9所示。

企业发生的合理的工资薪金支出准予据实扣除。工资薪金总额为实际发放的工资薪金总额。

表7-9 工资薪金总额支付范围

	明细
包括	基本工资、奖金、津贴、补贴（不包括独生子女补贴）、年终加薪、加班工资以及与员工任职或者受雇有关的其他支出，如地区补贴、物价补贴和误餐补贴
不包括	企业的职工福利费、职工教育经费、工会经费以及养老保险费、医疗保险费、失业保险费、工伤保险费、生育保险费等社会保险费和住房公积金

对工资支出合理性的判断：① 雇员实际提供了服务。② 报酬总额在数量上是合理的。

考试方向
考查准予扣除的企业合理工资薪金支出的范围。

【例题7-14 单选题】（经典好题） 根据企业所得税法律制度的规定，纳税人在计算应纳税所得额时，对发生的下列支出项目中，不能作为工资薪金支出的有（   ）。

A. 奖金　　　　　　　　B. 独生子女补贴

C. 年终加薪　　　　　　D. 加班工资

【答案】 B

【名师点睛】 根据规定,工资薪金支出包括基本工资、奖金、津贴、补贴、年终加薪、加班工资以及与职工或者受雇有关的其他支出。

(2)社会保险费的税前扣除如表 7-10 所示。

表 7-10 社会保险费的相关扣除规定

类型	扣除规定
五险一金	准予扣除
补充养老保险、补充医疗保险	分别在不超过职工工资总额5%的部分准予扣除
企业财产保险	准予扣除
特殊工种人身安全保险	
职工因公出差乘坐交通工具发生的人身意外保险费	
其他商业保险	不得扣除

(3)职工福利费等的税前扣除如表 7-11 所示。

表 7-11 职工福利费的扣除标准

类型	计算基数	扣除比例	特殊规定
职工福利费	实发工资薪金总额	14%	—
工会经费		2%	—
职工教育经费		8%	超过部分,准予在以后纳税年度结转扣除

【例题 7-15 单选题】(2019 年真题) 甲居民企业为软件生产企业。2018 年度甲居民企业实际发生的合理的工资薪金总额为 5000 万元,发生职工教育经费支出 625 万元,其中职工培训费用支出 200 万元。甲居民企业在计算 2018 年度企业所得税应纳税所得额时,准予扣除的职工教育经费为( )万元。

A. 625　　　　B. 600　　　　C. 400　　　　D. 425

【答案】 B

【名师点睛】 企业发生的职工教育经费支出,不超过工资薪金总额8%的部分,准予扣除;超过部分,准予在以后纳税年度结转扣除。对于软件生产企业发生的职工教育经费中的职工培训费用,可以据实全额在企业所得税前扣除。5000×8%＋200＝600(万元)。

【例题 7-16 单选题】(经典好题) 某生产公司,2019 年计入成本、费用中的合理的实发工资为 800 万元,当年发生的工会经费为 18 万元、职工福利费为 120 万元、职工教育经费为 70 万元。则该企业在计算 2019 年应税所得时准予扣除的职工工会经费、职工福利费、职工教育经费合计金额为( )万元。

A. 192　　　　B. 186　　　　C. 158　　　　D. 138

【答案】 A

【名师点睛】 职工福利三个比例要分别计算,不能合并。具体计算结果如表7-12(金额单位:万元):

表7-12 职工福利扣除计算

项目	限额	实际发生额	可扣除额	超支额
工会经费	800×2%=16	18	16	2
职工福利费	800×14%=112	120	112	8
职工教育经费	800×8%=64	70	64	6
合计	192	208	192	16

【例题7-17 单选题】(经典好题) 根据企业所得税法律制度的规定,在计算企业应纳税所得额时,除国务院财政、税务主管部门另有规定外,有关费用支出不超过规定比例的准予扣除,超过部分,准予在以后纳税年度结转扣除。下列各项中,属于该有关费用的是( )。

A. 工会会费   B. 社会保险费

C. 职工福利费   D. 职工教育经费

【答案】 D

【名师点睛】 根据规定,除国务院财政、税务主管部门另有规定外,企业发生的职工教育经费支出,不超过工资薪金总额8%的部分,准予扣除;超过部分,准予在以后纳税年度结转扣除。

(4) 业务招待费。

企业发生的与生产经营活动有关的业务招待费,按照发生额的60%扣除,但最高不得超过当年销售(营业)收入的5‰。

需要作两个标准的计算并进行比较,将年销售(营业)收入的5‰与实际招待费支出的60%比大小,以较小者作为可扣除金额。

提示▶对从事股权投资业务的企业(包括集团公司总部、创业投资企业等),其从被投资企业所分配的股息、红利以及股权转让收入,可以按规定的比例计算业务招待费扣除限额。

广告费、业务宣传费、业务招待费扣除限额的计算基数:销售收入=主营业务收入+其他业务收入+视同销售收入。不包括营业外收入和投资收益(有特例,例如,企业向银行贷款,银行取得的贷款利息收入对应的投资收益就是银行主营业务收入,此时投资收益就是银行广告费、业务宣传费、业务招待费扣除限额的计算基数)、转让财产收入。

【例题7-18 单选题】(2020年真题) 某商业企业2017年度销售收入净额为8000万元,发生业务招待费35万元,且能提供有效凭证。该商业企业在计算企业所得税应纳税所得额时,准予扣除的业务招待费为( )万元。

A. 40   B. 35   C. 21   D. 14

【答案】 C

考试方向
考查企业业务招待费的扣除计算。

第七章

【名师点睛】 准予扣除的业务招待费限额＝8000×0.5％＝40（万元），实际发生额的60％＝35×60％＝21（万元），准予扣除的业务招待费为21万元。

【例题7-19 单选题】(2019年真题) 2018年度甲居民企业销售收入为8000万元，营业外收入为1000万元，实际发生与生产经营有关的业务招待费为70万元。甲居民企业在计算2018年度企业所得税应纳税所得额时，准予扣除的业务招待费为（   ）万元。

A. 70   B. 45   C. 42   D. 40

【答案】 D

【名师点睛】 70×60％＝42（万元）＞8000×5‰＝40（万元），因此准予扣除的业务招待费为40万元。

(5) 广告费和业务宣传费的扣除标准如表7-13所示。

表7-13　广告费和业务宣传费扣除标准

企业类型	扣除标准
一般企业	不超过当年销售（营业）收入15％的部分准予扣除；超过部分，准予在以后纳税年度结转扣除
化妆品制造或销售	不超过当年销售（营业）收入30％的部分准予扣除；超过部分，准予在以后纳税年度结转扣除
医药制造	
饮料制造（不含酒类制造）	
烟草企业	不得扣除

考试方向

考查广告费和业务宣传费的扣除。

【例题7-20 多选题】(经典好题) 甲公司2019年度取得销售收入为4000万元，当年发生的与经营有关的业务招待费支出为60万元、广告费和业务宣传费为200万元。根据企业所得税法律制度的规定，甲公司在计算当年应纳税所得额时，下列关于业务招待费、广告费和业务宣传费准予扣除数额的表述中，正确的有（   ）。

A. 业务招待费准予扣除的数额为20万元

B. 业务招待费准予扣除的数额为36万元

C. 广告费和业务宣传费准予扣除的数额为600万元

D. 广告费和业务宣传费准予扣除的数额为200万元

【答案】 AD

【名师点睛】 企业发生的与生产经营活动有关的业务招待费支出，按照发生额的60％[60×60％＝36（万元）]扣除，但最高不得超过当年销售（营业）收入的5‰[4000×5‰＝20（万元）]。则可以税前扣除的业务招待费为20万元。企业发生的符合条件的广告费和业务宣传费支出，不超过当年销售（营业）收入15％的部分[4000×15％＝600（万元）]，准予扣除；超过部分，准予在以后纳税年度结转扣除。实际发生200万元，所以税前可以扣除200万元。

【例题7-21 多选题】(2019年真题) 根据企业所得税法律制度的规定，纳税人实际发生符合条件的下列支出中，对超过规定限额的部分，准予在以后纳税年度结转扣除的有（   ）。

A. 广告费和业务宣传费   B. 职工教育经费

C. 业务招待费　　　　　　　　D. 职工福利费

【答案】 AB

【名师点睛】 选项 A,企业发生的符合条件的广告费和业务宣传费支出,除国务院财政、税务主管部门另有规定外,不超过当年销售(营业)收入 15% 的部分,准予扣除;超过部分,准予在以后纳税年度结转扣除。选项 B,企业发生的职工教育经费支出,不超过工资薪金总额 8% 的部分,准予扣除;超过部分,准予在以后纳税年度结转扣除。

(6) 利息费用。

① 非关联方借款如表 7-14 所示。

表 7-14　非关联方借款利息扣除标准

借款方	出借方	扣除标准
非金融企业	金融企业	准予扣除
非金融企业	非金融企业	不超过金融企业同期同类贷款利率部分准予扣除

提示▶ 上述利息费用是指费用化的利息支出,如借款利息为资本化支出则应计入相应资产成本,以折旧或摊销方式扣除。

② 关联方借款——防止资本弱化。

a. 企业从其关联方接受的债权性投资与权益性投资的比例超过规定标准而发生的利息支出,不得在计算应纳税所得额时扣除。

b. 具体的债权性投资与权益性投资比例:

金融企业——5：1

其他企业——2：1

提示▶ 即使按照金融机构同期同类贷款利率,超过债权性投资与权益性投资比例的借款产生的利息费用也不得扣除,因为本来就不该发生。

【例题 7-22 单选题】(2019 年真题) 2017 年 12 月 1 日,甲居民企业因生产经营需要向银行借款 3000 万元,借款期限为 3 年,年利率为 6%,2018 年 4 月 1 日,甲居民企业将该笔借款全部用于建设新厂房,同年 12 月 31 日,该厂房竣工结算并交付使用,甲居民企业在计算 2018 年度企业所得税应纳税所得额时,可以直接扣除的该项借款费用为( )万元。

A. 45　　　　　B. 135　　　　　C. 15　　　　　D. 180

【答案】 A

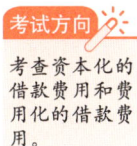

考试方向

考查资本化的借款费用和费用化的借款费用。

【名师点睛】 企业在生产经营活动中发生的合理的不需要资本化的借款费用,准予扣除。2018 年前 3 个月的借款费用不需要资本化。可直接扣除的借款费用=3000×6%×3÷12=45(万元)。

(7) 总机构分摊的费用。

非居民企业在中国境内设立的机构、场所,就其中国境外总机构发生的与该机构、场所生产经营有关的费用,能够提供总机构出具的费用汇集范围、定额、分配依据和方法等证明文件,并合理分摊的,准予扣除。

(8) 企业取得的各项免税收入(不包括不征税收入)对应的各项成本费用,除另有规定者外,可以在计算企业应纳税所得额时扣除。

2. 税金及附加

(1) 可扣除:已缴纳的消费税、城市维护建设税、资源税、土地增值税、关税及教育费附加等。

(2) 不可扣除:增值税为价外税,计算时不得扣除;企业所得税不得扣除。

【例题 7-23 多选题】(经典好题) 根据企业所得税法律制度的规定,企业缴纳的下列税金中,可以在计算企业应纳税所得额时扣除的是( )。

A. 增值税　　　　B. 消费税　　　　C. 资源税　　　　D. 房产税

【答案】 BCD

【名师点睛】 增值税为价外税,应纳税所得额计算时不得扣除。

3. 损失

(1) 企业发生的损失,减除责任人赔偿和保险赔款后的余额,依照国务院财政、税务主管部门的规定扣除。

提示▶损失要考虑是否需要增值税进项转出。

自然灾害造成的损失无需进项转出,管理不善引起的损失需要进项转出。

案例 7-3

甲公司 2019 年 10 月因企业管理不善发生意外事故,损失库存外购原材料 50 万元,取得保险公司赔款 10 万元;因自然灾害的原因发生存货损失 20 万元。请问税前扣除的损失为多少?

税前扣除的损失 $= 50 + 50 \times 13\% - 10 + 20 = 66.5$(万元)

(2) 企业已经作为损失处理的资产,在以后纳税年度又全部收回或者部分收回时,应计入当期收入。

(3) 企业自开始生产经营的年度,为开始计算企业损益的年度,企业从事生产经营之前进行筹办活动期间发生筹办费用支出,不得计算为当期的亏损。

4. 其他支出

(1) 借款费用。

费用化:生产经营活动中发生的合理的不需要资本化的借款费用,准予扣除。

资本化:为购置、建造固定资产、无形资产和经过 12 个月以上的建造才能达到预定可销售状态的,在有关资产购置、建造期间发生的合理的借款费用,应当作为资本性支出计入有关资产的成本,并依照有关规定扣除。

提示▶与新准则趋同,期间的借款资本化,之前和之后的借款费用都应该费用化。

(2) 环境保护专项资金。

企业依照法律、行政法规有关规定提取(而非发生)的用于环境保护、生态恢复等方面的专项资金,准予扣除。但提取后改变用途的,不得扣除。

(3) 劳动保护费。

合理的劳动保护支出准予扣除。劳动保护费和职工福利费不是等同概念。

例如,防暑降温用品和防暑降温费用,前者属于劳动保护费,没有开支的金额比例限制;后者属于职工福利费,有开支的金额比例限制。

(4) 企业发生与生产经营有关的手续费及佣金支出,不超过以下规定计算限额以内的部分,准予扣除;超过部分,不得扣除。

① 保险企业:保险企业发生与其经营活动有关的手续费及佣金支出,不超过当年全部保费收入扣除退保金等后余额的18%(含本数)的部分,在计算应纳税所得额时准予扣除,超过部分允许结转以后年度扣除。

② 其他企业:按与具有合法经营资格中介服务机构或个人(不含交易双方及其雇员代理人和代表人等)所签订服务协议或合同确认的收入金额的5%计算限额。

(二) 特殊扣除项目

1. 公益性捐赠

公益性捐赠指企业通过公益性社会组织或者县级以上人民政府及其部门,用于慈善活动、公益事业的捐赠。

公益性捐赠支出不超过年度利润总额12%的部分,准予扣除;超过部分,准予结转以后3年内扣除。计算基数为年度利润总额而非销售(营业)收入。

企业向公益性社会团体实施的股权捐赠,视同转让股权,股权转让收入额以企业所捐赠股权取得时的历史成本确定。

提示 ▶非公益性捐赠一律不得扣除。

【例题7-24 单选题】(2017年真题) 甲公司2016年的年度利润总额为300万元,当年发生的公益性捐赠支出为50万元。甲公司在计算当年企业所得税应纳税所得额时,准予扣除的公益性捐赠支出的数额为( )万元。

A. 50   B. 30   C. 45   D. 36

【答案】 D

【名师点睛】 企业发生的公益性捐赠支出在年度利润总额12%以内的部分,准予税前扣除。准予扣除的限额=300×12%=36(万元)<50(万元),所以准予扣除36万元。

考试方向 考查公益性捐赠的扣除计算。

2. 租赁费

(1) 以经营租赁方式租入固定资产发生的租赁费支出,按照租赁期限均匀扣除。

(2) 以融资租赁方式租入固定资产发生的租赁费支出,按照规定构成融资租入固定资产价值的部分应当提取折旧费用,分期扣除。

3. 汇兑损失

汇兑损失,除已经计入有关资产成本(不能重复扣除)以及与向所有者进行利润分配(不符合相关性)相关的部分外,准予扣除。

4. 符合条件的贷款损失准备金允许在税前扣除

$$准予当年税前扣除的贷款损失准备金 = 本年末准予提取贷款损失准备金的贷款资产余额 \times 1\% - 截至上年末已在税前扣除的贷款损失准备金的余额$$

提示 ▶金融企业按上述公式计算的数额如为负数,应当相应调增当年应纳税所得额。

金融企业的委托贷款、代理贷款、国债投资、应收股利、上交央行准备金以及金融企业剥离的债权和股权、应收财政贴息、央行款项等不承担风险和损失的资产,**不得提取贷款损失准备金在税前扣除**。

5. 银行业金融机构存款保险

按照**不超过 0.16‰**的存款保险费率,计算缴纳的存款保险保费,**准予**在企业所得税税前扣除,计算公式如下:

准予在企业所得税税前扣除的存款保险保费＝保费基数×存款保险费率

但准予在企业所得税税前扣除的存款保险保费,**不包括存款保险保费滞纳金**。

6. 保险公司按规定缴纳的保险保障基金,**准予据实税前扣除**

(三) 不得扣除项目

(1) 向投资者支付的股息、红利等权益性投资收益款项。

(2) 企业所得税税款。

(3) 税收滞纳金。

(4) 罚金、罚款和被没收财物的损失。

① 刑事责任以及行政处罚中的财产处罚,包括**罚金、罚款、没收违法所得、没收财产**等不得在税前扣除,如纳税人签发空头支票,银行按规定处以**罚款**。

② 民事责任中的**赔偿损失、支付违约金**以及法院判决由企业承担的**诉讼费用**等准予在税前扣除,如纳税人逾期归还银行贷款,银行按规定加收的**罚息**。

(5) 超过规定标准的公益性捐赠支出及所有非公益性捐赠支出。

(6) 赞助支出。

(7) **未经核定**的准备金支出。

(8) 与取得收入无关的其他支出。

企业之间支付的管理费、企业内营业机构之间支付的租金和特许权使用费,以及非银行企业内营业机构之间支付的利息。

考试方向

考查企业所得税不得扣除的项目。

【例题 7-25 单选题】(2019 年真题) 2018 年度甲居民企业实际发生的下列支出中,在计算当年度企业所得税应纳税所得额时准予扣除的是( )。

A. 向股东支付的股息 40 万元

B. 向乙公司支付的合同违约金 3 万元

C. 向税务机关缴纳的税收滞纳金 1 万元

D. 向母公司支付的管理费 20 万元

【答案】 B

【名师点睛】 选项 A,向投资者支付的股息、红利等权益性投资收益款项不得在税前扣除;选项 B,民事责任中的支付违约金准予在税前扣除;选项 C,税收滞纳金不得在税前扣除;选项 D,企业之间支付的管理费不得在税前扣除。

五、 企业资产的税务处理★★

企业资产是指企业拥有或者控制的用于经营管理活动,且与取得应税收入有关的资产,税法所称企业的各项资产,包括固定资产、生产性生物资产、无形资产、长期待摊费用、投资资产和存货等。

1. 资产的税务处理重点

（1）资产的定价。

（2）计提标准和扣除办法。

2.资产计价的原则

主要采用历史成本计价原则。

3.资产的净值

资产的净值指有关在资产、财产的计税基础减去已经按照规定扣除的折旧、折耗、摊销、准备金等后的余额。

除另有规定外，企业在重组过程中，应当在交易发生时确认有关资产的转让所得或者损失，相关资产应当按照交易价格重新确定计税基础。

（一）固定资产

1.不得计算折旧扣除的固定资产

（1）房屋、建筑物以外未投入使用的固定资产。

（2）以经营租赁方式租入的固定资产。

（3）以融资租赁方式租出的固定资产。

（4）已足额提取折旧仍继续使用的固定资产。

（5）与经营活动无关的固定资产。

（6）单独估价作为固定资产入账的土地。

（7）其他不得计算折旧扣除的固定资产。

2.固定资产的计税基础

（1）外购的固定资产：购买价款＋支付的相关税费＋直接归属于使该资产达到预定用途发生的其他支出。

（2）自行建造的固定资产：竣工结算前发生的支出。

（3）融资租入的固定资产。

① 租赁合同约定付款总额：合同约定的付款总额＋签订合同中发生的相关费用。

② 租赁合同未约定付款总额：该资产的公允价值＋签订合同中发生的相关费用。

（4）盘盈的固定资产：同类固定资产的重置完全价值。

（5）通过捐赠、投资、非货币性资产交换、债务重组取得的固定资产：公允价值＋支付的相关税费。

（6）改建的固定资产：除法定支出外，以改建支出增加计税基础。

3.折旧的方法

按一般直线法计算的折旧准予扣除。投入使用月份的次月起计算折旧；停止使用的固定资产应当自停止使用月份的次月起停止计算折旧。企业应当根据生产性资产的性质和使用情况，合理确定生产性生物资产的预计净残值。

案例 7-4

某公司 2019 年 5 月购进一台机器设备并投入使用，取得的增值税专用发票注明金额为 800 万元。计算折旧的年限为 10 年，预计净残值率为 5%。问：当年允许抵扣的折旧费是多少？

当年允许抵扣的折旧费＝800×（1－5%）÷（10×12）×7＝44.33（万元）

4.固定资产计提折旧的最低年限

(1) 房屋、建筑物,为 20 年。

(2) 飞机、火车、轮船、机器、机械和其他生产设备,为 10 年。

(3) 与生产经营活动有关的器具、工具、家具等,为 5 年。

(4) 飞机、火车、轮船以外的运输工具,为 4 年。

(5) 电子设备,为 3 年。

考试方向

考查固定资产的计税基础。

【例题 7-26 单选题】(经典好题) 下列关于固定资产确定计税基础的表述中,不符合企业所得税法律制度规定的是( )。

A. 自行建造的固定资产,以竣工结算前发生的支出为计税基础

B. 盘盈的固定资产,以同类固定资产的重置完全价值为计税基础

C. 通过捐赠取得的固定资产,以该资产的原账面价值为计税基础

D. 通过投资取得的固定资产,以该资产的公允价值和支付的相关税费为计税基础

【答案】 C

【名师点睛】 选项C,通过捐赠、投资、非货币性资产交换、债务重组等方式取得的固定资产,以该资产的公允价值和支付的相关税费为计税基础。

(二) 生产性生物资产

生产性生物资产是指企业为生产农产品、提供劳务或者出租等而持有的生物资产,包括经济林、薪炭林、产畜和役畜等。

1. 生产性生物资产的计税基础

(1) 外购的生产性生物资产,以购买价款和支付的相关税费为计税基础。

(2) 通过捐赠、投资、非货币性资产交换、债务重组等方式取得的生产性生物资产,以该资产的公允价值和支付的相关税费为计税基础。

2. 最短折旧年限

(1) 林木类生产性生物资产,为 10 年。

(2) 畜类生产性生物资产,为 3 年。

(三) 无形资产

1. 不得计算摊销费用扣除的无形资产

(1) 自行开发的支出已在计算应纳税所得额时扣除的无形资产。

(2) 自创商誉。

(3) 与经营活动无关的无形资产。

(4) 其他不得计算摊销费用扣除的无形资产。

2. 无形资产的摊销

(1) 无形资产按照直线法摊销。

(2) 无形资产的摊销年限不得少于 10 年。

(3) 外购商誉的支出,在企业整体转让或清算时,准予扣除。

(四) 长期待摊费用

(1) 已足额提取折旧的固定资产的改建支出,按照固定资产预计尚可使用年限分期摊销。

(2) 租入固定资产的改建支出,按照合同约定的剩余租赁期限分期摊销。

(3) 固定资产的大修理支出,按照固定资产尚可使用年限分期摊销。

提示 修理支出达到取得固定资产时的计税基础 50% 以上；修理后固定资产的使用年限延长 2 年以上的为固定资产大修理支出。

（4）长期待摊费用，自支出发生月份的次月起，分期摊销，摊销年限不得低于 3 年。

（五）投资资产

企业对外投资期间，投资资产的成本在计算应纳税所得额时不得扣除企业在转让或者处置投资资产时，投资资产的成本准予扣除。

（六）存货

（1）企业使用或销售存货，按照规定计算的存货成本，准予在计算应纳税所得额时扣除。

（2）企业使用或者销售的存货的成本计算方法，可以在先进先出法、加权平均法、个别计价法中选用一种（即不得使用后进先出的方法）。计价方法一经选用，不得随意变更。

（七）资产损失

资产损失指企业在生产经营活动中实际发生的、与取得应税收入有关的资产损失，包括现金损失，存款损失，坏账损失，贷款损失，股权投资损失，固定资产和存货的盘亏、毁损、报废、被盗损失，自然灾害等不可抗力因素造成的损失以及其他损失。

企业发生上述资产损失，应在按税法规定实际确认或者实际发生的当年申报扣除，不得提前或延后扣除。

【例题 7-27 多选题】（2019 年真题） 根据企业所得税法律制度的规定，下列关于无形资产摊销费用税前扣除的表述中，正确的有（   ）。

A. 企业自创商誉的支出，准予计算摊销费用扣除

B. 允许摊销的无形资产按直线法计算的摊销费用，准予扣除

C. 企业外购商誉的支出，在企业整体转让或者清算时，准予扣除

D. 除有关法律规定或合同约定了使用年限的外，无形资产的摊销年限不得低于 10 年

【答案】 BCD

【名师点睛】 选项 A，自创商誉不得计算摊销费用扣除。

考试方向 考查在计算应纳税所得额时不得扣除折旧或者摊销的资产类型。

六、 企业特殊业务的所得税处理 ★

（一）企业重组所得税处理

1. 资产重组税务处理的原则

（1）资产重组一般性税务处理必须要确认资产转让所得或损失。

（2）相关资产应当按照交易价格（公允价值）重新确定计税基础，为新企业今后的资产处理，包括折旧或摊销提供基础价格。

2. 债务重组

债务重组所得超过该企业当年应纳税所得额 50% 的，可在今后 5 个纳税年度内均匀计入所得额。

3. 非货币性资产投资所得

居民企业以非货币性资产对外投资确认的非货币性资产转让所得，可在不超过 5 年

期限内,分期均匀计入相应年度的应纳税所得额,按规定计算缴纳企业所得税。

提示▶ 企业对外投资的非货币性资产,应进行评估并按评估后的公允价值扣除计税基础后的余额计算确认非货币性资产转让所得。

(二) 企业清算税务处理

1. 企业清算的所得税处理

(1) 全部资产均应按可变现价值或者交易价格,确认资产转让所得或者损失。

(2) 确认债权清理、债务清偿的所得或者损失。

(3) 改变持续经营核算原则,对预提或者待摊性质的费用进行处理。

(4) 依法弥补亏损,确定清算所得。

(5) 计算并缴纳清算所得税。

(6) 确定可向股东分配的剩余财产、应付股息等。

2. 纳税年度

企业应将整个清算期作为一个独立的纳税年度计算清算所得。

3. 被清算企业的股东分得的剩余资产的金额

(1) 相当于被清算企业累计未分配利润和累计盈余公积金中按该股东所占股份比例计算的部分确认为股息所得。

(2) 剩余资产减除股息所得后的余额,超过或低于股东投资成本的部分确认为投资转让所得或者损失。

第四节 企业所得税的应纳税额

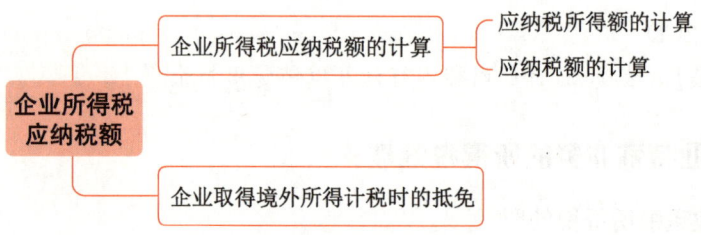

一、 企业所得税应纳税额的计算 ★★★

(一) 应纳税所得额的计算

1. 直接法

$$应纳税所得额 = 收入总额 - 不征税收入 - 免税收入 - 各项扣除 - 允许弥补的以前年度亏损$$

2. 间接法

(1) 应纳税所得额＝年度利润总额＋纳税调整增加额－纳税调整减少额

（2）应纳税所得额的调增与调减如表7-15所示。

表7-15 应纳税所得额的调增与调减

（√:规定计入应纳税所得额　×:规定不计入应纳税所得额）

项目	会计准则	税法	纳税调整	举例
收入、利得	√	×	↓	国债利息收入
	×	√	↑	房地产企业商品房的预售款项
费用、损失	√	×	↑	税收滞纳金
	×	√	↓	无形资产研发

（二）应纳税额的计算

应纳税额＝应纳税所得额×适用税率－减免税额－抵免税额

提示▶ 上述公式是把境内和境外所得混在一起计算,考试中可以一并计算也可以分开计算:

应纳税额＝境内应纳税所得额×适用税率－减免税额＋境外所得补缴税额

二、企业取得境外所得计税时的抵免

1. 可抵免的所得

企业取得的下列所得已在境外缴纳的所得税税额,可以从其当期应纳税额中抵免,抵免限额为该项所得依照规定计算的应纳税额;超过抵免限额的部分,可以**在以后5个年度内**,用每年度抵免限额抵免当年应抵税额后的余额进行抵补:

（1）居民企业来源于中国境外的应税所得。

（2）非居民企业在中国境内设立机构、场所,取得发生在中国境外但与该机构、场所有实际联系的应税所得。

2. 抵免限额的计算

企业**可以采用"分国（地区）不分项"或者"不分国（地区）不分项"**方法计算其可抵免境外所得税税额和抵免限额。上述方法一经选择,**5年内**不得改变。分国（地区）不分项方式的计算公式如下:

抵免限额＝中国境内、境外所得依照企业所得税法和条例规定计算的应纳税总额×来源于某国（地区）的应纳税所得额÷中国境内、境外应纳税所得额总额

简化形式:抵免限额＝来源于某国（地区）的应纳税所得额（境外税前所得额）×25％

若题中给出的是税后利润,需换算为税前利润:

应纳税所得额＝分回税后利润÷（1－某外国所得税税率）

提示▶ 公式中计算抵免限额时,采取的税率一般为**25％法定税率**。

【例题7-28 单选题】（2017年真题） 甲公司2016年度境内应税所得为300万元（人民币,下同）;来源于境外分支机构的应税所得为150万元,该项所得在境外已缴纳企业所得税税额40万元。已知:甲公司适用的企业所得税税率为25％,已预缴企业所得税

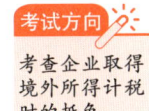
考试方向
考查企业取得境外所得计税时的抵免。

款 30 万元。甲公司汇算清缴 2016 年企业所得税时,应补缴的税款为( )万元。

A. 42.5   B. 70   C. 30   D. 45

【答案】 D

【名师点睛】 境外已纳税款扣除限额＝150×25％＝37.5(万元),境外已纳税款 40 万元,只能扣除 37.5 万元,境内已预缴 30 万元,则汇总应纳税额＝(300＋150)×25％－37.5－30＝45(万元)。

第五节　企业所得税的税收优惠

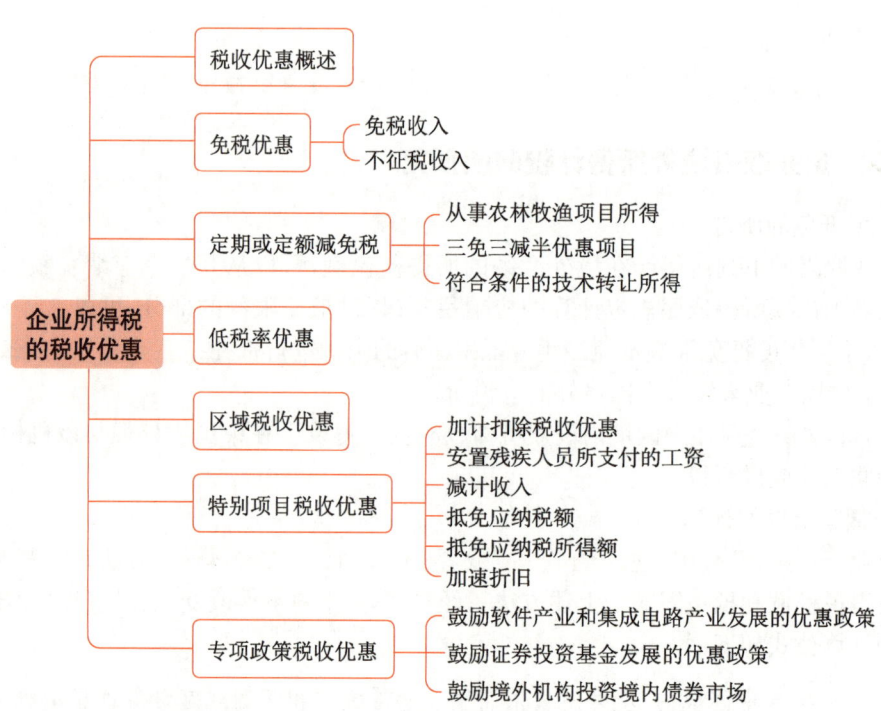

一、税收优惠概述

税收优惠是指国家根据国民经济和社会发展的需要,运用税收政策对特殊经营活动或者纳税人给予减轻或者免除税收负担的一种鼓励措施。

税收优惠包括免税优惠,定期、定额减免税(免征、减半征收、二免三减半、三免三减半),低税率优惠,区域税收优惠,加计扣除、抵扣应纳税所得额、加速折旧、减计收入、抵免应纳税额和其他专项优惠政策等。

二、免税优惠 ★★★

(一) 免税收入

(1) 国债利息收入。

(2) 符合条件的居民企业之间的股息、红利等权益性投资收益。

(3) 在中国境内设立机构、场所的非居民企业从居民企业取得与该机构、场所有实际联系的股息、红利等权益性投资收益。

提示 ▶ 上述免税收入中不包括连续持有居民企业公开发行并上市流通的股票不足12个月取得的投资收益。

(4) 符合条件的非营利组织的收入。

(二) 不征税收入

(1) 财政拨款。

(2) 依法收取并纳入财政管理的行政事业性收费、政府性基金。

(3) 国务院规定的其他不征税收入(指国务院财政、税务主管部门规定专项用途并经国务院批准的财政性资金)。

【例题 7-29 单选题】(2018 年真题) 根据企业所得税法律制度的规定,下列各项中,属于不征税收入的是( )。

A. 依法收取并纳入财政管理的政府性基金

B. 国债利息收入

C. 接受捐赠收入

D. 财产转让收入

【答案】 A

【名师点睛】 选项 A 属于不征税收入;选项 B 属于免税收入;选项 CD 属于应税收入。

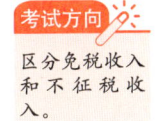

考试方向
区分免税收入和不征税收入。

三、 定期或定额减税、免税 ★★

(一) 从事农、林、牧、渔业项目所得

1. 免税

(1) 蔬菜、谷物、薯类、油料、豆类、棉花、麻类、糖料、水果、坚果的种植。

(2) 农作物新品种的选育。

(3) 中药材的种植。

(4) 林木的培育和种植。

(5) 牲畜、家禽的饲养。

(6) 林产品的采集。

(7) 灌溉、农产品初加工、兽医、农技推广、农机作业和维修等农、林、牧、渔服务业项目。

(8) 远洋捕捞。

2. 减半

第七章

(1) 花卉、茶以及其他饮料作物和香料作物的种植。

(2) 海水养殖、内陆养殖。

(二) 三免三减半优惠项目

企业自项目取得第 1 笔生产经营收入所属纳税年度起,第 1 年至第 3 年免征企业所得税,第 4 年至第 6 年减半征收企业所得税,简称"三免三减半"。

1. 国家重点扶持的公共基础设施投资

提示▶ 企业承包经营、承包建设和内部自建自用项目不免税。

2. 符合条件的环境保护、节能节水项目

享受优惠的项目在减免税期限内转让的,受让方在剩余年限内可以继续享受,但结束后不得重复享受。

(三) 符合条件的技术转让所得

居民企业转让技术所得不超过 500 万元的部分,免征企业所得税;超过 500 万元的部分,减半征收企业所得税。

四、低税率优惠 ★★★

(1) 小型微利企业优惠。

① 对小型微利企业年应纳税所得额不超过 100 万元的部分,减按 25% 计入应纳税所得额:按 20% 的税率缴纳企业所得税。

② 对年应纳税所得额超过 100 万元但不超过 300 万元的部分,减按 50% 计入应纳税所得额:按 20% 的税率缴纳企业所得税。

(2) 对国家需要重点扶持的高新技术企业,经认定的技术先进型服务企业(服务贸易类):减按 15% 的税率征收企业所得税。

(3) 非居民企业在中国境内未设立机构、场所的,或者虽设立机构、场所但取得的所得与其所设机构、场所没有实际联系的:减按 10% 税率征收企业所得税。

下列所得可以免征企业所得税:

① 外国政府向中国政府提供贷款取得的利息所得。

② 国际金融组织向中国政府和居民企业提供优惠贷款取得的利息所得。

五、区域税收优惠 ★

(一) 民族地区税收优惠

民族自治地方的自治机关对于本民族自治地方的企业应缴纳的企业所得税中属于地方分享的部分,可以决定减征或者免征。

(二) 国家西部大开发税收优惠

自 2021 年 1 月 1 日至 2030 年 12 月 31 日,对设在西部地区的鼓励类产业企业减按 15% 的税率征收企业所得税。所称"鼓励类产业企业"是指以《西部地区鼓励类产业目录》中规定的产业项目为主营业务,且其主营业务收入占收入总额 60% 以上的企业。

(三) 海南自由贸易港税收优惠

(1) 对注册在海南自由贸易港并实质性运营的鼓励类产业企业,减按 15% 的税率征收企业所得税。所称"鼓励类产业企业",是指以海南自由贸易港鼓励类产业目录中规定的产业项目为主营业务,且其主营业务收入占企业收入总额60%以上的企业。所称"实质性运营"是指企业的实际管理机构设在海南自由贸易港,并对企业生产经营人员、账务、财产等实施实质性全面管理和控制。对不符合实质性运营的企业不得享受优惠。

对总机构设在海南自由贸易港的符合条件的企业,仅就其设在海南自由贸易港的总机构和分支机构的所得适用15%税率;对总机构设在海南自由贸易港以外的企业,仅就其设在海南自由贸易港内的符合条件的分支机构所得适用15%税率,具体征管办法按照税务总局有关规定执行。

(2) 对在海南自由贸易港设立的旅游业、现代服务业、高新技术产业企业新增境外直接投资取得所得,免征企业所得税。

所称"新增境外直接投资所得"应当符合以下条件:

① 从境外新设分支机构取得的营业利润;或从持股比例超过20%(含)的境外子公司分回的与新增境外直接投资相对应的股息所得。

② 被投资国(地区)的企业所得税法定税率不低于5%。所称"旅游业、现代服务业、高新技术产业",按照海南自由贸易港鼓励类产业目录执行。

(3) 对海南自由贸易港设立的企业新购置(含自建,自行开发)固定资产或无形资产,单位价值不超过500万元。允许一次性计入当期成本费用在计算应纳税所得额时扣除,不再分年度计算,折旧和摊销。新购置(含自建,自行开发)固定资产或无形资产单位价值超过500万元(含)的,可以缩短折旧、摊销年限或采取加速折旧、摊销的方法。

所称"固定资产"是指除房屋,建筑物以外的固定资产。以上关于海南自由贸易港企业所得税收入优惠政策的执行期限为2020年1月1日起至2024年12月31日。

六、 特别税目税收优惠 ★★

(一) 加计扣除税收优惠

企业为开发新技术、新产品、新工艺发生的研究开发费用,未形成无形资产计入当期损益的,在按照规定据实扣除的基础上,按照研究开发费用的50%加计扣除;形成无形资产的,按照无形资产成本的150%摊销。

企业开展研发活动中实际发生的研发费用,未形成无形资产计入当期损益的,在按规定据实扣除的基础上,在2018年1月1日至2020年12月31日期间,再按照实际发生额的75%在税前加计扣除;形成无形资产的,在上述期间按照无形资产成本的175%在税前摊销。

在计算会计利润时,研发费用已计入管理费用全额扣除;在计算应纳税所得额时,研发费用再加扣50%,即调减应纳税所得额。

(1) 对企业委托给外单位进行开发的研发费用,由委托方按照规定计算加计扣除,受托方不得再进行加计扣除。

对委托开发的项目,除关联方外委托方加计扣除时不再需要提供研发项目的费用支出明细情况。

委托境外进行研发活动所发生的费用,按照费用实际发生额的80%计入委托方的委托境外研发费用。

委托境外研发费用不超过境内符合条件的研发费用 2/3 的部分,可以按规定在企业所得税前加计扣除。

(2) 企业未设立专门的研发机构或企业研发机构同时承担生产经营任务的,应对研发费用和生产经营费用分开进行核算,准确、合理的计算各项研究开发费用支出,对划分不清的,不得实行加计扣除。

(二) 安置残疾人员所支付的工资

企业安置残疾人员所支付的工资,是指企业安置残疾人员的,在按照支付给残疾职工工资据实扣除的基础上,按照支付给残疾职工工资的 100% 加计扣除。

(三) 减计收入

综合利用资源,生产的产品取得的收入,减按 90% 计入收入总额。

(四) 抵免应纳税额

投资环境保护、节能节水、安全生产等专用设备,投资额的 10% 可以在应纳税额中扣除,当年不足抵免的,可以在以后 5 个纳税年度结转抵免。

(五) 抵免应纳税所得额

(1) 公司制创业投资企业采取股权投资方式直接投资于种子期、初创期科技型企业满 2 年(24 个月)的,可以按照投资额的 70% 在股权持有满 2 年的当年抵扣该公司制创业投资企业的应纳税所得额;当年不足抵扣的,可以在以后纳税年度结转抵扣。

(2) (有限合伙制)创投企业投资未上市的中小高新技术企业两年以上的,按照其投资额的 70% 在股权持有满两年的当年抵扣该创业投资企业的应纳税所得额;当年不足抵扣的,可以在以后纳税年度结转抵扣。

(六) 加速折旧

(1) 可以采取缩短折旧年限或加速折旧的固定资产。

① 技术进步,产品更新换代较快的固定资产。

② 常年处于强震动、高腐蚀状态的固定资产。

③ 为贯彻落实国务院完善固定资产加速折旧政策精神,自 2014 年 1 月 1 日起,对生物药品制造业,专用设备制造业,铁路、船舶,航空航天和其他运输设备制造业,计算机、通信技术有限公司和其他电子设备制造业,仪器仪表制造业、信息传输软件和信息技术服务业 6 个行业的企业 2014 年 1 月 1 日后,新购进的固定资产可缩短折旧年限或采取加速折旧的方法。自 2019 年 1 月 1 日起,适用上述固定资产加速折旧优惠的行业范围扩大至全部制造业领域。

(2) 采取缩短折旧年限方法的,最低折旧年限不得低于法定折旧年限的 60%。

采取加速折旧方法的,可以采取双倍余额递减法或者年数总和法。

七、专项政策税收优惠

(一) 鼓励软件产业和集成电路产业发展的优惠政策

符合条件的软件生产企业按规定实行增值税即征即退政策,所退还的税款,由企业专款用于软件产品的研发和扩大再生产,并单独进行核算,可以作为不征税收入,在计算应纳税所得额时,从收入总额中扣除。

依法成立且符合条件的集成电路设计企业和软件企业,在2018年12月31日前自获利年度起计算,优惠期第1年至第2年免征企业所得税,第3年至第5年按照25%的法定税率减半征收企业所得税,并享受至期满为止。

(二)鼓励证券投资基金发展的优惠政策

对证券投资基金从证券市场中取得的收入,包括买卖股票债券的差价收入,股权的股息、红利收入,债券的利息收入及其他收入,暂不征收企业所得税。

(三)鼓励境外机构投资境内债券市场

自2018年11月7日起至2021年11月6日止,对境外投资机构境内债券市场取得的债券利息收入,暂免征企业所得税和增值税。上述暂免征企业所得税的范围不包括境外机构在境内设立的机构、场所取得的与该机构场所有实际联系的债券利息。

(1)自2018年1月1日起,当年具备高新技术企业或科技型中小企业资格的企业,其具备资格年度之前5个年度发生的尚未弥补完的亏损,准予结转以后年度弥补,最长结转年限由5年延长至10年。

(2)金融企业根据《贷款风险分类指引》,对其涉农贷款和中小企业贷款进行风险分类后,按照以下比例计提的贷款损失准备金,准予在计算应纳税所得额时扣除:

① 关注类贷款,计提比例为2%。

② 次级类贷款,计提比例为25%。

③ 可疑类贷款,计提比例为50%。

④ 损失类贷款,计提比例为100%。

【例题7-30 单选题】(2019年真题) 甲居民企业是一家国家重点扶持的高新技术企业。2018年甲居民企业将一项符合条件的技术转让给乙企业,净所得为100万元。该笔转让所得应纳的企业所得税额为( )万元。

A. 10　　　　B. 20　　　　C. 15　　　　D. 0

【答案】 D

【名师点睛】 对符合条件的居民企业技术转让所得不超过500万元的部分,免征企业所得税;超过500万元的部分,减半征收企业所得税。

【例题7-31 单选题】(2019年真题) 2018年度甲居民企业利润总额为1000万元,实际发生研发费用支出800万元。该研发费用未形成无形资产计入当期损益,甲居民企业在计算2018年度企业所得税应纳税所得额时,可以加计扣除的研发费用为( )万元。

A. 600　　　　B. 800　　　　C. 120　　　　D. 1400

【答案】 A

【名师点睛】 研发费用加计扣除比例为75%,可以加计扣除的研发费用＝800×75%＝600(万元)。

考试方向

考查企业所得税的税收优惠类型。

第七章

第六节　企业所得税的源泉扣缴

 **本节框架** ▶

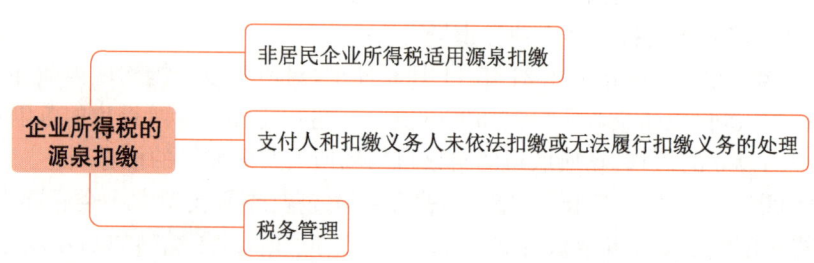

　　源泉扣缴,即非居民在取得收入时,其缴税在收入支付环节由支付人代扣代缴。支付环节即源泉。源泉扣缴性质,即按属地原则,对非居民取得的收入实行征税,维护国家税收权益,目的是简化纳税手续,防止偷漏税。

一、非居民企业所得税适用源泉扣缴

　　1. 适用源泉扣缴的非居民企业

　　(1) 在中国境内未设立机构、场所的。

　　(2) 虽设立机构、场所但取得的所得与其所设机构、场所没有实际联系的非居民企业。

　　税率:就其取得的来源于中国境内的所得纳税,按 10% 缴税。

　　2. 应纳税所得额的确定

　　(1) 股息、红利等权益性投资收益和利息、租金、特许权使用费所得,以收入全额为应纳税所得额。

　　(2) 转让财产所得,以收入全额减除财产净值后的余额为应纳税所得额。

二、支付人和扣缴义务人未依法扣缴或无法履行扣缴义务的处理

　　扣缴义务人未依法扣缴或者无法履行扣缴义务的,由纳税人在所得发生地缴纳。纳税人未依法缴纳的,税务机关可以从该纳税人在中国境内其他收入项目的支付人应付的款项中,追缴该纳税人的应纳税款。

三、税务管理

　　(1) 扣缴义务人应当自合同签订之日起 30 日内,向其主管税务机关申报办理扣缴税款登记。

　　(2) 扣缴义务人每次代扣的税款,应当自代扣之日起 7 日内缴入国库,并向所在地的税务机关报送扣缴企业所得税报告表。

　　【例题 7-32 单选题】(经典好题) *根据企业所得税法律制度的规定,下列非居民企*

 **考试方向**

考查非居民企业所得税适用源泉扣缴时确定应纳税所得额的类型。

第七章

业取得的所得中,不能实行源泉扣缴的是( )。

A. 某美国企业向中国境内企业投资而取得的股息

B. 某美国企业向某英国企业出租机器设备,供其在英国使用而收取的租金

C. 某美国企业出售其在深圳的房产而取得的所得

D. 某美国企业向中国企业转让专利权而取得的所得

【答案】 B

【名师点睛】 对非居民企业取得来源于中国境内的股息、红利等权益性投资和利息、租金、特许权使用费所得、转让财产所得以及其他所得应当缴纳的企业所得税,实行源泉扣缴。美国企业向英国企业出租机器设备,供其在英国使用而收取的租金,是该美国公司来源于英国的所得,不需要在我国缴税。

第七节 企业所得税的特别纳税调整

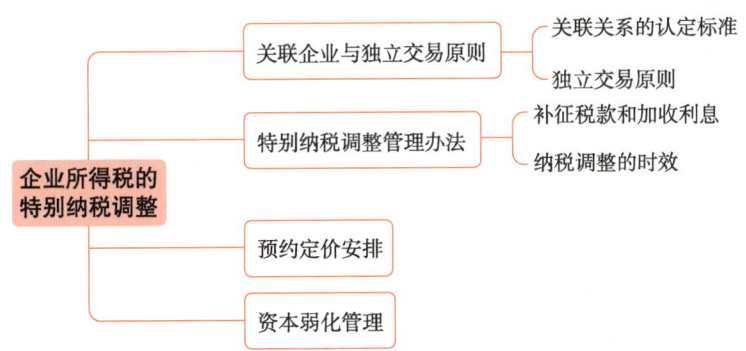

一、关联企业与独立交易原则

(一)关联关系的认定标准

界定关联企业的基本标准:一是股权控制,二是企业管理人员方面的控制。具体关联关系的认定标准详见表7-16。

表7-16 关联关系的认定标准

项目	认定标准	
股权控制	一方直接或者间接持有另一方的股份≥25%	提示 ▶若甲持有乙的股份≥25%,则甲对丙的持股比例按乙对丙的持股比例计算 自然人与其主要近亲属共同持股同一企业,在判定关联关系时持股比例合并计算
	双方直接或者间接同为第三方所持有的股份≥25%	

（续表）

项目	认定标准	
股权控制	持股比例＜25％	双方间借贷资金总额占任一方实收资本比例≥50％
		一方全部借贷资金总额的10%以上由另一方担保
		一方的经营必须由另一方提供专利等特许权才能正常进行
		一方的经营活动由另一方控制
企业管理和人员方面的控制	一方50%以上的董事或高级管理人员由另一方任命或委派	
	一方50%以上的董事或高级管理人员同时担任另一方的董事或者高级管理人员	
	双方各自50%以上的董事或高级管理人员同为第三方任命或者委派	

（二）独立交易原则

独立交易原则是指没有关联关系的交易各方，按照公平成交价格和营业常规进行业务往来遵循的原则。

二、特别纳税调整管理办法

（一）补征税款和加收利息

税务机关对企业作出特别纳税调整的，应对补征的税款，按日加收利息。加收的利息不得在计算应纳税所得额时扣除。

（1）加收利息的期限：税款所属纳税年度的次年6月1日起至补缴税款之日止。

（2）利率：同期人民币贷款基准利率加5%。

（二）纳税调整的时效

企业与其关联方之间的业务往来，不符合独立交易原则，或者企业实施其他不具有合理商业目的的安排，税务机关有权在该业务发生的纳税年度10年内起，进行纳税调整。

三、预约定价安排

适用于前3个年度每年发生的关联交易金额不低于4000万元的企业。

四、资本弱化管理

（1）企业从其关联方接受的债权性投资与权益性投资的比例超过规定标准而发生的利息支出，不得在计算应纳税所得额时扣除。

（2）债权性投资与权益性投资的比例。

① 金融企业为5∶1。

② 其他企业为2∶1。

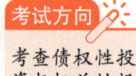

考试方向

考查债权性投资与权益性投资比例相关的准予扣除的利息金额。

【例题7-33 单选题】（经典好题） 某非金融企业注册资本为4000万元。2019年该企业按同期金融机构贷款利率从其关联方借款8800万元，发生借款利息528万元。该企业在计算企业所得税应纳税所得额时，准予扣除的利息金额为（ ）万元。

A. 480 　　　　 B. 420 　　　　 C. 528 　　　　 D. 600

【答案】　A

【名师点睛】　根据规定,企业实际支付给关联方的利息支出,除另有规定外,其接受关联方债权性投资与其权益性投资比例为:除金融企业外的其他企业为 2:1,则 4000 万元的注册资本借款 8000 万元可以全部扣除。准予扣除的利息金额＝8000×528÷8800＝480(万元)。

第八节　企业所得税的征收管理

本节框架 ▶

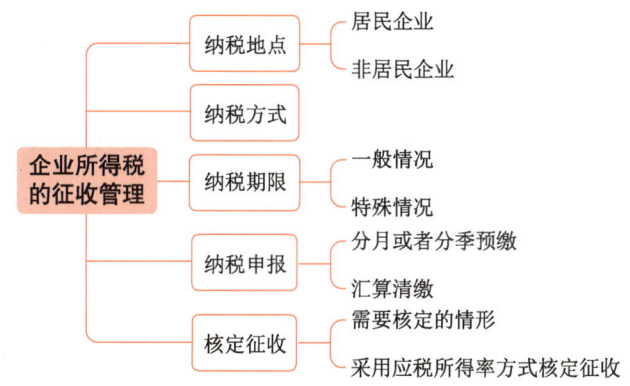

一、纳税地点

(一)居民企业

(1)登记注册地在中国境内的以登记注册地为纳税地点。

(2)登记注册地在境外的,以实际管理机构所在地为纳税地点。

(二)非居民企业

(1)在中国境内设立机构、场所的,以机构、场所所在地为纳税地点。

(2)在中国境内设立两个及两个以上机构、场所的,经批准选择其主要场所汇总缴纳。

(3)在中国境内未设立机构、场所或设立机构、场所但所得与其机构场所无实际联系的,以扣缴义务人所在地为纳税地点。

二、纳税方式

(1)居民企业在中国境内设立不具有法人资格营业机构的,应当汇总计算并缴纳企业所得税。

(2)除国务院另有规定外,企业之间不得合并缴纳企业所得税。

三、 纳税期限

企业所得税按年计征,分月或者分季预缴,年终汇算清缴,多退少补。

(一) 一般情况

纳税年度为公历 1 月 1 日至 12 月 31 日。

(二) 特殊情况

(1) 开业当年,实际经营期不足 12 个月,以实际经营期为一个纳税年度。

(2) 依法清算,以清算期间作为一个纳税年度。

四、 纳税申报

(一) 分月或分季预缴

应当自月份或者季度终了之日起 15 日内,向税务机关报送预缴企业所得税纳税申报表,预缴税款。

(二) 汇算清缴

企业应当自年度终了后 5 个月内向税务机关报送年度企业所得税纳税申报表,并汇算清缴,结清应缴或应退税款。

企业在报送企业所得税纳税申报表时,应当按照规定报送财务会计报告和其他有关资料。

五、 核定征收

(一) 需要核定的情形

(1) 依照法律、行政法规的规定可以不设置账簿的。

(2) 依照法律、行政法规的规定应当设置但未设置账簿的。

(3) 擅自销毁账簿或者拒不提供纳税资料的。

(4) 虽设置账簿,但账目混乱或者成本资料、收入凭证、费用凭证残缺不全,难以查账的。

(5) 发生纳税义务,未按照规定的期限办理纳税申报,经税务机关责令限期申报,逾期仍不申报的。

(6) 申报的计税依据明显偏低,又无正当理由的。

提示▶ 没账或相当于没账的情形需要核定。

(二) 采用应税所得率方式核定征收

应纳税额＝应纳税所得额×适用税率

应纳税所得额＝应税收入额×应税所得率

或:应纳税所得额＝成本(费用)支出额÷(1−应税所得率)×应税所得率

提示▶ 应税所得率即为销售净利率(利润÷收入)。

【例题 7-34 多选题】(2019 年真题) 根据企业所得税法律制度的规定,下列关于企业所得税征收管理的表述中,正确的有( )。

A. 企业在一个纳税年度中间开业,使该纳税年度的实际经营期不足 12 个月的,应当以满 12 个月时为一个纳税年度

B. 非居民企业在中国境内设立机构、场所的,以机构、场所所在地为纳税地点

C. 居民企业在中国境内设立不具有法人资格营业机构的,应当汇总计算并缴纳企业所得税

D. 企业应当在办理注销登记前,就其清算所得向税务机关申报并依法缴纳企业所得税

【答案】 BCD

【名师点睛】 选项 A,企业在一个纳税年度中间开业,使该纳税年度的实际经营期不足 12 个月的,应当以实际经营期为 1 个纳税年度。

同步练习

一、单项选择题

1. 根据企业所得税法律制度的规定，下列主体属于居民企业的是( )。
   A. 依照外国法律成立但实际管理机构在中国境内的企业
   B. 依照外国法律成立且实际管理机构不在中国境内，在中国境内未设立机构、场所但有来源于中国境内所得的企业
   C. 依照外国法律成立且实际管理机构不在中国境内，但在中国境内设立机构、场所的企业
   D. 依照外国法律成立且实际管理机构在中国境外的企业

2. 根据企业所得税法律制度的规定，下列关于非居民企业的表述中，正确的是( )。
   A. 在境外成立的企业均属于非居民企业
   B. 在境内成立但有来源于境外所得的企业属于非居民企业
   C. 依照外国法律成立，实际管理机构在中国境内的企业属于非居民企业
   D. 依照外国法律成立，实际管理机构不在中国境内但在中国境内设立机构、场所的企业属于非居民企业

3. 根据企业所得税法律制度的规定，下列关于企业确认收入的表述中，正确的是( )。
   A. 租金收入，按照合同约定的承租人应付租金的日期确认收入的实现
   B. 企业转让股权收入，应于转让协议生效时确认收入的实现
   C. 股息、红利等权益性投资收益，按照投资方作出利润分配决定的日期确认收入
   D. 接受捐赠收入，按照捐赠方作出捐赠决定的日期确认收入的实现

4. H 公司于 2019 年 6 月向境外 M 公司(未在境内设立机构场所)，分配股息人民币 2000 万元，当前的预提所得税税率为 15%。则 H 公司应代扣代缴的企业所得税税款为( )万元。
   A. 200
   B. 300
   C. 100
   D. 400

5. 2020 年 5 月 6 日，甲公司与乙公司签订合同，以预收款方式销售产品 200 件，不含税单价为 0.1 万元，并于 5 月 10 日取得了全部产品销售额 20 万元。2020 年 5 月 20 日，甲公司发出产品 120 件，6 月 25 日，发出产品 80 件。根据企业所得税法律制度的规定，下列关于甲公司确认销售收入实现日期及金额的表述中，正确的是( )。
   A. 2020 年 5 月 6 日，应确认销售收入 20 万元
   B. 2020 年 5 月 10 日，应确认销售收入 20 万元
   C. 2020 年 5 月 20 日，应确认销售收入 12 万元
   D. 2020 年 6 月 25 日，应确认销售收入 20 万元

6. 甲家电企业(简称"甲企业")为增值税一般纳税人。2019 年 10 月，甲企业按八折优惠价格销售一批商品，折扣额和销售额在同一张发票的金额栏内，该批商品折扣前的价格为 45.2 万元(含增值税，税率 13%)。甲企业销售该批商品应确认的企业所得税应税收入为( )万元。
   A. 40
   B. 32
   C. 36.16
   D. 45.2

7. 甲公司为乙公司的股东，投资成本为 200 万元，占乙公司的股权比例为 10%。乙公司累计未分配利润和累计盈余公积为 1800 万元，甲公司转让该项股权的公允价格为 500 万元。根据企业所得税法律制度的规定，甲公司应确认股权转让所得为( )万元。
   A. 120
   B. 180
   C. 200
   D. 300

8. 下列各项中，按照企业或机构、场所确定所得来源地的是( )。
   A. 销售货物所得
   B. 提供劳务所得
   C. 动产转让所得
   D. 股息、红利等权益性投资所得

9. 根据企业所得税法律制度的规定，居民企业取得的下列收入中，属于免税收入的是( )。

A. 财产转让收入

B. 依法收取并纳入财政管理的政府性基金

C. 国债利息收入

D. 接受捐赠收入

10. 2018 年度甲居民企业利润总额为 6000 万元，企业通过国家相关政府部门向灾区捐赠 800 万元，在计算当年度企业所得税应纳税所得额时准予扣除的为（   ）万元。

A. 800 　　　　　 B. 600

C. 720 　　　　　 D. 660

11. 根据企业所得税法律制度的规定，下列各项中，应以同类固定资产的重置完全价值为计税基础的是（   ）。

A. 自行建造的厂房

B. 通过捐赠取得的电脑

C. 盘盈的机器设备

D. 外购的办公楼

12. 根据企业所得税法律制度的规定，企业缴纳的下列税金中，不得在计算企业应纳税所得额时扣除的是（   ）。

A. 企业所得税 　　　 B. 土地增值税

C. 关税 　　　　　　 D. 车船税

13. Y 公司 2019 年实现产品销售收入 3000 万元，该企业当年实际发生广告费 360 万元，业务招待费为 80 万元，根据企业所得税法律制度的规定，Y 公司税前扣除的广告费和业务招待费为（   ）万元。

A. 375 　　　　　 B. 340

C. 300 　　　　　 D. 380

14. 甲公司 2019 年度的企业所得税应纳税所得额为 300 万元，工资、薪金总额为 40 万元，全年拨缴的工会经费为 2 万元，且能够提供有效凭证。甲公司在计算当年企业所得税应纳税所得额时，准予扣除的工会经费为（   ）万元。

A. 2 　　　　　 B. 0

C. 1 　　　　　 D. 0.8

15. 2018 年度甲居民企业销售收入为 8000 万元，营业外收入为 1000 万元，实际发生与生产经营有关的广告费和业务宣传费为 1000 万元。甲居民企业在计算 2018 年度企业所得税应纳税所得额时，准予扣除的广告费和业务宣传费为（   ）万元。

A. 1200 　　　　　 B. 900

C. 1000 　　　　　 D. 800

16. 甲服装生产企业（简称"甲企业"）2019 年度产品销售收入为 4000 万元，当年发生的管理费用为 250 万元，其中业务招待费为 60 万元，且能够提供有效凭证。甲企业在 2019 年度企业所得税汇算清缴中允许扣除的管理费用为（   ）万元。

A. 20 　　　　　 B. 250

C. 210 　　　　　 D. 36

17. 甲公司 2020 年销售收入为 2200 万元，当年发生的与生产经营活动有关的业务招待费支出为 60 万元，且能够提供有效凭证。甲公司在计算当年企业所得税应纳税所得额时，准予扣除的业务招待费为（   ）万元。

A. 11 　　　　　 B. 60

C. 36 　　　　　 D. 50

18. 某外商投资企业 2019 年取得利润总额为 4000 万元，其中投资收益项目已列收支为：国债利息收入 20 万元，国债转让收益 60 万元，无其他调整事项。根据企业所得税法律制度的规定，该外商投资企业 2019 年应纳税所得额为（   ）万元。

A. 3920 　　　　　 B. 3940

C. 3980 　　　　　 D. 4000

19. 某制造企业 2020 年取得商品销售收入 6000 万元，出租设备租金收入 200 万元，发生与生产经营有关的业务招待费支出 60 万元。根据企业所得税法律制度的规定，该企业在计算当年应纳税所得额时，准予扣除的业务招待费为（   ）万元。

A. 23 　　　　　 B. 31

C. 36 　　　　　 D. 18

20. 2020 年，某企业通过具备法定资格的公益性社会组织向灾区捐款 100 万元，直接向受灾小学捐款 20 万元，两笔捐款均在营业外支出中列支。该企业当年的利润总额为 1000 万元。假设不考虑其他纳税调整事项，根据企业所得税法律制度的规定，该企业 2020 年度应纳税所得额为（   ）万元。

A. 1000 　　　　　 B. 1020

C. 1120 　　　　　 D. 1070

21. 根据企业所得税法律制度的规定，下列主体中，不属于企业所得税纳税义务人的是（   ）。

A. 个人独资企业　　B. 民办非企业单位
C. 事业单位　　　　D. 社会团体

22. 根据企业所得税法律制度的规定,关于企业所得税应税所得来源地确定标准的下列表述中,正确的是(　　)。

A. 转让权益性投资资产所得,按照转让权益性投资资产的企业或者机构、场所所在地确定

B. 转让不动产所得,按照转让不动产的企业或者机构、场所所在地确定

C. 利息所得,按照负担、支付所得的企业或者机构、场所所在地确定,或者负担、支付所得的个人的住所地确定

D. 销售货物所得,按照支付所得的企业或者机构、场所所在地确定

23. 甲集团旗下软件企业是国家需要重点扶持的高新技术企业。2019 年度该企业的应纳税所得额为 260 万元,该企业 2019 年度应缴纳的企业所得税额为(　　)万元。

A. 52　　　　　　　B. 39
C. 65　　　　　　　D. 26

24. 某公司 2020 年度支出合理的工资薪金总额为 1000 万元,按规定标准为职工缴纳基本社会保险费为 150 万元,为受雇的全体员工支付补充养老保险费为 80 万元,为公司高管缴纳商业保险费为 30 万元。根据企业所得税法律制度的规定,该公司 2020 年度发生的上述保险费在计算应纳税所得额时准予扣除的数额为(　　)万元。

A. 260　　　　　　B. 230
C. 200　　　　　　D. 150

25. 根据企业所得税法律制度的规定,企业发生的下列支出中,在计算应纳税所得额时准予扣除的是(　　)。

A. 企业支付的企业所得税款
B. 企业支付的合同违约金
C. 企业内营业机构之间支付的租金
D. 企业内营业机构之间支付的特许权使用费

26. 根据企业所得税法律制度的规定,在计算应纳税所得额时,下列财产可按照固定资产计算折旧扣除的是(　　)。

A. 与经营活动无关的固定资产
B. 以融资租赁方式租出的机器

C. 单独估价作为固定资产入账的土地
D. 以经营租赁方式租出的运输用汽车

27. 根据企业所得税法律规定,保险企业保险企业发生预期经营活动有关的手续费及佣金支出不超过当年全部保费收入扣除退保金等后余额的(　　)含本数的部分,在计算应纳税所得额是准予扣除,超过部分允许结转以后年度扣除。

A. 20%　　B. 18%　　C. 15%　　D. 10%

28. 根据企业所得税法律规定,自 2021 年 1 月 1 日至 2030 年 12 月 31 日,对设在西部地区的鼓励类产业企业减按(　　)的税率征收企业所得税。

A. 20%　　B. 18%　　C. 15%　　D. 10%

29. 根据企业所得税法律规定所称"鼓励类产业企业"是指以《西部地区鼓励类产业目录》中规定的产业项目为主营业务,且其主营业务收入占收入总额(　　)以上的企业。

A. 60%　　B. 50%　　C. 30%　　D. 40%

30. 根据所得税税收优惠政策规定,对在海南自由贸易港设立的旅游业、现代服务业、高新技术产业企业新增境外直接投资取得所得(　　)。

A. 免征企业所得税
B. 减半征收企业所得税
C. 征收企业所得税
D. 实行三免三减半政策

二、多项选择题

1. 根据企业所得税法律制度的规定,下列关于企业提供劳务确认收入的表述中,正确的有(　　)。

A. 宣传媒介的收费,应根据完工进度确认收入

B. 商品销售附带安装的安装费,应根据安装完工进度确认收入

C. 为特定客户开发软件的收费,应根据开发的完工进度确认收入

D. 长期为客户提供重复的劳务收取的劳务费,在相关劳务活动发生时确认收入

2. 下列关于非居民企业取得的所得适用税率的说法中,正确的有(　　)。

A. 对在中国境内设有机构场所的,取得境内所得要按 25% 的税率缴税

B. 对在中国境内未设立机构场所而从中国境

内取得的所得按 10%缴税

C. 对在中国境内设立机构场所,其从境外取得的与该机构场所有实际联系的所得按25%缴税

D. 在中国境内设有机构场所的,其所得与其机构场所没有实际联系的,其所得按 10%缴税

3. 根据企业所得税法律制度的规定,下列收入中,不属于企业所得税免税收入的有( )。

A. 财政拨款

B. 国债利息

C. 物资及现金溢余

D. 依法收取并纳入财政管理的政府性基金

4. 根据企业所得税法律制度的规定,甲居民企业 2017 年度的下列支出中,不得在税前扣除的有( )。

A. 向投资者支付的股息 30 万元

B. 税收滞纳金 3 万元

C. 向税务机关缴纳的消费税 35 万元

D. 被没收财物的损失 5 万元

5. 根据《企业所得税法》的规定,下列项目不得在税前计算扣除折旧或摊销费用的有( )。

A. 租入固定资产的改建支出

B. 单独估价作为固定资产入账的土地

C. 自创商誉

D. 固定资产的大修理支出

6. 甲公司主要从事服装生产和销售业务,2020 年度,取得销售收入 8000 万元,当年发生的与经营有关的业务招待费支出为 70 万元、广告费和业务宣传费为 400 万元,2019 年,结转到本期的广告费和业务宣传费为 100 万元。根据企业所得税法律制度的规定,甲公司在计算当年应纳税所得额时,下列关于业务招待费、广告费和业务宣传费准予扣除数额的表述中,正确的有( )。

A. 业务招待费准予扣除的数额为 42 万元

B. 业务招待费准予扣除的数额为 40 万元

C. 广告费和业务宣传费准予扣除的数额为500 万元

D. 广告费和业务宣传费准予扣除的数额为400 万元

7. 根据企业所得税法律制度的规定,纳税人实际发生符合条件的下列支出中,对超过规定限额的部分,不得在以后纳税年度结转扣除的有

( )。

A. 公益性捐赠支出   B. 职工教育经费

C. 职工福利费   D. 业务招待费

8. 根据企业所得税法律制度的规定,纳税人的下列支出,不得在计算应纳税所得额时扣除的有( )。

A. 合理工资薪金总额 8%以内的职工教育经费

B. 企业所得税税款

C. 交通罚款

D. 消费税税款

9. 根据企业所得税法律制度的规定,下列收入属于征税收入的有( )。

A. 企业销售商品的收入

B. 企业提供中介代理的收入

C. 企业转让固定资产的收入

D. 企业提供非专利技术的收入

10. 下列关于企业所得税收入确认时间的说法中,正确的有( )。

A. 转让股权收入,在签订股权转让合同时确认收入

B. 采取预收款方式销售商品的,在发出商品时确认收入

C. 特许权使用费收入,按照合同约定的特许权使用人应付特许权使用费的日期确认收入的实现

D. 股息、红利等权益性投资收益,按照实际得到利润的日期确认收入的实现

11. 下列关于企业减免税政策的表述中,正确的有( )。

A. 企业从事中药材种植的所得免征企业所得税

B. 企业从事海水养殖、内陆养殖的所得免征企业所得税

C. 企业从事国家重点扶持的公共基础设施项目投资经营所得,可以免征、减征企业所得税

D. 符合条件的居民企业技术转让所得不超过 500 万元的部分免征企业所得税

12. 某企业所得税纳税人发生的下列支出中,在计算应纳税所得额时不得扣除的有( )。

A. 缴纳罚金 10 万元

B. 直接赞助某学校 8 万元

C. 缴纳税收滞纳金 4 万元

D. 缴纳银行罚息 6 万元

13. 根据企业所得税法律制度的规定,企业从事下列项目的所得中,可以免征企业所得税的有( )。

A. 茶的种植　　　B. 棉花的种植

C. 蔬菜的种植　　D. 水果的种植

14. 根据企业所得税法律制度的规定,企业的下列支出中,在计算应纳税所得额时实行加计扣除的有( )。

A. 购置用于环境保护专用设备的投资额

B. 为开发新技术发生的尚未形成无形资产而计入当期损益的研究开发费用

C. 安置残疾人员所支付的工资

D. 赞助支出

15. 根据企业所得税法律制度的规定,企业的下列资产或支出项目中,在计算应纳税所得额时,税前不得计算扣除折旧或摊销费用的有( )。

A. 已足额提取折旧的固定资产的改建支出

B. 单独估价作为固定资产入账的土地

C. 以融资租赁方式租入的固定资产

D. 未投入使用的机器设备

16. 根据企业所得税法律制度的规定,下列说法不正确的有( )。

A. 企业自年度终了之日起 5 个月内,向税务机关报送年度企业所得税纳税申报表,并汇算清缴,结清应缴应退税款

B. 企业在年度中间终止经营活动的,应当自实际经营终止之日起 30 日内,向税务机关办理当期企业所得税汇算清缴

C. 按月或按季预缴的,应当自月份或者季度终了之日起 7 日内,向税务机关报送预缴企业所得税纳税申报表,预缴税款

D. 非居民企业在中国境内未设立机构、场所的以扣缴义务人所在地为纳税地点

17. 下列项目,在计算企业所得税应纳税所得额时准予扣除的有( )。

A. 企业发生的诉讼费用

B. 增值税

C. 交通罚款

D. 企业为投资者支付低于标准的补充养老保险

三、判断题

1. 非居民企业在中国境内设立机构、场所的,仅就其所设机构、场所取得的来源于中国境内的所得缴纳企业所得税。　　　　( )

2. 某有限责任公司 2020 年发生的合理的工资薪金总额为 950 万元,支出的职工福利费为 150 万元,在计算该公司 2020 年的应纳税所得额时,支出的职工福利费应据实扣除。　　( )

3. 销售商品需要安装和检验的,在发出商品时确认收入。　　　　　　　　　　( )

4. 企业对外投资期间,投资资产的成本在计算应纳税所得额时准予扣除。　　　( )

5. 目前,我国企业所得税实行的税率是比例税率与超额累进税率相结合的税率形式。( )

6. 企业购置并实际使用《环境保护专用设备企业所得税优惠目录》规定的环境保护专用设备的,该专用设备投资额的 10% 可以从企业当年的企业所得税应纳税所得额中抵免。( )

7. 企业清算所得,是指企业全部资产可变现价值或者交易价格减除资产净值、清算费用、相关税费,加上债务清偿损益等计算后的余额。　　　　　　　　　　　　( )

8. 企业缴纳的符合审批管理权限设立的政府性基金和行政事业性收费,可以在计算应纳税所得额时扣除。　　　　　　( )

9. 转让动产所得的应税所得来源地标准,按照所转让动产的所在地确定。　　　( )

10. 2019 年度甲居民企业新购进一台单价 480 万元的设备用于生产经营,该设备采购金额允许一次性计入当期成本费用在计算企业所得税应纳税所得额时扣除,不再分年度计算折旧。　　　　　　　　　　( )

11. 在计算企业所得税应纳税所得额时,企业支付给残疾职工的工资在据实扣除的基础上,按照支付给残疾职工工资的 50% 加计扣除。　　　　　　　　( )

四、简答题

1. 长兴医药制造企业 2020 年度生产经营情况如下:

(1) 取得商品销售收入 5200 万元,接受捐赠收入 100 万元,投资收益为 100 万元(含国债利息收入 50 万元)。

(2) 全年发生销售成本为 2200 万元,税金及附加为 320 万元。

(3) 销售费用为 1340 万元,其中广告费为 700 万元,业务宣传费为 200 万元。

（4）管理费用为960万元，其中业务招待费为80万元，支付给其他企业的管理费为30万元。

（5）财务费用为12万元，系当年2月以年利率8%向非金融企业借入为期9个月的生产用资金200万元的借款利息（银行同期同类贷款年利率为5%）。

（6）营业外支出为80万元，其中支付客户违约金20万元，被工商行政管理部门处以罚款7万元，税收滞纳金3万元，非广告性质的赞助支出50万元。

已知：2019年经税务机关核准待弥补亏损为100万元。

要求：根据上述资料及所得税法律制度的规定，回答下列问题（答案中的金额单位均用"万元"表示）。

（1）计算该企业2019年度企业所得税前可以扣除的销售费用。

（2）计算该企业2019年度企业所得税前可以扣除的管理费用。

（3）计算该企业2019年度企业所得税前可以扣除的财务费用。

（4）计算该企业2019年度企业所得税前可以扣除的营业外支出。

（5）计算该企业2019年度应缴纳的企业所得税税额。

2. 甲居民企业（下称"甲企业"）主要从事服装的制造和销售。2018年度有关财务资料如下：

（1）销售收入50000万元，从境内非上市居民企业乙公司分回股息1000万元。

（2）发生广告费和业务宣传费7000万元。

（3）发生符合条件的研发费用4000万元，未形成无形资产计入当期损益。

已知：2017年度，甲企业还有广告费和业务宣传费200万元尚未结转扣除；各项支出均取得合法有效凭证，并已作相应的会计处理；其他事项不涉及纳税调整。

要求：根据上述资料和企业所得税法律制度的规定，不考虑其他因素，回答下列问题（答案中金额单位均用"万元"表示）。

（1）甲企业分回的股息是否需要计入应纳税所得额计算企业所得税？简要说明理由。

（2）计算甲企业2018年度企业所得税汇算清缴时广告费和业务宣传费准予扣除的金额。

（3）计算甲企业2018年度企业所得税汇算清

缴时研发费用可以加计扣除的金额。

3. 某居民企业为中外合资公司，注册资本为150万元，其中中方股权比重为60%。该公司于2017年1月1日成立，2018年发生业务如下：

（1）取得主营业务收入为1300万元、主营业务成本为700万元、税金及附加为75万元。

（2）取得技术所有权转让收入为800万元，相关的转让成本及税费等为80万元。

（3）发生销售费用为170万元，全部为广告费和业务宣传费。

（4）发生财务费用为50万元，其中有向中方股东借款200万元用于生产经营且一年内支付的利息20万元，而银行同类同期贷款利率为8%。

（5）上年未扣除的广告费和业务宣传费为40万元。

要求：根据上述资料和企业所得税法律制度的规定，回答下列问题（答案中的金额单位均用"万元"表示）。

（1）计算该企业当年所得税前允许扣除的广告费和业务宣传费。

（2）计算该企业当年所得税前允许扣除的财务费用。

（3）计算该企业当年应纳所得税额。

五、综合题

1. 丙电子工业企业是一家某市居民企业，2019年取得主营业务收入5000万元，其他业务收入600万元，营业外收入48万元，投资收益90万元；发生主营业务成本2800万元，其他业务成本400万元，营业外支出180万元；税金及附加458万元，管理费用400万元，销售费用1000万元，财务费用150万元。

（1）广告费支出为850万元，业务招待费支出为50万元。

（2）向个人借款利息支出为100万元，利率超过同期同类银行贷款利率1倍。

（3）工资薪金总额为800万元，工会经费16万元，职工福利费122万元，职工教育经费为65万元。

（4）资产减值准备金支出为100万元，未经过核定。

（5）投资收益中，国债利息收入为50万元，投资于上市公司取得股息40万元，该股票持有5个月时卖出。

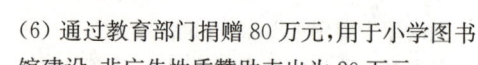

（6）通过教育部门捐赠 80 万元,用于小学图书馆建设;非广告性质赞助支出为 20 万元。

其他资料:2015、2016、2017、2018 年待弥补亏损分别为 140 万元、240 万元、0、100 万元。

要求:根据上述资料及所得税法律制度的规定,回答下列问题(答案中的金额单位均用"万元"表示)。

（1）计算广告费和业务招待费应调整的应纳税所得额。

（2）计算借款利息应调整的应纳税所得额,并说明理由。

（3）计算工会经费、职工福利费、职工教育经费应调整的应纳税所得额。

（4）计算资产减值准备金应调整的应纳税所得额,并说明理由。

（5）计算投资收益应调整的应纳税所得额,并说明理由。

（6）计算该企业 2019 年应纳企业所得税。

2. 甲居民企业(下称"甲企业")主要从事手机制造和销售,2018 年度有关财务资料如下:

（1）营业收入为 9000 万元,其中符合条件的技术转让收入为 1500 万元;营业外收入为 1000 万元。

（2）营业成本为 5000 万元,其中符合条件的技术转让成本为 600 万元。

（3）实际发生广告费和业务宣传费支出为 900 万元。

（4）实际发放合理的工资薪金为 1500 万元(其中残疾职工工资支出为 200 万元),实际支出补充养老保险费 100 万元。

（5）实际发生与生产经营有关的业务招待费支出为 100 万元。

（6）实际发生非金融企业借款利息为 400 万元,年利率为 8%,而金融机构同期同类贷款年利率为 6%。

已知:2017 年度甲企业尚有 300 万元广告费和业务宣传费未结转扣除;企业所得税税率为 25%;各项支出均取得合法有效凭据,并已作相应的会计处理;其他事项不涉及纳税调整。

要求:根据上述资料和企业所得税法律制度的规定,不考虑其他因素,回答下列问题(答案中

的金额单位均用"万元"表示)。

（1）计算甲企业 2018 年度技术转让所得应纳的企业所得税额。

（2）计算甲企业 2018 年度企业所得税汇算清缴时广告费和业务宣传费准予扣除的金额。

（3）计算甲企业 2018 年度企业所得税汇算清缴时残疾职工工资可以加计扣除的金额。

（4）计算甲企业 2018 年度企业所得税汇算清缴时补充养老保险费应调增的应纳税所得额。

（5）计算甲企业 2018 年度企业所得税汇算清缴时业务招待费应调增的应纳税所得额。

（6）计算甲企业 2018 年度企业所得税汇算清缴时借款利息应调增的应纳税所得额。

3. 2018 年度,某企业会计报表上的利润总额为 100 万元,已累计预缴企业所得税为 25 万元。该企业 2018 年度其他有关情况如下:

（1）通过政府机构进行公益性捐赠发生的公益性捐赠支出为 18 万元。

（2）开发新技术的研究开发费用为 20 万元(已计入管理费用)。

（3）支付在建办公楼工程款为 20 万元,已列入当期费用扣除。

（4）直接向某足球队进行赞助为 15 万元,已列入当期费用扣除。

（5）支付经营过程中发生的诉讼费为 2.3 万元,已列入当期费用扣除。

（6）支付企业所属车队因违反交通法规的罚款 0.8 万元,已列入当期费用扣除。

已知:该企业适用所得税税率为 25%。

要求:根据上述资料和企业所得税法律制度的规定,回答下列问题(答案中的金额单位均用"万元"表示)。

（1）计算该企业公益性捐赠支出所得税前纳税调整额。

（2）计算该企业研究开发费用所得税前纳税调整额。

（3）计算该企业当年应纳税所得额。

（4）计算该企业当年应纳所得税额。

（5）计算该企业当年应汇算清缴的所得税税额。

参考答案及解析

一、单项选择题

1.【答案】 A

【解析】 企业的注册地和实际管理机构所在地有一个在中国境内的,即为居民企业,均不在中国境内即为非居民企业。选项 ABCD 均依照外国法律成立(注册地在国外),所以应关注实际管理机构是否在中国境内,故选项 A 符合题意。

2.【答案】 D

【解析】 选项 AC,未在境内成立,但实际管理机构在境内的,属于居民企业;选项 B,只要在境内成立,即为居民企业。

3.【答案】 A

【解析】 选项 B,应于转让协议生效,且完成股权变更手续时,确认收入的实现;选项 C,股息、红利等权益性投资收益,按照被投资方作出利润分配决定的日期确认收入;选项 D,按照实际收到捐赠资产的日期确认收入的实现。

4.【答案】 B

【解析】 股息、红利等权益性投资收益,按照分配所得的企业所在地确定来源地,在中国境内未设立机构、场所的非居民企业在中国境内取得的股息、红利等权益性投资收益以收入全额为应纳税所得额;境内的支付企业为扣缴义务人。H 公司应代扣代缴的企业所得税税款=2000×15%=300(万元)。

5.【答案】 C

【解析】 销售商品采取预收款方式的,在发出商品时确认收入。2020 年 5 月 20 日,应确认销售收入 12 万元,2020 年 6 月 25 日,应确认销售收入 8 万元。

6.【答案】 B

【解析】 由于折扣额和销售额在同一张发票的金额栏内,所以应确认企业所得税收入金额=45.2÷(1+13%)×80%=32(万元)。

7.【答案】 D

【解析】 甲公司应确认股权转让所得=500−200=300(万元)

8.【答案】 C

【解析】 选项 A,销售货物所得,根据规定按

照交易活动发生地确定;选项 B,提供劳务所得,按照劳务发生地确定;选项 C,动产转让所得按照转让动产的企业或者机构、场所所在地确定;选项 D,股息、红利等权益性投资所得,按照分配所得的企业所在地确定。

9.【答案】 C

【解析】 选项 AD,属于应税收入;选项 B,属于不征税收入;选项 C,属于免税收入。

10.【答案】 C

【解析】 公益性捐赠的扣除限额=6000×12%=720(万元),超过的 80 万元不得在当年税前扣除但可以结转到下年继续扣除。

11.【答案】 C

【解析】 盘盈的固定资产,以同类固定资产的重置完全价值为计税基础。

12.【答案】 A

【解析】 企业缴纳的增值税和企业所得税,不能在税前扣除。

13.【答案】 A

【解析】 按照所得税法律制度规定,企业发生的符合条件的广告费实际扣除的额度为不超过当年营业收入的 15%[3000×15%=450(万元)],所以实际发生 360 万元可直接扣除;企业发生的符合条件的业务招待费按发生额的 60% 扣除,且不超过当年营业收入的 0.5%,3000×0.5%=15(万元),80×60%=48(万元),扣除业务招待费 15 万元。故 Y 公司税前准予扣除的广告费和业务招待费=360+15=375(万元)。

14.【答案】 D

【解析】 工会经费的税前扣除限额=工资、薪金总额×2%=40×2%=0.8(万元),全年拨缴的工会经费 2 万元超过税前扣除限额,税前只能按限额扣除 0.8 万元。

15.【答案】 C

【解析】 该企业发生的广告费和业务宣传费为 1000 万元,按照发生额的 15% 扣除,因此,甲居民企业 2018 年准予扣除的广告费和业务宣传费=8000×15%=1200(万元),但是实际发生额为 1000 万元,所以选 C。

16.【答案】 C

【解析】 注意区分允许扣除的管理费用和允许扣除的业务招待费。业务招待费按发生额的60%[60×60%=36(万元)]扣除,但不得超过销售(营业)收入的5‰[4000×5‰=20(万元)],税前允许扣除的业务招待费为20万元;管理费用250万元中,有40万元的业务招待费税前不得扣除。因此,税前允许扣除的管理费用=250-(60-20)=210(万元)。

17.【答案】 A

【解析】 在计算当年企业所得税应纳税所得额时,准予扣除的业务招待费扣除限额=实际发生额×60%=60×60%=36(万元),但不得超出销售(营业)收入的5‰[2200×5‰=11(万元)],故甲公司2020年准予扣除的业务招待费为11万元。

18.【答案】 C

【解析】 需要正确区分免税收入、不征税收入和应税收入。国债利息收入免交企业所得税,所以2019年应纳税所得额=4000-20=3980(万元)。

19.【答案】 B

【解析】 扣除限额①=60×60%=36(万元),扣除限额②=(6000+200)×5‰=31(万元),限额①>限额②,税前准予扣除的业务招待费为31万元。故选B。

20.【答案】 B

【解析】 企业通过具备法定资格的公益性社会组织向灾区捐款100万元,属于公益性捐赠支出,这笔捐赠的税前扣除限额=1000×12%=120(万元),实际捐赠额为100万元,可以全额在税前扣除,无需调整;直接向受灾小学的捐款20万元不得在税前扣除,应调增应纳税所得额20万元。故该企业2020年度应纳税所得额=1000+20=1020(万元)。

21.【答案】 A

【名师点睛】 选项A,属于个人所得税纳税人,不属于企业所得税纳税人。

22.【答案】 C

【解析】 选项A,权益性投资资产转让所得,按照被投资企业所在地确定;选项B,不动产转让所得,按照不动产所在地确定;选项D,销售货物所得,按照交易活动发生地确定。

23.【答案】 B

【解析】 根据规定,国家需要重点扶持的高新技术企业,减按15%的税率征收企业所得税,应缴纳企业所得税=260×15%=39(万元)。

24.【答案】 C

【解析】 基本社会保险费可以全额在税前扣除。企业为在本企业任职或者受雇的全体员工支付的补充养老保险费、补充医疗保险费,分别在不超过职工工资总额5%标准内的部分[1000×5%=50(万元)],在计算应纳税所得额时准予扣除;超过的部分,不予扣除。除企业依照国家有关规定为特殊工种职工支付的人身安全保险费,和国务院财政、税务主管部门规定可以扣除的其他商业保险费外,企业为投资者或者职工支付的商业保险费,不得扣除。则该公司2020年度发生上述保险费在计算应纳税所得额时准予扣除的数额=150+50=200(万元)。

25.【答案】 B

【解析】 在计算应纳税所得额时,企业支付的所得税税款、企业内营业机构之间支付的租金、企业内营业机构支付的特许权使用费不得税前扣除。

26.【答案】 D

【解析】 与经营活动无关的固定资产,以融资租赁方式租出的固定资产,单独估价作为固定资产入账的土地,在计算应纳税所得额时均不得扣除折旧。

27.【答案】 B

【解析】 根据企业所得税法律规定,保险企业保险企业发生预期经营活动有关的手续费及佣金支出不超过当年全部保费收入扣除退保金等后余额的18%含本数的部分,在计算应纳税所得额是准予扣除,超过部分允许结转以后年度扣除。

28.【答案】 C

【解析】 根据企业所得税法律规定,自2021年1月1日至2030年12月31日,对设在西部地区的鼓励类产业企业减按15%的税率征收企业所得税。

29.【答案】 A

【解析】 根据企业所得税法律规定所称"鼓励类产业企业"是指以《西部地区鼓励类产业目录》中规定的产业项目为主营业务,且其主营业务收入占收入总额 60% 以上的企业。

30.【答案】 A

【解析】 根据企业所得税税收优惠政策规定,对在海南自由贸易港设立的旅游业、现代服务业、高新技术产业企业新增境外直接投资取得所得,免征企业所得税。

二、多项选择题

1.【答案】 CD

【解析】 选项 A,宣传媒介的收费,应在相关的广告或商业行为出现于公众面前时确认收入;选项 B,安装费通常应根据安装完工进度确认收入,但对商品销售附带安装的,安装费在商品销售实现时确认收入。

2.【答案】 BCD

【解析】 在境内设立机构场所的企业,如果取得的是与生产经营相关的所得,应按照 25% 缴纳企业所得税;如果是在境内设立机构场所但是取得的与其机构场所没有实际联系的所得,应该按照 10% 缴纳企业所得税。

3.【答案】 ACD

【解析】 选项 AD,属于不征税收入(而非免税收入);选项 C,属于其他收入,属于应税收入。

4.【答案】 ABD

【解析】 企业在计算应纳税所得额时,下列支出不得扣除:向投资者支付的股息(选项 A)、红利等权益性投资收益款项;企业所得税税款;税收滞纳金(选项 B);罚金、罚款和被没收财务的损失(选项 D);国家规定的公益性捐赠支出以外的捐赠支出;赞助支出;未经核定的准备金支出;与取得收入无关的其他支出。

5.【答案】 BC

【解析】 租入固定资产的改建支出和固定资产的大修理支出,属于企业发生的长期待摊费用,按规定摊销的,准予扣除。

6.【答案】 BC

【解析】 甲公司主要从事服装生产和销售业务,并非化妆品制造或销售、医药制造、饮料制造或烟草企业。选项 AB,扣除限额①=70×60%=42(万元),扣除限额②=8000×5‰=40(万元),业务招待费准予扣除的数额为 40 万元;选项 CD,扣除限额=8000×15%=1200(万元),实际发生广告费和业务宣传费支出 400 万元,2019 年结转到本期的广告费和业务宣传费为 100 万元,合计金额 500 万元,未超

过扣除限额,广告费和业务宣传费准予扣除的数额为 500 万元。

7.【答案】 CD

【解析】 可以结转扣除的支出项目包括但不限于:职工教育经费支出、广告费和业务宣传费支出、公益性捐赠支出(3 年内)。

8.【答案】 BC

【解析】 选项 A,企业发生的职工教育经费支出,不超过工资薪金总额 8% 的部分,准予在当年扣除;选项 D,纳税人按照规定缴纳的消费税、资源税、土地增值税(房地产开发企业)、出口关税、城市维护建设税、教育费附加,以及发生的房产税、车船税、城镇土地使用税、印花税等税金及附加,可以在税前扣除。

9.【答案】 ABCD

【解析】 企业的收入总额包括以货币形式和非货币形式从各种来源取得的收入,具体包括销售货物所得、提供劳务所得、转让财产所得、股息红利等权益性投资所得、利息所得、租金所得、特许权使用费所得、接受捐赠所得和其他所得。

10.【答案】 BC

【解析】 转让股权收入,应于转让协议生效、且完成股权变更手续时确认收入,选项 A 错误;股息、红利等权益性投资收益,按照被投资方作出利润分配决定的日期确认收入,选项 D 错误。

11.【答案】 ACD

【解析】 企业从事海水养殖、内陆养殖的所得减半征收企业所得税,因此选项 B 错误。

12.【答案】 ABC

【解析】 企业在计算应纳税所得额时,下列支出不得扣除:向投资者支付的股息、红利等权益性投资收益款项;企业所得税税款;税收滞纳金(选项 C);罚金、罚款(选项 A)和被没收财务的损失;国家规定的公益性捐赠支出以外的捐赠支出;赞助支出(选项 B);未经核定的准备金支出;与取得收入无关的其他支出。合同的违约金和银行的罚息在计算企业所得税时准予扣除。

13.【答案】 BCD

【解析】 选项 A,花卉、茶以及其他饮料作物和香料作物的种植减半征收企业所得税。

14.【答案】 BC

【解析】 选项A,实行税额抵免,即企业购置并实际使用规定的环境保护、节能节水、安全生产等专用设备的,该专用设备投资额的10%可以从企业当年的应纳税额中抵免;选项D,企业发生的与生产经营活动无关的各种非广告性质的赞助支出,在计算企业所得税应纳税所得额时不得扣除。

15.【答案】 BD

【解析】 根据规定,已足额提取折旧仍继续使用的固定资产不得计算折旧扣除,但是其依法改建的支出增加了计税基础,此时改建支出可以继续提取折旧扣除,选项A不符合题意;单独估价作为固定资产入账的土地,不得计算折旧扣除,选项B符合题意;以融资租赁方式租入的固定资产需要计算折旧,租出的固定资产不得计算折旧扣除,选项C不符合题意;房屋、建筑物以外未投入使用的固定资产不得计算折旧扣除,选项D符合题意。

16.【答案】 BC

【解析】 企业在年度中间终止经营活动的,应当自实际经营终止之日起60日内,向税务机关办理当期企业所得税汇算清缴,选项B错误;按月或按季预缴的,应当自月份或者季度终了之日起15日内,向税务机关报送预缴企业所得税纳税申报表,预缴税款,选项C错误。

17.【答案】 AD

【解析】 增值税不得在所得税前扣除,交通罚款属于行政罚款,不可以税前扣除。

三、判断题

1.【答案】 ×

【解析】 非居民企业发生在中国境外但与其所设机构、场所有实际联系的所得,也应当向我国缴纳企业所得税。

2.【答案】 ×

【解析】 职工福利费的扣除限额=950×14%=133(万元),实际发生额150万元,超过了扣除限额,只能在税前扣除133万元,而非据实扣除。

3.【答案】 ×

【解析】 销售商品需要安装和检验的,在购买方接受商品以及安装和检验完毕时确认收入。如果安装程序比较简单,可在发出商品时确认收入。

4.【答案】 ×

【解析】 企业对外投资期间,投资资产的成本在计算应纳税所得额时不得扣除。因为该资产在投资期间一直属于本企业的资产,企业会因为该资产获得投资收益;而企业在转让或者处置投资资产时(该资产真正流出企业时),准予扣除投资资产的成本。

5.【答案】 ×

【解析】 企业所得税实行25%的比例税率,对符合条件的小型微利企业,减按20%的税率征收企业所得税;国家需要重点扶持的高新技术企业,减按15%的税率征收企业所得税。

6.【答案】 ×

【解析】 购置并实际使用《环境保护专用设备企业所得税优惠目录》规定的环境保护专用设备的,该专用设备投资额的10%可以从企业当年的企业应纳税额中抵免。

7.【答案】 √

8.【答案】 √

【解析】 企业按照规定缴纳的、由国务院或财政部批准设立的政府性基金以及由国务院和省、自治区、直辖市人民政府及其财政、价格主管部门批准设立的行政事业性收费准予在计算应纳税所得额时扣除。企业缴纳的不符合前述审批管理权限设立的基金、收费不得在计算应纳税所得额时扣除。

9.【答案】 √

【解析】 动产转让所得按照转让动产的企业或者机构、场所所在地确定。

10.【答案】 √

【解析】 企业在2018年1月1日至2020年12月31日期间新购进(包括自行建造)的设备、器具,单位价值不超过500万元的,允许一次性计入当期成本费用在计算应纳税所得额时扣除,不再分年度计算折旧。

11.【答案】 ×

【解析】 企业安置残疾人员所支付的工资允许加计扣除,按照企业安置残疾人员数量,在企业支付给残疾职工工资据实扣除的基础上,按照支付给残疾职工工资的100%加计扣除。

四、简答题

1.【答案】 (1)广告费和业务宣传费的扣除限额=5200×30%=1560(万元),大于实际发生额=700+200=900(万元),本年度广告费和业务宣传费可据实扣除。

该企业2019年企业所得税前可扣除的销售费用=1340(万元)。

(2)企业之间支付的管理费不得在税前扣除；业务招待费发生额的60%=80×60%=48(万元)，大于5200×5‰=26(万元)，所以税前可以扣除的业务招待费为26万元；该企业2019年企业所得税前可扣除的管理费用=960－30－80+26=876(万元)。

(3)2019年，该企业企业所得税前可扣除的财务费用=200×5%×9÷12=7.5(万元)。

(4)支付客户违约金20万元可以在税前扣除；被工商行政管理部门处以罚款7万元和税收滞纳金3万元、非广告性质赞助支出50万元均不得在税前扣除；该企业2019年企业所得税前可扣除的营业外支出为20万元。

(5)2019年，该企业应纳税所得额=5200+100+100－50－2200－320－1340－876－7.5－20－100=486.5(万元)。

2019年，该企业应缴纳的所得税税额=486.5×25%=121.63(万元)。

2.【答案】 (1)甲企业从乙公司分回的股息不计入应纳税所得额。根据规定，符合条件的居民企业之间的股息、红利等权益性投资收益免税。

(2)广告费和业务宣传费准以扣除的限额=50000×15%=7500(万元)，待扣除金额=7000+200=7200(万元)，待扣除金额<准予扣除的最高限额，甲企业税前可以扣除的广告费和业务宣传费为7200万元。

(3)加计扣除的研发费=4000×75%=3000(万元)

3.【答案】 (1)销售(营业)收入=1300(万元)，广告费和业务宣传费扣除限额=1300×15%=195(万元)，本期实际列支为170万元，可以据实扣除。上年结转可扣除金额=195－170=25(万元)，税前可以扣除的广告费和业务宣传费=170+25=195(万元)。

(2)可扣除的利息费用=150×60%×2×8%=14.4(万元)。向关联方的借款，可以在权益性投资(150×60%)的两倍内扣除。税前可以扣除的财务费用=50－20+14.4=44.4(万元)。

(3)技术转让所得不超过500万元的部分，免征企业所得税；超过500万元的部分，减半征

收企业所得税。本题中超过500万元的部分=800－80－500=220(万元)，应纳所得税额=(1300－700－75－195－44.4)×25%＋220×25%×50%=98.9(万元)。

五、综合题

1.【答案】 (1)广告费支出税前扣除限额=(5000+600)×15%=840(万元)，实际发生广告费支出850万元，广告费支出应调增应纳税所得额=850－840=10(万元)。

销售收入的5‰=(5000+600)×5‰=28(万元)，业务招待费的60%=50×60%=30(万元)，税前准予扣除28万元，实际发生业务招待费支出为50万元，所以业务招待费应调增应纳税所得额=50－28=22(万元)。

广告费和业务招待费应调增的应纳税所得额=10+22=32(万元)

(2)借款利息应调增的应纳税所得额=100×50%=50(万元)

根据规定，向个人的借款利息支出，在不超过按照金融企业同期同类贷款利率计算的数额的部分，准予扣除。

(3)工会经费税前扣除限额=800×2%=16(万元)，实际拨缴的工会经费为16万元，可以全额在税前扣除，不需要纳税调整。

职工福利费税前扣除限额=800×14%=112(万元)，实际发生的职工福利费为122万元，应调增应纳税所得额=122－112=10(万元)；

职工教育经费税前扣除限额=800×8%=64(万元)，实际发生的职工教育经费为65万元，应调增应纳税所得额=65－64=1(万元)。

工会经费、职工福利费、职工教育经费共应调增的应纳税所得额=10+1=11(万元)。

(4)资产减值准备金应调增应纳税所得额为100万元。

根据规定，未经核定的准备金支出，在计算应纳税所得额时不得在税前扣除。

(5)投资收益应调减的应纳税所得额为50万元。

根据规定，国债利息收入，属于免税收入，应调减50万元；投资于上市公司取得的股息、红利等投资收益，持有股票期限小于12个月的，不属于免税收入，不需要调整应纳税所得额。

(6)该企业2019年利润总额=5000+600+48+90－2800－400－180－458－400－

1000－150＝350(万元)

捐赠限额＝350×12％＝42(万元),实际发生的捐赠支出 80 万元,应调增的应纳税所得额＝80－42＝38(万元)。

非广告性质赞助支出 20 万元,不得在税前扣除,应调增应纳税所得额 20 万元。

弥补亏损前的应纳税所得额＝350＋32＋50＋11＋100－50＋38＋20＝551(万元)

弥补亏损后的应纳税所得额＝551－140－240－100＝71(万元)

该企业 2019 年应纳企业所得税＝71×25％＝17.75(万元)

2.【答案】 (1)甲企业 2018 年度技术转让所得应纳税额＝(1500－600－500)×50％×25％＝50(万元)

(2)广告费和业务宣传费准以扣除的限额＝9000×15％＝1350(万元),待扣除金额＝900＋300＝1200(万元),待扣除金额＜准予扣除的最高限额,甲企业税前可以扣除的广告费和业务宣传费为 1200 万元。

(3)残疾职工工资可以加计扣除的金额＝200×100％＝200(万元)

(4)补充养老保险准予扣除的金额＝1500×5％＝75(万元),实际发生额 100 万元,应调增的应纳税所得额＝100－75＝25(万元)。

(5)扣除限额①＝9000×5‰＝45(万元),扣除限额②＝100×60％＝60(万元),税前准予扣除的金额为 45 万元,应调增的应纳税所得额＝100－45＝55(万元)。

(6)借款利息应调增的应纳税所得额＝400－

400÷8％×6％＝100(万元)

3.【答案】 (1)根据规定,企业发生的公益性捐赠支出,在年度利润总额 12％以内的部分,准予在计算应纳税所得额时扣除。公益性捐赠支出所得税前扣除限额＝100×12％＝12(万元),实际发生的公益性捐赠支出为 18 万元,超过限额为 6 万元,应调增所得为 6 万元。

(2)企业开展研发活动中实际发生的研发费用,未形成无形资产计入当期损益的,在按规定据实扣除的基础上,在 2018 年 1 月 1 日至 2020 年 12 月 31 日期间再按照实际发生额的 75％在税前加计扣除;形成无形资产的,在上述期间按照无形资产成本的 175％在税前摊销。企业当年开发新产品研发费用实际支出为 20 万元,还可以加计扣除 15 万元(20×75％),利润总额中已扣除 20 万元,应调减所得额为 15 万元。

(3)该企业当年应纳税所得额:在建办公楼工程款属于资本化支出,不得税前直接扣除,应调增应纳税所得额为 20 万元;向某足球队赞助支出不得扣除,应调增应纳税所得额为 15 万元;支付违反交通法规罚款不得扣除,应调增应纳税所得额为 0.8 万元;该企业应纳税所得额＝100＋6－15＋20＋15＋0.8＝126.8(万元)。

(4)该企业当年应纳所得税税额＝126.8×25％＝31.7(万元)

(5)该企业应汇算清缴的所得税税额＝31.7－25(已预缴)＝6.7(万元)

第八章
相关法律制度

本章在考试中分值占5～7分,篇幅较大,考查涉及内容较多,政府采购法和知识产权法两部分内容在考试出现的概率很高。题型以客观题为主。

考试变化

本章的主要变化在第三节内容,其他章节基本无变化。本章第三节根据2021年6月1日起实施的新《专利法》进行了较大的调整。具体变化如下:调整了"不授予专利权的客体""不丧失新颖性""专利申请的原则"和"外观设计的专利权期限"等相关内容;新增了"外观设计的本国优先权""开放许可"和"对专利期限的补偿性规定"等相关内容;删除了"专利复审委员会"的相关表述。

本章结构

第一节　预算法
第二节　国有资产管理法律制度
第三节　知识产权法律制度
第四节　政府采购法律制度

第一节 预算法

 本节框架

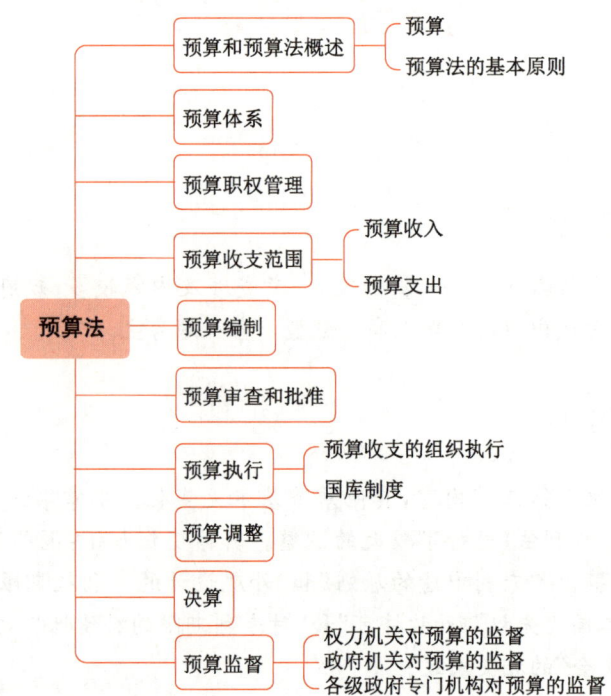

一、预算和预算法概述 ★★

(一)预算

1. 概念

预算法意义上的预算,是指国家预算或财政预算,即国家对会计年度内的收入和支出的预先估算。

2. 预算年度

预算年度自公历 1 月 1 日起,至 12 月 31 日止。

(二)预算法的基本原则

预算法的基本原则详见表8-1。

表 8-1 预算法的基本原则

基本原则	具体内容
统筹兼顾、勤俭节约、量力而行原则	各级一般公共预算支出的编制,应当统筹兼顾,在保证基本公共服务合理需要的前提下,优先安排国家确定的重点支出。在支出安排的总量上按照年度财政收入规模安排支出,做到量力而行,收支平衡
预算法定原则	经人民代表大会批准的预算,非经法定程序,不得调整 各级政府、各部门、各单位的支出必须以批准的预算为依据,未列入预算的不得支出

（续表）

基本原则	具体内容
绩效原则	绩效,是指政府支出应与有效公共服务的提供相匹配 绩效原则,是指政府应当将绩效贯穿于预算全过程
跨年度预算平衡原则	《预算法》规定,各级政府应当建立跨年度预算平衡机制
公开原则	① 除法律规定或涉及国家利益的重大机密外,预算草案及依据应向人民代表公开,在预算通过后应向人民公开 ② 预算的编制、审议和执行过程透明 ③ 决算数据公开
完整性原则	预算由预算收入和预算支出组成,政府的全部收入和支出都应当纳入预算 提示▶政府在财政收支外不得有任何其他的财政收支行为
分税制原则	国家实行中央和地方分税制

【例题 8-1 判断题】（2018 年真题） 我国预算年度为当年 4 月 1 日起,至次年 3 月 31 日止。（　　）

【答案】 ×

【名师点睛】 预算年度为公历 1 月 1 日起,至 12 月 31 日止。

考试方向
考查预算法的预算年度和基本原则。

二、预算体系

（1）国家实行一级政府一级预算,我国的预算共分为五级,分别是:中央预算;省、自治区、直辖市预算;设区的市、自治州预算;县、自治县、不设区的市、市辖区预算;乡、民族乡、镇预算。

提示▶国、省、市、县、乡,共 5 级。

（2）全国预算由中央预算和地方预算组成。

① 中央预算由中央各部门的预算组成,包括地方向中央的上解收入数额,以及中央对地方返还或者给予补助的数额。

② 地方各级政府预算由本级各部门的预算组成,包括下级政府向上级政府上解的收入总额,以及上级政府对下级政府返还或者给予补助的数额。

三、预算职权管理

（1）预算职权管理包括预算的编制权、审批权、执行权、调整权等。

（2）预算职权管理的分配,包括横向分配和纵向分配:

① 横向分配,是指预算管理职权在相同级次国家机关之间的分割和配置。

② 纵向分配,是指预算管理职权在不同级次国家机关之间的分割和配置。

（3）预算管理职权可分为权力机关的职权、行政机关的职权、财政部门的职权和其他部门、单位的职权。

四、预算收支范围 ★★

（一）预算收入

预算收入包括各项税收收入、行政事业性收费收入、国有资源（资产）有偿使用收入、转移性收入和其他收入。

其中,转移性收入包括上级补助收入(返还性收入、财政转移支付收入)、下级上解收入和上年结余收入等。

1. 返还性收入

地方各级财政取得的中央对地方税收返,包括增值税返还、消费税返还、所得税基数返还、成品油税费改革税收返还。

2. 财政转移支付收入,又进一步分为一般性转移支付和专项转移支付

形成以均衡地区间基本财力、由地方政府统筹安排使用的一般性转移支付为主体,一般性转移支付和专项转移支付相结合的转移支付制度。

(二) 预算支出

1. 按功能分类

一般公共预算支出按照其功能分类,包括一般公共服务支出,外交、公共安全、国防支出,农业、环境保护支出,教育、科技、文化、卫生、体育支出,社会保障及就业支出和其他支出。

2. 按经济性质分类

一般公共预算支出按照其经济性质分类,包括工资福利支出、商品和服务支出、资本性支出和其他支出。

考试方向
考查财政预算的预算收入。

【例题 8-2 多选题】(2019 年真题) 根据预算法律制度的规定,下列各项中,属于预算收入的有( )。

A. 采矿权拍卖所得

B. 地方从中央获得的消费税返还

C. 上级政府收到的下级政府的体制上解收入

D. 税务机关征收的所得税收入

【答案】 ABCD

【名师点睛】 预算收入主要包括税收收入(选项 D)、行政事业性收费收入、国有资源(资产)有偿使用收入(选项 A)、转移性收入(选项 BC)和其他收入。

五、预算编制

国务院应当及时下达关于编制下一年预算草案的通知。编制预算草案的具体事项由国务院财政部门部署。省、自治区、直辖市政府应当按照国务院规定的时间,将本级总预算草案报国务院审核汇总。

六、预算审查和批准

1. 中央预算由全国人民代表大会审查和批准。地方各级预算由本级人民代表大会审查和批准

(1)国务院在全国人民代表大会举行会议时,向大会作关于中央和地方预算草案以及中央和地方预算执行情况的报告。

（2）地方各级政府在本级人民代表大会举行会议时，向大会作关于总预算草案和总预算执行情况的报告。

2. 预算的备案

（1）乡、民族乡、镇政府应当及时将经本级人民代表大会批准的本级预算报上一级政府备案。

（2）县级以上地方各级政府应当及时将经本级人民代表大会批准的本级预算及下一级政府报送备案的预算汇总，报上一级政府备案，报本级人民代表大会常务委员会备案。

（3）国务院将省、自治区、直辖市政府依照规定报送备案的预算汇总后，报全国人民代表大会常务委员会备案。

3. 预算的批复

（1）各级预算经本级人民代表大会批准后，本级政府财政部门应当在 20 日内向本级各部门批复预算。

（2）各部门应当在接到本级政府财政部门批复的本部门预算后 15 日内向所属各单位批复预算。

七、预算执行

（一）预算收支的组织执行

（1）各级预算由本级政府组织执行，具体工作由本级政府财政部门负责。各部门、各单位是本部门、本单位的预算执行主体，负责本部门、本单位的预算执行，并对执行结果负责。

（2）预算年度开始后，各级预算草案在本级人民代表大会批准前，可以安排下列支出：

① 上一年度结转的支出。

② 参照上一年同期的预算支出数额安排必须支付的本年度部门基本支出、项目支出，以及对下级政府的转移性支出。

③ 法律规定必须履行支付义务的支出，以及用于自然灾害等突发事件处理的支出。

（3）预算收入征收部门和单位，必须依照法律、行政法规的规定，及时、足额征收应征的预算收入。各级政府不得向预算收入征收部门和单位下达收入指标。

（4）各级政府财政部门必须依照法律、行政法规和国务院财政部门的规定，及时、足额地拨付预算支出资金，加强对预算支出的管理和监督。各级政府、各部门、各单位的支出必须按照预算执行，不得虚假列支。

各级政府、各部门、各单位应当对预算支出情况开展绩效评价。

【例题 8-3 多选题】（2017 年真题） 根据预算法律制度的规定，预算年度开始后，各级预算草案在本级人民代表大会批准前，可以安排的支出有（　　）。

A. 用于自然灾害等突发事件处理的支出

B. 法律规定必须履行支付义务的支出

C. 参照上一年同期的预算支出数额安排必须支付的本年度部门基本支出

D. 上年度结转的支出

考试方向

考查预算的审批。

第八章

【答案】 ABCD

【名师点睛】 预算年度开始后,各级预算草案在本级人民代表大会批准前,可以安排下列支出:上一年度结转的支出(选项 D);参照上一年同期的预算支出数额安排必须支付的本年度部门基本支出、项目支出,以及对下级政府的转移性支出(选项 C);法律规定必须履行支付义务的支出,以及用于自然灾害等突发事件处理的支出(选项 AB)。

(二) 国库制度

(1) 县级以上各级预算必须设立国库;具备条件的乡、民族乡、镇也应当设立国库。

(2) 中央国库业务由中国人民银行经理,地方国库业务依照国务院的有关规定办理。

各级国库应当按照国家有关规定,及时准确地办理预算收入的收纳、划分、留解、退付和预算支出的拨付。

(3) 各级国库库款的支配权属于本级政府财政部门。

除法律、行政法规另有规定外,未经本级政府财政部门同意,任何部门、单位和个人都无权冻结、动用国库库款或者以其他方式支配已入国库的库款。

八、预算调整

(1) 经全国人民代表大会批准的中央预算和经地方各级人民代表大会批准的地方各级预算,在执行中出现下列情况之一的,应当进行预算调整:

① 需要增加或者减少预算总支出的。

② 需要调入预算稳定调节基金的。

③ 需要调减预算安排的重点支出数额的。

④ 需要增加举借债务数额的。

提示▶ 在预算执行中,地方各级政府因上级政府增加不需要本级政府提供配套资金的专项转移支付而引起的预算支出变化,不属于预算调整。

接受增加专项转移支付的县级以上地方各级政府应当向本级人民代表大会常务委员会报告有关情况;接受增加专项转移支付的乡、民族乡、镇政府应当向本级人民代表大会报告有关情况。

(2) 在预算执行中,各级政府对于必须进行的预算调整,应当编制预算调整方案。预算调整方案应当说明预算调整的理由、项目和数额。

(3) 中央预算的调整方案应当提请全国人民代表大会常务委员会审查和批准。县级以上地方各级预算的调整方案应当提请本级人民代表大会常务委员会审查和批准。乡、民族乡、镇预算的调整方案应当提请本级人民代表大会审查和批准。

(4) 未经法定程序,各级政府不得作出预算调整的决定。

【例题 8-4 判断题】(2018 年真题) 县级以上地方各级预算的调整方案应当提请本级人民代表大会常务委员会审查和批准。(　　)

【答案】 √

考试方向

考查在执行中应当进行预算调整的情形。

第八章

九、决算

(1) 决算草案由各级政府、各部门、各单位,在每一预算年度终了后按照国务院规定的时间编制。编制决算草案的具体事项,由国务院财政部门部署。

(2) 国务院财政部门编制中央决算草案,经国务院审计部门审计后,报国务院审定,由国务院提请全国人民代表大会常务委员会审查和批准。

县级以上地方各级政府财政部门编制本级决算草案,经本级政府审计部门审计后,报本级政府审定,由本级政府提请本级人民代表大会常务委员会审查和批准。

乡、民族乡、镇政府编制本级决算草案,提请本级人民代表大会审查和批准。

【例题 8-5 单选题】(2019 年真题) 根据预算法律制度的规定,中央决算草案在编制后应经特定机关审查和批准。该特定机关是( )。

A. 国务院

B. 全国人民代表大会常务委员会

C. 财政部

D. 全国人民代表大会

【答案】 B

【名师点睛】 国务院财政部门编制中央决算草案,经国务院审计部门审计后,报国务院审定,由国务院提请全国人民代表大会常务委员会审查和批准。

考试方向
考查预算决算审查和批准的机关。

十、预算监督

(一) 权力机关对预算的监督

全国人民代表大会及其常务委员会对中央和地方预算、决算进行监督。

县级以上地方各级人民代表大会及其常务委员会对本级和下级预算、决算进行监督。乡、民族乡、镇人民代表大会对本级预算、决算进行监督。

(二) 政府机关对预算的监督

国务院和县级以上地方各级政府应当在每年 6 月至 9 月期间向本级人民代表大会常务委员会报告预算执行情况。

各级政府监督下级政府的预算执行;下级政府应当定期向上一级政府报告预算执行情况。

(三) 各级政府专门机构对预算的监督

各级政府财政部门负责监督检查本级各部门及其所属各单位预算的编制、执行,并向本级政府和上一级政府财政部门报告预算执行情况。

县级以上政府审计部门依法对预算执行、决算实行审计监督。对预算执行和其他财政收支的审计工作报告应当向社会公开。

政府各部门负责监督检查所属各单位的预算执行,及时向本级政府财政部门反映本部门预算执行情况,依法纠正违反预算的行为。

第二节 国有资产管理法律制度

本节框架 ▶

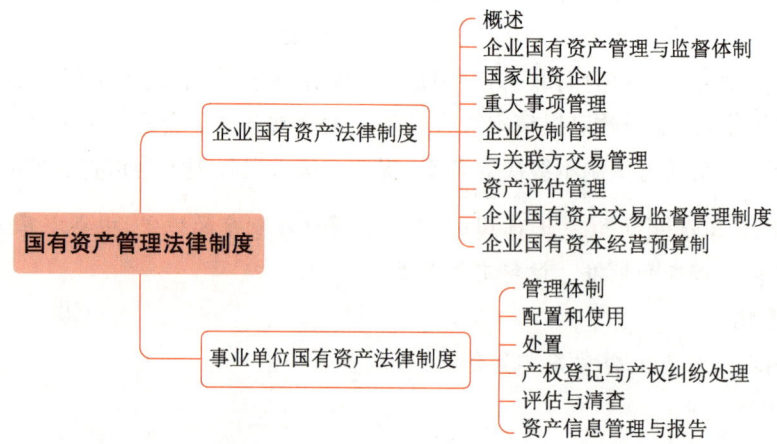

一、企业国有资产法律制度

（一）概述

（1）概念：企业国有资产是指国家对企业各种形式的出资所形成的权益。

（2）类型：①资源性国有资产；②经营性国有资产；③非经营性国有资产。

（3）《企业国有资产法》的原则：

① 国家所有原则。

② 出资人代表原则。

③ 职能分开原则。

国务院和地方人民政府应遵循政企分开、社会公共管理职能与国有资产出资人职能分开、不干预企业依法自主经营的原则。

④ 国有资产不可侵害原则。

（二）企业国有资产管理与监督体制

（1）国有资产属于国家所有，即全民所有。国务院代表国家行使国有资产所有权。

（2）国务院和地方人民政府依照法律、行政法规的规定，分别代表国家对国家出资企业履行出资人职责，享有出资人权益。其中：

① 国务院确定的关系国民经济命脉和国家安全的大型国家出资企业，重要基础设施和重要自然资源等领域的国家出资企业，由国务院代表国家履行出资人职责。

② 其他的国家出资企业，由地方人民政府代表国家履行出资人职责。

（3）国务院国有资产监督管理机构和地方人民政府按照国务院的规定设立的国有资产监督管理机构，根据本级人民政府的授权，代表本级人民政府对国家出资企业履行出资人职责。

国务院和地方人民政府根据需要，可以授权其他部门、机构代表本级人民政府对国家出资企业履行出资人职责。例如，国务院授权财政部对金融类国家出资企业履行出资人职责的机构。

提示 ▶注意区分代表国家行使国有资产所有权和代表国家履行出资人职责的机构。

【例题8-6 多选题】(经典好题)　下列各项中,依照《企业国有资产法》及有关法律、行政法规的规定,代表国家对国家出资企业履行出资人职责的有(　　　)。

A. 全国人民代表大会　　　　　　B. 全国人民代表大会常务委员会

C. 国务院　　　　　　　　　　　D. 地方人民政府

【答案】　CD

【名师点睛】　国务院和地方人民政府依照法律、行政法规的规定,分别代表国家对国家出资企业履行出资人职责,享有出资人权益。

考试方向 考查代表国家履行出资人职责的机构。

(三) 国家出资企业

国家出资企业是指国家出资的国有独资企业、国有独资公司,以及国有资本控股公司、国有资本参股公司。

1. 任免或建议任免范围

履行出资人职责的机构依照法律、行政法规以及企业章程的规定,任免或者建议任免国家出资企业的下列人员:

(1) 任免国有独资企业的经理、副经理、财务负责人和其他高级管理人员。

(2) 任免国有独资公司的董事长、副董事长、董事、监事会主席和监事。

(3) 向国有资本控股公司、国有资本参股公司的股东会、股东大会提出董事、监事人选。

国家出资企业中应当由职工代表出任的董事、监事,依照有关法律、行政法规的规定由职工民主选举产生。

2. 兼职、兼任限制

① 未经履行出资人职责的机构同意,国有独资企业、国有独资公司的董事、高级管理人员不得在其他企业兼职。未经股东会、股东大会同意,国有资本控股公司、国有资本参股公司的董事、高级管理人员不得在经营同类业务的其他企业兼职。

② 未经履行出资人职责的机构同意,国有独资公司的董事长不得兼任经理。未经股东会、股东大会同意,国有资本控股公司的董事长不得兼任经理。

③ 董事、高级管理人员不得兼任监事。

3. 忠实、勤勉义务

国家出资企业的董事、监事、高级管理人员,对企业负有忠实义务和勤勉义务。

4. 考核

履行出资人职责的机构应当对其任命的企业管理者进行年度和任期考核,并依据考核结果决定对企业管理者的奖惩。

国有独资企业、国有独资公司和国有资本控股公司的主要负责人,应当接受依法进行的任期经济责任审计。

考试方向 考查国家出资企业人员任免或建议任免的范围以及董事、高级管理人员与监事间的兼职限制。

【例题8-7 判断题】(2015年真题)　未经履行出资人职责的机构同意,国有资本控股公司的董事长不得兼任经理。(　　　)

【答案】　×

【名师点睛】　未经股东会、股东大会同意,国有资本控股公司的董事长不得兼任经理;未经履行出资人职责的机构同意,国有独资公司的董事长不得兼任经理。

(四) 重大事项管理

(1) 重大事项的界定。

国家出资企业合并、分立、改制、上市,增加或者减少注册资本,发行债券,进行重大投资,为他人提供大额担保,转让重大财产,进行大额捐赠,分配利润,以及解散、申请破产等为重大事项。

(2) 国有独资企业、国有独资公司。

① 由履行出资人职责的机构决定:合并、分立,增加或者减少注册资本,发行债券,分配利润,以及解散、申请破产。

② 国有独资企业由企业负责人集体讨论决定,国有独资公司由董事会决定:除由履行出资人职责的机构决定外的其他重大事项。

(3) 国有资本控股公司、国有资本参股公司。

公司股东会、股东大会或者董事会决定:依照法律、行政法规以及公司章程的规定,由其决定的重大事项。

由股东会、股东大会决定的,履行出资人职责的机构委派的股东代表应当依照规定行使权利。

(4) 重要的国有独资企业、国有独资公司、国有资本控股公司的合并、分立、解散、申请破产以及法律、行政法规和本级人民政府规定应当由履行出资人职责的机构报经本级人民政府批准的重大事项,履行出资人职责的机构在作出决定或者向其委派参加国有资本控股公司股东会会议、股东大会会议的股东作出指示前,应当报请本级人民政府批准。

(5) 国家出资企业的合并、分立、改制、解散、申请破产等重大事项,应当听取企业工会的意见,并通过职工代表大会或者其他形式听取职工的意见和建议。

考试方向

考查重大事项的界定以及国有独资公司不同重大事项的决定主体。

【例题 8-8 单选题】(2011 年真题)　甲公司为国有独资公司,其董事会作出的下列决议中,符合《公司法》规定的是(　　)。

A. 聘任张某为公司经理

B. 增选王某为公司董事

C. 批准董事林某兼任乙有限责任公司经理

D. 决定发行公司债券 500 万元

【答案】　A

【名师点睛】　国有独资公司设经理,由董事会聘任或者解聘,选项 A 正确。履行出资人职责的机构任免国有独资公司的董事长、副董事长、董事、监事会主席和监事,选项 B 错误。经国有资产监督管理机构同意,董事会成员可以兼任经理,选项 C 错误。国有独资公司由履行出资人职责的机构决定:合并、分立,增加或者减少注册资本,发行债券(选项 D),分配利润,以及解散、申请破产。

(五) 企业改制管理

(1) 改制的形式。

① 国有独资企业改为国有独资公司。

② 国有独资企业、国有独资公司改为国有资本控股公司或者非国有资本控股公司。

③ 国有资本控股公司改为非国有资本控股公司。

（2）改制程序。

企业改制应当依照法定程序,由履行出资人职责的机构决定或者由公司股东会、股东大会决定。

重要的国有独资企业、国有独资公司、国有资本控股公司的改制,履行出资人职责的机构在作出决定或者向其委派参加国有资本控股公司股东会会议、股东大会会议的股东代表作出指示前,应当将改制方案报请本级人民政府批准。

（3）企业改制涉及重新安置企业职工的,还应当制定职工安置方案,并经职工代表大会或者职工大会审议通过。

（六）与关联方交易管理

关联方是指本企业的董事、监事、高级管理人员及其近亲属,以及这些人员所有或者实际控制的企业。国家出资企业的关联方不得利用与国家出资企业之间的交易,谋取不当利益,损害国家出资企业利益。

（1）国有独资企业、国有独资公司、国有资本控股公司不得无偿向关联方提供资金、商品、服务或者其他资产,不得以不公平的价格与关联方进行交易。

（2）未经履行出资人职责的机构同意,国有独资企业、国有独资公司不得有下列行为：

① 与关联方订立财产转让、借款的协议。

② 为关联方提供担保。

③ 与关联方共同出资设立企业,或者向董事、监事、高级管理人员及其近亲属所有或者实际控制的企业投资。

（3）国有资本控股公司、国有资本参股公司与关联方的交易,依照公司法和有关行政法规以及公司章程的规定,由公司股东会、股东大会或者董事会决定。由公司股东会、股东大会决定的,履行出资人职责的机构委派的股东代表,应当依照规定行使权利。

公司董事会对公司与关联方的交易作出决议时,该交易涉及的董事不得行使表决权,也不得代理其他董事行使表决权。

【例题8-9 多选题】(经典好题) 甲企业是国有独资企业,根据《企业国有资产法》的规定,下列各项中,属于甲企业关联方的有（ ）。

A. 甲企业的副经理林某
B. 甲企业经理的同学陈某
C. 甲企业的职工李某
D. 甲企业财务负责人的配偶王某

【答案】 AD

【名师点睛】 关联方是指本企业的董事、监事、高级管理人员及其近亲属,以及这些人员所有或者实际控制的企业。

（七）资产评估管理

国有独资企业、国有独资公司和国有资本控股公司合并、分立、改制,转让重大财产,以非货币财产对外投资,清算或者有法律、行政法规以及企业章程规定应当进行资产评估的其他情形的,应当按照规定对有关资产进行评估,委托依法设立的符合条件的资产评估机构进行资产评估,并向履行出资人职责的机构报告。委托方及其工作人员应当向资产评估机构如实提供有关情况和资料,不得隐瞒或者提供虚假情况和资料,不得与资产评估机构串通评估作价。

（八）企业国有资产交易监督管理制度

企业国有资产交易行为包括：履行出资人职责的机构、国有及国有控股企业、国有实际控制企业转让其对企业各种形式出资所形成权益的行为（企业产权转让）；国有及国有控股企业、国有实际控制企业增加资本的行为（企业增资），政府以增加资本金方式对国家出资企业的投入除外；国有及国有控股企业、国有实际控制企业的重大资产转让行为（企业资产转让）。

1. 国有及国有控股企业、国有实际控制企业

（1）政府部门、机构、事业单位出资设立的国有独资企业（公司），以及上述单位、企业直接或间接合计持股为100%的国有全资企业。

（2）上述单位、企业单独或共同出资，合计拥有产（股）权比例超过50%，且其中之一为最大股东的企业。

（3）上述（1）（2）所列企业对外出资，拥有股权比例超过50%的各级子企业。

（4）政府部门、机构、事业单位、单一国有及国有控股企业直接或间接持股比例未超过50%，但为第一大股东，并且通过股东协议、公司章程、董事会决议或者其他协议安排能够对其实际支配的企业。

2. 企业产权转让

（1）审批。

国资监管机构负责审核国家出资企业的产权转让事项。其中，因产权转让致使国家不再拥有所出资企业控股权的，须由国资监管机构报本级人民政府批准。

国家出资企业应当制定其子企业产权转让管理制度，确定审批管理权限。其中，对主业处于关系国家安全、国民经济命脉的重要行业和关键领域，主要承担重大专项任务子企业的产权转让，须由国家出资企业报同级国资监管机构批准。

（2）信息披露。

产权转让原则上通过产权市场公开进行。转让方可以根据企业实际情况和工作进度安排，采取信息预披露和正式披露相结合的方式，通过产权交易机构网站分阶段对外披露产权转让信息，公开征集受让方。其中正式披露信息时间不得少于20个工作日。

因产权转让导致转让标的企业的实际控制权发生转移的，转让方应当在转让行为获批后10个工作日内，通过产权交易机构进行信息预披露，时间不得少于20个工作日。

（3）受让方的确定。

产权转让原则上不得针对受让方设置资格条件，确需设置的，不得有明确指向性或违反公平竞争原则，所设资格条件相关内容应当在信息披露前报同级国资监管机构备案，国资监管机构在5个工作日内未反馈意见的视为同意。

产权交易机构负责意向受让方的登记工作，对意向受让方是否符合受让条件提出意见并反馈转让方。产权交易机构与转让方意见不一致的，由转让行为批准单位决定意向受让方是否符合受让条件。

产权转让信息披露期满、产生符合条件的意向受让方的，按照披露的竞价方式组织竞价。竞价可以采取拍卖、招投标、网络竞价以及其他竞价方式，且不得违反国家法律法规的规定。信息披露期满未征集到意向受让方的，可以延期或在降低转让底价、变更受让条件后重新进行信息披露。

转让项目自首次正式披露信息之日起超过12个月未征集到合格受让方的，应当重

新履行审计、资产评估及信息披露等产权转让工作程序。

（4）转让价格的确定。

产权转让项目首次正式信息披露的转让底价，不得低于经核准或备案的转让标的评估结果。降低转让底价或变更受让条件后重新披露信息的，披露时间不得少于20个工作日。新的转让底价低于评估结果的90%时，应当经转让行为批准单位书面同意。

受让方确定后，转让方与受让方应当签订产权交易合同，交易双方不得以交易期间企业经营性损益等理由对已达成的交易条件和交易价格进行调整。

交易价款应当以人民币计价，通过产权交易机构以货币进行结算。因特殊情况不能通过产权交易机构结算的，转让方应当向产权交易机构提供转让行为批准单位的书面意见以及受让方付款凭证。

交易价款原则上应当自合同生效之日起5个工作日内一次付清。金额较大、一次付清确有困难的，可以采取分期付款方式。采用分期付款方式的，首期付款不得低于总价款的 30%，并在合同生效之日起 5个工作日内支付；其余款项应当提供转让方认可的合法有效担保，并按同期银行贷款利率支付延期付款期间的 利息，付款期限 不得超过1年。

（5）非公开协议转让。

以下情形的产权转让可以采取 非公开协议转让方式：

① 涉及主业处于关系国家安全、国民经济命脉的重要行业和关键领域企业的重组整合，对受让方有特殊要求，企业产权需要在国有及国有控股企业之间转让的，经国资监管机构批准，可以采取非公开协议转让方式。

② 同一国家出资企业及其各级控股企业或实际控制企业之间因实施内部重组整合进行产权转让的，经该国家出资企业审议决策，可以采取非公开协议转让方式。

提示 采用非公开协议转让方式转让企业产权，转让价格不得低于经核准或备案的评估结果。

【例题8-10 单选题】(2019年真题) 根据国有资产管理法律制度的规定，国有企业产权转让过程中，转让项目自首次正式披露信息之日起超过一定期限内未征集到合格受让方的，应当重新履行审计、资产评估以及信息披露等产权转让工作程序。该期限为（　　）个月。

　A. 24　　　　　B. 6　　　　　C. 18　　　　　D. 12

【答案】 D

【名师点睛】 国有企业产权转让过程中，转让项目自首次正式披露信息之日起超过12个月未征集到合格受让方的，应当重新履行审计、资产评估以及信息披露等产权转让工作程序。

考试方向
考查国家出资企业产权受让方和转让价格的确定。

3. 企业增资

（1）国资监管机构负责审核国家出资企业的增资行为。其中，因增资致使国家不再拥有所出资企业控股权的，须由国资监管机构报本级人民政府批准。

国家出资企业决定其子企业的增资行为。其中，对主业处于关系国家安全、国民经济命脉的重要行业和关键领域，主要承担重大专项任务的子企业的增资行为，须由国家出资企业报同级国资监管机构批准。

（2）企业增资通过产权交易机构网站对外披露信息公开征集投资方，时间不得少于40个工作日。

（3）采取非公开协议方式进行增资的情形如表 8-2 所示。

表 8-2　非公开协议方式进行增资的情形

项目	具体情形
经同级国资监管机构批准	① 因国有资本布局结构调整需要，由特定的国有及国有控股企业或国有实际控制企业参与增资 ② 因国家出资企业与特定投资方建立战略合作伙伴或利益共同体需要，由该投资方参与国家出资企业或其子企业增资
经国家出资企业审议决策	① 国家出资企业直接或指定其控股、实际控制的其他子企业参与增资 ② 企业债权转为股权 ③ 企业原股东增资

4. 企业资产转让

（1）企业一定金额以上的生产设备、房产、在建工程以及土地使用权、债权、知识产权等资产对外转让，应当按照企业内部管理制度履行相应决策程序后，在产权交易机构公开进行。涉及国家出资企业内部或特定行业的资产转让，确需在国有及国有控股、国有实际控制企业之间非公开转让的，由转让方逐级报国家出资企业审核批准。

（2）转让方应当根据转让标的情况合理确定转让底价和转让信息公告期。

① 转让底价高于 100 万元、低于 1000 万元的资产转让项目，信息公告期应不少于 10 个工作日。

② 转让底价高于 1000 万元的资产转让项目，信息公告期应不少于 20 个工作日。

（3）资产转让价款原则上一次性付清。

提示▶采用非公开协议转让方式转让企业产权，转让价格不得低于经核准或备案的评估结果。

（九）企业国有资本经营预算制

（1）国家建立健全国有资本经营预算制度，对取得的国有资本收入及其支出实行预算管理。

（2）应当纳入国有资本经营预算的收入和支出。

① 从国家出资企业分得的利润。

② 国有资产转让收入。

③ 从国家出资企业取得的清算收入。

④ 其他国有资本收入。

（3）国有资本经营预算按年度单独编制，纳入本级政府预算，报本级人民代表大会批准。国有资本经营预算支出按照当年预算收入规模安排，不列赤字。

（4）国务院和有关地方人民政府财政部门负责国有资本经营预算草案的编制工作，履行出资人职责的机构向财政部门提出由其履行出资人职责的国有资本经营预算建议草案。

二、事业单位国有资产法律制度

事业单位国有资产,是指事业单位占有、使用的,依法确认为国家所有,能以货币计量的各种经济资源的总称,即事业单位的国有(公共)财产。

事业单位国有资产包括国家拨给事业单位的资产,事业单位按照国家规定运用国有资产组织收入形成的资产,以及接受捐赠和其他经法律确认为国家所有的资产,其表现形式为流动资产、固定资产、无形资产和对外投资等。

(一)管理体制

事业单位国有资产实行国家统一所有,政府分级监管,单位占有、使用的管理体制。

(1)各级财政部门是政府负责事业单位国有资产管理的职能部门,对事业单位的国有资产实施综合管理。

(2)事业单位的主管部门负责对本部门所属事业单位的国有资产实施监督管理。

(3)事业单位负责对本单位占有、使用的国有资产实施具体管理。

(二)配置和使用

事业单位国有资产配置,是指财政部门、主管部门、事业单位等根据事业单位履行职能的需要,按照国家有关法律、法规和规章制度规定的程序,通过购置或者调剂等方式为事业单位配备资产的行为。

(1)事业单位国有资产配置应当符合的条件。

① 现有资产无法满足事业单位履行职能的需要。

② 难以与其他单位共享、共用相关资产。

③ 难以通过市场购买产品或者服务的方式代替资产配置,或者采取市场购买方式的成本过高。

(2)事业单位国有资产配置应当符合规定的配置标准;没有规定配置标准的,应当从严控制,合理配置。

(3)事业单位向主管部门或者其他部门申请项目经费的,有关部门在下达经费前,应当将所涉及的规定限额以上的资产购置事项报同级财政部门批准。

事业单位用其他资金购置规定限额以上资产的,报主管部门审批;主管部门应当将审批结果定期报同级财政部门备案。

事业单位购置纳入政府采购范围的资产,应当按照国家有关政府采购的规定执行。

(4)事业单位国有资产的使用(详见表8-3)包括单位自用和对外投资、出租、出借、担保等方式。

表8-3 事业单位国有资产的使用

建章立制	事业单位应当建立健全资产购置、验收、保管、使用等内部管理制度
报批程序	事业单位利用国有资产对外投资、出租、出借和担保等应当进行必要的可行性论证,并提出申请,经主管部门审核同意后,报同级财政部门审批。法律、行政法规另有规定的,依照其规定
专项管理和信息披露	事业单位应当对本单位用于对外投资、出租和出借的资产实行专项管理,并在单位财务会计报告中对相关信息进行充分披露

第八章

（续表）

风险控制	财政部门和主管部门应当加强对事业单位利用国有资产对外投资、出租、出借和担保等行为的风险控制
收入管理	事业单位对外投资收益以及利用国有资产出租、出借和担保等取得的收入应当纳入单位预算，统一核算，统一管理。国家另有规定的除外

（三）处置

（1）事业单位处置国有资产，应当严格履行审批手续，未经批准不得自行处置。

（2）事业单位占有、使用的房屋建筑物、土地和车辆的处置，货币性资产损失的核销，以及单位价值或者批量价值在规定限额以上的资产的处置，经主管部门审核后报同级财政部门审批；规定限额以下的资产的处置报主管部门审批，主管部门将审批结果定期报同级财政部门备案。法律、行政法规另有规定的，依照其规定。

（3）事业单位国有资产处置应当遵循公开、公正、公平的原则。

事业单位出售、出让、转让、变卖资产数量较多或者价值较高的，应当通过拍卖等市场竞价方式公开处置。

（4）事业单位国有资产处置收入属于国家所有，应当按照政府非税收入管理的规定，实行"收支两条线"管理。

（四）产权登记与产权纠纷处理

1. 产权登记

（1）概念。

事业单位国有资产产权登记是国家对事业单位占有、使用的国有资产进行登记，依法确认国家对国有资产的所有权和事业单位对国有资产的占有、使用权的行为。

（2）登记主体。

事业单位应当向同级财政部门或者经同级财政部门授权的主管部门（授权部门）申报、办理产权登记，并由财政部门或者授权部门核发《事业单位国有资产产权登记证》。

《产权登记证》是国家对事业单位国有资产享有所有权，单位享有占有、使用权的法律凭证，由财政部统一印制。事业单位办理法人年检、改制、资产处置和利用国有资产对外投资、出租、出借、担保等事项时，应当出具《产权登记证》。

（3）事业单位有下列情形的，应当按照以下规定进行国有资产产权登记：

① 新设立的事业单位，办理占有产权登记。

② 发生分立、合并、部分改制，以及隶属关系、单位名称、住所和单位负责人等产权登记内容发生变化的事业单位，办理变更产权登记。

③ 因依法撤销或者整体改制等原因被清算、注销的事业单位，办理注销产权登记。

2. 产权纠纷的处理

（1）事业单位与其他国有单位之间发生国有资产产权纠纷的，由当事人协商解决。协商不能解决的，可以向同级或者共同上一级财政部门申请调解或者裁定，必要时报有管辖权的人民政府处理。

（2）事业单位与非国有单位或者个人之间发生产权纠纷的，事业单位应当提出拟处理意见，经主管部门审核并报同级财政部门批准后，与对方当事人协商解决。协商不能解决的，依照司法程序处理。

【例题8-11 单选题】(2017年真题) 根据国有资产管理法律制度的规定,事业单位与非国有单位或者个人之间发生产权纠纷时,事业单位应当提出拟处理意见,经主管部门审核并报特定机构批准后,与对方当事人协商解决,该特定机构是( )。

A. 同级财政部门　　　　　　　B. 同级人民政府

C. 上级人民政府　　　　　　　D. 上级财政部门

【答案】 A

【名师点睛】 事业单位与非国有单位或者个人之间发生产权纠纷的,事业单位应当提出拟处理意见,经主管部门审核并报同级财政部门批准后,与对方当事人协商解决。协商不能解决的,依照司法程序处理。

考试方向

考查事业单位产权纠纷的处理程序。

(五) 评估与清查

1. 评估

事业单位国有资产评估项目实行核准制和备案制。核准和备案工作按照国家有关国有资产评估项目核准和备案管理的规定执行。

2. 清查

(1) 事业单位有下列情形之一的,应当进行资产清查:

① 根据国家专项工作要求或者本级政府实际工作需要,被纳入统一组织的资产清查范围的。

② 进行重大改革或者整体、部分改制为企业的。

③ 遭受重大自然灾害等不可抗力造成资产严重损失的。

④ 会计信息严重失真或者国有资产出现重大流失的。

⑤ 会计政策发生重大更改,涉及资产核算方法发生重要变化的。

⑥ 同级财政部门认为应当进行资产清查的其他情形。

(2) 事业单位进行资产清查,应当向主管部门提出申请,并按照规定程序报同级财政部门批准立项后组织实施,但根据国家专项工作要求或者本级政府工作需要进行的资产清查除外。

(3) 事业单位资产清查工作的内容主要包括基本情况清理、账务清理、财产清查、损溢认定、资产核实和完善制度等。资产清查的具体办法由财政部另行制定。

(六) 资产信息管理与报告

(1) 事业单位应当按照国有资产管理信息化的要求,及时将资产变动信息录入管理信息系统,对本单位资产实行动态管理,并在此基础上做好国有资产统计和信息报告工作。

(2) 事业单位国有资产信息报告是事业单位财务会计报告的重要组成部分。事业单位应当按照财政部门规定的事业单位财务会计报告的格式、内容及要求,对其占有、使用的国有资产状况定期作出报告。

(3) 事业单位国有资产占有、使用状况,是主管部门、财政部门编制和安排事业单位预算的重要参考依据。各级财政部门、主管部门应当充分利用资产管理信息系统和资产信息报告,全面、动态地掌握事业单位国有资产占有、使用状况,建立和完善资产与预算有效结合的激励和约束机制。

第八章

第三节 知识产权法律制度

 本节框架

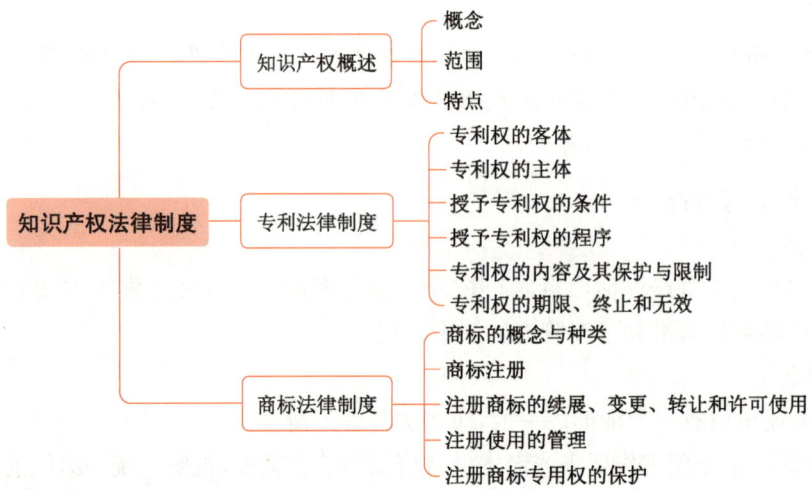

一、知识产权概述

(一)概念

知识产权,是指权利主体对于智力活动创造的成果和经营活动中的标记、信誉依法享有的权利。

(二)范围

狭义的知识产权,包括著作权、专利权、商标权。

广义的知识产权,由《建立世界知识产权组织公约》《与贸易有关的知识产权协议》界定。

(三)特点

1. 无形性

作为知识产权客体的知识产品具有无形性。

2. 专有性

知识产权具有垄断性、独占性和排他性的特点。

3. 地域性

知识产权作为一种专有权在空间上的效力是有限的,它只在授予或确认其权利的国家和地区发生法律效力,受到法律保护。

提示 ▶ 国际公约缔结只是使知识产权的域外效力成为可能,而是否保护、如何保护仍要由各国的国内法来规定。

4. 时间性

知识产权保护具有一定的保护期,有关权利仅在法定的保护期限内存在,一旦超过

法律规定的有效期限,该权利就依法丧失,相关的知识产权进入公共领域,成为全社会的公共财富。

【例题 8-12 判断题】(2019 年真题) 专利权是一种全球性的权利,在一国取得专利权后,可在全球受到法律保护。( )

【答案】 ×

【名师点睛】 知识产权(专利权)作为一种专有权在空间上的效力是有限的,它只在授予或者确认其权利的国家和地区发生法律效力,受到法律保护。

二、专利法律制度

(一)专利权的客体

专利权的客体是指专利权指向的智力成果。

1.授予专利权的客体

专利权的客体包括发明、实用新型和外观设计三类,统称发明创造。

(1)发明,是指对产品、方法或者其改进所提出的新的技术方案。

(2)实用新型,是指对产品的形状、构造或者其结合所提出的适于实用的新的技术方案。

(3)外观设计,是指对产品的形状、图案或者其结合以及色彩与形状、图案的结合所作出的富有美感并适于工业应用的新设计。

2.不授予专利权的客体

(1)科学发现。

(2)智力活动的规则和方法。

(3)疾病的诊断和治疗方法(对药品的生产方法,可以依照规定授予专利权)。

(4)动物和植物品种(对动物和植物品种的生产方法,可以依照规定授予专利权)。

(5)原子核变换方法以及用原子核变换方法获得的物质。

(6)对平面印刷品的图案、色彩或者二者的结合作出的主要起标识作用的设计(富有美感并适于工业应用的新设计可以授予)。

【例题 8-13 单选题】(2015 年真题) 根据专利法律制度的规定,下列各项中,不授予专利权的是( )。

A. 药品的生产方法

B. 对产品的构造提出的适于实用的新的技术方案

C. 对平面印刷品的图案作出的主要起标识作用的设计

D. 对产品的形状作出的富有美感并适于工业应用的新设计

【答案】 C

【名师点睛】 不授予专利权客体:科学发现;智力活动的规则和方法;疾病的诊断和治疗方法;动物和植物品种;原子核变换方法以及用原子核变换方法获得的物质;对平面印刷品的图案、色彩或者二者的结合作出的主要起标识作用的设计。故本题正确答案为选项 C。

考试方向
考查专利权的特点。

考试方向
考查不授予专利权的客体的几种情形。

第八章

（二）专利权的主体

不同情形下专利权的主体的确定如表8-4所示。

表8-4 专利权的主体

职务发明创造	职务发明创造是指执行本单位的任务或者主要是利用本单位的物质技术条件所完成的发明创造。职务发明创造申请专利的权利属于该单位；申请被批准后，该单位为专利权人 ① 执行本单位的任务所完成的职务发明创造，是指在本职工作中作出的发明创造；履行本单位交付的本职工作之外的任务所作出的发明创造；退休、调离原单位后或者劳动、人事关系终止后1年内作出的，与其在原单位承担的本职工作或者原单位分配的任务有关的发明创造 ② 利用本单位的物质技术条件所完成的发明创造，单位与发明人或者设计人订有合同，对申请专利的权利和专利权的归属作出约定的，从其约定 被授予专利权的单位应当对职务发明创造的发明人或者设计人给予奖励；发明创造专利实施后根据其推广应用的范围和取得的经济效益，对发明人或者设计人给予合理的报酬
非职务发明创造	申请专利的权利属于发明人或者设计人；申请被批准后，该发明人或者设计人为专利权人 提示▶对于已经完成的发明创造的实质性特点做出创造性贡献的人有两个以上，可以作为共同申请人提出专利申请
外国申请人	在中国没有经常居所或者营业场所的外国人、外国企业或者外国其他组织在中国申请专利和办理其他专利事务的，应当委托依法设立的专利代理机构办理
继受取得专利申请权	中国单位或者个人向外国人、外国企业或者外国其他组织转让专利申请权或者专利权的，应当依照有关法律、行政法规的规定办理手续。转让专利申请权或者专利权的，当事人应当订立书面合同，并向国务院专利行政部门登记，由国务院专利行政部门予以公告。专利申请权或者专利权的转让自登记之日起生效 提示▶若拥有专利申请权的自然人死亡的，其专利申请权可以作为一项民事权利由其继承人继承

考试方向
考查申请专利权的主体的几种情形。

【例题8-14 单选题】（2016年真题） 2014年，甲公司决定由本公司科研人员张某负责组建团队进行一项发明创造。2016年4月，张某带领其团队完成了该项任务。根据专利法律制度的规定，下列主体中，有权为该项发明创造申请专利的是（ ）。

A. 甲公司　　　　　　　　　　B. 张某

C. 张某组建的团队　　　　　　D. 张某及张某组建的团队

【答案】 A

【名师点睛】 执行本单位的任务或者主要是利用本单位的物质技术条件所完成的发明创造为职务发明创造。职务发明创造申请专利的权利属于该单位。

（三）授予专利权的条件

（1）授予专利权的发明和实用新型，应当具备新颖性、创造性和实用性。

申请专利的发明创造在申请日以前6个月内，有下列情形之一的，不丧失新颖性：

① 在国家出现紧急状态或者非常情况时，为公共利益目的首次公开的。

② 在中国政府主办或者承认的国际展览会上首次展出的。

③ 在规定的学术会议或者技术会议上首次发表的。

④ 他人未经申请人同意而泄露其内容的。

（2）授予专利权的外观设计，应当不属于现有设计；也没有任何单位或者个人就同样的外观设计在申请日以前向国务院专利行政部门提出过申请，并记载在申请日以后公告的专利文件中。

授予专利权的外观设计与现有设计或者现有设计特征的组合相比，应当具有明显区别。

授予专利权的外观设计不得与他人在申请日以前已经取得的合法权利相冲突。

【例题 8-15 单选题】（2018 年真题） 根据专利法律制度的规定，申请专利的发明创造在申请日以前 6 个月内，存在特定情形的，不丧失新颖性。下列各项中，不属于该特定情形的是（　　）。

A. 申请人向媒体披露其内容的

B. 他人未经申请人同意而泄露其内容的

C. 在规定的学术会议或者技术会议上首次发表的

D. 在中国政府主办或者承认的国际展览会上首次展出的

【答案】 A

【名师点睛】 申请专利的发明创造在申请日以前 6 个月内，有下列情形之一的，不丧失新颖性：在中国政府主办或者承认的国际展览会上首次展出的（选项 D）；在规定的学术会议或者技术会议上首次发表的（选项 C）；他人未经申请人同意而泄露其内容的（选项 B）。因此，选项 A 不属于该特定情形，本题选 A。

（四）授予专利权的程序

1. 专利申请

（1）申请原则。

专利申请的原则包括：诚信实用原则、书面申请原则、先申请原则、一申请一发明原则。

① 申请专利应当遵循诚实信用原则，不得以虚构技术方案、编造试验数据等方式申请专利。

② 申请专利必须以书面形式提出。专利申请文件应采用书面形式，将其发明内容清楚、准确、完整地表达出来。

③ 两个以上的人分别就同样的发明创造申请专利时，专利权授给最先申请人。但有些国家的专利法采用的是先发明原则，即专利权授予最先作出发明创造的人。两个以上的申请人同日（指申请日；有优先权的，指优先权日）分别就同样的发明创造申请专利的，应当在收到国务院专利行政部门的通知后自行协商确定申请人。

④ 一件发明或者实用新型专利申请应当限于一项发明或者实用新型。同样的发明创造只能授予一项专利权。但是，同一申请人同日对同样的发明创造既申请实用新型专利又申请发明专利，先获得的实用新型专利权尚未终止，且申请人声明放弃该实用新型专利权的，可以授予发明专利权。

（2）申请日。

国务院专利行政部门收到专利申请文件之日为申请日。如果申请文件是邮寄的，以寄出的邮戳日为申请日。

提示 ▶专利法所称申请日，有优先权的，指优先权日。

考试方向

考查授予专利权的条件以及特定情形。

（3）优先权。

申请人自发明或者实用新型在外国第一次提出专利申请之日起12个月内，或者自外观设计在外国第一次提出专利申请之日起6个月内，又在中国就相同主题提出专利申请的，依照该外国同中国签订的协议或者共同参加的国际条约，或者依照相互承认优先权的原则，可以享有优先权。申请人自发明或者实用新型在中国第一次提出专利申请之日起12个月内，或者自外观设计在中国第一次提出专利申请之日起6个月内，又向国务院专利行政部门就相同主题提出专利申请的，可以享有优先权。

申请人要求发明、实用新型专利优先权的，应当在申请的时候提出书面声明，并且在第一次提出申请之日起16个月内，提交第一次提出的专利申请文件的副本。申请人要求外观设计专利优先权的，应当在申请的时候提出书面声明，并且在3个月内提交第一次提出的专利申请文件的副本。申请人未提出书面声明或者逾期未提交专利申请文件副本的，视为未要求优先权。

申请人要求优先权的，应当在申请的时候提出书面声明，并且在3个月内提交第一次提出的专利申请文件的副本；未提出书面声明或者逾期未提交专利申请文件副本的，视为未要求优先权。

（4）申请修改。

申请人可以对其专利申请文件进行修改，但是，对发明和实用新型专利申请文件的修改不得超出原说明书和权利要求书记载的范围，对外观设计专利申请文件的修改不得超出原图片或者照片表示的范围。

考试方向

考查专利权申请的优先权的日期。

【例题8-16 单选题】（2018年真题） 根据专利法律制度的规定，申请人自发明或者实用新型在中国第一次提出专利申请之日起（　　　　）个月内，又向国务院专利行政部门就相同主题提出专利申请的，可以享有优先权。

A. 3　　　　　　　B. 6　　　　　　　C. 12　　　　　　　D. 18

【答案】 C

【名师点睛】 申请人自发明或者实用新型在中国第一次提出专利申请之日起12个月内，又向国务院专利行政部门就相同主题提出专利申请的，可以享有优先权。

2. 专利申请的受理、审查和批准

发明专利申请一般需要经过初步审查和实质审查两个阶段；实用新型和外观设计专利申请只需经过初步审查。

对发明专利：

（1）国务院专利行政部门收到发明专利申请后，经初步审查认为符合要求的，自申请日起满18个月，即行公布。国务院专利行政部门可以根据申请人的请求早日公布其申请。

（2）发明专利申请自申请日起3年内，国务院专利行政部门可以根据申请人随时提出的请求，对其申请进行实质审查；申请人无正当理由逾期不请求实质审查的，该申请即被视为撤回。国务院专利行政部门认为必要的时候，可以自行对发明专利申请进行实质审查。

发明专利的申请人请求实质审查的时候，应当提交在申请日前与其发明有关的参考资料。发明专利已经在外国提出过申请的，国务院专利行政部门可以要求申请人在指定期限内提交该国为审查其申请进行检索的资料或者审查结果的资料；无正当理由逾期不提交的,该申请即被视为撤回。

国务院专利行政部门对发明专利申请进行实质审查后,认为不符合规定的,应当通知申请人,要求其在指定的期限内陈述意见,或者对其申请进行修改;无正当理由逾期不答复的,该申请即被视为撤回。

发明专利申请经申请人陈述意见或者进行修改后,国务院专利行政部门仍然认为不符合规定的,应当予以驳回。

发明专利申请经实质审查没有发现驳回理由的,由国务院专利行政部门作出授予发明专利权的决定,发给发明专利证书,同时予以登记和公告。发明专利权自公告之日起生效。

(3)专利申请人对国务院专利行政部门驳回申请的决定不服的,可以自收到通知之日起3个月内,向国务院专利行政部门请求复审。国务院专利行政部门复核后,作出决定,并通知专利申请人。专利申请人对国务院专利行政部门的复审决定不服的,可以自收到通知之日起3个月内向人民法院起诉。

专利申请人对专利复审委员会的复审决定不服的,可以自收到通知之日起3个月内向人民法院起诉。

对实用新型和外观设计专利:

实用新型和外观设计专利申请经初步审查没有发现驳回理由的,由国务院专利行政部门作出授予实用新型专利权或者外观设计专利权的决定,发给相应的专利证书,同时予以登记和公告。实用新型专利权和外观设计专利权自公告之日起生效。

(五)专利权的内容及其保护与限制★★★

1. 专利权的内容

(1)人身权利:发明人、设计人的署名权。

(2)财产权利:制造权、使用权、许诺销售权、销售权、进口权、转让权、许可权等。

2. 专利权的保护范围

(1)发明或者实用新型专利权的保护范围以其权利要求的内容为准,说明书及附图可以用于解释权利要求的内容。

(2)外观设计专利权的保护范围以表示在图片或者照片中的该产品的外观设计为准,简要说明可以用于解释图片或者照片所表示的该产品的外观设计。

3. 侵犯专利权的行为

(1)未经专利权人许可,实施其专利的行为。

发明和实用新型专利权被授予后,任何单位或者个人未经专利权人许可,为生产经营目的制造、使用、许诺销售、销售、进口其专利产品,或者使用其专利方法以及使用、许诺销售、销售、进口依照该专利方法直接获得的产品。

外观设计专利权被授予后,任何单位或者个人未经专利权人许可,都不得实施其专利,即不得为生产经营目的的制造、许诺销售、销售、进口其外观设计专利产品。

(2)假冒专利。

提示▶专利权终止前依法在专利产品、依照专利方法直接获得的产品或者其包装上标注专利标识,在专利权终止后许诺销售、销售该产品的,不属于假冒专利行为。

专为生产经营目的的使用、许诺销售或者销售不知道是未经专利权人许可而制造并售出的专利侵权产品,能证明该产品合法来源的,不承担赔偿责任。

第八章

4. 侵犯专利权行为的例外

有下列情形之一的,不视为侵犯专利权:

(1)专利产品或者依照专利方法直接获得的产品,由专利权人或者经其许可的单位、个人售出后,使用、许诺销售、销售、进口该产品的(权利穷尽)。

(2)在专利申请日前已经制造相同产品、使用相同方法或者已经作好制造、使用的必要准备,并且仅在原有范围内继续制造、使用的。

(3)临时通过中国领陆、领水、领空的外国运输工具,依照其所属国同中国签订的协议或者共同参加的国际条约,或者依照互惠原则,为运输工具自身需要而在其装置和设备中使用有关专利的。

(4)专为科学研究和实验而使用有关专利的。

(5)为提供行政审批所需要的信息,制造、使用、进口专利药品或者专利医疗器械的,以及专门为其制造、进口专利药品或者专利医疗器械的。

5. 侵权诉讼的抗辩

在专利侵权纠纷中,被控侵权人有证据证明其实施的技术或者设计属于现有技术或者现有设计的,不构成侵犯专利权。

6. 强制许可

(1)有下列情形之一的,国务院专利行政部门根据具备实施条件的单位或者个人的申请,可以给予实施发明专利或者实用新型专利的强制许可:

① 专利权人自专利权被授予之日起满 3 年,且自提出专利申请之日起满 4 年,无正当理由未实施或者未充分实施其专利的。

② 专利权人行使专利权的行为被依法认定为垄断行为,为消除或者减少该行为对竞争产生的不利影响的。

(2)在国家出现紧急状态或者非常情况时,或者为了公共利益的目的,国务院专利行政部门可以给予实施发明专利或者实用新型专利的强制许可。

(3)为了公共健康目的,对取得专利权的药品,国务院专利行政部门可以给予制造并将其出口到符合中华人民共和国参加的有关国际条约规定的国家或者地区的强制许可。

(4)一项取得专利权的发明或者实用新型比此前已经取得专利权的发明或者实用新型具有显著经济意义的重大技术进步,其实施又有赖于前一发明或者实用新型的实施的,国务院专利行政部门根据后一专利权人的申请,可以给予实施前一发明或者实用新型的强制许可。

在依照前款规定给予实施强制许可的情形下,国务院专利行政部门根据前一专利权人的申请,也可以给予实施后一发明或者实用新型的强制许可。

7. 开放许可

专利权人自愿以书面方式向国务院专利行政部门声明愿意许可任何单位或者个人实施其专利,并明确许可使用费支付方式、标准的,由国务院专利行政部门予以公告,实行开放许可。就实用新型、外观设计专利提出开放许可声明的,应当提供专利权评价报告。

专利权人撤回开放许可声明的,应当以书面方式提出,并由国务院专利行政部门予以公告。开放许可声明被公告撤回的,不影响在先给予的开放许可的效力。

任何单位或个人有意愿实施开放许可的专利的,以书面方式通知专利权人,并依

照公告的许可使用费支付方式、标准支付许可使用费后,即获得专利实施许可。

开放许可实施期间,对专利权人缴纳专利年费相应给予减免。

实行开放许可的专利权人可以与被许可人就许可使用费进行协商后给予普通许可,但不得就该专利给予独占或者排他许可。

当事人就实施开放许可发生纠纷的,由当事人协商解决;不愿协商或者协商不成的,可以请求国务院专利行政部门进行调解,也可以向人民法院起诉。

8.国家推广应用

国有企业事业单位的发明专利,对国家利益或者公共利益具有重大意义的,国务院有关主管部门和省、自治区、直辖市人民政府报经国务院批准,可以决定在批准的范围内推广应用,允许指定的单位实施,由实施单位按照国家规定向专利权人支付使用费。

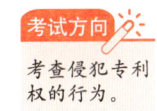

考试方向

考查侵犯专利权的行为。

【例题8-17 单选题】(经典好题) 甲公司 2020 年取得一项外观设计专利。根据专利法律制度的规定,乙公司未经甲公司许可的下列行为中,属于侵犯该专利的是(   )。

A.为生产经营目的购买并使用甲公司制造的该专利产品

B.为生产经营目的购买并销售甲公司制造的该专利产品

C.为生产经营目的购买并许诺销售甲公司制造的该专利产品

D.为生产经营目的制造并销售该专利产品

【答案】 D

【名师点睛】 专利产品或者依照专利方法直接获得的产品,由专利权人或者经其许可的单位、个人售出后,使用、许诺销售、销售、进口该产品的,不视为侵犯专利权(权利穷尽),选项 ABC 不视为侵犯专利权。

(六)专利权的期限、终止和无效

1.专利权的期限

发明专利权的期限为 20 年,实用新型专利权和外观设计专利权的期限为 10 年,外观设计专利权的期限为 15 年,均自申请日起计算。

自发明专利申请日起满 4 年,且自实质审查请求之日起满 3 年后授予发明专利权的,国务院专利行政部门应专利权人的请求,就发明专利在授权过程中的不合理延迟给予专利权期限补偿,但由申请人引起的不合理延迟除外。

为补偿新药上市审评审批占用的时间,对在中国获得上市许可的新药相关发明专利,国务院专利行政部门应专利权人的请求给予专利权期限补偿。补偿期限不超过 5 年,新药批准上市后总有效专利权期限不超过 14 年。

2.专利权的终止

有下列情形之一的,专利权在期限届满前终止:

(1)没有按照规定缴纳年费的。

(2)专利权人以书面声明放弃其专利权的。

专利权在期限届满前终止的,由国务院专利行政部门登记和公告。

3.专利权的无效

(1)自国务院专利行政部门公告授予专利权之日起,任何单位或者个人认为该专利权的授予不符合有关规定的,可以请求专利复审委员会宣告该专利权无效。

宣告无效的专利权视为自始即不存在。

第八章

（2）专利复审委员会对宣告专利权无效的请求应当及时审查和作出决定，并通知请求人和专利权人。宣告专利权无效的决定，由国务院专利行政部门登记和公告。

对专利复审委员会宣告专利权无效或者维持专利权的决定不服的，可以自收到通知之日起3个月内向人民法院起诉。人民法院应当通知无效宣告请求程序的对方当事人作为第三人参加诉讼。

（3）宣告专利权无效的决定，对在宣告专利权无效前人民法院作出并已执行的专利侵权的判决、调解书，已经履行或者强制执行的专利侵权纠纷处理决定，以及已经履行的专利实施许可合同和专利权转让合同，不具有追溯力。但是因专利权人的恶意给他人造成的损失，应当给予赔偿。

依照前款规定不返还专利侵权赔偿金、专利使用费、专利权转让费，明显违反公平原则的，应当全部或者部分返还。

三、 商标法律制度

（一）商标的概念与种类

1. 概念

商标是商品和服务的标记，一般用文字、图形、字母、数字、三维标志和颜色及其组合、声音来表示，具有显著特征，便于识别。

2. 种类

（1）商品商标和服务商标。

（2）注册商标和未注册商标。

申请商标注册不得损害他人现有的在先权利，也不得以不正当手段抢先注册他人已经使用并有一定影响的商标。

（3）文字商标、图形商标、字母商标、数字商标、三维标志商标、颜色组合商标、组合商标、声音商标。

任何能够将自然人、法人或者其他组织的商品与他人的商品区别开的标志，包括文字、图形、字母、数字、三维标志、颜色组合和声音等，以及上述要素的组合，均可以作为商标申请注册。

提示 ▶文字商标可以是中文（包括汉字、汉语拼音和少数民族文字），也可以是外文。颜色作为商标必须是颜色组合，单一的颜色不得作为商标。

（4）证明商标、集体商标。

（5）等级商标、防卫商标。

【例题8-18多选题】（2014年真题） 根据《商标法》的规定，下列可以作为商标标识的有（ ）。

A. 声音　　　　B. 纯字母　　　　C. 纯数字　　　　D. 纯图形

【答案】 ABCD

【名师点睛】 任何能够将自然人、法人或者其他组织的商品与他人的商品区别开的标志，包括文字、图形、字母、数字、三维标志、颜色组合和声音等，以及上述要素的组合，均可以作为商标申请注册。

（二）商标注册

1. 概念

经商标局核准注册的商标为注册商标，包括商品商标、服务商标和集体商标、证明商标；商标注册人享有商标专用权，受法律保护。

2. 原则

（1）自愿注册和强制注册相结合的原则。

我国大部分商标采取自愿注册原则；法律、行政法规规定必须使用注册商标的商品（卷烟、雪茄烟、有包装的烟丝）的生产经营者，必须申请商标注册，未经核准注册的，商品不得在市场销售。

【例题 8-19 单选题】（2014 年真题） 下列商品中，属于法律、行政法规规定必须使用注册商标的是（   ）。

A. 卷烟 　　　 B. 服装 　　　 C. 食品 　　　 D. 化妆品

【答案】 A

【名师点睛】 法律、行政法规规定必须使用注册商标的商品包括卷烟、雪茄烟、有包装的烟丝。

> **考试方向**
> 考查商标注册的原则：自愿注册和强制注册相结合的原则。

（2）诚实信用原则。

申请商标注册不得损害他人现有的在先权利，也不得以不正当手段抢先注册他人已经使用并有一定影响的商标。

（3）显著原则。

申请注册的商标，应当有显著特征，便于识别，并不得与他人在先取得的合法权利相冲突。

（4）先申请原则。

两个或者两个以上的商标注册申请人，在同一种商品或者类似商品上，以相同或者近似的商标申请注册的，初步审定并公告申请在先的商标；同一天申请的，初步审定并公告使用在先的商标，驳回其他人的申请，不予公告。

两个或者两个以上的申请人，在同一种商品或者类似商品上，分别以相同或者近似的商标在同一天申请注册的，各申请人应当自收到商标局通知之日起 30 日内提交其申请注册前在先使用该商标的证据。

同日使用或者均未使用的，各申请人可以自收到商标局通知之日起 30 日内自行协商，并将书面协议报送商标局；不愿协商或者协商不成的，商标局通知各申请人以抽签的方式确定一个申请人，驳回其他人的注册申请。商标局已经通知但申请人未参加抽签的，视为放弃申请，商标局应当书面通知未参加抽签的申请人。

（5）商标合法原则（见表 8-5）。

表 8-5　法律禁止用于商标注册的标志

不得作为商标使用的标志	① 同中华人民共和国的国家名称、国旗、国徽、国歌、军旗、军徽、军歌、勋章等相同或者近似的，以及同中央国家机关的名称、标志、所在地特定地点的名称或者标志性建筑物的名称、图形相同的 ② 同外国的国家名称、国旗、国徽、军旗等相同或者近似的，但经该国政府同意的除外

第八章

(续表)

不得作为商标使用的标志	③ 同政府间国际组织的名称、旗帜、徽记等相同或者近似的,但经该组织同意或者不易误导公众的除外 ④ 与表明实施控制、予以保证的官方标志、检验印记相同或者近似的,但经授权的除外 ⑤ 同"红十字""红新月"的名称、标志相同或者近似的 ⑥ 带有民族歧视性的 ⑦ 带有欺骗性,容易使公众对商品的质量等特点或者产地产生误认的 ⑧ 有害于社会主义道德风尚或者有其他不良影响的 县级以上行政区划的地名或者公众知晓的外国地名,不得作为商标。但是,地名具有其他含义或者作为集体商标、证明商标组成部分的除外;已经注册的使用地名的商标继续有效
不得作为商标注册的标志	① 仅有本商品的通用名称、图形、型号的 ② 仅直接表示商品的质量、主要原料、功能、用途、重量、数量及其他特点的 ③ 其他缺乏显著特征的 上述所列标志经过使用取得显著特征,并便于识别的,可以作为商标注册 三维标志申请注册商标的,仅由商品自身的性质产生的形状,为获得技术效果而需有的商品形状或者使商品具有实质性价值的形状,不得注册
不予注册并禁止使用的标志	① 就相同或者类似商品申请注册的商标是复制、摹仿或者翻译他人未在中国注册的驰名商标,容易导致混淆的,不予注册并禁止使用 ② 就不相同或者不相类似商品申请注册的商标是复制、摹仿或者翻译他人已经在中国注册的驰名商标,误导公众,致使该驰名商标注册人的利益可能受到损害的,不予注册并禁止使用 ③ 未经授权,代理人或者代表人以自己的名义将被代理人或者被代表人的商标进行注册,被代理人或者被代表人提出异议的,不予注册并禁止使用 ④ 商标中有商品的地理标志,而该商品并非来源于该标志所标示的地区,误导公众的,不予注册并禁止使用;但是,已经善意取得注册的继续有效 提示▶ 地理标志是指标示某商品来源于某地区,该商品的特定质量、信誉或者其他特征,主要由该地区的自然因素或者人文因素所决定的标志
在先权利的保护	申请商标注册不得损害他人现有的在先权利,也不得以不正当手段抢先注册他人已经使用并有一定影响的商标

考试方向

考查商标合法原则,包括不得作为商标使用的标志的情形。

【例题 8-20 单选题】(2019 年真题) 根据商标法律制度的规定,下列标志中,可以作为商标使用的是( )。

A. 同乡镇地名近似的标志
B. 同中华人民共和国国徽近似的标志
C. 带有民族歧视性的标志
D. 同"红十字"标志近似的标志

【答案】 A

【名师点睛】 不得作为商标使用的标志(包括但不限于):同中华人民共和国的国家名称、国旗、国徽、国歌、军旗、军徽、军歌、勋章相同或者近似的(选项 B);同"红十字""红新月"的名称、标志相同或者近似的(选项 D);带有民族歧视性的(选项 C)。

3. 驰名商标的认定

为相关公众所熟知的商标,持有人认为其权利受到侵害时,可以依法请求驰名商标保护。

4. 商标注册申请

(1)商标注册申请人应当按规定的商品分类表填报使用商标的商品类别和商品名

第八章

称,提出注册申请。

商标注册申请人可以通过一份申请就多个类别的商品申请注册同一商标。

商标注册申请等有关文件,可以以书面方式或者数据电文方式提出。

(2)注册商标需要在核定使用范围之外的商品上取得商标专用权的,应当另行提出注册申请。

(3)注册商标需要改变其标志的,应当重新提出注册申请。

(4)商标注册申请人自其商标在外国第一次提出商标注册申请之日起6个月内,又在中国就相同商品以同一商标提出商标注册申请的,依照该外国同中国签订的协议或者共同参加的国际条约,或者按照相互承认优先权的原则,可以享有优先权。

依照前款要求优先权的,应当在提出商标注册申请的时候提出书面声明,并且在3个月内提交第一次提出的商标注册申请文件的副本;未提出书面声明或者逾期未提交商标注册申请文件副本的,视为未要求优先权。

(5)商标在中国政府主办的或者承认的国际展览会展出的商品上首次使用的,自该商品展出之日起6个月内,该商标的注册申请人可以享有优先权。

依照前款要求优先权的,应当在提出商标注册申请的时候提出书面声明,并且在3个月内提交展出其商品的展览会名称、在展出商品上使用该商标的证据、展出日期等证明文件;未提出书面声明或者逾期未提交证明文件的,视为未要求优先权。

(6)申请商标注册所申报的事项和所提供的材料应当真实、准确、完整。

5.商标注册的审核

(1)对申请注册的商标,商标局应当自收到商标注册申请文件之日起9个月内审查完毕,符合有关规定的,予以初步审定公告。

(2)对驳回申请、不予公告的商标,商标局应当书面通知商标注册申请人。商标注册申请人不服的,可以自收到通知之日起15日内向商标评审委员会申请复审。

商标评审委员会应当自收到申请之日起9个月内作出决定,并书面通知申请人。有特殊情况需要延长的,经国务院工商行政管理部门批准,可以延长3个月。

当事人对商标评审委员会的决定不服的,可以自收到通知之日起30日内向人民法院起诉。

(三)注册商标的续展、变更、转让和许可使用

(1)注册商标的有效期为10年,自核准注册之日起计算。

(2)注册商标有效期满,需要继续使用的,商标注册人应当在期满前12个月内按照规定办理续展手续;在此期间未能办理的,可以给予6个月的宽展期。每次续展注册的有效期为10年,自该商标上一届有效期满次日起计算。期满未办理续展手续的,注销其注册商标。

商标局应当对续展注册的商标予以公告。

(3)注册商标需要变更注册人的名义、地址或者其他注册事项的,应当提出变更申请。

(4)转让注册商标的,转让人和受让人应当签订转让协议,并共同向商标局提出申请。受让人应当保证使用该注册商标的商品质量。商标注册人对其在同一种商品上注册的近似的商标,或者在类似商品上注册的相同或者近似的商标,应当一并转让。转让注册商标经核准后,予以公告。受让人自公告之日起享有商标专用权。

第八章

对容易导致混淆或者有其他不良影响的转让,商标局不予核准,书面通知申请人并说明理由。

(5) 商标注册人可以通过签订商标使用许可合同,许可他人使用其注册商标。许可人应当监督被许可人使用其注册商标的商品质量。被许可人应当保证使用该注册商标的商品质量。

经许可使用他人注册商标的,必须在使用该注册商标的商品上标明被许可人的名称和商品产地。

许可他人使用其注册商标的,许可人应当将其商标使用许可报商标局备案,由商标局公告。商标使用许可未经备案不得对抗善意第三人。

(四) 注册使用的管理

商标的使用,是指将商标用于商品、商品包装或者容器以及商品交易文书上,或者将商标用于广告宣传、展览以及其他商业活动中,用于识别商品来源的行为。

(1) 商标注册人在使用注册商标的过程中,自行改变注册商标、注册人名义、地址或者其他注册事项的,由地方工商行政管理部门责令限期改正;期满不改正的,由商标局撤销其注册商标。

(2) 注册商标成为其核定使用的商品的通用名称或者没有正当理由连续 3 年不使用的,任何单位或者个人可以向商标局申请撤销该注册商标。商标局应当自收到申请之日起 9 个月内作出决定。有特殊情况需要延长的,经国务院工商行政管理部门批准,可以延长 3 个月。

(3) 注册商标被撤销、被宣告无效或者期满不再续展的,自撤销、宣告无效或者注销之日起 1 年内,商标局对与该商标相同或者近似的商标注册申请,不予核准。

(五) 注册商标专用权的保护

(1) 注册商标的专用权,以核准注册的商标和核定使用的商品为限。

(2) 有下列行为之一的,均属侵犯注册商标专用权:

① 未经商标注册人的许可,在同一种商品上使用与其注册商标相同的商标的。

② 未经商标注册人的许可,在同一种商品上使用与其注册商标近似的商标,或者在类似商品上使用与其注册商标相同或者近似的商标,容易导致混淆的。

③ 销售侵犯注册商标专用权的商品的。

④ 伪造、擅自制造他人注册商标标识或者销售伪造、擅自制造的注册商标标识的。

⑤ 未经商标注册人同意,更换其注册商标并将该更换商标的商品又投入市场的。

⑥ 故意为侵犯他人商标专用权行为提供便利条件,帮助他人实施侵犯商标专用权行为的。

⑦ 给他人的注册商标专用权造成其他损害的。

(3) 将他人注册商标、未注册的驰名商标作为企业名称中的字号使用,误导公众,构成不正当竞争行为的,依照《中华人民共和国反不正当竞争法》处理。

(4) 注册商标中含有的本商品的通用名称、图形、型号,或者直接表示商品的质量、主要原料、功能、用途、重量、数量及其他特点,或者含有的地名,注册商标专用权人无权禁止他人正当使用。

三维标志注册商标中含有的商品自身的性质产生的形状、为获得技术效果而需有的商品形状或者使商品具有实质性价值的形状,注册商标专用权人无权禁止他人正当使用。

商标注册人申请商标注册前,他人已经在同一种商品或者类似商品上先于商标注册人使用与注册商标相同或者近似并有一定影响的商标的,注册商标专用权人无权禁止该使用人在原使用范围内继续使用该商标,但可以要求其附加适当区别标识。

(5)有侵犯注册商标专用权行为之一,引起纠纷的,由当事人协商解决;不愿协商或者协商不成的,商标注册人或者利害关系人可以向人民法院起诉,也可以请求工商行政管理部门处理。

第四节　政府采购法律制度

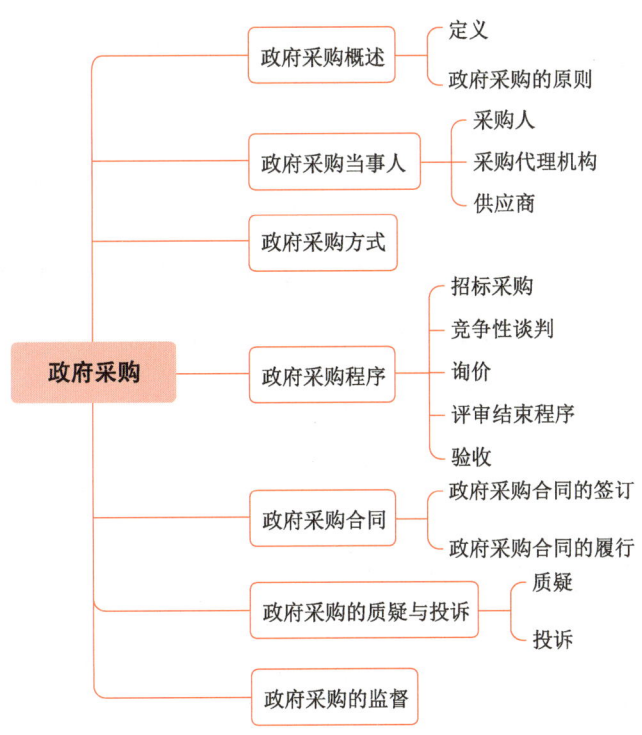

一、政府采购概述

(一)定义

政府采购,是指各级国家机关、事业单位和团体组织,使用财政性资金采购依法制定的集中采购目录以内的或者采购限额标准以上的<u>货物</u>、<u>工程</u>和<u>服务</u>的行为。

第八章

提示 ▶ 采购,是指以合同方式有偿取得货物、工程和服务的行为,包括购买、租赁、委托、雇用等。

(1) 货物,是指各种形态和种类的物品,包括原材料、燃料、设备、产品等。

(2) 工程,是指建设工程,包括建筑物和构筑物的新建、改建、扩建、装修、拆除、修缮等。

(3) 服务,是指除货物和工程以外的其他政府采购对象。

(二) 政府采购的原则

政府采购应当遵循公开透明原则、公平竞争原则、公正原则和诚实信用原则。详见表 8-6。

表 8-6　政府采购原则

原则	具体内容
公开透明原则	政府采购的信息应当在政府采购监督管理部门指定的媒体上及时向社会公开发布,但涉及商业秘密的除外 同时,政府采购目录和限额标准也应当向社会公布 纳入集中采购目录的政府采购项目,应当实行集中采购
公平竞争原则	任何单位和个人不得采用任何方式,阻挠和限制供应商自由进入本地区和本行业的政府采购市场 采购人或者采购代理机构不得以不合理的条件对供应商实行差别待遇或者歧视待遇。有下列情形之一的,属于以不合理的条件对供应商实行差别待遇或者歧视待遇: ① 就同一采购项目向供应商提供有差别的项目信息 ② 设定的资格、技术、商务条件与采购项目的具体特点和实际需要不相适应或者与合同履行无关 ③ 采购需求中的技术、服务等要求指向特定供应商、特定产品 ④ 以特定行政区域或者特定行业的业绩、奖项作为加分条件或者中标、成交条件 ⑤ 对供应商采取不同的资格审查或者评审标准 ⑥ 限定或者指定特定的专利、商标、品牌或者供应商 ⑦ 非法限定供应商的所有制形式、组织形式或者所在地 ⑧ 以其他不合理条件限制或者排斥潜在供应商
公正原则	① 我国《政府采购法》规定了回避制度和采购代理机构独立政府制度 ② 政府采购应当有助于实现国家经济和社会发展的政策目标,包括保护环境、扶持不发达地区和少数民族地区,促进中小企业发展等
诚实信用原则	在政府采购活动中,诚信原则一方面要求政府采购应当严格按照批准的预算执行,保护当事人的信赖利益,另一方面也要求供应商恪守采购合同义务

考试方向 ✐
考查政府采购的原则以及供应商参加政府采购活动应当具备的条件。

【例题 8-21 单选题】(2019 年真题)　根据政府采购法律制度的规定,下列各项中,属于采购人以不合理的条件对供应商实行差别待遇的情形是(　　)。

A. 要求供应商具有良好的商业信用

B. 要求供应商具有依法纳税的良好记录

C. 要求供应商拥有特定的商标

D. 要求供应商具有独立承担民事责任的能力

【答案】 C

【名师点睛】 选项 ABD,属于供应商参加政府采购活动应当具备的条件;选项 C,限定或者指定特定的专利、商标、品牌或者供应商,属于以不合理的条件对供应商实行差别待遇或者歧视待遇。

二、政府采购当事人

（一）采购人

（1）采购人是指依法进行政府采购的国家机关、事业单位、团体组织。

（2）采购人采购纳入集中采购目录的政府采购项目，必须委托集中采购机构代理采购；采购未纳入集中采购目录的政府采购项目，可以自行采购，也可以委托集中采购机构在委托的范围内代理采购。

纳入集中采购目录属于通用的政府采购项目的，应当委托集中采购机构代理采购；属于本部门、本系统有特殊要求的项目，应当实行部门集中采购；属于本单位有特殊要求的项目，经省级以上人民政府批准，可以自行采购。

（二）采购代理机构

（1）采购代理机构是指集中采购机构和集中采购机构以外的采购代理机构。

① 集中采购机构为采购代理机构。设区的市、自治州以上人民政府根据本级政府采购项目组织集中采购的需要设立集中采购机构。集中采购机构是非营利事业法人，根据采购人的委托办理采购事宜。

② 集中采购机构以外的采购代理机构，是从事采购代理业务的社会中介机构。

（2）采购人依法委托采购代理机构办理采购事宜的，应当由采购人与采购代理机构签订委托代理协议，依法确定委托代理的事项，约定双方的权利义务。采购代理机构不得以向采购人行贿或者采取其他不正当手段谋取非法利益。

（三）供应商★★

（1）供应商是指向采购人提供货物、工程或者服务的法人、其他组织或者自然人。

（2）供应商参加政府采购活动应当具备下列条件：

① 具有独立承担民事责任的能力。

② 具有良好的商业信誉和健全的财务会计制度。

③ 具有履行合同所必需的设备和专业技术能力。

④ 有依法缴纳税收和社会保障资金的良好记录。

⑤ 参加政府采购活动前3年内，在经营活动中没有重大违法记录。

⑥ 法律、行政法规规定的其他条件。

（3）单位负责人为同一人或者存在直接控股、管理关系的不同供应商，不得参加同一合同项下的政府采购活动。

除单一来源采购项目外，为采购项目提供整体设计、规范编制或者项目管理、监理、检测等服务的供应商，不得再参加该采购项目的其他采购活动。

（4）两个以上的自然人、法人或者其他组织可以组成一个联合体，以一个供应商的身份共同参加政府采购。

以联合体形式进行政府采购的，参加联合体的供应商均应当具备规定的条件，并应当向采购人提交联合协议，载明联合体各方承担的工作和义务。联合体各方应当共同与采购人签订采购合同，就采购合同约定的事项对采购人承担连带责任。

联合体中有同类资质的供应商按照联合体分工承担相同工作的，应当按照资质等级较低的供应商确定资质等级。

以联合体形式参加政府采购活动的,联合体各方不得再单独参加或者与其他供应商另外组成联合体参加同一合同项下的政府采购活动。

(5)在政府采购活动中,采购人员及相关人员与供应商有利害关系的,必须回避。

供应商认为采购人员及相关人员与其他供应商有利害关系的,可以申请其回避。

考试方向

考查参加政府采购的供商应当具备的条件。

【例题8-22 多选题】(2019年真题) 根据政府采购法律制度的规定,下列各项中,属于供应商应当具备的条件有( )。

A. 参与政府采购活动前2年内没有违法记录

B. 具有履行合同所必需的设备和专业技术能力

C. 具有独立承担民事责任的能力

D. 具有良好的商业信用和健全的财务会计制度

【答案】 BCD

【名师点睛】 作为政府采购活动重要主体的供应商,应当具备下列法定条件:具有独立承担民事责任的能力(选项C);具有良好的商业信用和健全的财务会计制度(选项D);具有履行合同所必需的设备和专业技术能力(选项B);有依法交纳税收和社会保障资金的良好记录;参与政府采购活动前3年内,在经营活动中没有重大违法记录;法律、行政法规规定的其他条件。选项A不属于供应商应当具备的条件。

三、政府采购方式★★★

政府采购采用以下方式:公开招标、邀请招标、竞争性谈判、单一来源采购、询价和国务院政府采购监督管理部门认定的其他采购方式。公开招标应作为政府采购的主要采购方式。详见表8-7。

表8-7 政府采购方式

采购方式	具体内容
公开招标	指招标人以招标公告的方式邀请不特定的法人或其他组织投标 ① 采购人采购货物或者服务应当采用公开招标方式的,其具体数额标准,属于中央预算的政府采购项目,由国务院规定;属于地方预算的政府采购项目,由省、自治区、直辖市人民政府规定;因特殊情况需要采用公开招标以外的采购方式的,应当在采购活动开始前获得设区的市、自治州以上人民政府采购监督管理部门的批准 ② 采购人不得将应当以公开招标方式采购的货物或者服务化整为零或者以其他任何方式规避公开招标采购。在一个财政年度内,采购人将一个预算项目下的同一品目或者类别的货物、服务采用公开招标以外的方式多次采购,累计资金数额超过公开招标数额标准的,属于以化整为零方式规避公开招标,但项目预算调整或者经批准采用公开招标以外方式采购除外 ③ 依法必须进行招标的项目,其招标投标活动不受地区或者部门的限制。任何单位和个人不得违法限制或者排斥本地区、本系统以外的法人或者其他组织参加投标,不得以任何方式非法干涉招标投标活动
邀请招标	指按照事先规定的条件选定合格供应商或承包商,只有接到邀请者放有资格参与投标。符合下列情形之一的货物或者服务,可以依照本法采用邀请招标方式采购: ① 具有特殊性,只能从有限范围的供应商处采购的 ② 采用公开招标方式的费用占政府采购项目总价值的比例过大的

第八章

（续表）

采购方式	具体内容
竞争性谈判	指采购人或采购代理机构根据采购需求直接要求3家以上的供应商就采购事宜与供应商分别进行一对一的谈判，最后通过谈判结果来选择供应商的一种采购方式。符合下列情形之一的货物或者服务，可以依照本法采用竞争性谈判方式采购： ① 招标后没有供应商投标或者没有合格标的或者重新招标未能成立的 ② 技术复杂或者性质特殊，不能确定详细规格或者具体要求的 ③ 采用招标所需时间不能满足用户紧急需要的 ④ 不能事先计算出价格总额的
单一来源采购	指采购人直接从某个供应商或承包商处购买所需货物、服务或者工程的采购方式。符合下列情形之一的货物或者服务，可以依照本法采用单一来源方式采购： ① 只能从唯一供应商处采购的 ② 发生了不可预见的紧急情况不能从其他供应商处采购的 ③ 必须保证原有采购项目一致性或者服务配套的要求，需要继续从原供应商处添购，且添购资金总额不超过原合同采购金额10%的
询价	指采购人就采购项目向符合相应资格条件的被询价供应商（不少于3家）发出询价通知书，通过对报价供应商的报价进行比较，最终确定成交供应商的采购方式 采购的货物规格、标准统一、现货货源充足且价格变化幅度小的政府采购项目，可以依照本法采用询价方式采购

【例题8-23 单选题】（2019年真题） 根据政府采购法律制度的规定，下列各项中，不属于政府采购方式的是（　　）。

A. 邀请招标　　　B. 询价　　　C. 公开招标　　　D. 指定采购

【答案】 D

【名师点睛】 政府采购采用以下方式：公开招标、邀请招标、竞争性谈判、单一来源采购、询价和国务院政府采购监督管理部门认定的其他采购方式。

考试方向

考查政府采购的方式。

四、政府采购程序★★

（一）招标采购

（1）货物和服务项目实行招标方式采购的，自招标文件开始发出之日起至投标人提交投标文件截止之日止，不得少于20日。

（2）货物或者服务项目采取邀请招标方式采购的，采购人应当从符合相应资格条件的供应商中，通过随机方式选择3家以上的供应商，并向其发出投标邀请书。

（3）招标文件的提供期限自招标文件开始发出之日起不得少于5个工作日。

（4）采购人或者采购代理机构可以对已发出的招标文件进行必要的澄清或者修改。澄清或者修改的内容可能影响投标文件编制的，采购人或者采购代理机构应当在投标截止时间至少15日前，以书面形式通知所有获取招标文件的潜在投标人；不足15日的，采购人或者采购代理机构应当顺延提交投标文件的截止时间。

（5）在招标采购中，出现下列情形之一的，应予废标：

① 符合专业条件的供应商或者对招标文件作实质响应的供应商不足3家的。

② 出现影响采购公正的违法、违规行为的。

③ 投标人的报价均超过了采购预算，采购人不能支付的。

④ 因重大变故，采购任务取消的。

废标后，采购人应当将废标理由通知所有投标人。另外，除采购任务取消情形外，应当重新组织招标；需要采取其他方式采购的，应当在采购活动开始前获得设区的市、自治州以上人民政府采购监督管理部门或者政府有关部门批准。

（6）招标文件要求投标人提交投标保证金的，投标保证金不得超过采购项目预算金额的 2%。投标保证金应当以支票、汇票、本票或者金融机构、担保机构出具的保函等非现金形式提交。

投标人未按照招标文件要求提交投标保证金的，投标无效。

（7）采购人或者采购代理机构应当自中标通知书发出之日起 5 个工作日内退还未中标供应商的投标保证金，自政府采购合同签订之日起 5 个工作日内退还中标供应商的投标保证金。

考试方向

考查政府招标采购的程序。

【例题 8-24 单选题】（2015 年真题） 根据政府采购法律制度的规定，采用招标方式进行政府采购的，自招标文件开始发出之日起至投标人提交投标文件截止之日止，不得少于一定期间，该期间为（ ）日。

A. 20　　　　　B. 15　　　　　C. 10　　　　　D. 7

【答案】 A

【名师点睛】 采用招标方式采购的，自招标文件开始发出之日起至投标人提交投标文件截止之日止，不得少于 20 日。

（二）竞争性谈判

采用竞争性谈判方式采购的，应当遵循的程序如表 8-8 所示。

表 8-8　采用竞争性谈判采购方式的程序

程序	具体内容
成立谈判小组	谈判小组由采购人的代表和有关专家共 3 人以上的单数组成，其中专家的人数不得少于成员总数的 2/3
制定谈判文件	谈判文件应当明确谈判程序、谈判内容、合同草案的条款以及评定成交的标准等事项
确定邀请参加谈判的供应商名单	谈判小组从符合相应资格条件的供应商名单中确定不少于 3 家的供应商参加谈判，并向其提供谈判文件
谈判	谈判小组所有成员集中与单一供应商分别进行谈判。在谈判中，谈判的任何一方不得透露与谈判有关的其他供应商的技术资料、价格和其他信息。谈判文件有实质性变动的，谈判小组应当以书面形式通知所有参加谈判的供应商
确定成交供应商	谈判结束后，谈判小组应当要求所有参加谈判的供应商在规定时间内进行最后报价，采购人从谈判小组提出的成交候选人中根据符合采购需求、质量和服务相等且报价最低的原则确定成交供应商，并将结果通知所有参加谈判的未成交的供应商

（三）询价

采取询价方式采购的，应当遵循的程序如表 8-9 所示。

表 8-9　采用询价采购方式的程序

程序	具体内容
成立询价小组	询价小组由采购人的代表和有关专家共 3 人以上的单数组成,其中专家的人数不得少于成员总数的 2/3。询价小组应当对采购项目的价格构成和评定成交的标准等事项作出规定
确定被询价的供应商名单	询价小组根据采购需求,从符合相应资格条件的供应商名单中确定不少于 3 家的供应商,并向其发出询价通知书让其报价
询价	询价小组要求被询价的供应商一次报出不得更改的价格
确定成交供应商	采购人根据符合采购需求、质量和服务相等且报价最低的原则确定成交供应商,并将结果通知所有被询价的未成交的供应商

(四) 评审结束程序

采购代理机构应当自评审结束之日起 2 个工作日内将评审报告送交采购人。采购人应当自收到评审报告之日起 5 个工作日内在评审报告推荐的中标或者成交候选人中按顺序确定中标或者成交供应商。

采购人或者采购代理机构应当自中标、成交供应商确定之日起 2 个工作日内,发出中标、成交通知书,并在省级以上人民政府财政部门指定的媒体上公告中标、成交结果,招标文件、竞争性谈判文件、询价通知书随中标、成交结果同时公告。

(五) 验收

除国务院财政部门规定的情形外,采购人、采购代理机构不得以任何理由组织重新评审。采购人、采购代理机构按照国务院财政部门的规定重新组织评审的,应当书面报告本级人民政府财政部门。采购人或者采购代理机构不得通过对样品进行检测,对供应商进行考察等方式改编评审结果。

采购人或者采购代理机构应当按照政府采购合同规定的技术、服务、安全标准组织对供应商履约情况进行验收,并出具验收书。验收书应当包括每一项技术、服务、安全标准的履约情况。

政府向社会公众提供的公共服务项目,验收时应当邀请服务对象参与并出具意见,验收结果应当向社会公告。

五、政府采购合同

(一) 政府采购合同的签订★★

(1) 政府采购合同适用合同法。采购人和供应商之间的权利和义务,应当按照平等、自愿的原则以合同方式约定。

采购人可以委托采购代理机构代表其与供应商签订政府采购合同。由采购代理机构以采购人名义签订合同的,应当提交采购人的授权委托书,作为合同附件。

(2) 政府采购合同应当采用书面形式。

(3) 采购文件要求中标或者成交供应商提交履约保证金的,供应商应当以支票、汇票、本票或者金融机构、担保机构出具的保函等非现金形式提交。履约保证金的数额不得超过政府采购合同金额的 10%。

(4) 采购人与中标、成交供应商应当在中标、成交通知书发出之日起 30 日内,按照采购文件确定的事项签订政府采购合同。

中标、成交通知书对采购人和中标、成交供应商均具有法律效力。中标、成交通知书发出后,采购人改变中标、成交结果的,或者中标、成交供应商放弃中标、成交项目的,应当依法承担法律责任。

(5) 中标或者成交供应商拒绝与采购人签订合同的,采购人可以按照评审报告推荐的中标或者成交候选人名单排序,确定下一候选人为中标或者成交供应商,也可以重新开展政府采购活动。

(6) 采购人应当自政府采购合同签订之日起 2 个工作日内,将政府采购合同在省级以上人民政府财政部门指定的媒体上公告,但政府采购合同中涉及**国家秘密、商业秘密**的内容除外。

(二) 政府采购合同的履行

(1) 政府采购项目的采购合同自签订之日起 7 个工作日内,采购人应当将合同副本报同级政府采购监督管理部门和有关部门备案。

(2) 分包。

经采购人同意,中标、成交供应商可以依法采取分包方式履行合同。政府采购合同分包履行的,中标、成交供应商就采购项目和分包项目向采购人负责,分包供应商就分包项目承担责任。

(3) 追加。

政府采购合同履行中,采购人需追加与合同标的相同的货物、工程或者服务的,在不改变合同其他条款的前提下,可以与供应商协商签订补充合同,但所有补充合同的采购金额不得超过原合同采购金额的 10%。

(4) 变更、中止或终止。

政府采购合同的双方当事人不得擅自变更、中止或者终止合同。

政府采购合同继续履行将损害国家利益和社会公共利益的,双方当事人应当变更、中止或者终止合同。有过错的一方应当承担赔偿责任,双方都有过错的,各自承担相应的责任。

【例题 8-25 多选题】(2019 年真题) 根据政府采购法律制度的规定,下列关于政府采购合同的表述中,正确的有( )。

A. 履约保证金的数额可以为政府采购合同金额的 20%

B. 小额政府采购合同签订后,采购人不必将合同副本报有关部门备案

C. 政府采购合同中涉及国家秘密的内容不在媒体上公告

D. 经采购人同意,成交供应商可以依法采取分包方式履行合同

【答案】 CD

【名师点睛】 选项 A,履约保证金的数额不得超过政府采购合同金额的 10%。选项 B,政府采购项目的采购合同自签订之日起 7 个工作日内,采购人应当将合同副本报同级政府采购监督管理部门和有关部门备案。

考试方向
考查政府采购合同的签订和履行程序。

六、 政府采购的质疑与投诉

(一) 质疑

供应商对政府采购活动事项有疑问的可以向采购人提出询问,采购人应当及时作出

答复,但答复的内容不得涉及商业秘密。采购人或者采购代理机构应当在 3 个工作日内对供应商依法提出的询问作出答复。

采购人应当在收到供应商的书面质疑后 7 个工作日内作出答复,并以书面形式通知质疑供应商和其他有关供应商。

(二) 投诉

质疑供应商对采购人、采购代理机构的答复不满意,或者采购人、采购代理机构未在规定时间内作出答复的,可以在答复期满后 15 个工作日内向采购人所属预算级次本级财政部门提起诉讼。财政部门收到才收到诉讼书后应当在 5 个工作日内进行审查。

七、 政府采购的监督

政府采购活动必须有专门的监督,这是其与私人采购的一个重要的不同,由于政府采购活动主要涉及财政支出的问题,其监管主体主要是财政部门。我国《政府采购法》第 13 条规定,各级人民政府财政部门是负责政府采购监督管理部门的,其他政府部门也依法履行有关的监督管理职责。除了上述监督管理部门之外,任何单位和个人对政府采购活动中的违法行为,有权控告和检举,有关部门、机关应当依照各自职责进行及时处理。

同步练习

一、单项选择题

1. 甲公司 2020 年取得一项产品发明专利,乙、丙、丁、戊四公司未经甲公司许可实施其专利。根据专利法律制度的规定,下列行为中,属于侵犯甲公司专利权的是(   )。
   A. 乙公司购买了该专利产品,经研究产品的原理后仿造该产品并进行销售
   B. 丙公司在甲公司申请前已经制造相同产品,并且仅在原有范围内继续制造
   C. 丁公司为科学实验而使用该专利产品
   D. 戊公司取得强制许可后制造该专利产品

2. 甲公司于 2017 年 6 月向国务院专利行政部门提出某产品生产方法的专利申请,2020 年 10 月被授予专利权。已知乙公司 2020 年 1 月已经以相同的方法生产出该种产品。根据专利法律制度的规定,下列未经甲公司许可而实施的行为中,属于侵犯甲公司专利权的是(   )。
   A. 某网店销售明知是假冒甲公司专利的产品
   B. 丙公司购买甲公司获得专利权的产品后自行使用
   C. 乙公司仅在原有范围内继续使用甲公司的专利方法
   D. 某技术人员在实验室中专为科学实验使用甲公司的专利方法

3. 根据专利法律制度的规定,下列行为中,构成假冒专利的是(   )。
   A. 专利权终止前在依照专利方法直接获得的产品上标注专利标识,在专利权终止后许诺销售该产品的
   B. 未经专利权人许可,为生产经营目的使用其专利产品
   C. 伪造专利证书
   D. 专利权终止前在专利产品上标注专利标识,在专利权终止后销售该产品的

4. 根据政府采购法律制度的规定,采购文件要求中标或者成交供应商提交履约保证金的,履约保证金的数额不得超过政府采购合同金额的一定比例。该比例是(   )。

   A. 30%
   B. 10%
   C. 5%
   D. 20%

5. 根据企业国有资产法律制度的规定,在选择国有资本控股公司的企业管理者时,履行出资人职责的机构所享有的权限是(   )。
   A. 任免企业的董事长、副董事长、董事和监事
   B. 任免企业的经理、副经理
   C. 向企业的股东会或者股东大会提出董事、监事人选
   D. 任免企业的财务负责人和其他高级管理人员

6. 根据企业国有资产法律制度的规定,下列对关系企业国有资产出资人权益的重大事项作出的规定,说法正确的是(   )。
   A. 国家出资企业申请破产,应当经职工代表大会通过
   B. 国有独资企业为他人提供大额担保由董事会讨论决定
   C. 国有独资企业改制为国有独资公司,应当由履行出资人职责的机构决定
   D. 国有独资企业增加或者减少注册资本,由董事会决定

7. 丙公司为研究开发某项产品技术,成立了研究开发小组,王某负责采购工作,张某负责后勤服务工作,袁某攻破技术难题并发明了该技术的产品制造方法。该产品技术的发明人是(   )。
   A. 丙公司
   B. 袁某
   C. 王某
   D. 张某

8. 根据《政府采购法》的规定,下列关于公开招标的说法中错误的是(   )。
   A. 公开招标是指招标人以招标公告的方式邀请不特定的法人或者其他组织投标
   B. 采用公开招标方式采购的,招标采购单位必须在财政部门指定的媒体上发布招标公告
   C. 采购人不得将应当以公开招标方式采购的货物或者服务化整为零或者以其他任何方式规避公开招标采购

D. 采用公开招标方式采购的,自招标文件开始发出之日起至投标人提交投标文件截止之日止,不得少于 15 日

9. 根据预算法律制度的规定,下列不属于应当进行预算调整的情形是( )。

A. 需要增加预算总支出的

B. 需要调入预算稳定调节基金的

C. 需要调减预算安排的重点支出数额的

D. 地方各级政府因上级政府增加不需要本级政府提供配套资金的专项转移支付而引起的预算支出变化的

10. 根据企业国有资产法律制度的规定,下列关于通过产权交易机构公开转让企业产权的表述中,正确的是( )。

A. 因产权转让导致转让标的企业的实际控制权发生转移的,信息预披露时间不得少于 20 个工作日

B. 产权转让项目首次正式信息披露的转让底价,不得低于经核准或者备案的转让标的评估结果的 90%

C. 转让项目自首次正式披露信息之日起超过 6 个月未征集到合格受让方的,应当重新履行审计、资产评估以及信息披露等产权转让工作程序

D. 新的转让底价低于评估结果的 95% 时,应当经转让行为批准单位书面同意

11. 根据预算法律制度的规定,审查和批准县级决算草案的机关是( )。

A. 县级人民政府

B. 县级人民代表大会常务委员会

C. 县级人民代表大会

D. 县级财政部门

12. 某事业单位拟采购一种特定的技术服务,经向社会公开招标没有合格标的,在此情形下,根据《政府采购法》的规定,该事业单位可以采用的采购方式是( )。

A. 询价   B. 邀请招标

C. 竞争性谈判   D. 单一来源采购

二、多项选择题

1. 根据专利法律制度的规定,未经专利权人许可的下列行为中,不构成侵犯专利权的有( )。

A. 丙科研院专为科学研究并使用赵某的专利技术

B. 王某将购买的专利产品出售给李某

C. 丁公司在专利许可协议期满后,在专利有效期内继续生产该专利产品

D. 乙公司在甲公司申请专利之前已经制造某产品,在甲公司就相同产品获得专利权后,乙公司在原有范围内继续生产该产品

2. 根据商标法律制度的规定,两个或两个以上的商标注册申请人,在同一种商品或类似商品上,以相同或近似的商标申请注册的,在确定权利人时遵循先申请原则。下列关于先申请原则的表述中,正确的有( )。

A. 申请人就先申请人的确定不愿协商或者协商不成的,商标局驳回所有申请人申请

B. 两个或两个以上的商标注册申请人同日申请的,商标局初步审定并公告使用在先的商标,驳回其他人的申请,不予公告

C. 两个或两个以上的商标注册申请人同日使用的,各申请人可以自收到商标局通知之日起 30 日内自行协商确定先申请人,并将书面协议报送商标局

D. 商标局初步审定并公告申请在先的商标

3. 根据商标法律制度的规定,下列情形中,不得申请商标注册的有( )。

A. 丙公司拟使用中央国家机关的名称申请商标注册

B. 甲公司拟使用"红十字"标志申请商标注册

C. 乙公司拟以自己未作为商标使用的某产品的通用名称申请商标注册

D. 丁公司拟使用中华人民共和国国徽图案申请商标注册

4. 根据政府采购法律制度的规定,下列关于政府采购方式的表述中,正确的有( )。

A. 竞争性谈判的方式要求最少 2 家供应商,就采购事宜由采购人或者采购代理机构与供应商分别进行一对一的谈判

B. 只能从唯一供应商处采购的,可以采用单一来源采购的方式

C. 公开招标应作为政府采购的主要方式

D. 具有特殊性,并且只能从有限范围的供应商处采购商品或者服务的,可采用邀请招标的方式

5. 下列关于预算执行的说法中正确的有( )。

A. 乡级以上各级预算必须设立国库

B. 国库库款的支配权属于本级政府

C. 中央国库业务由中国人民银行经理
D. 除另有规定外,未经本级政府财政部门同意,任何部门、单位和个人都无权冻结、动用国库库款或者以其他方式支配已入国库的库款

6. 事业单位有( )情形的,应当对相关国有资产进行评估。

A. 整体或者部分改制为企业
B. 经批准事业单位整体或者部分资产无偿划转
C. 事业单位下属的事业单位之间的合并
D. 整体或者部分资产租赁给非国有单位

7. 根据《专利法》的规定,专利申请人在外国或中国第一次提出专利申请后,在下列期限内,又在中国就相同主题提出专利申请的,可以享有优先权的有( )。

A. 自发明在外国第一次提出专利申请之日起第 13 个月
B. 自实用新型在外国第一次提出专利申请之日起第 7 个月
C. 自实用新型在中国第一次提出专利申请之日起第 8 个月
D. 自外观设计在外国第一次提出专利申请之日起第 5 个月

8. 根据我国《商标法》的规定,下列标志不得作为商标注册的有( )。

A. 仅有本商品的通用名称、图形、型号的
B. 仅直接表示商品的质量、原料、功能、用途、重量及其他特点
C. 商标标志或者其构成要素暗示商品的特点,但不影响其识别商品来源功能的
D. 以三维标志申请注册商标的,仅由商品自身的性质产生的形状或者使商品具有实质性价值的形状构成

9. 根据政府采购法律制度的规定,下列情形中,应予废标的有( )。

A. 符合专业条件的供应商或者对招标文件作实质响应的供应商只有 5 家
B. 出现了影响采购公正的违法、违规行为
C. 投标人的报价中有两位超过了采购预算,采购人不能支付
D. 因重大事故,采购任务取消

10. 根据我国《商标法》的规定,下列标志不得作为商标使用的有( )。

A. 济南　　　　　B. 玫瑰花香味
C. 中国国歌　　　D. 动植物名称

三、判断题

1. 甲公司的注册商标"绿三角"使用范围是食品,后甲公司转型,不再生产食品,开始生产家装建材,则甲公司可以直接取得在家装建材范围的"绿三角"商标使用权。　( )

2. 两个以上的自然人、法人或者其他组织可以组成一个联合体,以一个供应商的身份共同参加政府采购。　( )

3. 授予专利权的发明、实用新型和外观设计,应当具备新颖性、创造性和实用性。　( )

4. 在政府采购中,采购文件的保存期限自采购结束之日起至少保存 20 年。　( )

5. 有包装的烟丝的生产经营者,必须申请商标注册。　( )

6. 国家出资企业中,对于取得的国有资本收入进行预算管理,对于支出不进行预算管理。　( )

7. 国务院确定的关系国家安全的大型国家出资企业由国务院代表国家履行出资人职责。　( )

8. 在国家出资企业的产权转让过程中,对于转让价款金额较大、一次付款有困难的,受让方可以采取分期付款的方式。　( )

9. 当事人转让专利权的,专利权的转让自交付专利证书之日起生效。　( )

参考答案及解析

一、单项选择题

1.【答案】 A

【解析】 选项 A,未经专利权人许可,为生产经营目的制造、使用、许诺销售、销售、进口其专利产品(发明专利权)的,构成侵犯专利权;选项 B,非专利权人在专利申请日前已经制造相同产品、使用相同方法或者已经做好制造、使用的必要准备,在专利权人获得专利权后,非专利权人有权在原有的范围内继续制造、使用该专利技术,不视为侵犯专利权;选项 C,专为科学研究和实验而使用有关专利的,不视为侵犯专利权;选项 D,取得强制许可后制造该专利产品的,不构成侵犯专利权。

2.【答案】 A

【解析】 选项 A,销售假冒专利的产品,构成侵犯专利权。销售不知道是假冒专利的产品,并且能够证明该产品合法来源的,仍构成侵权。某网店销售明知是假冒甲公司专利的产品,属于侵犯甲公司专利权。选项 B,专利产品或者依照专利方法直接获得的产品,由专利权人或者经其许可的单位、个人售出后,使用、许诺销售、销售、进口该产品的,不视为侵犯专利权。选项 C,非专利权人在专利申请日前已经制造相同产品、使用相同方法或者已经做好制造、使用的必要准备,在专利权人获得专利权后,非专利权人有权在原有的范围内继续制造、使用该专利技术,不视为侵犯专利权。选项 D,专为科学研究和实验而使用有关专利的,不视为侵犯专利权。

3.【答案】 C

【解析】 专利权终止前依法在专利产品、依照专利方法直接获得的产品或者其包装上标注专利标识,在专利权终止后许诺销售、销售该产品的,不属于假冒专利行为,选项 AD 不符合题意;未经专利权人许可,实施其专利的行为,虽属于侵犯专利权行为,但不属于假冒专利,选项 B 不符合题意;选项 C 伪造专利证书属于假冒专利行为。

4.【答案】 B

【解析】 履约保证金的数额不得超过政府采购合同金额的 10%。

5.【答案】 C

【解析】 履行出资人职责的机构在国有资本控股公司和国有资本参股公司有权向股东会、股东大会提出董事、监事人选。

6.【答案】 C

【解析】 选项 A,国家出资企业的合并、分立、改制、解散、申请破产等重大事项,应当听取企业工会的意见;选项 B,国有独资企业为他人提供大额担保由企业负责人集体讨论决定;选项 D,国有独资企业、国有独资公司合并、分立,增加或者减少注册资本,发行债券,分配利润,以及解散、申请破产,由履行出资人职责的机构决定。

7.【答案】 B

【解析】 只负责组织工作的人、为物质技术条件的利用提供方便的人或者从事其他辅助工作的人,不是发明人或者设计人。发明人或者设计人只能是自然人。因此,该产品技术的发明人是袁某。

8.【答案】 D

【解析】 选项 D,采用公开招标方式采购的,自招标文件开始发出之日起至提交截止之日止,不得少于 20 日。

9.【答案】 D

【解析】 经全国人民代表大会批准的中央预算和经地方各级人民代表大会批准的地方各级预算,在执行中出现下列情况之一的,应当进行预算调整:需要增加或者减少预算总支出的;需要调入预算稳定调节基金的;需要调减预算安排的重点支出数额的;需要增加举借债务数额的。

10.【答案】 A

【解析】 选项 B,产权转让项目首次正式信息披露的转让底价,不得低于经核准或备案的转让标的评估结果;选项 C,转让项目自首次正式披露信息之日起超过 12 个月未征集到合格受让方的,应当重新履行审计、资产评估以及信息披露等产权转让工作程序;选项D,新的转让底价低于评估结果的90%时,应当经转让行为批准单位书面同意。

11.【答案】 B

【解析】 县级以上地方各级人民代表大会常务委员会负责审查和批准本级决算。

12.【答案】 C

【解析】 有下列情形之一的,可以采用竞争性谈判方式采购:招标后没有供应商投标或者没有合格标的或者重新招标未能成立的;技术复杂或者性质特殊,不能确定详细规格或者具体要求的;采用招标所需时间不能满足用户紧急需要的;不能事先计算出价格总额的。

二、多项选择题

1.【答案】 ABD

【解析】 有下列情形之一的,不视为侵犯专利权:专利产品或者依照专利方法直接获得的产品,由专利权人或者经其许可的单位、个人售出后,使用、许诺销售、销售、进口该产品的(选项B);在专利申请日前已经制造相同产品、使用相同方法或者已经作好制造、使用的必要准备,并且仅在原有范围内继续制造、使用的(选项D);临时通过中国领陆、领水、领空的外国运输工具,依照其所属国同中国签订的协议或者共同参加的国际条约,或者依照互惠原则,为运输工具自身需要而在其装置和设备中使用有关专利的;专为科学研究和实验而使用有关专利的(选项A);为提供行政审批所需要的信息,制造、使用、进口专利药品或者专利医疗器械的,以及专门为其制造、进口专利药品或者专利医疗器械的。

2.【答案】 BCD

【解析】 两个或者两个以上的商标注册申请人,在同一种商品或者类似商品上,以相同或者近似的商标申请注册的,初步审定并公告申请在先的商标,选项D正确;同一天申请的,初步审定并公告使用在先的商标,驳回其他人的申请,不予公告,选项B正确。两个或者两个以上的申请人,在同一种商品或者类似商品上,分别以相同或者近似的商标在同一天申请注册的,各申请人应当自收到商标局通知之日起30日内提交其申请注册前在先使用该商标的证据。同日使用或者均未使用的,各申请人

可以自收到商标局通知之日起30日内自行协商,并将书面协议报送商标局,选项C正确;不愿协商或者协商不成的,商标局通知各申请人以抽签的方式确定一个申请人,驳回其他人的注册申请。商标局已经通知但申请人未参加抽签的,视为放弃申请,商标局应当书面通知未参加抽签的申请人,选项A错误。

3.【答案】 ABCD

【解析】 选项A,同中央国家机关的名称相同的,不得申请商标注册;选项B,同"红十字"的标志相同的,不得申请商标注册;选项C,仅有本商品的通用名称、图形、型号的,不得作为商标注册,但该标志经过使用取得显著特征,并便于识别的,可以作为商标注册;选项D,同中华人民共和国的国徽图案相同的,不得申请商标注册。

4.【答案】 BCD

【解析】 选项A,竞争性谈判的方式要求3家以上的供应商就采购事宜与供应商分别进行一对一的谈判,最后通过谈判结果来选择供应商的一种采购方式。

5.【答案】 CD

【解析】 选项A,县级以上各级预算必须设立国库;选项B,各级国库库款的支配权属于本级政府财政部门。

6.【答案】 AD

【解析】 事业单位有下列情形之一的,可以不对相关国有资产进行评估:经批准事业单位整体或者部分资产无偿划转;行政、事业单位下属的事业单位之间的合并、资产划转、置换和转让;发生其他不影响国有资产权益的特殊产权变动行为,报经同级财政部门确认。

7.【答案】 BCD

【解析】 申请人自发明或者实用新型在外国第一次提出专利申请之日起12个月内,或者自外观设计在外国第一次提出专利申请之日起6个月内,又在中国就相同主题提出专利申请的,依照该国同中国签订的协议或者共同参加的国际条约,或者依照相互承认优先权的原则,可以享有优先权。

8.【答案】 ABD

【解析】 选项C,仅直接表示商品的质量、原料、功能、用途、重量及其他特点,不得作为商标注册;但商标标志或者其构成要素暗示商品

的特点,不影响其识别商品来源功能的,不属于该项所规定的情形。

9.【答案】 BD

【解析】 在招标采购中,出现下列情形之一的,应予废标:符合专业条件的供应商或者对招标文件作实质响应的供应商不足 3 家的;出现影响采购公正的违法、违规行为的;投标人的报价均超过了采购预算,采购人不能支付的;因重大事故,采购任务取消的。

10.【答案】 ABC

【解析】 选项 A,县级以上行政区划的地名,不得作为商标使用;选项 B,气味不可以作为商标的构成要素;选项 C,同中华人民共和国的国家名称、国旗、国徽、国歌、军旗、军徽、军歌、勋章等相同或者近似的,不得作为商标使用。

三、判断题

1.【答案】 ×

【解析】 注册商标需要在核定使用范围之外的商品上取得商标专用权的,应当另行提出注册申请。

2.【答案】 √

3.【答案】 ×

【解析】 发明和实用新型应当具备新颖性、创造性和实用性,外观设计应当具备新颖性,不要求创造性和实用性。

4.【答案】 ×

【解析】 采购文件的保存期限自采购结束之日起至少保存 15 年。

5.【答案】 √

【解析】 法律、行政法规规定必须使用注册商标的商品(卷烟、雪茄烟、有包装的烟丝)的生产经营者,必须申请商标注册,未经核准注册的,商品不得在市场销售。

6.【答案】 ×

【解析】 国家建立健全国有资本经营预算制度,对取得的国有资本收入及其支出实行预算管理。

7.【答案】 √

【解析】 国务院所确定的关系国民经济命脉和国家安全的大型国家出资企业、重要基础设施和重要自然资源等领域的国家出资企业,由国务院代表国家履行出资人职责。

8.【答案】 √

9.【答案】 ×

【解析】 专利申请权或者专利权的转让自登记之日起生效。

第八章